**华东政法大学
65周年校庆文丛编委会**

主　任　曹文泽　叶　青
副主任　顾功耘　王　迁
委　员　（以姓氏笔画为序）

马长山　王立民　朱应平　刘　伟　孙万怀
杜　涛　杜志淳　杨忠孝　李　峰　李秀清
肖国兴　吴新叶　何益忠　何勤华　冷　静
沈福俊　张　栋　张明军　陈　刚　陈金钊
林燕萍　范玉吉　金可可　屈文生　贺小勇
徐家林　高　汉　高奇琦　高富平　唐　波

华东政法大学65周年校庆文丛

能源安全与中美新型大国关系的构建

赵庆寺 / 著

社会科学文献出版社
SOCIAL SCIENCES ACADEMIC PRESS (CHINA)

崛起、奋进与辉煌

——华东政法大学 65 周年校庆文丛总序

  2017 年，是华东政法大学 65 华诞。65 年来，华政人秉持着"逆境中崛起，忧患中奋进，辉煌中卓越"的精神，菁莪造士，械朴作人。学校始终坚持将学术研究与育人、育德相结合，为全面推进依法治国做出了巨大的贡献，为国家、社会培养和输送了大量法治人才。一代代华政学子自强不息，青蓝相接，成为社会的中坚、事业的巨擘、国家的栋梁，为社会主义现代化和法治国家建设不断添砖加瓦。

  65 年栉风沐雨，华政洗尽铅华，砥砺前行。1952 年，华政在原圣约翰大学、复旦大学、南京大学、东吴大学、厦门大学、沪江大学、安徽大学、上海学院、震旦大学 9 所院校的法律系、政治系和社会系的基础上组建而成。历经 65 年的沧桑变革与辛勤耕耘，华政现已发展成为一所以法学为主，兼有政治学、经济学、管理学、文学、工学等学科的办学特色鲜明的多科性大学，人才培养硕果累累，科研事业蒸蒸日上，课程教学、实践教学步步登高，国际交流与社会合作事业欣欣向荣，国家级项目、高质量论文等科研成果数量长居全国政法院校前列，被誉为法学教育的"东方明珠"。

  登高望远，脚踏实地。站在新的起点上，学校进一步贯彻落实"以人为本，依法治校，质量为先，特色兴校"的办学理念，秉持"立德树人，德法兼修"的人才培养目标，努力形成"三全育人"的培养管理格局，培养更多应用型、复合型、高素质的创新人才，为全力推进法治中国建设和高等教育改革做出新的贡献！

  革故鼎新，继往开来。65 周年校庆既是华东政法大学发展史上的重要里程碑，也是迈向新征程、开创新辉煌的重要机遇。当前华政正抢抓国家"双一流"建设的战略机遇，深度聚焦学校"十三五"规划目标，紧紧围绕学校综合改革"四梁八柱"整体布局，坚持"开门办学、开放办学、创新办学"发展理念，深化"教学立校、学术兴校、人才强校"发展模式，构建"法科一流、多科融合"发展格局，深入实施"两基地（高端法律及法学相关学科人才培养基地、法学及相关学科的研究基地）、两中心（中外法律文献中心、中国法治战略研究中心）、一平台（'互联网+法律'大数据平台）"发展战略，进一步夯实基础、深化特色、提升实力。同时，华政正着力推进"两院两部一市"共建项目，力争到本世纪中叶，把学校建设成为一所"国际知名、国内领先，法科一流、多科融合，特色鲜明、创新发展，推动法治文明进步的高水平应用研究型大学和令人向往的高雅学府"。

薪火相传，生生不息。65周年校庆既是对辉煌历史的回望、检阅，也是对崭新篇章的伏笔、铺陈。在饱览华政园风姿绰约、恢弘大气景观的同时，我们始终不会忘却风雨兼程、踏实肯干的"帐篷精神"。近些年来，学校的国家社科基金法学类课题立项数持续名列全国第一，国家社科基金重大项目和教育部重大项目取得历史性突破，主要核心期刊发文量多年位居前茅。据中国法学创新网发布的最新法学各学科的十强排名，学校在法理学和国际法学两个领域排名居全国第一。当然我们深知，办学治校犹如逆水行舟，机遇与挑战并存，雄关漫道，吾辈唯有勠力同心。

为迎接65周年校庆，进一步提升华政的学术影响力、贡献力，学校研究决定启动65周年校庆文丛出版工作，在全校范围内遴选优秀学术成果，集结成书出版。文丛不仅囊括了近年来华政法学、政治学、经济学、管理学、文学等学科的优秀学术成果，也包含了华政知名学者的个人论文集。这样的安排，既是对华政65华诞的献礼，也是向广大教职员工长期以来为学校发展做出极大贡献的致敬。

65芳华，荣耀秋菊，华茂春松，似惊鸿一瞥，更如流风回雪。衷心祝愿华政铸就更灿烂的辉煌，衷心希望华政人做出更杰出的贡献。

华东政法大学65周年校庆文丛编委会
2017年7月

目录

导论 ·· 1
  一　研究背景与研究意义 ·· 1
  二　相关研究的现状述评 ·· 10
  三　研究方法与研究视角 ·· 12
  四　主要内容与框架结构 ·· 13

第一章　中美能源安全关系的博弈路径 ································ 17
  一　能源安全与美国的全球霸权战略 ································· 17
  二　能源安全与中国的和平发展战略 ································· 22
  三　能源安全与中美关系的复杂博弈 ································· 28
  本章小结 ·· 39

第二章　中美能源安全互动的背景与环境 ···························· 40
  一　中美面临的世界能源发展格局 ···································· 40
  二　中美面临的世界能源安全形势 ···································· 46
  三　中美能源安全互动的总体约束 ···································· 53
  本章小结 ·· 58

第三章　美国能源安全战略的调整与影响 ···························· 60
  一　美国政府能源安全战略调整的时代背景 ······················ 60
  二　美国政府能源政策调整的主要内容 ···························· 64
  三　美国政府能源政策实施的主要成效 ···························· 70

  四　美国政府能源政策实施的深远影响 …………………… 77
  五　美国政府能源政策转向的前景展望 …………………… 90
  本章小结 …………………………………………………………… 100

第四章　中国能源安全战略的转型与创新 ………………………… 101
  一　中国能源安全战略的发展演变 ………………………… 101
  二　中国能源安全面临的严峻挑战 ………………………… 105
  三　当前中国能源安全战略的转型 ………………………… 110
  四　中国参与国际能源合作的原则 ………………………… 113
  五　中国参与国际能源合作的策略 ………………………… 116
  本章小结 …………………………………………………………… 119

第五章　中美双边能源合作的形成与发展 ………………………… 120
  一　中美能源安全对话机制的形成背景 …………………… 120
  二　中美能源安全对话机制的基本类型 …………………… 122
  三　中美能源安全对话机制的主要特点 …………………… 129
  四　中美能源安全对话机制的重要意义 …………………… 133
  五　中美能源安全对话机制的改进方向 …………………… 136
  本章小结 …………………………………………………………… 137

第六章　中美在多边层面上能源合作的深化与拓展 ……………… 139
  一　美国构建多边能源合作机制的布局 …………………… 139
  二　中国参与多边能源合作机制的现状 …………………… 147
  三　多边能源合作机制与中美能源竞合 …………………… 153
  四　中国优化多边能源合作机制的路径 …………………… 156
  本章小结 …………………………………………………………… 162

第七章　中美能源安全观念的分歧与差异 ………………………… 163
  一　中美在能源安全上的观念分歧 ………………………… 163
  二　中美在能源战略上的冲突风险 ………………………… 171
  三　中美对于能源市场的误读与偏见 ……………………… 177

四　中美在能源外交上的认知差异 …………………………… 183
　　本章小结 …………………………………………………… 191

第八章　**中美能源安全利益的互补与共赢** …………………………… 192
　　一　维护国际能源市场的稳定 ……………………………… 192
　　二　共同保持海上能源通道的畅通 ………………………… 196
　　三　协调新能源领域的竞争与合作 ………………………… 209
　　四　携手应对气候变化的政策协同 ………………………… 227
　　本章小结 …………………………………………………… 239

第九章　**中美能源地缘政治的交锋与角逐** …………………………… 240
　　一　亚太能源安全形势与中美战略互动 …………………… 240
　　二　中美在中东的能源竞争与合作 ………………………… 257
　　三　中亚能源形势与中美能源安全战略 …………………… 268
　　四　中美在非洲能源地缘政治中的交锋 …………………… 281
　　五　中国与拉美能源合作中的美国因素 …………………… 294
　　本章小结 …………………………………………………… 307

结　论 …………………………………………………………………… 309

参考文献 ……………………………………………………………… 325

导 论

一 研究背景与研究意义

能源是人类社会维系生存和发展的重要物质基础和基本动力。人类社会发展的历史也是人类认识和利用能源的历史。从远古时代迄今，人类社会的能源应用形式和规模在不断变化，火的使用、蒸汽机的发明、电能和核能的应用对社会生产力的发展起了非常重大的推动作用，直接推动了社会结构的演变和生活方式的变迁。人类从柴薪时代缓慢进入煤炭时代，从石油时代迅速发展到核能时代，每一次能源利用种类、方式、规模的改变和扩大，都会带来生产技术和社会生活的重大改变。

由于能源对于现代经济和社会发展的基础性作用，能源不仅成为世界经济贸易的主要内容，也是国际政治博弈的矛盾焦点，是引发地缘政治冲突和战争的重要因素。当前世界能源主要来自石油、煤炭、天然气、水电和核电，其中石油、天然气以及煤炭3种化石能源矿产占了全部能源来源的85%左右。由于地壳运动的不均衡，各个地区、各个国家的能源资源在品种上、数量上和质量上都不尽相同，世界各地能源资源赋存呈现非均衡格局。各国为了确保经济发展，必须使用各种手段确保能源的稳定、充足供应，"石油将不再是一种在国际市场上买卖的贸易商品，而将成为这个星球上首要的战略资源"。[①] 作为战略资源，能源

[①] 〔美〕迈克尔·克莱尔：《石油政治学》，孙芳译，海南出版社，2009，第8页。

具有供给稀缺性、开发或获得的高成本、广泛的渗透性、影响的普遍性和深远性。①"石油提供了对外政策、国际经济考虑、国家安全以及公司利益的汇合点。"② 20 世纪 70 年代的石油危机给许多工业化国家造成了巨大的经济损失,威胁到了国内政治稳定,导致西方联盟的公开分裂,促使发达国家开始认识到能源安全的极端重要性。"能源,特别是石油,第一次成为公众和政府议事日程里的一项关键的和优先考虑的事务。"③

罗伯特·吉尔平认为:"国际关系的基本性质历数千年也没有发生变化。国际关系仍然是处在无政府状态下的独立行为者之间争夺财富和权力的斗争。"④ 能源不仅是财富的来源,也是权力的象征,因此成为国际政治中的焦点。特别是主要的能源——石油,更是焦点中的焦点。正如丹尼尔·耶金所指出的,"自 20 世纪初期以来,石油就一直与各国的安全、权力和地位交织在一起"⑤。

能源安全是一个现代社会范畴,经历了一个不断发展和充实的过程。20 世纪 70 年代的石油危机给西方国家造成巨大经济损失,国际能源署(IEA)正式倡导了以确保石油供应稳定和价格合理为核心的能源安全理念。自 20 世纪 80 年代以来,环境保护与应对气候变化运动蔚然成风,可持续发展深入人心,质量清洁、数量稳定、价格合理的能源供给成为经济社会发展的新要求。因此,以供应和价格为主要出发点的传统能源安全逐渐向综合能源安全转变,能源安全被不断赋予许多过去不为人们重视的新内涵。在理论上,能源安全是由感知、认识、状态、问题、能力、

---

① 战略资源主要涉及农产品(尤其是粮食)、矿产品、能源品(特别是石油)、水资源、高科技产品等领域。参阅雷家骕主编《国家经济安全理论与方法》,经济科学出版社,2000,第 31 页。
② Daniel Yergin, The Prize: The Epic Quest for Oil, Money, and Power, New York: Simon & Schuster, 1991, p. 410.
③ 〔意〕艾伯特·克劳:《石油经济与政策》,王国樑译,石油工业出版社,2004,第 130 页。
④ 〔美〕罗伯特·吉尔平:《世界政治中的战争与变革》,武军等译,中国人民大学出版社,1994,第 7 页。
⑤ 〔美〕丹尼尔·耶金:《能源重塑世界》,朱玉犇、阎志敏译,石油工业出版社,2012,第 110 页。

对策等元素所构成的综合概念。在实践中,能源安全的理想状态应该是供应持续、数量充足、价格合理和品质清洁,能源安全是从时间、数量、价格、品质四个方向满足国民经济与社会发展需求并消除能源威胁与风险的能力。[①] 长期以来,由于自然赋存和经济发展的错位,石油贸易成为满足各国能源需求的重要途径,因此石油安全成为能源安全的核心问题。由于新能源和可再生能源具有弱地缘政治属性,发展新能源和可再生能源成为化解能源安全冲突的重要路径。

为了满足经济社会发展需求,各国纷纷制定能源战略。所谓能源战略是各国保障能源安全、推动能源发展的整体布局和长远规划。由于各国纷纷从供应、运输、价格、生态等多个维度开源节流、节能增效,单纯确保能源供应维护能源安全的基本战略与促进能源发展的战略各有侧重,但相辅相成。此外,各国还纷纷通过能源外交来推进国际能源战略。所谓能源外交是指主权国家政府部门、能源组织、能源企业等主体,为保障能源安全和维护能源利益,围绕本国能源战略目标而展开的一系列对外交往活动。[②] 在经济全球化的新形势下,各国间的相互依存日益增强,能源安全从单向安全转向双向安全,从对抗安全转向合作安全,从国家安全转向国际安全,合作共赢是保障能源安全的最佳路径。因此,推进能源合作便成为各国能源外交的重要使命。能源合作主要指世界上不同国家、国际组织以及企业等行为体,在能源领域所进行的政治对话、经济协作和技术交流等活动。

1949年以来的中美能源合作实际上始于中美建立正式外交关系之前,此后成为两国政府共同推动的重要合作领域。能源合作不仅是中美两国家元首、政府首脑对话的重要议题,也是两国企业展开广泛合作的关键领域。1978年10月,美国能源部部长施莱辛格访问中国,两国对在核能、煤炭、可再生能源、水电等领域的可能合作进行了初步探讨。1979年1月,中美签署《中美政府间科学技术合作协定》,正式拉开中美科技合作的序幕。根据该协定,中美科技合作联合委员会正式成立,并陆续

---

① 江冰:《新形势下保障我国能源安全的战略选择》,《中国科学院院刊》2010年第2期。
② 赵庆寺:《国际能源外交的经验与启示》,《阿拉伯世界研究》2010年第3期。

推动了34个合作议定书或谅解备忘录的签署,开启了包括核安全、能源效率等30多个科技领域的合作。①

中美建交后的十年间,中美能源合作顺利进展的原因有以下三个方面。第一,从国际能源形势来看,20世纪70年代的石油危机给世界经济带来了巨大冲击,能源安全成为各国认真应对的优先政治议题。第二,就中美双边关系而言,虽然中美结盟最初主要源自应对苏联威胁的外部需求,但是中美经贸往来成为两国关系不断深化的压舱石和稳定器,内部需求和外部需求的双重驱动机制自然而然推动了中美能源安全领域的交流与合作。第三,从中国能源需求来看,改革开放初期的中国急需资金和技术,而引入美国资金和技术正是中国推进改革开放的重要战略举措。中国愿意购买美国的核电设备,希望美国能够提供优惠贷款。第四,从美国政策目标来看,美国愿意在资金和技术上支持中国的改革开放,在一定程度上放松了对中国的出口控制。

从1979年中美建交到1989年这十年的时间内,中美双方不断推进能源领域的广泛合作,两国政府签订了大量协议。1979年中美签署了《双边能源协议谅解备忘录》和19个合作协议,内容涉及化石能源、聚变能源、能源效率、可再生能源、和平核能技术、能源信息交流和气候变化等。中美在1985年签订的《中美化石能源研究与发展合作议定书》一再展期,陆陆续续签署了多个附件。1979年中美签署了《水力发电和水资源利用合作议定书》,1983年中美签订《核物理和磁聚变协议》,1985年两国又签订了《关于和平利用核能合作协定》。② 根据中美两国能源领域的系列协议,中美两国企业联合建设了多个大型项目。

中美建交之后到20世纪80年代末,中美战略合作关系保障了中美能源合作的顺利推进,中美能源合作呈现以下特点。第一,中美能源合作主要是政府之间的合作,企业参与中美能源合作受到政府外交关系的推动。第二,两国政府在促进合作中发挥了重要作用,能源合作的战略考

---

① 查道炯:《中美能源合作:挑战与机遇并存》,《国际石油经济》2005年第11期。
② 项立岭:《中美关系史全编》,华东师范大学出版社,2002,第397页。

量超过了经济利益考量。第三,这一时期中美能源合作尚属于起步阶段,项目有限,规模较小。能源合作还不是中美关系中的关键问题,也没有成为中美关系的重要议程,能源合作更多是从属于中美苏大三角关系战略平衡的次合作领域。

1989年以来,中美能源合作受到了中美政治关系的影响,导致很多协议与合作不能执行。[①] 1997年江泽民主席访美和1998年克林顿总统访华推动了两国全面合作的不断扩大和深化,而能源合作也重新得到恢复和发展。这一时期,以下因素推动了中美能源合作进程。第一,冷战结束以后经济全球化趋势日益明显,中国市场经济改革进入新阶段,中美经济贸易依存加深。第二,随着中国能源消费持续上升和石油进口不断增加,中美能源合作的互补性不断凸显,中美能源合作的内部动力不断增强。第三,中国提出了"走出去"战略,积极利用国外能源资源和市场,实现能源资源在全球范围内的优化配置,这为中美能源合作提供了机遇。

20世纪90年代,中美能源合作领域和合作规模不断扩大。这一时期,中美相继签订了一系列能源合作协议。《中美政府间科学技术合作协定》在1991年获得展期,继续为中美能源合作确立了基本框架。中国国家科委和美国能源部在1994年签署了《中美化石能源研究与发展合作议定书》的两个新附件。中国国家计委与美国能源部在1995年签署了《双边能源咨询谅解备忘录》。1995~1996年,美国能源部和中国多个部委签订了《中美能源效率和可再生能源技术开发与利用合作议定书》以及系列附件。1997年,中国国家计委与美国能源部签署了《能源和环境合作倡议书》。次年,中国国家计委与美国能源部签署了《中美和平利用核能技术合作协定》。[②] 从宏观环境来看,中美签署的一系列能源合作协议为深化中美能源合作与交流提供了保障。

20世纪90年代,中美能源合作取得了一系列突破和成果。第一,

---

① 项立岭:《中美关系史全编》,华东师范大学出版社,2002,第408页。
② *Common Challenge, Collaborative Response: A Roadmap for U. S. - China Cooperation on Energy and Climate Change*, Asia Society Center on U. S. - China Relations and Pew Center on Global Climate Change, January 2009, pp. 50 - 54.

中美能源合作成为中美科技合作的重要领域，清洁能源技术领域项目合作不断扩展。第二，中美两国在气候变化研究领域开始对话与合作，启动了对中国可再生能源分布的勘测和对美国在华可再生能源项目的融资。第三，中美化石能源领域的能源项目合作不断扩大，中国允许美国企业等外国企业开发塔里木油田。第四，中美电力、水利、核电等方面的能源合作取得新的突破。1998年，克林顿政府同意批准西屋公司（WEC）、ABB集团以及通用电器公司等将向中国出售成套核电站设备，中国国家原子公司与美国西屋公司决定在和平利用原子能方面加强合作。

20世纪90年代的中美能源合作有几个特点。第一，中美初步建立了一些能源合作机制。除了在1992年成立的中美商业和贸易联合委员会促进能源贸易与投资合作之外，1997年中美两国元首同意成立中美石油天然气工业论坛（OGIF）以推进石油天然气领域的合作，截至2016年已经举办了16届。第二，中美能源合作的范围进一步扩大，化石能源领域合作不断加强，新能源与可再生能源开发等领域的合作不断扩展。第三，跨国公司和非政府组织开始在中美能源合作中发挥重要作用。第四，中美能源技术领域的合作不时地受到美国国内政治因素的干扰。例如1992年，美国能源部与中国国家科委签署涉及金额达180亿美元的《超导超级对撞机合作执行协定》，但最终未获国会通过。

进入21世纪以来，国际石油价格不断上升，各国能源竞争日趋激烈。围绕能源资源的利用、控制和争夺，主要国家和相关国际组织针对能源资源布局、能源技术研发、能源战略通道、能源合作机制等问题，展开了一场包括政治、安全、利益、外交等措施在内的大国外交博弈。在此背景之下，如何寻求有效的中美能源合作机制，确保能源安全，不仅事关国家的经济繁荣和长治久安，而且对大国关系走向，乃至世界政治与经济格局的演变都将产生深远影响。

2012年以来，构建新型大国关系成为中国力推的一个核心概念，虽然美国各界对其内涵与路径存在一定的分歧，但都认可21世纪的中美关系应该避免重蹈大国对抗与零和博弈的历史覆辙。非传统安全问题为各国带来了共同的威胁和挑战,是新型大国关系理念提出的重要推动力,非传统安全治理可以成为新型大国关系构建的重要内容和增长点。① 作为非传统安全的重要领域和焦点议题,能源安全在构建中美新型大国关系中具有不可忽视的独特作用。

第一,能源安全是中美新型大国关系面临考验的新议题。作为战略性资源,争夺能源产地和控制能源通道,历来是大国战略竞争的重要议程。无论是从经济实力还是政治地位来看,中美两国都是世界能源地缘政治格局中举足轻重的枢纽国家。美国霸权体系的形成离不开对能源资源的争夺和控制,美国霸权体系的调整也源自对能源安全形势的认知和评估。从现实来看,美国的能源出口能力、能源消费方式实际上左右着全球能源体系的运转,美国能源安全战略影响着世界能源格局的稳定与变迁。对于中国而言,随着工业化、城镇化的快速发展,中国能源消费不断增加,能源进口依存度持续上升,能源安全逐渐成为中国改革开放面临的严峻挑战。由于能源安全理念、方式和利益的不同,中美在双边、地区和全球层面难免会发生摩擦和冲突,进而影响中美整体关系的健康发展。进入21世纪以来,随着中国能源安全需求的不断增加,中国能源公司开始进入美国在中东、非洲和拉美等地的传统势力范围,引发美国的警惕和防范。2005年左右,警惕中国"锁定"全球能源资源的"中美能源冲突"论甚嚣尘上。中美在能源地缘政治上的深层次结构性矛盾一时难以调和,但在经济高度依存的态势下,一国的繁荣离不开另一国的发展,彼此都难以承受发生严重冲突的代价。美国对中国在全球的能源投资充满警惕,对中国石油公司在美国的并购高度防范,屡屡制造困难和障碍。中美能源政策认知一度陷入了"负面认知循环"的危险,双方互信赤字不断扩大。不可否认的是,中美在能源安全上的冲突不可避免,两国的共同利益也相互交融。如何化解和超越能源安全冲突给中美关系造成的障碍,成为中美面临的新议题。

第二,能源安全是中美新型大国关系健康发展的新动力。中美两个大国在能源安全战略上存在不同的利益诉求,但也存在值得挖掘的能源

---

① 李志斐:《非传统安全治理与新型大国关系构建》,《教学与研究》2014年第6期。

合作潜力，这是决定中美两国如何积极互动的基本条件。事实上，在能源进口与价格、能源开发与运输、能源投资与运营等领域，中美两国既面临一定范围和一定程度上的能源利益冲突，也存在立足长远、互利共赢的能源合作空间，能源安全可以创造中美新的利益汇合点。客观而言，在相互依存日益增强和国际危机日益增多的时代，中美两国需要立足自身能源利益，结合国际能源形势，坚持增进互信、良性互动、求同存异、务实进取，通过构建和参与双边、区域、全球的合作机制，结成共享利益、共担风险的能源安全共同体，从而丰富中美两国新型大国关系的内涵，进一步推进中美两国新型大国关系的进程。因此，由于中美存在经贸合作的巨大潜力和彼此战略需求的内在动力，以合作解决中美面临的能源安全问题已经成为基本共识。2009年美国已超越俄罗斯成为全球最大的天然气生产国，2014年成为全球最大成品油生产国。国际能源署、美国能源信息署等各类能源机构预测，美国将在2020年左右超过沙特阿拉伯而成为全球最大原油生产国，在2030年左右包括美国在内的北美地区将成为能源净出口地区。按照英国石油公司2015年的统计数据，中国自2009年起就已经成为世界最大能源消费国，2014年中国一次能源消费量占世界总量的23%和世界增量的61%。[①] 从中美两国的能源定位来看，美国因为页岩气和页岩油的大量开发，未来有可能成为最大能源生产国，而中国已经是最大能源消费国，中美两国在能源领域会从凸显竞争的对手转变为侧重合作的伙伴。中美能源合作的空间十分广阔，合作的领域需要不断拓展。中国过于倚重煤炭等化石能源，面临巨大的环保压力。2014年中国煤炭产量占世界煤炭总产量的46.9%。从2014年各类能源在一次能源消费总量中的比重来看，煤炭为66%，创历史新低；石油17.5%，是1991年以来最低值；天然气为5.6%；非化石能源为10.9%。[②] 为了减少空气污染和提高环境质量，中国需要改善能源结构，减少煤炭的使用，增加天然气的消费。由于近年来美国页岩油气产量的激增，开始向亚洲出口石油和天然气。2016年5月，茂名石化采购的第一船4.2万吨美国

[①] BP，*BP Statistical Review of World Energy*，June 2017.
[②] BP，*BP Statistical Review of World Energy*，June 2017.

美湾高硫混合原油抵达湛江港，拉开了美国原油输入中国的序幕。2016年8月，第一批来自美国大陆的液态天然气从墨西哥湾的萨宾帕斯出口站运抵中国盐田港，由中国海洋石油总公司按照长期合同出资购买。美国开始向中国出口石油和天然气，使我国的进口来源进一步丰富，有助于减轻对中东地区的依赖。从长远来看，中美在能源供需上还有很大的合作空间。两国都有巨大的能源投资需求，如何进一步加强联合投资，超越零和竞争，推动利益协调，减少政治风险，共同促进能源安全，是中美有待探索的新领域。如何进一步加强能源数据、法律法规、政策的协调和技术交流，是防止能源供应中断和缓解能源安全冲击的重要环节。美国智库新美国安全研究中心的研究报告认为，如何加强中美在多边合作机制下的磋商与协调，是维护全球能源安全进而推动全球能源治理的重要途径。[1] 中美能源安全合作，不仅可以实现中美经济贸易领域的互利共赢，也能增进地缘政治竞争中的战略互信，是中美新型大国关系健康发展的动力。

第三，能源安全是中美新型大国关系长期稳定的新基石。美国既要保障自己的能源供需，也要保障盟国的能源供需；既要以能源安全为契机实现地缘政治渗透，也要以能源安全为工具撬动全球战略竞争。中国既要以能源安全为基础顺利推进国家能源转型，又要以能源安全为平台参与全球治理；既要以能源安全为渠道加强国际合作，又要以能源安全为抓手塑造全球新秩序。中美两国在战略思维上存在明显的差异，中国侧重在规划中美关系基本框架基础上推进具体合作，而美国则更注重通过务实合作来构筑双边关系基础。[2] 新型大国关系不是消极防范型关系，而是积极经营型关系。[3] 在能源安全领域，竞争、冲突与合作和中美整体关系相互影响、相互构建。能源安全是中美关系中具有长期性、全局性和战略性的议题，如果能够积极应对和妥善处理，不仅可以有效解决能源安全上的防范与冲突，还可以实现功能性溢出，对处理中美关系其他

---

[1] Abraham Denmarkm and Nirav Patel, *China's Arrival: A Strategic Framework for a Global Relationship*. Washington: Center for a New American Security, September 2009.
[2] 高琪：《正确解读中美新型大国关系》，《当代世界》2014年第4期。
[3] 杨洁勉：《新型大国关系：理论、战略和政策建构》，《国际问题研究》2013年第3期。

领域的矛盾提供经验和借鉴。战略互信既是国际关系积极互动的结果，也是未来国际关系良性发展的基础。

有学者指出："由于认识到合作的必要而在某一功能领域进行的合作，将会推动合作态度的改变，或者使合作的意向从一个领域扩展到其他领域，从而在更大的范围内进行更深入的合作。"[①] 由是观之，无论是在理论上还是在实践上，对该课题的深入探索都具有重要意义。从理论上看，从能源安全领域切入中美关系的研究，可以进一步深化对战略守成国家与战略崛起国家和平共处、互利共赢规律的认识。从实践上看，作为中美关系的一个功能性领域，化解中美能源安全冲突与摩擦，可以增进中美能源安全共识与互信，为中美关系良性互动提供启示与借鉴。

二　相关研究的现状述评

关于中美能源安全关系，西方学界普遍认为，中国的能源需求数量和石油进口，将冲击国际石油价格和能源市场的稳定；中国采取怎样的能源战略和能源政策，也将深度影响全球能源治理格局和国际应对气候变化的进程。西方学界对中国能源战略与能源政策的态度立场鲜明，坚持"中国能源威胁论"者担忧中国的石油需求不但推高油价，而且通过重商主义的能源外交与一些反美能源出口国家结成联盟，为保障运输通道增强海军实力和因领海资源与周边国家发生冲突；坚持"中国能源整合论"者相信中国的能源需求会促使中国加快国内能源战略的转型，并希求通过国际能源合作来确保能源供应，中国会在开发石油资源、稳定市场价格、保护运输通道、提高能源效率等方面寻求国际合作。[②] 从政策实践来看，由于美国内部的严重分歧，美国政府针对中国长远发展而制

---

① 〔美〕詹姆斯·多尔蒂等：《争论中的国际关系理论》，阎学通、陈寒溪等译，世界知识出版社，2003，第51页。
② 伍福佐：《重商主义还是自由主义：试析西方学界对中国能源外交的争论》，《国际论坛》2009年第2期。

定的积极主动的能源政策变得更加复杂。[1]

与国外丰富的研究成果相比，国内研究成果虽然略显单薄，但随着中美能源合作的深入展开，相关研究成果不断涌现。

从研究成果来看，吴磊的《能源安全与中美关系》、肖炼的《中美能源合作前景及对策》、周运亨的《中国能源安全中的美国因素》等著作，从中美能源合作的整体性、系统性角度进行了深入研究，堪称这一领域的扛鼎之作。张利军的《中美关于应对气候变化的协商与合作》对与中美在气候变化领域的动因和目标进行了阐述，对中美应对气候变化的合作框架与对策进行了专门分析。周琪等著的《美国能源政策与美国对外战略》、王波的《美国石油政策研究》、潜旭明的《美国的国际能源战略研究》等著作，对美国能源政策的发展演变、国际能源战略的调整历程、对外能源战略全球布局进行了全景式的分析。舒先林的《美国中东石油战略研究》、徐洪峰、李林河的《美国的中亚能源外交》等著作，对美国对中东和中亚的能源外交进行了重点研究。阎政的《美国核法律与国家能源政策》、赵庆寺的《美国能源法律政策与能源安全》等著作，从能源法律政策的角度分析了美国维护能源安全的制度保障。赵庆寺的《美国石油安全体系与外交（1941~1981）》、李若晶的《失衡的依赖：美国对中东石油外交的国际政治经济学解读（1945~1975）》等著作，从历史学的角度，对美国石油外交的历史脉络进行了梳理。[2]

从研究视角来看，国内学者对中美能源安全关系做了三方面的探索。

---

[1] Kenneth Lieberthal and Mikkal Herberg, *China's Search for Energy Security: Implications for U. S. Policy*, National Bureau of Asian Research, Vol. 17, No. 1, April, 2006, p. 26.

[2] 吴磊：《能源安全与中美关系》，中国社会科学出版社，2009；肖炼：《中美能源合作前景及对策》，世界知识出版社，2008；周云亨：《中国能源安全中的美国因素》，上海人民出版社，2012；张利军：《中美关于应对气候变化的协商与合作》，世界知识出版社，2008；周琪等：《美国能源政策与美国对外战略》，中国社会科学出版社，2012；王波：《美国石油政策研究》，世界知识出版社，2008；潜旭明：《美国的国际能源战略研究》，复旦大学出版社，2013；舒先林：《美国中东石油战略研究》，石油工业出版社，2010；徐洪峰、李林河：《美国的中亚能源外交》，知识产权出版社，2010；阎政：《美国核法律与国家能源政策》，北京大学出版社，2010；赵庆寺：《美国能源法律政策与能源安全》，北京大学出版社，2012；赵庆寺：《美国石油安全体系与外交（1941~1981）》，上海人民出版社，2009；李若晶：《失衡的依赖：美国对中东石油外交的国际政治经济学解读（1945~1975）》，中国社会科学出版社，2012。

一是批判"中国能源威胁论",马凯、赵宏图、余建华、李向阳、林伯强、吴磊、查道炯等提出,无论当下还是未来,中国的能源消费和进口占世界比重很小,构不成推动国际油价上涨的主要原因,中国在非洲一些国家的能源开发增加了世界能源供应。二是针对美国的全球石油控制和国内能源发展战略,特别是美国页岩气的开发对世界能源格局的影响,分析美国因素对中国能源安全带来的冲击。例如吴磊认为美国发动伊拉克战争是以反恐为名的石油争夺,夏立平认为美国的石油需求推高了世界油价并造成了供应紧张,张文木提出发展海权保卫海上石油生命线,崔立如认为美国页岩气的开发前景削弱了石油输出国组织和俄罗斯等产油国在国际能源体系中的影响力,增加了美国的能源权力。三是针对中美在能源安全上的共同利益需求,赵宏图、吴磊、周琪、周运亨、夏立平、张文木、肖炼、查道炯、杨泽伟、管清友、舒先林、许勤华等学者指出,中美两国在可靠的廉价能源供应、安全的海上通道以及新能源的技术交流上有广阔的合作空间。

虽然国内外学者的研究著述丰富,但是还存在以下不足之处。从研究的立场来说,国外学者有意无意地忽视了中国"为什么"要遵循西方的规则,对中国能源安全战略充满怀疑和忧虑。国内也有学者从现实主义观念出发,对美国保守主义的能源安全战略异常敏感,这种偏见和误解往往阻碍了中美能源安全关系的良性互动。从研究的方法来看,宏观分析多于微观分析。就研究的内容来看,学界目前的研究成果主要集中于论述中美各自能源外交政策和中美能源地缘政治互动层面,对中美能源合作的宏观层面阐述较多,但对能源安全在中美总体关系中的地位与影响缺少清晰界定,对中美能源合作的国内根源与组织机制缺少重点分析,对中美能源安全博弈机理与利益均衡缺少深入探讨,目前尚未形成对中美能源安全与能源合作机制的总体性认知,在能源安全问题对中美关系良性互动的机制构建上还有进一步深入研究的必要。

三 研究方法与研究视角

本研究采用国际关系的一般研究方法,主要利用国际政治经济学的方法论和概念框架，同时辅以政治学、博弈论等研究范式和工具，对中美能源安全战略的决策过程和约束因素展开分析，论证中美围绕能源安全问题在国际合作中的复杂性博弈过程。

本研究的初步结论是，国际合作是有效治理国际能源安全领域博弈困境的最优制度选择，必须通过加大政府、企业等各个层次的能源合作与交流，加快中美共赢性博弈的规则制定和制度构建，确保共赢性博弈在多边能源合作体制中实现的内生条件，深化中美能源安全领域的双层博弈，塑造中国能源安全国际化战略的良好国际制度环境，为中美实现共赢性博弈提供了重要的外部客观条件，使中美能源领域的合作在结构与功能上向中美关系一般性领域溢出，实现中美关系在内部需求与外部压力双重驱动下的良性互动。

本研究试图在以下几个方面有所创新。第一，本研究构建了中美能源安全在全球、地区、双边、国内外互动层面的分析框架，既分析了中美在资源开发、运输通道、市场稳定等方面的共同利益，也探究了全球、国家、市场、企业等变量对能源合作的限制和约束，这是对中美能源安全合作深层动因、战略约束和制度设计的一次多维度研究。第二，从博弈论的基本原理出发，把中美在能源问题领域的合作与冲突置于全球能源安全一体化的语境中加以考察，对兼具传统安全与非传统安全性质的能源安全问题，笔者力图通过共赢性博弈的国际合作机制，突破中美能源安全的博弈困境，这是对以竞争为主的传统安全转向以合作为主的非传统安全的一次实证分析，也是对中美安全战略约束下一般问题领域合作机制如何扩展到中美全方位合作机制的一次理论探索。

四 主要内容与框架结构

本研究立足于能源安全对中美关系的影响和重塑，遵从以下逻辑思路展开论证。首先，对中美能源安全关系的国际背景和国内动因进行阐释，并用博弈理论分析中美能源安全关系的互动方式，揭示内外变量对中美能源安全关系的影响方式和影响程度。其次，对中美能源安全博弈的形式和收益进行分析，揭示中美共赢性博弈的形式和路径。最后，提出中国应该参与制定的中美能源安全博弈规则，并指明中国改变博弈力量结构的能源安全政策。

本研究的具体内容如下。

在导论部分，提出本研究的研究背景、思路与特点，通过学术史的梳理对相关研究的现状进行述评，提出研究的创新、突破与意义，阐明研究的方法、体系与结构。

第一章，中美能源安全关系的博弈路径。

本章首先阐述了美国全球霸权体系中能源安全的地位，说明了能源安全与中国的和平发展战略的联系，明确了中美能源安全战略的利益诉求；其次，通过国际能源安全博弈的内涵，阐述了中美能源安全的博弈性质，对能源安全领域博弈的内在结构、均衡机理、博弈困局和次优选择等进行理论分析，寻找中美能源安全博弈均衡的帕累托最优，提出中美能源安全博弈的优化路径。

第二章，中美能源安全互动的背景与环境。

本章考察了中美面临的世界能源安全格局，厘清了中美面临的世界能源安全趋势，强调指出中美在能源安全领域的互动受到中美整体关系的约束，揭示中美能源安全博弈的战略环境。

第三章，美国能源安全战略的调整与影响。

本章考察了奥巴马政府能源政策制定的时代背景和战略意图，主要分析了奥巴马政府能源政策调整的具体举措，重点分析了奥巴马政府能源政策实施的主要成效与影响深远，最后分析了美国能源政策转向的前景。

第四章，中国能源安全战略的转型与创新。

本章首先简要描述了中国能源安全战略的发展演变，明确了中国能源安全面临的严峻挑战，阐明了新时期中国能源安全战略的转型，并提出了中国参与国际能源合作的原则和策略。

第五章，中美双边能源合作的形成与发展。

本章简要叙述了中美能源安全对话机制的形成背景，主要分析了中美能源安全对话机制的基本类型，专门阐述了中美能源安全对话机制的主要特点，特别提出了中美能源安全对话机制的重要意义，重点指明了中美能源安全对话机制的改进方向。

第六章，中美在多边层面上能源合作的深化与拓展。

本章首先分析了美国构建多边能源合作机制的布局，其次考察了中国参与多边能源合作机制的现状，重点研究了中美在多边能源合作机制中的竞争与合作，最后提出了中国优化多边能源合作机制的具体路径。

第七章，中美能源安全观念的分歧与差异。

本章主要研究了中美在能源安全上的观念分歧，论述了中美在能源战略上的冲突风险，详细分析了中美对于能源市场的误读或偏见，揭示了中美在能源外交上的认知差异。

第八章，中美能源安全利益的互补与共赢。

本章重在揭示，中美两国在维护国际能源市场稳定、保持海上能源通道的畅通、协同推进新能源领域的竞争与合作、携手应对气候变化的政策协调四个方面，面临共同挑战，存在互补利益，这是决定中美在能源安全问题上实现共赢性博弈的内生变量，而应对这些挑战应该成为中美能源安全博弈的公共产品。

第九章，中美能源地缘政治的交锋与角逐。

本章分析了亚太能源安全形势与中美战略互动，考察了中美在中东的能源竞争与合作，阐释了中亚能源形势与中美能源安全战略的关系，论述了中美在非洲能源地缘政治中的交锋，研究了中国与拉美能源合作中的美国因素，从而对中美能源博弈在全球能源地缘政治中的互动进行了深入研究。

结论部分，主要论证了推进中美能源安全共赢性博弈的策略选择，阐明中国适应和塑造中美能源博弈均衡的优化路径，提出了深化对美能源外交的对策建议。

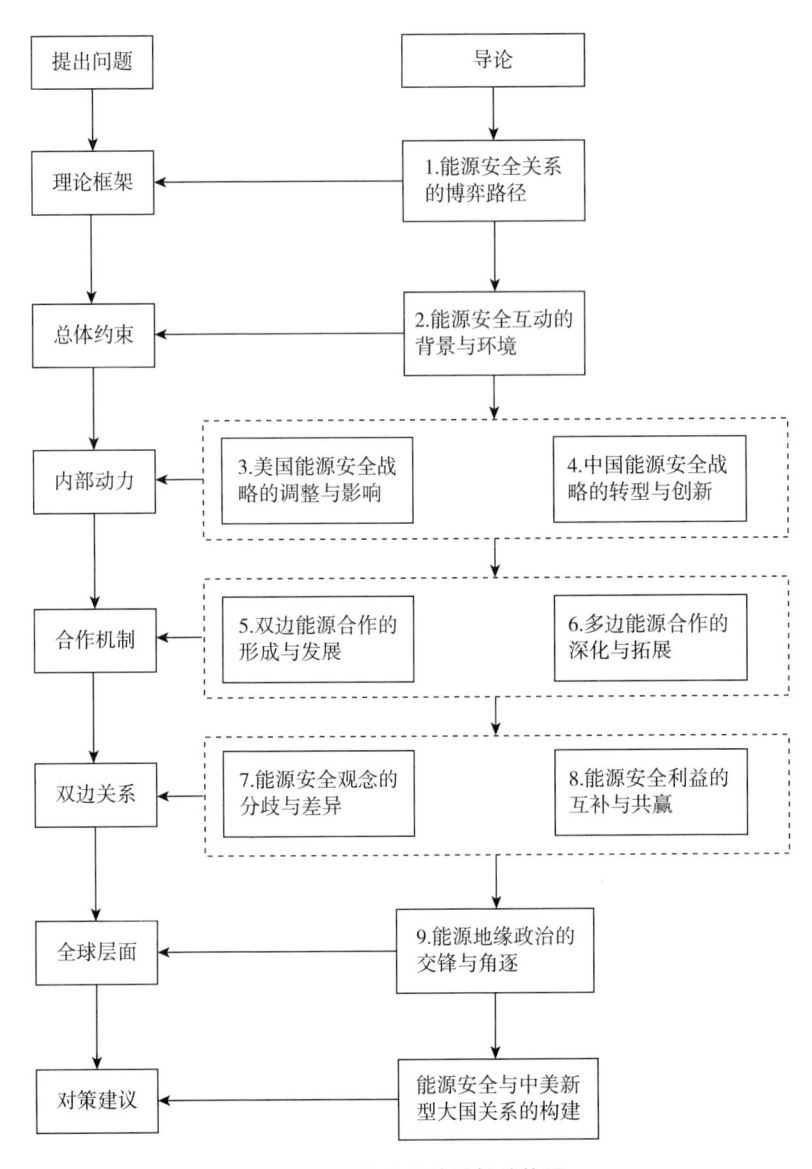

```
提出问题                    导论
   │                        │
   ▼                        ▼
理论框架  ◄──  1.能源安全关系的博弈路径
   │                        │
   ▼                        ▼
总体约束  ◄──  2.能源安全互动的背景与环境
   │                        │
   ▼                        ▼
内部动力  ◄── ┌─────────────────────────────┐
              │ 3.美国能源安全战  4.中国能源安全战 │
              │   略的调整与影响    略的转型与创新 │
              └─────────────────────────────┘
   │                        │
   ▼                        ▼
合作机制  ◄── ┌─────────────────────────────┐
              │ 5.双边能源合作的  6.多边能源合作的 │
              │   形成与发展        深化与拓展     │
              └─────────────────────────────┘
   │                        │
   ▼                        ▼
双边关系  ◄── ┌─────────────────────────────┐
              │ 7.能源安全观念的  8.能源安全利益的 │
              │   分歧与差异        互补与共赢     │
              └─────────────────────────────┘
   │                        │
   ▼                        ▼
全球层面  ◄──  9.能源地缘政治的交锋与角逐
   │                        │
   ▼                        ▼
对策建议  ◄──  能源安全与中美新型大国关系的构建
```

图 0-1 本研究的逻辑结构图

第一章　中美能源安全关系的博弈路径

能源问题是关系各国经济发展、国家安全和对外政策的战略性议题，各国通过政治、经济、军事和外交等各种手段力图保障能源安全。同时，能源也是少数国家政治遏制和经济制裁的重要工具。在全球能源体系中，围绕能源的开发、运输和消费，不同国家展开了激烈的竞争与合作，甚至走向冲突与战争，形成了错综复杂的博弈关系。

一　能源安全与美国的全球霸权战略[①]

能源安全是美国国家安全战略的重要目标，也是重要手段。无论是美国全球霸权体系的构建或者是护持，都离不开对能源资源的控制。

1. 美国霸权地位的战略基础

美国历届政府所关注的国家安全重点往往因时而变，能源安全在美国国家安全战略和外交政策中的地位经历了一个从边缘到中心的过程。石油安全在第一次世界大战中地位凸显，但直到第二次世界大战才引起美国的重视。《美国国家安全法》（1947年）主要涉及的是指军事安全，其中对于能源安全仅仅做了"使政府在战时能有效利用自然资源与工业资源，供军用和民用"的简单规定。[②]直到20世纪70年代石油危机，能

[①] 该部分内容曾发表于笔者先前专著，为了本章论述的完整性特转述于此。参见赵庆寺《美国能源法律政策与能源安全》，北京大学出版社，2012，第三章第二节。

[②] 梅孜编译：《美国国家安全战略报告汇编》，时事出版社，1996，第295页。

源安全才真正上升为美国国家战略,从尼克松政府开始,此后历届政府都把确保能源安全作为重要的战略目标。

美国通过控制全球能源资源进而控制他国经济命脉和外交政策,并以多边主义构建了一个整合西方盟国的国际能源体系和能源安全机制,这已经成为美国能源安全战略的基本逻辑。美国国家利益委员会在《美国的国家利益》(America's National Interests)中指出,保证全球主要体系(贸易、金融市场、能源供应和环境)的活力和稳定是美国生死攸关的利益。[1] 美国学者罗伯特·基欧汉进一步指出,战后美国构筑了符合自己的战略利益和价值取向的霸权体系,建立了稳定的开放的全球市场体系、稳定的国际货币体系、廉价的石油贸易体系这三种主要的利益机制,而石油处于美国霸权再分配体系的中心位置,控制石油是维系霸权稳定的重要支配手段。[2]

美国学者罗伯特·阿特认为,波斯湾石油通道安全和石油价格合理在美国国家利益排序中属于高度重要的利益。[3] 为此,美国绝不允许海湾大国支配或域外势力干扰美国在海湾地区的优势地位。对于美国来说,在伊斯兰世界尤其是中东石油的国际竞争中占有优势,不仅有利于加强盟国之间的合作,也便于应对美国面临的复杂挑战,尤其是在战略资源争夺中,获得充足的力量。[4]

值得注意的是,能源安全与美国国家安全和对外政策目标、手段紧密相关,能源安全目标与地缘政治、能源商业利益、推广民主和人权等多重目标结合在一起。在美国的霸权战略下,美国能源安全实践难免在上述多重目标的轻重缓急和优先次序上顾此失彼,甚至抵牾矛盾,难以做到相互倚重,这也决定了美国以霸权战略求能源安全和以能源安全战略支撑霸权地位的复杂性和不确定性。

2. 美国地缘战略的基本依据

能源安全不仅依赖于获取资源的可能性,也取决于运输线路的安全

---

[1] Commission on America's National Interest, *America's National Interest*, July 2000.
[2] Robert O. Keohane, *After Hegemony: Cooperation and Discord in the World Political Economy*, Princeton, N. J.: Princeton University Press, 1984, pp. 150 – 180.
[3] 〔美〕罗伯特·阿特:《美国大战略》,郭树勇译,北京大学出版社,2005,第57页。
[4] 高祖贵:《美国与伊斯兰世界》,时事出版社,2005,第154页。

性，这使国家能源安全战略与地缘政治利益相互交织在一起。控制世界主要能源产地和能源通道是美国重要的能源安全战略目标，这也决定了美国的地缘战略布局需要紧密围绕这一重要目标而展开。

传统的世界能源运输路线图是以波斯湾为中心，从波斯湾经大西洋或太平洋到达欧洲、亚太和北美等石油消费国。为了确保美国及其盟国的石油供应，美国国家安全战略重在确保中东石油以合理价格保持充足稳定的供应。① 在世界石油地缘政治的心脏地带，美国通过海湾战争将波斯湾石油置于美国霸权的控制之下，从而再次获得了全球竞争中的战略优势。冷战结束以后，随着里海—中亚国家、非洲和拉美地区和俄罗斯油气资源的不断开发，世界能源地缘政治格局呈现从中心到外围的多元化格局。美国通过强化对波斯湾地区的控制、巩固非洲和拉美的石油利益、加入中亚油气开发等手段，抢占世界能源地缘政治战略支点，进而主导和控制国际能源秩序。进入21世纪以来，美国发动的阿富汗战争与伊拉克战争虽然都打着"反恐"或"防止大规模杀伤性武器扩散"的旗号，但这两场战争背后隐藏的深刻的石油安全意图昭然若揭。美国通过阿富汗战争和伊拉克战争，巩固了在中东的地缘政治主导地位，加强了对可能影响全球石油市场的波斯湾石油的控制力。美国通过支持里海—中亚国家修建绕开俄罗斯的多条油气关系，也成功左右了里海—中亚国家油气外运的方向。美国减少从动荡不安的中东进口石油，扩大了从非洲、美洲的石油进口，石油进口来源的多元化格局不断优化。美国在亚丁湾、阿曼湾等海上航路上，在曼德海峡、霍尔木兹海峡和马六甲海峡等对全球能源贸易和运输具有重大影响的战略支点附近，布置了大量海空力量保卫海上能源战略通道。

需要指出的是，美国的地缘政治目标有时难以兼顾能源安全目标，甚至牺牲能源安全。正如法国学者菲利普·赛比耶—洛佩兹论述所指出的："在华盛顿主宰美国事务的部分政治家眼里，石油是与国防同等敏感的要害领域。正是在这种思维逻辑的指导下，一些本该主宰石油市场运

---

① Shibely Telbami and Fiona Hill, "Amercia's Vital Stakes in Saudi Arabia," *Foreign Affairs*, November/December 2002, p. 170.

行规律的经济和财政因素，有时不得不让位于地缘政治的考量。"① 由是观之，美国在全球地缘战略中，能源安全目标面临更加复杂的地缘政治挑战，难免会使美国的能源安全政策进退失据。

3. 美国经济繁荣稳定的保障

能源是国民经济增长的基础资源，经济繁荣离不开充足、廉价、可靠、稳定的能源供应。一旦发生能源中断，不仅国家的经济繁荣将会受到威胁，而且会影响生活方式和社会稳定，国家安全将面临严峻的挑战。20世纪70年代的石油危机使西方陷入了长期的经济滞涨状态，许多石油消费国付出了巨大的经济代价。长期以来，美国经济繁荣牢牢建立在廉价能源的基础上，提高能源价格势必将损及美国经济的国际竞争力。美国政府不惜投巨资研究开发新能源和可再生能源，力图为本国经济发展提供清洁、廉价的能源。

4. 美国联盟体系的关键纽带

美国的霸权建立在与西方盟国合作的基础之上，"我们能否处于安全状态的一个重要因素取决于我们同盟国和其他友好国家的关系是否持久"②。长期以来，美国通过双边合作与多边合作相结合的形式构建了一个地跨欧亚、辐射全球的能源安全体系，服务于美国的全球联盟战略。美国及其盟国长期面临共同的能源威胁，而美国提供了强大的能源供应和保护能力。国际关系理论大师汉斯·摩根索指出，"石油生产国之所以能够打击像美国这样的消费国，不仅是因为它们能够直接中断其石油供应，而且因为他们能够运用使美国的主要盟国如联邦德国和日本屈服的方法间接打击美国"③。美国能源部向里根总统提交的一份研究报告中也强调指出："由于世界石油市场是一个统一的整体，因此美国的能源安全同其盟国的以及贸易伙伴的能源安全是分不开的。即便一个从未向美国出口石油的产油国停止供应石油，对美国也会产生影响，因为石油市场

---

① 〔法〕菲利普·赛比耶—洛佩兹：《石油地缘政治》，潘革平译，社会科学文献出版社，2008，第13页。
② 梅孜：《美国国家安全战略报告汇编》，时事出版社，1996，第253页。
③ 〔美〕汉斯摩根索：《国家间政治：权力斗争与和平》，徐昕、郝望、李保平译，北京大学出版社，2006，第156页。

会把别处供应的石油不销往美国，而销往缺少或根本得不到供应的国家。……此外，在全世界会出现普遍的油价上涨，世界各地的消费者都受到影响。因此，只要自由世界中其他国家受到供应中断的威胁，美国也就面临危险。"[1] 在维护能源安全上，美国与盟国具有共同的利益。在美国的倡议下，西方国家通过成立国际能源署建立了能源安全合作机制，并以西方七国首脑会议的形式加强了盟国间的能源政策协调。

近年来，美国利用页岩油气革命带来的天然气生产大国优势，开始帮助盟国应对能源危机。自2011年福岛发生核泄漏事故以来，日本政府因核电站停运深陷能源短缺困境，国内要求进口美国天然气的呼声日趋高涨。2013年5月，美国能源部批准了向日本中部电力和大阪天然气等企业出口天然气的计划；2013年9月和11月，能源部又相继通过了对住友商事和东芝的天然气出口计划；2014年2月，美国能源部又同意对三井物产、三菱商事以及日本邮船等相关企业的出口天然气。2017年2月，美国路易斯安那州满载液化天然气（液化天然气）的轮船停靠在日本海沿岸，这是首批来自美国的液化天然气。2017年年初，日本公用事业公司已签署合约，2020年前购买总计1400万吨的美国液化天然气，约占同期美国预计出口总量的1/5，从而使日本成为美国液化天然气的最大买家。自2013年年底开始发酵的乌克兰问题造成了严重的俄欧对立，严重影响了俄罗斯对欧洲的能源供应。俄罗斯供应了欧盟30%的天然气需求，半数以上依赖乌克兰境内的管道运输。为了使欧洲国家摆脱对俄罗斯的能源依赖，美国前总统奥巴马在2014年3月份宣布，美国准备向欧洲出口液化天然气。2016年4月，美国向欧洲出口的第一批液化天然气，抵达葡萄牙南部的锡尼什港口。

与此同时，由于盟国的能源安全依靠美国的保护，美国由此取得了支配和控制其盟国的非对称权力，由此能源安全也成为美国影响盟国外交政策的工具。必须指出的是，美国与盟国在能源安全利益上并非完全一致，分歧在所难免。当出现分歧时，美国通常会发动强势外交，要求

---

[1] 《美国能源安全问题——美国能源部向里根总统提交的一份研究报告》，石油工业部科学技术情报研究所，1987，第6页。

盟国服从自己的全球战略。例如，美国曾要求日本政府配合美国对伊朗的经济制裁，让该国的帝国石油公司（Inpex Corp）最终退出了伊朗最大的陆上油田阿扎德干油田项目。从长期来看，由于美国及其盟国在能源安全上的矛盾，美国与盟国的合作一般不会一帆风顺，这将会成为美国与盟国关系不断出现摩擦和冲突的重要根源。

5. 美国遏制对手的重要工具

石油进口国的供应安全和石油生产国的出口安全都曾被美国用作遏制对手的工具。美国学者彼得·施魏策尔在其《里根政府是怎样搞垮苏联的》一书中披露了美国政府秘密策划瓦解苏联的内幕，石油在其中扮演了重要角色。书中透露，针对苏联对石油出口的严重依赖，美国推动沙特阿拉伯不断增产，设法压低石油价格以减少苏联的外汇收入。美国同时还迫使欧洲国家禁止贷款和出口运输油气的钢管给苏联，阻碍苏联提供油气生产和出口能力，苏联最终陷入经济困境而陷入解体的命运。[①]为了打击敌对国家的经济，美国长期对古巴、伊朗以及利比亚等国进行制裁。作为竞争对手，中国的崛起引发美国战略界的怀疑和防范。中国对能源的巨大需求和能源安全战略引发了美国的焦虑和不安。美国一方面炒作"中国能源威胁论"，另一方面阻止中国企业进入全球重要能源产区，挤压中国能源安全的战略空间。2005年6月23日，中海油宣布以要约价185亿美元的全现金要约收购优尼科公司。虽然中海油做了大量的公关工作，在美国警惕"中国能源威胁论"的舆论围剿下，最终还是败给了出价171亿美元的雪佛龙。[②]

二 能源安全与中国的和平发展战略

由于中国石油进口依存度逐步增加，能否保障充足、稳定、清洁的能源供应渐渐成为影响和制约中国经济发展的重要因素。自20世纪90年

---

① 〔美〕彼得·施魏策尔：《里根政府是怎样搞垮苏联的》，殷雄译，新华出版社，2001，第163页。
② 叶渠茂、蒋红军：《中海油并购优尼科的政治经济学分析》，《理论月刊》2006年第8期。

代以来，能源安全逐步上升成为中国国家战略重要组成部分，中国能源战略正面临着国内国际各种因素的约束和限制，面临着现代能源转型的挑战和压力。

1. 国家安全保障的基础要素

随着时代的发展，国家安全的内涵与外延发生了很大的变化。国家安全观已经从以政治稳定和军事安全为基本考虑的现实主义安全观，发展为全球化时代动态和立体的综合安全观。

改革开放前后，中国的国家安全观发生了重大转变，即政治安全和军事安全的重要性和紧迫性开始减缓，经济安全在安全战略中的地位逐步上升。中国超越"战争与和平"的传统思维，以国家面临的各种威胁来确定国家安全，主要源于对全球化时代我国改革开放所面临的复杂形势的认知和研判。中国官方在公开文件中最早使用"国家安全"这一术语是1983年六届人大一次会议政府工作报告中，国务院提请这次大会批准成立国家安全部。在1997年中共十五大报告中，3处提到"国家安全"，并首次提到"国家经济安全"，这表明一种与传统安全观迥然不同的安全认知已经出现。经过多年的实践探索和理论思考，2002年7月中国政府发布了《中国关于新安全观的立场文件》，同年11月中共十六大报告明确提出"传统安全威胁和非传统安全威胁的因素相互交织"的科学论断，标志着中国官方最终形成了系统全面的非传统安全观。[①] 在东盟地区论坛外长会议上，《中国关于新安全观的立场文件》指出，安全威胁日益多元化、全球化，安全领域不断从军事、政治向经济、环境、科技、文化等领域扩展。该文件提出要加强对话与合作来寻求共同安全，由此正式形成了我国"互信、互利、平等、协作"的新国际安全观。在2002年11月党的十六大报告中，中国基本形成了既包括传统的军事、政治，又包括非传统的经济、恐怖主义威胁等在内的综合性国家安全观。2014年4月15日，中央国家安全委员会第一次会议首次明确提出了总体国家安全观，并首次系统提出了政治安全、军事安全、国土安全、经济安全、

---

① 刘跃进：《中国官方非传统安全观的历史演进与逻辑构成》，《国际安全研究》2014年第2期。

社会安全、文化安全、信息安全、科技安全、资源安全、生态安全、核安全大国11种不同的安全领域。①

在实践中，包括能源在内的矿产资源的安全是国家安全的重要组成部分，并在国家安全中占有基础地位。能源是国民经济可持续发展的基础，而经济安全关系到国家的经济可持续发展、政治稳定、提高人民生活水平等诸多方面。在中国实现现代化和全体人民共同富裕的进程中，能源安全与能源战略日益成为当前国家安全战略中备受关注的重大问题。当前，能源资源已成为我国推进工业化、信息化、新型城镇化和农业现代化，构建全面小康社会和实现中国梦的重要物质基础。当前，我国能源安全面临众多新挑战。从实现经济发展目标的能源保障程度看，我国能源禀赋不高，需求增长旺盛，供求矛盾日益加剧，对外依存度逐年升高。此外，中国能源管理机构分分合合、不断调整，缺乏有效的能源安全管理体制，难以出台统一协调的能源战略和政策措施，存在能源安全规划与管理的制度性缺陷。面对来自多个方向、日益严峻的能源安全挑战，必须着眼于今后中长期国内外环境的可能变化，以前瞻性战略思维谋划应对举措。

2. 转变发展方式的重要环节

随着环境保护和气候变化问题日益突出，能源安全的内涵大大拓展，不仅仅要求能确保经济发展的充足、稳定的能源供给，也要求能源发展方式的清洁、可持续性。

长期以来，我国的发展中存在严重的不协调、不平衡、不可持续的问题，亟待加快转变经济发展方式，从粗放型增长转变为集约型增长。对于我国而言，要想持续推进现代化进程，防止出现停滞甚至发生逆转，更离不开经济发展方式的转变。加快转变经济发展方式，需要推动能源技术的革新来带动经济社会的持续增长，坚持走中国特色的新型工业化道路，制定中国特色的新型能源战略。一是要努力在重要领域和关键环节实现改革的新突破，形成有利于加快经济发展方式转变的制度安排；

---

① 习近平：《坚持总体国家安全观，走中国特色国家安全道路》，新华网，2014年4月15日，http://news.xinhuanet.com/politics/2014-04/15/c_1110253910.htm。

二是把增强自主创新能力作为战略基点，进而赢得国际竞争新优势，最终实现经济社会的持续快速发展。

转变能源发展方式，是中国转变经济发展发展方式的重中之重。经历了30多年的高速发展，目前我国已进入工业化、城镇化、信息化快速发展的关键时期，人均能源消费已经达到世界平均水平，能源消费总量注定还会持续增加，保障能源安全任务将更加艰巨，能源资源和生态环境的约束不断加大。中央十七届五中全会和"十二五"规划纲要提出"推动能源生产和利用方式变革"，党的十八大报告进一步提出了"推动能源生产和消费革命"。由"变革"到"革命"的变化，不仅反映了转变能源发展方式的重要性和急迫性，也体现了中央对能源发展规律的新认识和国家能源战略思维的新变化。能源生产和消费革命需要建立全社会节能的长效机制，合理控制能源消费总量，大力发展新能源和可再生能源。党的十八大描绘了"努力建设美丽中国"的蓝图，提出了"着力推进绿色发展、循环发展、低碳发展"，"支持节能低碳产业和新能源、可再生能源发展"等重大部署，为进一步推进能源发展方式转变指明了方向，也对低碳清洁能源发展提出了新的更高要求。

3. 加强国际合作的关键领域

随着经济全球化的深入发展，商品、资本、劳动和技术等生产要素在全球范围内的自由流动，各国的相互依赖程度大大提高。与此同时，全球化也为能源供给和能源价格赋予了更多新内涵，一国的能源安全已经和全球能源市场的供需紧密相连，这是一个需要各国共同面对的全球性问题。

从全球能源资源的分布来看，能源资源自然赋存极不均衡。从当前的能源供需来看，我国人均能源资源占有量远远低于世界平均水平，已经成为我国发展所面临的瓶颈制约。随着我国石油、天然气等消费量不断增加，对外依存度也越来越高，必须通过国际合作实现资源的全球化配置。

中国在国际能源合作中坚持国际能源主权、共同开发、安全至上、清洁利用、机制保障的原则，注重合作主体的多层次、合作对象的多元化、合作模式的多样化。在战略定位上，中国国际能源合作立足于中国经济发展和能源安全保障能力，积极推动国际能源互利合作，要求尽快融入现有国际能源秩序，尽力谋求制定对中国有利的国际能源规则，确保中国能源利益的最大化。我国进口能源增长迅速，大大缓解了我国的能源供需紧张的矛盾。就投资而言，能源和资源类投资一直是中国非金融类直接投资的重要组成部分。随着中国对外直接投资的迅速发展，海外并购成为中国企业"走出去"的新模式。在中国企业海外并购中，能源和资源类并购案占到了非常重要的位置。中国海洋石油有限公司2013年2月，斥资151亿美元完成收购加拿大尼克森公司的交易，成为中国企业成功完成的最大一笔海外并购。

4. 制定外交政策的基本依据

随着能源作为战略资源地位的凸显，无论是西方发达国家还是广大发展中国家，无论是能源出口国还是能源进口国，都把维护能源安全作为国家利益的重要内容，也是各国制定外交政策的基本依据。在国际体系中，各国能源资源状况是全球财富和权力分配格局的基础要素。能源出口国的资源储量和出口能力，不仅赚取了大量的外汇，也为利用这个战略杠杆撬动其他战略利益提供了战略支点。能源进口国为了确保能源安全，不仅要向出口国支付巨额外汇，也需要在其他领域做出让步抑或交换。各国能源安全战略密切互动，影响着国家间关系的发展，也是导致国际冲突、竞争与合作的重要因素。

能源安全是我国国家利益的核心内容，而保障充足、稳定、廉价、清洁的能源供给是实现中国经济社会发展目标的基本前提。能源安全不仅是我国完成全面建成小康社会和顺利实现现代化的物质基础，也是中国实现和平崛起的重要保障。随着能源市场全球化进程的逐步加快，能源领域的摩擦与冲突在所难免，随之而来的国际对话、磋商和协调日益活跃。由于我国资源"走出去"战略实施较晚，留给我国可以介入和利用的能源空间已十分有限，基本上属于政局不稳、社会动荡的敏感，甚至危险地区，这进一步加剧了中国能源不安全的形势。从国际关系历史来看，能源安全很有可能成为以美国为首的西方国家制约中国经济发展、影响中国外交政策的重要领域。事实上，西方国家一直在资源开发、企业并购、低碳技术等领域对我国采取遏制措施，我国利用境外能源资源的国际环境局部趋于恶化。再者,资源民族主义和贸易保护主义抬头,也使得我国能源企业"走出去"开展国际合作面临更多风险。为了确保能源安全,建立全球能源供应体系,中国能源外交立足于自身实力,统筹国内与国际、地区与全球、双边与多边、议程与领域,深化国际能源合作,加强国际能源协调,尽可能地化解风险和消除威胁,为中国维护能源安全、推进能源国际战略塑造良好的国际环境。

5. 参与全球治理的重要渠道

一般认为,全球治理是指在没有中央权威干预的情况下,由包括国际组织、非政府组织、跨国公司和公民运动等不同层次的行为体,通过参与、谈判和协调等方式,以国际规范、国际制度所形成的框架为基础而进行的全球合作。全球治理的实质是以全球治理机制而不是政府权威为基础,强调行为者的多元化和多样性,坚持合作方式的协商民主。从国际实践来看,全球治理的议题不断扩展,功能领域不断深化。目前,世界能源体系存在许多亟待解决的问题,例如,如何合理加快油气资源开发,如何培育有序竞争的能源市场,如何促进绿色能源技术的研发,如何构建全球能源安全预警体系,如何加快多层次全方位的国际能源合作等。事实上,由于产油国与消费国、消费国与消费国之间存在太多的认知差异,缺乏必要的沟通、协调机制,油气供应安全得不到有效的保障。而在支持新的绿色技术方面,也缺乏一个全球的监管机构,各国难以实现互利共赢。① 目前的全球能源治理呈现治理主体多元化、治理机制多层次、治理目标分散化的趋势。② 多年来,国际能源署(IEA)成功地建立了西方国家的能源安全机制,有效避免了石油危机的发生和蔓延,并在全球气候变化治理过程发挥了关键性的作用。IEA 隶属经济合作与发展组织(OECD)框架,目前仅仅有34个成员国,然而随着全球经济格局的改变和新兴发展中大国的崛起,目前国际能源署需要提升权威性、代表性和协调能力,吸纳中国、印度、南非等新兴经济体的积极参与。

---

① David G. Victor and Linda Yueh, The New Energy Order: Managing Insecurities in the Twenty-first Century, *Foreign Affairs*, January/February 2010.
② 叶玉:《全球能源治理:结构、挑战及走向》,《国际石油经济》2011 年第 11 期。

随着工业化的快速发展，中国已经成为世界重要的能源生产大国、消费大国和能源进口大国。中国不仅改变了世界经济和贸易的格局，也改变了世界能源格局。随着中国与世界深度互动，国际社会对中国能源战略的限制和要求不断增强的同时，中国对国际能源秩序的影响和塑造能力也日益提高。中国全面参与全球能源治理，一方面是源自中国自身的发展离不开全球能源治理秩序的构建，中国的能源安全利益是在参与全球能源治理的进程中不断塑造和明确的；另一方面，全球能源治理也离不开中国的积极参与，这是国际社会对和平崛起的中国勇于承担国际责任的期待。作为全球能源格局中举足轻重的大国，中国的能源安全战略与能源政策会直接影响全球层面、地区层面、双边关系的能源合作进程。

在全球能源治理中，功能结构断层化、参与主体多元化和治理目标分散化的趋势日益凸显，对中国身份的塑造和影响逐渐加大。中国采取怎样的能源发展战略积极参与全球能源治理，不仅事关中国的和平发展和繁荣稳定，也涉及国际新能源秩序的构建与稳定。① 在此背景之下，中国需要对国际能源格局和趋势做出准确研判，对中国能源安全态势要有清醒的认知。全面参与全球能源治理，避免风险因素通过"链条效应"和"蝴蝶效应"在全球范围内的迅速传导与扩散，积极展开综合性、多层次和一体化的能源外交。

三　能源安全与中美关系的复杂博弈

中美能源安全关系是一种全方位、多层次的博弈关系，受到国际环境、内部因素等各种变量的约束与影响。如何寻求中美能源安全博弈结果的均衡，成为两国战略界所面临的重大课题。

1. 国际能源安全关系的博弈性质

博弈论又称对策论，作为一种学术方法的广泛使用，学界普遍认为

---

① 于宏源：《全球能源治理的功利主义和全球主义》，《国际安全研究》2013年第5期。

是源自美国数学家冯·诺依曼和经济学家摩根斯坦二人合著的《博弈论与经济行为》。① 从理论预设来看,博弈论主要研究两个或两个以上参与者(或称行动者,player or agents)相互作用的形式理论,因为各方都寻求自身利益最大化,根据对方的策略而采取针锋相对的策略,由此形成了策略互动。因为其简约的研究范式和强大的分享能力,博弈论在经济学、社会学、国际关系学等学科使用广泛。博弈论不但对国际关系理论产生了广泛而深远的学理影响,推动了国际关系研究的简洁化、精确化、模型化和科学化进程,还直接推动了许多国际关系议题的解决。

博弈论是由参与者、策略和支付三个基本要素组成的理性行为理论。博弈论的基本假设如下,博弈至少有两个或两个以上理性的独立参与者,通过彼此的策略互动寻求利益的最大化。② "行为者采取行动以影响其他行为者的选择,没有一个行为者能单独决定情境的结果。所有行为者在选择他们自己的行动时都必须思考其他行为者会做什么。"③ 在这个过程中,参与者彼此拥有策略(strategy)选择的空间,在不同策略组合下参与者会得到一定的支付(payoff),这种支付往往用函数或支付矩阵来表示。从各方互动的情况来看,博弈的结果存在博弈均衡(equilibrium)的可能,例如最常见的纳什均衡(Nash Equilibrium)。纳什均衡中,所有参与者面临这样的状况,当他人不改变策略时,他的策略是最优选择。如果他改变策略,最后获得的支付只会降低。④ 纳什均衡是由所有参与者最优策略的组合(strategy profile),双方在对方给定的策略下,任何理性的一方都不会出现单独改变策略的冲动,从而没有任何一方有积极性打破这种均衡。⑤ 就此而言,找到参与者之间稳定的、可预测的互动行为模式是博弈分析的目标之一。

---

① 〔美〕冯·诺伊曼、摩根斯坦:《博弈论与经济行为》,王文玉、王宇译,生活·读书·新知三联书店,2004。
② 谢识予:《经济博弈论》,复旦大学出版社,1997,第3页。
③ 〔美〕詹姆斯·D. 莫罗:《政治学博弈论》,吴澄秋、周亦奇译,上海世纪出版集团,2014,第1页。
④ 张维迎:《博弈论与现代经济学》,上海三联书店·上海人民出版社,1996,第14页。
⑤ 〔美〕约翰·纳什:《纳什博弈论论文集》,张良桥、王晓刚译,首都经济贸易大学出版社,2000,第23页。

然而，并非所有的均衡都是最有效率的。为了衡量博弈效率，我们需要引入另外一个概念即帕累托最优。帕累托最优是指在具体一个资源配置状态下，任何对配置资源的改变都不可能致使一人收益增进而不损害他人收益，达到帕累托最优状态就是最有效率的。① 在理想的市场竞争状态下，市场机制往往被认为是达到帕累托最优的最佳方式。帕累托最优会带来社会福利的最大化，但是还要考虑利益分配的公平合理。在经典的囚徒困境博弈中，两个囚徒坦白的情况属于纳什均衡，但却是帕累托最次的结果；两个囚徒抵赖的情况属于帕累托最优，但却不是纳什均衡的结果。囚徒困境博弈充分揭示了个体理性与集体理性的矛盾。由此可见，博弈均衡不一定是帕累托最优，而帕累托最优也不一定是博弈均衡。所以，有效的国际合作要尽可能实现帕累托最优和博弈均衡的双重目标。②

理性范式是国际关系分析国家问题重要的基础性理论，博弈论是理性范式的一种。作为重要的国际行为体，博弈论提供了国家在国际关系中可能的策略选择。在围绕国家利益的国际关系博弈中，国家必须谨慎分析对手的策略，认真评估各方策略对增进利益的可能，由此产生了国际关系博弈中的战略理性。③ 如果博弈双方选择合作，创造条件实现充分的信息沟通，他们的收益反而都可能实现最大化，进而实现合作状态下的均衡。如果博弈双方缺少信任，博弈双方仍然会各自选择占优战略而不是实现合作的最优战略。在这种合作均衡的状态下，尽管博弈各方有可能实现收益的最大化，但是因为信任条件不具备，博弈双方都按照认为对自己最为有利的方式进行策略选择和互动。

当今世界，中美两国的利益融合逐渐加深，利益冲突不断增多，两国之间合作的动力也日益增大。从辩证法的角度来看，冲突与合作两种状态相互依存、相互转化，没有利益冲突博弈双方就没有合作的必要，只有利益冲突没有一定程度的利益重叠，博弈双方就不可能实现合作。

---

① 姚海鑫：《经济政策的博弈论分析》，经济管理出版社，2001，第35页。
② 崔大鹏：《国际气候合作的政治经济学分析》，商务印书馆，2003，第38页
③ 胡宗山：《博弈论与国际关系研究：历程、成就与限度》，《世界经济与政治》2006年第6期。

从这个意义上说，有冲突才有合作。实际上，恰恰是博弈各方信息沟通的不足和彼此互信的缺失，而这实际上缘于国际社会无规则状态下各国对外政策选择的自主性和不可预测性。国际社会最初呈现"自然状态"，各国博弈自由展开，无数次博弈的结果构成了国家间稳定化、长期化的交往规范即国际规则。随着国际条约的签订和国际组织的建立，国际规则被不断确立和强化，国际制度的形成使国家间的博弈行为更加可以预期，不会轻易逾越国际社会达成的共识及其所设定的框架，博弈各方具有了更高的互信度和更强的安全感。考虑到背信弃义的代价和国家声誉的损失，博弈各方很难做出违反国际制度的决策。

在国际关系中，能源安全博弈是指全球能源体系中的能源行动主体，采取经济、外交和军事等各种手段维护自身能源安全而呈现的竞争、合作与冲突过程。随着越来越多的能源生产国和消费国卷入国际能源贸易体系，能源领域的分歧与合作、冲突与竞争在所难免，国际能源博弈开始出现。能源安全与资源禀赋、国家实力、科技发展和经济发展水平、外交能力、国际关系格局的发展密切相关，各国保障能源安全的手段和目的难免相互重叠和交叉。

由于世界能源资源分布的非均衡性，能源消费国之间在海外控制油气资源、争夺输油管道走向等行动具有明显的"私利"的性质，消费国能源围绕私有物品的博弈属于典型的囚徒困境博弈。与此同时，能源消费国可以围绕公共物品展开的合作博弈也随处可见。中美能源合作涉及释放石油储备、开发清洁能源和减排温室气体等公共领域的责任问题。显然，通过释放储备平抑油价，通过开发清洁能源和节约化石能源来减排温室气体，这些行为都具有提供全球公共产品的属性。全球能源安全仅靠一国之力难以完成，这就需要传统大国和崛起大国率先行动起来，主动承担责任，领导国际社会共同行动。随着经济全球化的日益深化，国际能源市场紧密联动，任何地方的供应变化都会导致国际油价的同涨同跌，能源安全的全球化趋势使得任何能源消费国都不能独善其身，必须采取释放石油储备稳定世界石油市场的集体行动。能源出口国的需求安全与能源消费国的进口安全相互依赖，能源消费国之间在能源开发、能源运输、能源技术等领域难免存在技术差距，也存在能源互补的可能。

此外，在气候变暖等共同威胁下，能源消费国必须共同采取节能减排的行动加以应对，但不愿意承担行动成本的国家将出现"搭便车"问题。由于能源是世界经济社会发展的重要支撑和动力基础，各国围绕能源的竞争与合作展开了长期的较量，这也意味着能源博弈是一个长期、反复和动态的过程。

国际能源博弈主体追求自身利益的最大化，这些行为构成了国际能源博弈的基础，这些行为合情合理。所以，国际能源博弈各方的行为一旦超过了一定的限度，就会走到另一个极端。为此，必须要构建国际能源博弈的规则，完善以规则约束为基础的制度设计，以此化解国际能源博弈的困局。自20世纪60年代以来，生产国与消费国分别通过双边和多边能源合作机制建立了日益完善的合作规则。21世纪以来，随着世界经济的国际化、全球化、一体化不断推进，多层次、多元化、多功能的国际能源合作机制不断增多，实现共赢性博弈可能大大增加。

2. 中美能源安全博弈的进程分析

运用博弈论来讨论中美之间的合作与冲突时，首先要把博弈双方设定为寻求自身利益的"理性行为者"，其次要尝试厘清中美在各种博弈对局中的核心利益，这是我们预测博弈各方行为和博弈最终结果的基础。

随着全球能源市场的形成，中美两国在能源进口数量、能源进口战略通道、能源利用方式等领域形成了复杂的战略互动关系。在中美能源博弈中，假设对方愿意合作，那么自己选择背叛显然会带来更大的利益，则最终结果是彼此都会选择背叛。第一阶段，中美两国各有两个策略，选择的占优策略是背叛，此时两国的纳什均衡为（背叛，背叛），各种策略下的收益矩阵如表1-1所示。

表1-1 中美能源博弈的第一阶段

	（合作）	（背叛）
（合作）	(4, 4)	(0, 5)
（背叛）	(5, 0)	(1, 1)

在第二阶段，如果在能源冲突的情况下进行重复博弈，假设合作策

略的额外收益为3，背叛没有任何额外收益，这种情况下额外的收益矩阵为表1-2所示。

表1-2 中美能源博弈的第二阶段

	（合作）	（背叛）
（合作）	(3, 3)	(3, 0)
（背叛）	(0, 3)	(0, 0)

假如中美两国知道以上两个阶段博弈在各种策略下的结果，（合作，合作）成为纳什均衡，于是中美能源博弈的收益矩阵就变为表1-3所示。

表1-3 中美能源博弈的第三阶段

	（合作）	（背叛）
（合作）	(7, 7)	(3, 5)
（背叛）	(5, 3)	(1, 1)

在这个协调博弈里，（背叛，背叛）、（合作，合作）是两个纯策略纳什均衡，(7, 7)属于支付占优的帕累托最优纳什均衡，双方各得7的收益；(1, 1)是风险占优的纳什均衡，各自获得1的支付，远远小于7。

实际上，从第二阶段的收益矩阵来看，体现了对第一阶段行动的赏罚，即如果第一阶段双方合作，那么将获得奖励3；如果第一阶段有不合作的一方，则其收益变为0。奖惩矩阵的建立多数是在博弈过程中自动建立的。在协调博弈中，中美只有克服有限理性和机会主义的弱点，协调彼此的战略选择，才能得到最优的收益。

中美能源战略、国家关系的互动是在长期的发展中进行的。在能源安全领域，中美两国既有冲突的因素，也有合作的空间。中美能源关系十分契合协调博弈模型，协调博弈双方或多方都注重行为的协同，参与者获得的支付依赖于其他参与者是否选择了相同的行动。

在博弈的实际演进中，我们很难对某一博弈给出绝对的输赢判断，最终结果并非简单的你输我赢的零和游戏，而是包括输赢、和局、僵局的多样形态。博弈是一个动态演进的过程，由于受到内外各种变量因素的影响，博弈不断地由"可接受的均衡"达到另一个"可接受的均衡"。

3. 中美能源安全博弈的类型分析

根据机制设计的不同，中美能源博弈可能出现 6 种基本博弈图式，可以分为非合作性博弈和合作性博弈两大类型。非合作性博弈包括囚徒困境博弈、智猪博弈、斗鸡博弈和盟主博弈；合作性博弈包括猎鹿博弈和性别战博弈。

表 1-4 （1）囚徒困境博弈

	（合作）	（背叛）
（合作）	（3，3）	（1，4）
（背叛）	（4，1）	（2，2）均衡

在囚徒困境博弈中，由于信息不对称，双方不能达成具有约束力的可执行协议，在一国无法影响他国决策的情况下，中美各自选择了对自己最为有利的背叛战略，结果导致了任何一方不愿意看到均衡结果。由此而言，中美博弈的最优战略都是背叛，结果出现了中美收益最差的均衡结果，这说明个体理性无法自然导致集体理性，显示了在集体行动之中个体理性与集体理性的悖论。这充分说明，在国际合作中，即使存在共同利益这样明显的集体理性目标，充分理性的个体也未必会选择合作战略来实现和维护共同利益。美国在 2001 年宣布退出《京都议定书》，国际气候合作陷入囚徒困境。

表 1-5 （2）盟主博弈

	（合作）	（背叛）
（合作）	（4，3）均衡	（3，4）
（背叛）	（2，2）	（1，1）

盟主博弈主要用于弱势国家为了生存而加入强势国家的联盟，由于强势国家具有比其他方更大的强制权力和权力资源信息，从而获得了博

弈中的较大收益，这是一种典型的非对称博弈。如果明知中国的主导策略是合作，那么美国就可以通过背叛获得最优结果，获得收益为 4，而中国的收益则因为美国的背叛而减至 3。美国采取背叛策略，由于中国对美国的整体依赖大于美国对中国的依赖，如果中国也采取背叛策略，博弈后的中国收益就只有 2 和 1 两种情况。对于美国而言，理想收益是，虽然背叛能获得一时的最大收益 4，但也担心中国策略的变化而导致获得 2 和 1 的最差收益。此外，美国维护国际体系的成本要小于从国际体系的变动获得的收益，维护合作格局总体有利于己。所以，美国与其采取背叛策略而一时获益，不如主动合作获得次优收益。如此一来，中美两国的主导策略都是合作。盟主博弈中虽然存在这样的博弈均衡，但由于权力的不对称，在这种支付结构下中美收益是不对等的。由于权力结构的动态性，美国要时常面对中国背叛或不合作行为的困扰。依据盟主博弈的原理，在中美能源交流与对话中，美国应该更加积极主动，保持中美能源合作机制的稳定性和持续性。

表 1-6 （3）智猪博弈

	（按钮）	（等待）
（按钮）	（1，5）	（-1，9）
（等待）	（4，4）均衡	（0，0）

智猪博弈均衡是，在此情况下是大猪按钮，小猪等待，属于典型的"搭便车"策略。在智猪博弈的支付结构中，总体居于强势地位的美国收益次序是（9，5，4，0），而相对弱势的中国收益次序为（4，1，0，-1）。由此可见，等待是中国的最优策略，而美国只有选择去做，否则一无所获。在此状况下，美国提供公共物品，中国"搭便车"，而且还得到同样的收益。究其原因，一方面是公共物品的非竞争性和非排他性，另一方面也源于各方贡献、责任和能力的差异。按照这种博弈均衡，总体处于优势地位的美国应该在海上能源通道保护、温室气体减排等方面承担更大更积极的责任，在资金援助、放松技术出口控制等方面做出更多的让步。

表 1-7 （4）斗鸡博弈

	（进）	（退）
（进）	(-3, -3)	(2, 0) 均衡
（退）	(0, 2) 均衡	(0, 0)

在斗鸡博弈中，中美两国各自的最优策略都是在一方前进时自己选择撤退，同进和同退都不能实现均衡。[①] 如果都寄希望于对方撤退，就会出现两败俱伤。这两种结果都是帕累托最优，是帕累托次优，是帕累托无效。在相互依赖的全球化时代，为了避免两败俱伤的结局，应该通过国际谈判和信息沟通，尽量选择或。当然，根据利益分配的公平原则，对在斗鸡博弈中对于选择"退"的国家予以一定补偿，或者是给予下次博弈"进"的机会。根据斗鸡博弈的启示，中美能源领域的竞争与冲突，不能因为固执己见而互不相让，最终使得能源合作一无所获或无果而终。

表 1-8 （5）猎鹿博弈

	（猎鹿）	（猎兔）
（猎鹿）	(4, 4) 均衡，最优	(0, 2)
（猎兔）	(2, 0)	(2, 2) 均衡，次优

猎鹿博弈是一种混合策略的合作性博弈，存在两个博弈均衡，合作的成功取决于谈判中的信息沟通，以避免不必要的欺瞒，降低博弈各方的机会主义倾向。在猎鹿博弈中，个体收益与总体收益不存在严重悖论，个体收益与集体收益的实现基本是一致的，博弈各方对绝对收益的关注远远超过对个体收益的关注。博弈各方不存在主导策略，策略上存在相互依赖性，基本视对方策略而定，存在两种均衡，或者都去猎鹿，或者都去猎兔，否则就会陷入收益可能为 0 的境地。前者是理想的帕累托最优状态，后者是帕累托次优状态。虽然猎鹿博弈的支付结构决定了实现合作的可能，但并非一帆风顺，而是需要将博弈双方的承诺和行为能够达到彼此信任的状态。虽然也存在相互背叛的博弈均衡，但沟通和谈判

[①] 张维迎：《博弈论与现代经济学》，上海三联书店·上海人民出版社，1996，第 20 页。

会让各方充分认识到合作收益明显超过了背叛的收益。因此,猎鹿博弈中的信息传递与沟通问题就至关重要。① 由此可见,中美能源博弈各方应该采取相向而行的能源外交行动,通过不断累计共识,增进互信,这对于推动和深化中美能源合作进程至关重要。

表1-9 (6) 性别战博弈

	(球赛)	(芭蕾)
(球赛)	(2, 1) 均衡	(0, 0)
(芭蕾)	(0, 0)	(1, 2) 均衡

性别战博弈也是一种混合策略的合作性博弈,博弈各方的主导策略都不是背叛或欺骗,存在两种帕累托最优的均衡结果。由于支付结构决定了性别战博弈属于联合供给但由个体消费,关键在于如何协调两种均衡结果达成集体收益。虽然各方都认为有协议比没有协议好,但存在如何看待最终收益分配的问题。如果博弈双方关注绝对收益,无论收益是1或者2,双方最终会在某一时间点上达成合作协议;如果博弈双方关注相对收益,即都想获得最大收益2,那么就存在博弈双方的谈判问题了。性别战博弈意味着,中美能源博弈需要双方协调节能减排等领域的成本问题,更加关注能源合作的绝对收益。

4. 中美能源安全博弈的优化路径

中美能源利益协调博弈的核心是博弈均衡的选择,即两国在收益占优均衡和风险占优均衡中如何选择。中美保持战略理性的情形下,中美两国合作收益占优均衡的达成需要确信对方也会选择帕累托最优策略。由于双方都做出合作的战略选择要求双方进行精确的理性分析,并达到高度的信任,所以双方的合作解选择比较脆弱。在博弈模型的构建中,博弈理论对参与者的理性、偏好假设以及参与者所拥有的信息有严格的限制性条件,这不可避免地导致了抽象理论分析和复杂客观现实之间的反差。"博弈论讨论的问题都是在设定的条件下构建的理论模型,它给予

---

① 苏长和:《全球公共问题与国际合作:一种制度的分析》,上海人民出版社,2000,第149页。

我们的是在进行对策分析时开启智慧之门的思维方式，而不是解决一个个具体问题的简单的公式。"① 实际上，国家作为理性人的理论假设难以概括复杂的国内国际政治互动的现实。中美两国能源合作具有互补性，具有了长期重复博弈的必要条件。在中美能源利益博弈的过程中，最容易干扰的因素就是双方对意图的怀疑。中美能源博弈机制不仅取决于有效的信息沟通和彼此认知，难以脱离国内不同阶层和利益集团的政治影响。国内政治力量既有可能成为推动双边合作的推动力量，也有可能成为阻挠双边合作的不利因素，充满不确定性。这意味着，成功的中美能源合作必须学会管控分歧，开展政府与政府、政府与民间、企业与企业间的积极对话，有效化解国内阻碍因素。

根据博弈理论，一次性博弈往往导致非合作纳什均衡，即"囚徒困境"，这是个体理性导致机体非理性的典型状况。走出"囚徒困境"的方法就是增加博弈的次数，实现在尽可能完全信息条件下的国际能源博弈。考虑到两国合作的长期性以及能源合作所必然带来的溢出效应，经过多次重复博弈之后两国总收益最终会提高。为此，中美两国需要建立重复式均衡和制度性均衡，在不断的博弈进程中，明确彼此的博弈策略和目标诉求，加大对合作的奖励和背叛的惩罚，增强信息沟通，稳定收益预期。

中美需要建立约束机制来限制国际能源合作过程中的投机行为，同时也要建立有效、持续的沟通。为了解决信息的不对称，博弈论中的无名氏定理表明，无数次的重复博弈将导致合作。在能源合作博弈的收益函数不变时，能源合作主体间的战略互信直接影响着能源合作主体的合作意愿度，而保证战略互信的有效手段就是各行为主体的交流和沟通。为了增强国际能源市场信息的稳定性，应建立和完善可靠的信息传播机制和渠道，在能源的勘探、开采、加工、储运、购销等方面实现信息共享，提高能源信息交流的速度和质量，增加能源政策的透明度，为双边合作提供准确可靠的决策依据。此外，要深化首脑外交及高层战略对话机制，扩大中美能源对话的平台，淡化地缘政治和意识形态因素，通过

---

① 刘明：《博弈蕴涵合作：如何运用博弈论解析中美关系》，《全球化背景下的世界与中国——2007年国际形势研讨会论文集》，世界知识出版社，2008。

博弈前的廉价商谈以保证信息的正向获取,从而减少博弈时的不确定性。

构建合理的利益分配机制是促进能源合作稳定性的重要措施。只有不断促进能源价格稳定,扩大市场开放,增加能源产品供给,实现技术外溢及管理经验等方面的优势互补,国际能源合作收益才能不断扩大;只有在充分协商的基础上考虑各方利益,建立制度层面的利益分配机制,从而对能源定价及共同开发的利益分配等进行公平、合理分配,才能在能源安全利益上实现共赢。

根据制度经济学中的合同执行理论,可以假定国际社会中的国家与市场中的个体一样,也是一个理性行为体,其行为具有机会主义和有限理性特征。按照合同执行理论,合同执行可以依托双边声誉机制、多边声誉机制和第三方机制。[①] 由于在目前国际社会缺乏有效的第三方机制,为了更好地保障两国能源安全,中美能源合作的主要路径是在发挥双边机制作用的同时,建设和完善各类多边机制。

本章小结

目前,世界能源格局正面临深层变革,能源安全形势发生巨大转折。作为世界能源舞台上的大国,中美两国是世界能源格局的参与者、受益者,同时也是世界能源格局的塑造者和引导者。就此而言,如何在世界能源格局发生剧烈变动的时期,实现中美能源安全合作博弈,应该是实现中美关系良性互动的核心问题之一。可以看到,中美面临着共同的能源挑战,也存在着广阔的能源合作空间。需要注意的是,作为中美关系的重要内容,两国关系的矛盾、结构和趋势也影响着中美能源安全博弈的性质、状态和走向,必须在实现中美关系总体稳定的前提下有效管控分歧。就此而言,避免能源安全利益的冲突与危机,实现能源安全领域互利共赢,不仅事关中美关系的健康发展,也影响着世界各国的繁荣稳定。

---

① 徐斌:《国际能源机制的理论与中国经验:一个合同执行的分析框架》,《世界经济与政治论坛》2009 年第 1 期。

第二章　中美能源安全互动的
　　　　背景与环境

中美能源安全互动深受世界能源格局和能源安全形势的影响。当今世界能源发展格局发生重大转折，能源安全形势呈现新的特征，塑造着中美能源安全利益和能源安全合作方式。与此同时，作为世界能源大国，中美能源安全互动是中美关系的一个功能性领域。无论竞争与合作，都难以摆脱中美总体关系波动的影响。

一　中美面临的世界能源发展格局

从能源生产、能源消费、能源价格与能源竞争态势来看，当今世界能源格局正面临深层变革。中美两国自身的能源发展战略影响着世界能源发展趋势，也深受世界能源局势的影响。

1. 能源生产中心的变换

随着勘探和开采技术的进步，美洲、非洲和海洋的大量油气资源被发现，长期以来以中东为中心的石油生产格局正在发生分散化的变换。

第一，从区域上看，美洲非常规油气资源开发取得重大突破。自 20 世纪以来，逐步形成了中东、俄罗斯、中亚和北美四大能源供应板块，特别是美洲非常规油气资源的开发，生产中心西移的趋势渐趋清晰。近年来美洲石油探明储量增长较快，2008 年至 2016 年，委内瑞拉探明储量从 1723 亿桶增至 3009 亿桶，增幅高达 74.6%；美国从 284 亿桶增至 480 亿桶，增幅高达 69%。2016 年美洲探明石油储量共 5554 亿桶，占世界的

32.5%。加拿大油砂和委内瑞拉重油等非常规石油资源的大量发现和开采增势喜人，2016年加拿大油砂探明储量为1653亿桶，委内瑞拉重油有2223亿桶，合计相当于世界石油探明储量的22.7%。[1] 如果上述两类石油储量统计在一起，美洲的石油资源可谓异常丰富。随着页岩油气的大量开采，美国油气产量也迅速增加。2008～2016年，美国石油日产量从的678.4万桶增至1235.4万桶，增幅高达82%；2008～2015年，美国天然气的日产量从551亿立方尺增至741亿立方尺，增幅高达34.5%，并在2009年超过俄罗斯成为世界最大的天然气生产国。[2] 英国石油公司在2014年1月发布的《2035世界能源展望》中预测，预计到2035年，石油和其他液体燃料新增产量将主要来自美洲和中东地区，半数以上的新增产量来自非石油输出国组织，美国致密油、加拿大油砂、巴西深水油和生物燃料的产量的不断增加抵消了成熟油田的减产。英国石油公司预测未来全球页岩气产量仍将持续增长，2035年时页岩气产量将占天然气需求增量的46%，占世界天然气产量的21%和美国天然气产量的68%。虽然预计北美页岩气产量在2020年后会放缓，但到2035年时北美仍有可能占全球页岩气总产量的71%。[3] 虽然南美和非洲的能源资源储量丰富，但是囿于技术、资本和市场开放等原因，开发潜力还需要进一步挖掘。

第二，从构成来看，新能源和可再生能源比重逐渐增加，但化石能源地位无法替代。世界多数国家能源消费中仍以煤、石油和天然气为主，2016年的世界能源消费结构中，石油占32.3%，天然气占24.1%，煤炭占28.1%，核电占4.5%，水电占6.9%，可再生能源占3.2%；经合组织国家尤其是欧盟各国，削减污染较重的煤炭消费，不断增加更加清洁的能源种类的消费，煤炭在经合组织国家和欧盟能源消费结构中的占比分别为16.5%和14.5%，核电占比分别为8%和11.6%，可再生能源占比分别为4.8%和8.3%；煤炭在非经合组织国家的比重高达36.4%，核电只有1.9%，可再生能源只有1.9%。[4] 据国际可再生能源机构（IRE-

---

[1] BP, *Energy Outlook 2035*, January 2017.
[2] BP, *Energy Outlook 2035*, January 2017.
[3] BP, *Energy Outlook 2035*, January 2014.
[4] BP, *BP Statistical Review of World Energy*, June 2017.

NA）一份名为《2014年可再生能源发电成本》的报告指出，可再生能源发电成本已低于化石燃料，即使没有财政支持并遭遇油价下跌，水能、风能、生物质能、地热等的发电成本均已具备与煤炭、石油及天然气一较高下的竞争力。① 英国石油公司（BP）在2017年1月发布的《2035世界能源展望》预测，随着能源结构逐步转型，未来可再生能源、核能和水电将在未来20年内占能源供给增量的一半。到2035年时，石油、天然气和煤炭等化石能源仍是为世界提供动力的主导能源，不过占比从2015年的85%下降到75%。煤炭增速会急剧放缓，消费量在2025年达到峰值。可再生能源以年均7.1%的速度快速增长，在能源结构的比例从2015年的3%升至1035年的10%。②

第三，从公司来看，国家石油公司在世界油气资源开发中快速崛起。在能源市场上，不同类型的能源公司发挥着扩大能源开发、保障能源供需、研发能源技术的独特作用。历史上著名的国际石油公司（IOCs）"七姐妹"，即新泽西标准石油公司（Standard Oil of New Jersey）、荷兰皇家壳牌集团（Royal Dutch Shell）、英国石油公司（British Petroleum）、纽约标准石油公司（Standard Oil Co. of New York）、加利福尼亚标准石油公司（Standard Oil of California）、海湾石油公司（Gulf Oil）和德士古（Texaco）曾经拥有丰富的石油资源和巨大的资本实力，在国际能源市场上呼风唤雨。③ 经过分化组合，目前这些西方著名的国际石油形成了埃克森美孚（Exxon Mobil）石油公司、雪佛龙（Chevron）石油公司、英国石油公司（British Petroleum）、荷兰皇家壳牌集团（Royal Dutch Shell）四大公司。"四姐妹"依然在世界能源格局中拥有举足轻重的地位，但是却遭到石油生产国和新兴经济体多家国家石油公司（NOCs）的挑战。英国《金融时报》把世界油气市场的七大国家石油公司称为"新七姐妹"，分别是

---

① IRENA, *Renewable Power Generation Costs in 2014*, January 2015.
② BP, *Energy Outlook 2035*, January 2017.
③ 关于"七姐妹"的形成过程和在世界石油市场的影响力，可以参阅：Michael Tanzer, *The Energy Crisis：World Struggle for Power and Wealth*, New York：Monthly Review Press, 1974. p. 17; Anthony Sampson, *The Seven Sisters：The Great Oil Companies & the World They Shaped*, NewYork：The Viking Press, 1975。

沙特阿拉伯国家石油公司（ARAMCO）、委内瑞拉国家石油公司（PDVSA）、中国石油（Petro China）、俄罗斯国家天然气工业股份公司（Gazprom）、巴西石油公司（Petrobras）、伊朗国家石油公司（Nioc）和马来西亚国家石油公司（Petronas）。"新七姐妹"，分别控制了世界油气总储量和总产量的1/3，"四姐妹"的这一比例分别为3%与10%。① 这些国际石油公司与国家石油公司可谓富可敌国，作为世界石油市场的重要主体和国际能源体系的权力中心，在公司利益与东道国外交政策的相互影响下，围绕财富与权力展开了激烈的角逐。②

2. 能源消费重心的逆转

由于发达国家能源效率提高和近年来的经济低迷，西方发达国家能源消费逐步趋缓；而经济发展迅速的新兴经济体成为推动世界能源消费增长的主要动力。在西欧、北美和亚洲三大经济重心，经济增长势头强劲的亚洲成为能源消费的新高地。

第一，发达国家的能源消费持续下降。根据BP发布的《BP世界能源统计2017》，世界能源消费增速趋缓，2013年全球一次能源消费增长率同比增长2.3%，2016年降为1%，远远低于近10年1.8%的平均增速。发达国家能源消费出现负增长，2013年经合组织国家（OECD）一次能源消费同比增速仅有1.2%，2014年则同比下降0.9%，2016年同比下降0.3%；2013年欧盟一次能源消费同比下降仅有0.3%，2014年则下降3.9%，2016年同比下降1.1%。从石油消费看，2013年全球石油消费增加了1.4%，2014年仅增加0.8%，2016年增速仅为1.6%；而经合组织国家2016年同比增速为1.2%，欧盟同比增速只有0.9%。③

第二，新兴经济体能源需求不断上升。根据BP发布的《BP世界能源统计2017》，2016年非经合组织国家吸纳了世界石油消费总量的52.1%，

---

① *A New Era of Nationalism The New Seven Sisters*, http://www.ftchinese.com/story/001012539/en.
② Carola Hoyos, "The new Seven Sisters: Oil and Gas Giants Dwarf Western Rivals", *FinancialTimes*, March 11, 2007. http://www.ft.com/cms/s/2/471ae1b8-d001-11db-94cb-000b5df10621.html#axzz3SO20A4Lw.
③ BP, *BP Statistical Review of World Energy*, June 2017.

世界煤炭消费总量的75.5%和世界天然气消费总量的53.6%。从2016年世界一次能源消费量来看，新兴经济体基本保持持续同比增长的态势，其中中国为世界消费量的1.3%，印度为5.4%，南非为1.5%，印度尼西亚为5.9%，马来西亚为5.7%；从石油消费来看，2016年非经合组织国家同比增长为3.6%，中国为3.3%，俄罗斯为2.1%，印度为7.8%。[①]英国石油公司在2014年1月发布的《2035世界能源展望》中预测，2012年到2035年的全球能源消费将增长41%，非经合组织国家预计将占新增消费的78%，其中95%的增长来源于新兴经济体。预计到2035年时，87%的煤炭需求增量来自中国和印度，两国占世界煤炭消费总量的比例将从2012年的58%上升到2035年的64%。未来世界石油消费增长缓慢，年均增速仅0.8%，新增消费完全由中国、印度和中东的需求增长所占据。[②]

3. 能源定价权力的暗战

在世界能源市场上，能源供给和消费的矛盾焦点在于合理的能源价格。由于能源贸易额度不断攀高，能源金融化程度日益增强，能源早已经从一般的大宗商品增添了越来越多的金融色彩，世界能源定价权和交易方式对各国能源安全的影响日益凸显。

第一，美国维护石油美元体系。石油美元是美国能源安全体系的重要组成部分。石油美元拯救了布雷顿森林体系崩溃后美元作为国际货币的地位，通过这种实质上的石油美元本位，美国重新控制了国际货币体系，也为石油这种战略商品注入了金融属性，形成了美元汇率与石油价格之间"景气交叉"的关联性变化规律。美国不仅通过美元霸权体系获得了大量铸币税，而且还通过中东石油美元与亚洲商品美元的环流，获得了大量金融利益，在世界金融体系中占据了难以替代的金融霸权地位。

第二，石油产业与金融资本的融合。一方面，石油产业资本通过参股、控股金融机构等方式直接向金融业发展，另一方面是传统的投资银行、对冲基金等金融机构直接介入石油市场。金融机构不仅为石油企业的并购与重组提供必要的资金，而且主动介入能源行业的并购重组中，

---

① BP, *BP Statistical Review of World Energy*, June 2015.
② BP, *Energy Outlook 2035*, January 2014.

加速能源行业的整合。国际主要石油公司纷纷参与金融衍生品市场和石油衍生品市场,采用期货、远期、期权、掉期等各种衍生工具防止金融风险,进行贸易活动。① 国际石油期货市场的期货价格已经成为全球石油贸易现货交易、长期合同的主要参考价格。

4. 能源竞争核心的转向

在未来的能源安全布局中,各国必须掌握能源核心竞争力。各国的能源竞争已经从资源获取、输送、利用等多个方向全面展开,纷纷通过完善制度机制、市场调控、技术研发、国际合作等多种手段,推进能源转型,试图占领能源发展战略的制高点。

第一,全球化、市场化的能源发展要求。无论是能源出口国和进口国,必须融入经济全球化、市场化的大潮中,才能获得开发能源的资本、技术,才能扩大能源出口的市场,确保能源供需双方的互利共赢。就此而言,越来越多的国家开始对外资打开能源资源开发的大门,这为能源消费国扩大海外能源投资带来了机会。与此同时,各国在能源发展中开始摒弃单纯的行政管制手段,通过解除管制和打破垄断,以能源市场化的方式保障能源供给和服务的充分保障,正在成为确保能源充分、可靠、廉价、稳定供应的最佳方式。

第二,清洁化、低碳化的能源发展方向。随着气候变化压力的加大和可持续发展理念的深入人心,各国充分认识到,应该降低煤炭消费比重,把加快发展天然气、核电、可再生能源等作为能源发展的重要方向。值得注意的是,作为一种新经济发展方向,低碳经济已经与能源安全、工业振兴和气候变化紧密结合在一起,形成了相辅相成、协同创新的战略三角。为了带动经济复兴、应对气候变化和维护能源安全,发达国家把清洁能源和可再生能源的开发和利用作为实现"再工业化"的战略突破口。欧美和日本等发达国家纷纷制定规划和能源政策,确定了新能源在能源消费结构中的目标,推出了发展新能源和可再生能源的路线图。

---

① 于民:《七家国际大石油公司使用金融衍生工具的研究》,《石油化工技术经济》2006年第1期。

二 中美面临的世界能源安全形势

作为具有重要影响的能源权力中心，世界能源安全形势对中美两国的影响不可谓不大，两国都无法置身事外。中美两国能源安全敏感性和脆弱性虽然不同，但能源安全的关联性、传导性决定了中美两国应该树立综合安全、合作安全、共同安全的理念，协同共进，互利共赢。

1. 能源安全利益的多层化

能源安全的内涵与外延经过一个从消费国进口安全到生产国出口安全、从单纯供应安全到兼顾使用安全、从强调能源数量到数量质量并重的发展变化过程。

第一，能源进口的充足与可靠。随着石油在战争中大显身手，特别是20世纪第一次和第二次石油危机供应中断的教训，确保石油的有效供给就成为消费国能源安全战略的核心内容。为了维护能源安全，世界上的主要能源消费国如美国、中国、印度、日本等国，通过与石油生产国的双边合作签署了大量长期能源供应协议，同时以经济援助、金融贷款甚至军火贸易等加强战略互信和战略协作。与此同时，能源进口国中国、美国、日本、印度、欧盟也通过彼此间的多边合作加强对话与协调，防止恶性竞争。为了防止能源进口风险，能源进口国通过能源进口多元化分散进口风险尽可能扩大能源进口来源，减少能源进口来源的集中度。例如美国不断减少对中东地区的石油进口和扩大来自非洲、美洲的石油进口，中国在对中东的石油进口不断上升的情况下开始增加来自非洲、美洲和俄罗斯、中亚国家的能源进口，欧盟也试图通过增加来自中东和非洲的油气进口来减少来自俄罗斯的油气进口。

第二，能源出口的持续与稳定。随着能源安全实践的发展，各国充分认识到，在消费国力争确保供给安全的同时，出口国也在寻求能源出口的稳定市场，确保出口安全。对于多数能源出口国而言，能源出口收入是外汇收入主要来源和政府财政的主要支柱。能源收入的急剧减少不仅影响国内经济发展和社会稳定，还会导致国内动荡甚至危及政府的合法性。对于能源出口大国俄罗斯而言,寻求稳定的能源市场成为拉动经济增长甚至发挥大国外交影响力的重要手段。由于乌克兰问题引发的欧俄冲突一度激化,欧盟持续强化对俄罗斯的经济制裁并试图减少对俄罗斯的能源依赖,俄罗斯开始寻求增强与中国、日本和韩国的能源合作。美国页岩油气革命引发对中东的石油进口需求不断下降,中东国家纷纷打起价格战,沙特、伊朗、伊拉克、科威特等OPEC成员国相继下调出口油价,开始通过价格优惠等措施扩大对中国、日本和印度等亚洲国家的出口。对委内瑞拉而言,寻找中国这样的新买家也是减少对美国能源市场过高依赖的一种替代选择。尽管2014年下半年国际油价遭遇"腰斩",为了维护市场份额,欧佩克为了一直拒绝减产保价,试图通过加大石油出口和压低价格来摧垮美国成本高企的小型页岩气开发商,从而打击美国页岩气产业。沙特与美国页岩油的较量不断升温,2015年3月,沙特阿拉伯日产石油约1029万桶,创历史新高;出口量增至约789万桶石油,达到了12年内最高。俄罗斯也拒绝减产,2014年日均原油产油量维持在1058万桶,为1980年以来的最高水平。在低油价的冲击之下,美国油气开采商不断减少石油钻机数量。美国油服公司贝克休斯(Bake Hughes)公司数据显示,截至2015年5月底,美国石油钻井平台数量连续25周下滑,仅有646个,比去年同期减少890个,创2010年8月以来新低。截至2015年10月2日当周:美国石油钻井平台数连续六周下降,减少26个,仅剩614个。天然气钻井平台数下降了2个,尚存195个。如此一来,美国油气钻井平台总数跌至809个,是2002年5月以来的新低。[①]

第三,能源价格的涨跌与调控。无论对于能源出口国还是能源出口国来说,追求合理的能源价格成为双方博弈的焦点。从历史上看,国际能源价格多次暴涨暴跌,给能源进出口双方带来了巨大的冲击。1973年10月爆发第一次石油危机,阿拉伯国家实行石油禁运、提价和减产,导致1974年石油价格从3.5美元增至12美元,飙升了243%。进入21世纪以来,国际油价一度低迷,但由于世界经济泡沫和地缘政治动荡,2008

---

① Bake Hughes, *North America Rotary Rig Count Current Week Data*, 2 October 2015, http://phx. corporate - ir. net/phoenix. zhtml? c = 79687&p = irol - reportsother.

年7月的国际原油期货价格涨至每桶147美元,比2000年同期价格翻了4.2倍。但此后金融危机爆发,2008年12月国际原油期货价格跌到了30.28美元,半年跌去了77%。2014年下半年以来,由于美国原油产量增速创下30年新高以及OPEC拒绝减产,国际原油期货价格下跌超过了50%。其中WTI原油价格从2014年的每桶105.14美元跌至2015年1月1日的每桶57.93美元,跌幅高达55.1%,2015年8月24日创造了每桶38.64美元的最低点。[①] 2014年以来的油价大跌将对沙特、伊拉克、卡塔尔、利比亚等高度依赖石油出口的国家带来了巨额损失,国际货币基金组织预计2015年中东遭受的损失最高可能达到3000亿美元。国际油价大幅下跌也让依赖原油出口的俄罗斯经济雪上加霜,俄罗斯政府估计2014年经济增速由2013年的1.3%降至0.6%,预计国内生产总值(国内生产总值)2015年将萎缩3%。石油巨头美国康菲石油、英国石油、法国道达尔、意大利埃尼公司等纷纷表示,将通过裁员和削减投资等减少支出措施。对于能源消费国而言,本轮油价下跌为增加战略石油储备提供了契机,不仅减少了进口外汇开支,也为石油化工等相关产业降低了成本。从长期来看,过低的原油价格也降低了新能源和可再生能源的价格竞争力,也降低了能源公司投资开发非常规油气资源的热情,在一定程度上也阻碍了能源技术研发的进程。就此而言,能源出口国和进口国需要加强沟通和调控,共同维护国际能源价格的合理与稳定。

第四,能源消费的高效与环保。随着能源环境问题和气候变化问题的凸显,国际环境政策和气候变化政策对各国的能源政策带来了巨大冲击,寻求能源消费的高效与环保成为能源安全的新内涵。根据《2013-全球能源工业效率研究》报告的统计,挪威、瑞典、法国、瑞士、新西兰、哥伦比亚、拉脱维亚等国家能源效率名列前茅,高收入水平国家基本完成了能源转型。在金砖国家中,巴西、俄罗斯、南非和印度分别位居第21、27、59和62位,而中国仅居第74位。[②] 为了减少煤炭和石油等

[①] 华尔街见闻实时行情,2015年10月3日,http://markets.wallstreetcn.com/commodity/usoil#efc-interval-1d。

[②] 孙永祥:《世界能源使用效率排名中国仅居第74位》,《中国经济导报》2013年1月5日。

燃烧化石能源的污染，各国将开发利用新能源作为能源战略的重要组成部分，纷纷提出了新能源发展目标。

2. 能源安全威胁的多样化

随着风险社会的来临，能源安全威胁来源日益多样，能源安全的脆弱性和不确定性上升。

第一，能源区域性失衡。所谓能源区域性失衡是指能源赋存和能源消费的错位，多数国家无法依靠自身能源资源满足经济和社会发展需求，只能依靠能源贸易来保障能源需求，这提高了保障能源供需的难度，增加了能源供应中断的可能。英国石油公司发布的《BP世界能源统计2017》充分揭示了能源赋存和能源消费的区域性失衡，从探明石油储量和消费量各自的世界占比来看，经合组织分别为14.3%和47.9%，欧盟分别为0.3%和13.4%，中东分别为47.7%和9.8%，亚太地区分别为2.8%和34.8%；从天然气探明储量和消费量各自的世界占比来看，经合组织分别为10.5%和46.4%，欧盟分别为0.7%和12.1%，中东分别为42.5%和14.5%，亚太地区分别为9.4%和20.4%。[①]

第二，能源结构性矛盾。由于地理条件的差异，多数国家都不能依靠自身资源满足经济和社会发展的要求，经济发展需求与能源资源匮乏构成了能源安全的重要的结构性矛盾。世界上原油消费量最多的国家中，美国、中国、印度、日本是世界四大原油进口国，只有资源丰富的俄罗斯实现石油出口。中国、美国、印度、日本、南非和俄罗斯是世界上原煤消费量最多的国家，这六个国家的原煤消费量占全球的77.2%；美国、中国、德国、西班牙和巴西是世界上可再生能源最多的国家，这五个国家的再生能源占全球的57.7%；就国内消费比例来看，排名前五的国家分别是丹麦、葡萄牙、西班牙、芬兰、德国。[②] 随着气候变化压力的加大，增加天然气消费、减少煤炭消费和开发清洁能源成为各国优化能源消费结构的主要方向。英国石油公司在2014年1月发布的《2035世界能源展望》中预测，到2035年全球温室气体的排放量会增加29%，所有的

[①] BP, *BP Statistical Review of World Energy*, June 2017.

[②] BP, *BP Statistical Review of World Energy*, June 2017.

增长主要来自中国、印度等新兴经济体。① 从各国的资源禀赋和消费结构来看，无论是绝对性短缺还是结构性短缺，都为保障国内能源有效需求带来了巨大的潜在风险。

第三，能源系统性风险。能源系统性风险源自国际能源市场的联系日益紧密，也源自能源生产、交易、基础设施等环节的相互影响和相互传导。在全球化时代，各国经济相互依存日益紧密，一旦发生石油供应中断，任何国家都不能完全脱离国际能源市场的价格冲击，国际能源市场的供应充足和价格稳定就成为一项公共产品。在这种格局之下，国际能源市场需要各国积极提供公共产品，而且在现实中也无法避免搭便车现象。此外，能源供应中断或价格暴涨暴跌，不仅会直接影响进口国或出口国的外汇开支，而且会间接影响制造业的成本和金融市场的稳定，进而影响相关国家的经济发展状况，并波及国际贸易和国际金融的稳定发展。从国际石油金融化的趋势来看，石油战略背后的金融战略在世界石油资源争夺中正日益显示其强大的功能。从基础设施而言，一旦发生能源油气管道的中断和电力网络的瘫痪，不但会造成能源基础设施的系统性崩溃，也会引发整个经济体系乃至社会秩序的混乱。

第四，能源政治性干预。能源因为其在经济和军事上的关键作用而被各国看作可以博取权力和财富的战略商品。各国或者以经济、军事、外交等多种手段争夺能源资源，或者以能源资源充当政策工具，换取经济、军事、外交等利益。即使在正常的商业经营中，也因能源问题的泛政治化而引发政治阻挠和并购阻止。进入21世纪以来，俄罗斯把能源作为实现经济发展和大国复兴的重要工具，多次切断输往欧洲的天然气来捍卫自己在独联体的地缘政治利益；美国从2012年开始强化了对伊朗的经济制裁，迫使伊朗在核问题上做出让步；伊朗和委内瑞拉曾扬言对美石油禁运，以对抗美国对其的政治孤立和外交制裁；中国并购美国的石油公司遭遇美国舆论围剿和外国投资委员会（CFIUS）国家安全审查的威胁。多年以来，地区战争、部族冲突、中东恐怖主义、海盗袭击对能源产区和运输的威胁从未消失；达尔富尔问题和利比亚战争引发的冲突和

---

① BP, *Energy Outlook 2035*, January 2014.

内战此起彼伏，严重威协油气生产；伊斯兰国（IS）对伊拉克北部的占领面积如果继续扩大，将直接威胁伊拉克北部的石油产区。

3. 能源安全主体的多元化

随着安全实践的发展和安全理论研究的进步，人们逐渐认识到，能源安全主体开始从国家层面向上和向下两个层面延伸，向上升至国际组织的能源安全，向下延伸到市场主体即能源公司和民众，这些不同的能源安全主体具有各有侧重的能源安全利益和能源安全目标。

第一，能源供需不同的国家。能源安全是一个具有普遍性和特殊性的概念，虽然不同的国家同样面临着安全威胁，但不同的国家面临不同的能源安全威胁。从国家层面来看，既有能源资源丰富的能源出口国，也有大量依赖进口的消费国，还有在世界能源格局中发挥独特作用的能源过境国。沙特阿拉伯因为巨大的石油储量和生产潜力，长期以来一直充当石油输出国组织的机动产油国；伊拉克的石油产量和出口量增长迅速，将重新成为波斯湾地区的重要石油出口大国；福岛核电站危机使得原本就大量依靠石油进口的日本能源安全雪上加霜，不得不加大对煤炭、石油和天然气的进口来弥补核电的空缺；中印两国快速的经济发展和巨大的能源需求被看作未来世界能源消费的主要动力；美国页岩油气革命带来了天翻地覆的变化，美国不仅逐步降低了油气进口依赖，而且在不远的将来会成为影响油气贸易方向的油气出口国；乌克兰因为地处欧洲和俄罗斯之间，长期以来充当了欧俄油气贸易的过境国；伊朗地处中亚油气资源和波斯湾航道的能源过境国位置，但因为美国的经济制裁和政治干预迟迟不能发挥作用。在国际能源局势日趋紧张的背景下，为了维护彼此的能源安全利益，展开了激烈的政策博弈。

第二，形形色色的国际组织。在世界能源舞台上，还活跃着国际能源署（IEA）、国际能源论坛（REF）、世界石油大会（WPC）、石油输出国组织（OPEC）、国际能源论坛（REF）、世界石油大会（WPC）、能源宪章条约组织（ECT）、国际能源论坛（REF）、世界石油大会（WPC）、世界能源理事会（WEC）、天然气出口国组织（GECF）、国际可再生能源机构（IRENA）等各具特色的国际能源组织，通过能源信息交流、石油储备制度、新能源和可再生能源开发等能源政策协调，在能源安全的维护上发挥着不可忽视的作用。

第三，民众的普遍能源服务。长期以来，以国家为主体的安全理论研究忽略了民众的需求，维护社会安全或人民安全成为安全理论研究的价值取向。能源安全主体的最终指向是保障民众的能源需求。在世界现代化进程之中，改善能源贫困是国家可持续发展的重要内容。但由于各国政治经济发展的不平衡，持续存在的能源贫困成为制约着各国特别是发展中国家可持续发展和社会公平的重要因素，如何缓解能源贫困成为基本的能源安全底线。根据世界银行和多家国际机构的报告，目前全球约 12 亿人口仍然用不上电，约 28 亿人口要依靠传统生物燃料取暖和做饭。中印等能源匮乏的发展中人口大国均面临着能源贫困的严峻挑战，即使拥有全球最大的煤炭出口量的印度尼西亚和拥有非洲最丰富的探明天然气储量的尼日利亚同样也面临能源贫困问题，都有大量人口无电可用，只能依赖传统生物燃料。[①]

4. 能源安全合作的多边化

为了确保能源供需，共同研发能源技术和提高能源效率，各国在强化双边能源合作的同时，也不断推进多边能源合作进程。多边能源合作为参与国提供了相对稳定的安全预期，减少了协调能源政策的交易成本，增强了相互信任，使得各国从利益认同转向身份认同，从利益共同体尽快向命运共同体转变。在国际社会，基于各国的能源安全利益和目标，形成了形形色色的国际能源多边合作形式。

第一，从范围来看，可以分为全球型与区域型的能源合作组织。在全球范围内，石油生产国建立了维护石油出口利益的石油输出国组织，此后不断发起维护石油定价权的斗争，终于在 1973 年第一次石油危机之后完全掌握了国际石油价格的定价权。为了对抗石油生产国的价格垄断，西方发达国家在经合组织下面成立了国际能源署。自 20 世纪以来，在全球范围内较有影响的全球型国际能源组织还包括能源宪章条约组织、国际能源论坛、世界石油大会、世界能源理事会（WEC）、天然气出口国组织（GECF）、国际可再生能源机构（IRENA）等多个能源对话组织，

---

① 王林：《"能源贫困"的残酷真相》，《中国能源报》2013 年 6 月 13 日。

充分发挥了能源对话与协作的功能。此外，欧盟（EU）、亚太经合组织（APEC）、拉美能源组织（OLADE）、欧亚经济联盟（EEU）、大湄公河次区域经济合作（GMS）也在各自的区域范围内不断推动成员国达成能源合作协议，寻求实现本地区的能源一体化。

第二，从地位来看，可以分为附属型与独立型的能源合作组织。除了国际能源署、石油输出国组织、能源宪章条约组织、国际能源论坛等独立型的能源合作组织之外，还有很多国际会议机制或国际组织具有能源对话与合作的附属机构和功能。八国集团（G8）、二十国集团（G20）、金砖国家（BRICS）多次把能源议题纳入会议议程，亚太经合组织、欧盟委员会设专门机构推动多边能源合作。

第三，从功能来看，可以分为综合型与单一型的能源合作组织。国际能源署、国际能源论坛、世界能源理事会等组织致力于推动多个能源领域的多边能源合作，而石油输出国组织、天然气出口国组织、国际可再生能源机构、国际原子能机构（IAEA）等组织具有自己清晰的功能定位和业务领域，分别致力于加强石油、天然气、可再生能源和核能领域的多边能源合作。

第四，从目标来看，可以分为对话型与同盟型的能源合作组织。在推动能源合作的力度和深度上，国际能源合作的国际会议或国际组织具有不同的目标定位，大致可以分为加强交流的对话型和促进协作的同盟型，前者重在信息和政策交流，例如国际能源论坛和世界能源理事会、亚太经合组织等，近年来在能源开发、技术交流上建树良多；后者重在推动行动和目标的协作，例如国际能源署在战略石油储备水平和行动上具有严格的条约规制，石油输出国组织在石油生产配额上也具有明确的约定。

三　中美能源安全互动的总体约束

能源安全是中美关系的重要组成部分，能源合作既为构建中美新型大国关系提供了重要的机制与平台，但不得不受到中美总体关系发展演变的约束和冲击,这种双向互动形成了中美能源安全互动的一个基本特点。

1. 中美关系的结构性矛盾

从国家利益的层次分析来看,控制战略资源和战略通道安全等能源利益是国家重要利益,根本上是从属于国家的总体外交战略。在能源安全领域,中美两国的共同利益不断扩大,冲突利益不断显现,中美能源安全关系受到两国关系总体关系结构性矛盾的制约。

中美结构性矛盾主要指中国作为新兴大国与现有霸权国家美国必然发生的冲突,认为中国会走上传统大国的军事扩张之路。部分"中国威胁论者"认为,随着中国综合国力的增强,必然会使中国与诸大国之间发生历史上霸权更迭的"权力转移",进而打破现存的"权力金字塔"结构,这对西方主导的国际体系将带来严重冲击和挑战。[1] 权力转移理论(Power Transition Theory)的代表人物奥根斯基(A. Organski)认为,权力是无政府的国际社会中最重要的因素,决定国家的国际地位与行为模式。国际体系的稳定源自权力结构的稳定,新兴国家的崛起打破了国际体系权力分配的平衡。[2] 权力结构的稳定取决于相对权力与满意度之间的平衡,这两个解释变量的互动成为战争与和平的决定性因素。[3] 美籍印度学者法里德·扎卡利亚在《后美国世界》一书中揭示,当代世界已经出现了第三次权力转移,世界权力结构摆脱了美国的主导和支配,进入了一个权力从民族国家向外转移的多元共治时代,后美国世界并不意味着美国的衰落,主要特征是"他者崛起"(the rise of the rest)。[4] 在"他者崛起"的后美国时代,权力正在从民族国家向形形色色的非西方国家和

---

[1] 李小华:《"权力转移"与国际体系的稳定:兼析"中国威胁论"》,《世界经济与政治》1999年第5期。

[2] A. F. K. Orgnski, *World Politics*, New York: Alfred Akonpf, Inc, 1958, pp. 325 ~ 340; A. F. K. Organski and Jacek Kugler, *The World Leader*, Chicago: The University of Chicago Press, 1980, p. 19.

[3] Jonathan M. Dicicco and Jack S. Levy, "Power Shifts and Problem Shift: The Evolution of the Power Transition Research Program," *Journal of Conflict Resolution*, Vol. 43, No. 6, December 1999, pp. 675 ~ 704.

[4] Fareed Zakaria, *The Post American World*, New York: Norton, 2008.

非国家行为体转移，权力变得分散化和多中心化。对美国而言，来自"中国崛起"的挑战虽然温和但却更加棘手，因为中国的挑战并非咄咄逼人的军事扩展，而且还在扩大开放的进程中与美国形成了相互依存不断上升的合作伙伴。①

必须指出，制约中美关系发展的结构性矛盾是深层次的、扩散式的，彼此视对方为潜在对手的心态难以改变，误读和偏见的相互诱导牵制着不同领域共识互信的累积，中美关系很难因为相互依存程度的上升所弥合，也不会因短期内相互交流的频繁所能化解。随着中美力量结构的变化，防范、平衡、牵制、遏制"和平崛起"的中国会长期占据美国外交议程的前沿，制约中美关系良性互动的结构性因素会进一步强化，其负面影响也将进一步扩展。在这种情况下，如何充分把握彼此的心理期待，相互关照对方的核心利益，如何不断拓展两国关系的合作领域，有效管控两国关系的分歧与摩擦，成为影响中美关系稳定发展的重要基础。②

目前，中美关系已经进入了彼此重新审视的战略调适期，中国发展速度、国际战略选择和外交政策走向的调整，都可能使未来世界格局发生一定范围和一定程度上的变化。因此，国际社会把中国发展的速度、规模、结构、质量的溢出效应看作需要及时应对的不确定因素，特别是美国越来越关注中国崛起对美国全球利益和领导权的长期影响。③ 美国在中国周边投棋布子，重组安全同盟体系，加紧实施防范和平衡中国地区影响力的"对冲性战略"，要求中国在消除地区热点上承担更多义务和责任。奥巴马上台后，美国加速战略重心东移，并把战略重点由反恐转向应对新兴大国崛起，由无节制的对外扩张转向有限战略收缩与克制。这一态势的变化，恰恰与中国在亚太地区的强势崛起相向而行，使中美之间的博弈在亚太地区展示得尤为鲜明。④

---

① 王金强：《"他者"的崛起与后美国时代下的权力转移》，《美国研究》2010年第1期。
② 陈东晓：《"复杂性"与中美关系结构的新变化》，《美国研究》2006年第2期。
③ David Zweig and Bi Jianbai, "Chinas Global Hunt for Energy," *Foreign Affairs*, Vol. 84 No. 5, Sept/Oct 2005, pp. 25 – 38.
④ 袁鹏：《寻求"双重稳定"——中美关系与东北亚局势紧张的相关性及破解之道》，《中国战略观察》2011年第2~3期合刊。

两国战略界对对方的深度疑虑如果不能有效化解，那么彼此视对方为战略竞争对手，甚至敌手的观念，将可能强化，进而使得中美对抗成为自我实现的预言。能源安全既是中美两国合作的黏合剂，也有可能是两国冲突的导火线，又在一定程度上冲击和塑造着两国关系的未来导向。对于能源安全而言，两国在增加接触面和交汇点的同时，也增加了摩擦面和分歧点。美国将中国视为能源战略对手，认为中国石油需求量的猛增意味着中美两国在世界石油资源上的竞争会日趋激烈，进而破坏全球能源市场的稳定与安全。

2. 中美关系的竞争性依存

从中美博弈的内容来看，传统安全与非传统安全相互交织，既具有竞争性，又具有相互依存性。随着经济全球化的深入发展，资本要素、技术要素、知识要素、人力要素等呈现全球性的流动和组合，国家之间的互补性、关联性和依赖性不断增强。中美在贸易、投资等诸多领域的相互依赖日益加深，两国已成为一损俱损一荣俱荣的命运共同体。经贸关系是中美关系的重要基础，互补性强，空间广阔，被誉为中美关系的"压仓石"或"稳定器"。巩固和发展中美经贸关系对构建两国积极、合作、全面关系具有重要作用。经过30多年的快速发展，两国经贸关系的广度和深度不断拓展，已形成相互依存、共同发展的新格局。近年来，中国快速的经济增长已经成为带动全球经济繁荣的主要因素。从这个逻辑看，保障中国的能源安全不但有利于中国经济稳定发展，也有利于世界经济的繁荣。对由于能源供应不足问题导致中国经济减速的担心，实际上正给世界经济增长的前景蒙上阴影。[①]

3. 中美关系的复杂性认知

冷战结束以来，中美关系定位于"非敌非友，亦敌亦友"，呈现"既斗争又合作，既冲突又协调，斗争而不破裂，冲突而不对抗"的总体态势。2012年5月3日，第四轮中美战略与经济对话开幕，胡锦涛主席首次明确使用"新型大国关系"的表述。2013年6月初，习近平在与美国总统奥巴马进行庄园会晤时，精辟概括了中美新型大国关系的丰富内涵，

---

① 赵宏图：《关于中美能源合作的几点思考》，《现代国际关系》2006年第1期。

全面阐述了中美如何建立新型大国关系。2014年11月,习近平在与奥巴马在中南海进行瀛台会晤,再次肯定了中美新型大国关系的基本定位。2015年9月,习近平成功进行美国国事访问,两国元首再次就中美新型大国关系达成共识。总的来说,中美新型大国关系既不可能走美苏关系(意识形态冲突、军事战略敌对、经济联系较少)的老路,也难以复制美欧、美日关系(社会制度相似、价值观念趋同、美国主导结盟)的模式,应该是在全球化条件下不同文明发展模式、不同政治发展道路、军事实力不对称、经济相互依存加深条件下的新型关系。从实际力量对比看,两国力量发展态势的反差促使双方战略心理相应出现变异。中国则是民族自信心和自豪感彰显,美国战略自信下降、焦虑感上升。尤其美国把实力日益增强的中国看作其潜在的战略竞争对手。美国内对华战略决策层始终存在着强调中美合作可以实现双赢的实用派与主张中美合作仅限战术性的战略派两派力量的博弈,而且这两派力量的矛盾和分歧严重冲突难以消弭。① 虽然中美合作日益广泛,美国对华政策也日趋务实,但双方的合作尚不足以从根本上改变中美关系的结构性矛盾。在标志中美实力的经济和军事要素差距日渐缩小、发展速度和主导能力开始逆转的格局下,美国对华政策的两面性充分地暴露出来。论调之一是坚持把中国看作"战略竞争者",对华政策重在防范和遏制,扩大和炒作"中国威胁论",敌视和抹黑中国的政治制度,阻挠和破坏中国海外投资,支持和纵容反华分裂势力,组建和操纵反华政治军事同盟;论调之二是把中国看作"利益攸关者",对华政策强调接触和合作,主张接纳中国的和平崛起,要求中国承担"国际责任",把中国纳入国际制度和框架来规制中国的发展。② 在政界和学界,部分人士认为,新兴大国与现存霸权国家"是敌非友"的关系将激发中美之间持续的争夺与冲突。短期的战略冲突即使因为两军关系的转圜和高层互动可以控制风险,但是这种相对长期的、深刻的战略竞争状态短期内将很难避免,在猜忌和防范的相互诱导下带来多重风险。

---

① John Lee, "An Insider's Guide to Washington's China War," *Foreign Policy*, July 28, 2009.
② 史泽华:《两面性:美国对华政策的长期战略》,《红旗文稿》2010年第7期。

4. 中美关系的战略性磨合

美国力量独步天下，仍然是当今世界他国无法超越的超级大国。美国主导国际事务的能力已经远远不及以前，无论是在朝鲜核问题、伊朗核问题等地区安全问题上，还是在国际反恐、防扩散和气候变化等全球性问题上，美国还需要中国的配合与支持。对于中国而言，无论是拓展全球市场，还是参与国际制度，都无法绕过美国的影响。

中美新型大国关系的构建，首先应该坚持"不冲突、不对抗"的底线思维。自建交以来，中美利益关系广泛交织，特别是在贸易和金融领域已经形成深度的相互依赖，彼此难以承受发生严重冲突或剧烈对抗的代价。为了避免直接和间接武力对抗，需要中美两国建立制度化的协商机制，管控分歧与危机，加强交流与合作，避免出现危机和危机升级。

构建中美新型大国关系，还需要正确认识和尊重对方的核心利益。由于中美两国的社会制度、历史文化、发展阶段不同，中美的国家利益有很大差异。中国的国家利益主要立足于中国本身，更看重自己的政治制度、发展模式、国家安全、领土主权等问题；美国的国家利益与全球利益相互交织，更突出自己遍布全球的广泛利益与责任。由于中美两国之间意识形态和制度的巨大差异，很难进行制度性合作。但是中美两国完全可以实现在经济、安全、文化等不同领域具体议题上的合作，管控分歧，从而建立一种功能性合作关系。在全球化的推动下，能源安全与经济贸易、气候变化、地区安全和多边合作等层次性合作和功能性对话紧密结合在一起，成为影响和塑造国际关系的新因素。总之，能源安全已经成为中美关系的重要议题，共同推动着两国超越具体议题探索对话与合作的新机制。

本章小结

目前，世界能源格局正面临深层变革，能源安全形势发生巨大转折。作为世界能源舞台上的大国，中美两国是世界能源格局的参与者、受益者，同时也是世界能源格局的塑造者和引导者。避免能源安全利益的冲突与危机，实现在能源安全领域的互利共赢，不仅事关中美关系的和谐稳定，也影响着世界各国的繁荣稳定。就此而言，如何在世界能源格局发生剧烈变动的时期，实现中美能源安全共赢性博弈，应该是实现中美关系良性互动的核心问题之一。需要注意的是，作为中美关系的重要内容，两国关系的矛盾、结构和趋势也影响着中美能源安全博弈的性质、状态和走向，必须在实现中美关系总体稳定的前提下有效管控分歧。

第三章　美国能源安全战略的调整与影响

能源安全是美国全球霸权体系的支柱之一。为了维护能源安全，美国采用经济、军事、外交等多种手段，加强对外部资源获取和战略通道的保护。与此同时，美国还制定了一系列开源节流的能源法律与政策，从内部提升保障能源安全的能力。

一　美国政府能源安全战略调整的时代背景

进入21世纪以来，美国石油进口依存度持续上升。如何彻底扭转美国能源安全形势，充分兼顾能源安全、经济发展与气候变化三方面的要求，成为奥巴马政府任内的一项重要任务。

1. 地缘政治风险威胁着美国能源安全

自20世纪70年代石油危机之后，"能源独立"便成了美国政治话语体系中占据道德制高点的政治口号之一。但事与愿违的是，由于美国国内石油消费的持续增加和国内石油产量的连年降低，美国自20世纪90年代以来的石油进口依存度不断上升。

中东等主要产油地区局势不稳定，成为推动石油价格在震荡中上扬的主要地缘政治因素。根据英国石油公司发布的《BP世界能源统计2017》测算，美国石油进口依存度1991年为44.8%，此后一路上升，2000年时增至 60.1%。① 2005 年，美国石油进口依存度升至 67.1%，2007 年再次高达 67.1%。② 从美国的石油进口数量看，美国石油进口在 2005 年达到了战后美国石油进口的最高峰，原油进口为每天 1012.6 万桶，成品油进口为每天 358.8 万桶，总计 1371.4 万桶。③ 与石油进口持续增加相比，美国石油进口多元化有所改善。从美国的进口来源看，1990 年美国来自波斯湾的石油进口曾经占到了美国石油进口的 24.5%，达到了 20 世纪 70 年代石油危机以来的最高额。此后，美国开始减少对波斯湾石油依赖，但在 20 世纪末有所反弹，2001 年来自波斯湾的石油进口数量一度回升至 23.4%。此后，美国为了避免地缘政治动荡不安的中东对美国石油进口造成的冲击，开始减少从波斯湾的石油进口。2008 年时来自波斯湾的石油仅占美国石油进口数量的 18.5%。④

由于美国的对外石油依存度居高不下，国际石油价格的剧烈波动严重影响了美国经济、军事和外交政策的选择空间。国际石油价格持续走高，给依赖石油进口的美国经济带来沉重负担。国际油价飙升不可避免地导致美国国内汽油价格上升，增加了美国消费者的日常支出，也增加了美国贸易赤字，进而拖累了美国的经济增长。美国的军事与外交政策也面临石油地缘政治的严峻挑战。巴以问题为美国平衡阿拉伯石油生产国和以色列盟友的利益带来了外交困境。此外，伊朗核问题引发的美伊冲突加剧了局部紧张形势。美国布置重兵进入波斯湾，而伊朗扬言封锁霍尔木兹海峡，以威慑美国可能发动的入侵和袭击。小布什政府已经重启"能源独立"的政策基调，怎样继续推进美国石油进口多元化，减少对动荡不安地区的石油进口依赖，继而免受个别激进国家石油武器的敲诈，成为奥巴马政府能源战略的一个重要选择。奥巴马政府重申尼克松政府提出过的"能源独立"，力图尽快摆脱美国对动荡不安的中东地区和委内瑞拉等激进国家的石油依赖。一方面可以减少能源供给的脆弱性，避免被资源丰富但却与美国为敌的国家石油讹诈；另一方面也是为了减

---

① BP, *BP Statistical Review of World Energy*, June 2017.
② BP, *BP Statistical Review of World Energy*, June 2017.
③ U. S. Energy Information Administration, *Annual Energy Outlook 2010*, p. 139.
④ U. S. Energy Information Administration, *Annual Energy Outlook 2010*, p. 141.

少卷入动荡地区事务，增加战略回旋空间的必要步骤。

2. 美国能源转型的优势地位遭遇挑战

美国以化石燃料为主导的能源结构推动了美国经济发展和社会进步，但是面临低碳经济转型的挑战。2008年时美国能源消费占世界的23%，而排在其后的第二大和第三大石油消费国中国、日本能源消费之和只占世界的15%。根据美国能源信息署《2009年度能源展望》，2007年美国的能源消费结构如下：石油等液体燃料占40%，煤炭占22.3%，天然气占23.3%，核电占8.3%，可再生能源占6%。[1] 从以上比例可以看出，化石燃料在美国能源结构中所占比例达到了85.5%。大量使用化石燃料给环境保护和应对气候变化带来了巨大压力。2008年时，能源相关的二氧化碳排放占美国排放总量的81.3%。其中，从美国使用燃料排放的二氧化碳总量构成看，来自石油的占41.9%，煤炭占36.5%，天然气占21.4%。[2]

目前，各国纷纷确定低碳发展战略，构建低碳产业结构，推进以高能效、低排放为特征的低碳经济，不断加快新能源革命的步伐。奥巴马能源战略构想旨在争夺未来能源科技的制高点，维持全球能源领域的优势地位。通过大规模投资清洁能源研发，大规模开发使用新能源和可再生能源，在智能电网、碳储存和碳捕获、生物燃料、清洁煤等领域率先实现技术突破，以新能源核心技术推动美国产业升级，使得美国在第三次工业革命中保持全球领先地位。

3. 金融危机对美国经济造成严重冲击

自从2007年美国爆发次贷危机以来，美国经济复苏乏力，各种经济指标间歇性恶化，并在2008年年底进一步升级为全球金融和经济危机，对美国经济造成了巨大冲击。细究这次危机的根本原因，重要是美国经济的过度虚拟化甚至是金融化倾向损害了美国经济的平衡性。美国联邦政府在大幅赤字和高额减税，持续放松对金融机构的管制。伴随着经常项目逆差的持续扩大，美国形成了金融业不断壮大、实体经济逐渐走向

---

[1] U. S. Energy Information Administration, *Annual Energy Outlook 2009*, p. 109.

[2] U. S. Energy Information Administration, *Emissions of Greenhouse Gases Report 2009*, http://www.eia.gov/oiaf/1605/archive/gg09rpt/index.html.

衰落的产业格局，为美国债务经济的发展模式埋下了巨大的隐患。美国错误的政策导致了房地产价格泡沫破灭和金融信贷前所未有的紧缩，最终加剧了危机的爆发。为了在尽可能短的时间里恢复经济，小布什政府为克服金融危机采取了多项有力措施，虽然经济状况有所缓解，但还需要从根本上改变美国的产业结构，实现平衡发展。危机的爆发令美国政府开始反思其经济发展模式中存在的问题，开始了从不平衡走向再平衡的艰难调整。

2008年美国总统大选适逢金融危机爆发，美国人对下届总统寄予了很高的期望。奥巴马就任总统后面临一个重建美国经济的历史时机，但重建的切入点和路径何在？奥巴马政府危机应对策略能否有效地发挥作用？这些都成为摆在奥巴马面前的严峻挑战。为了推动美国经济复苏，重建美国的经济竞争力，美国提出了"重振制造业"的发展战略。奥巴马将能源产业作为美国经济复兴的核心，明确希望这个产业成为再造美国的龙头产业，并以低廉的能源价格为重振制造业提高国际竞争力。奥巴马政府把能源改革、经济振兴和气候变化放在其政策的优先议程上，试图实现能源新政为核心的多重战略目标。

4. 美国的气候变化政策面临巨大压力

联合国政府间气候变化专门委员会（The Intergovernmental Panel on Climate Change）推动制定的1992年《联合国气候变化框架公约》和1997年《京都议定书》，奠定了国际社会应对气候变化的法律框架。

作为典型的全球的公共物品问题，全球气候变化很容易出现"供给不足"和"免费搭车"的现象。因此，解决气候变化问题将主要依靠国际谈判和国际合作，而国际气候谈判的关键问题是确定各国温室气体减排的具体目标和实现途径，由于这事关各国经济发展利益，谈判过程中的利益博弈异常激烈。2006年美国与能源相关的二氧化碳排放已经占到了世界比重的20.3%，约占经济合作组织国家排放总量的43.4%。[①]

克林顿政府曾积极参与了国际气候合作的谈判，1998年主动签署了

---

① U. S. Energy Information Administration, *Emissions of Greenhouse Gases Report 2009*, http://www.eia.gov/oiaf/1605/archive/gg09rpt/index.html.

《京都议定书》。2001年，美国宣布退出《京都议定书》，美国气候政策陷入停滞状态。在2001年6月11日的白宫演讲中，小布什阐述了美国政府的气候变化政策，声称在科学上尚未充分证明全球气候变化是由人的活动造成，坚持认为《京都议定书》的落实会对美国经济带来负面影响，强调中、印等温室气体排放大国也应该接受强制性减排，主张采取自愿性的温室气体限排措施。① 在国际与国内普遍支持应对气候变化的舆论压力下，小布什政府开始对气候变化政策做出了姿态性调整。总体而言，小布什改变了上任伊始对气候变化问题的漠视和抵制，开始承认全球变暖的严重性，赞同加强国际合作应对气候变化，也提出了美国未来的气候政策目标，但并没有采取实质性减排措施。2008年美国总统大选，能源政策成为两党辩论的核心议题之一。尚未就职的奥巴马明确承认，气候变化已经成为美国与世界面临的严峻挑战，美国应该在应对气候变化问题上发挥领导作用。② 奥巴马政府放弃了小布什政府保守的气候政策，吹响了美国减排温室气体的号角。

二 美国政府能源政策调整的主要内容

2011年3月30日，奥巴马政府公布《美国未来能源安全蓝图》（Blueprint for a Secure Energy Future）规划报告，报告中提出了三大战略措施，即开发本国能源，确保能源供应；提供节约能源、降低成本的能源消费方式；通过技术创新加快开发清洁能源。③ 2014年5月，美国白宫发布了《全面能源战略：通往经济可持续增长之路》（The All-Of-The-Above Energy Strategy as a Path to Sustainable Economic Growth）报告，完整阐述了美国能源战略的三大要素：支持经济增长和创造就业机会，提高能源安全，发展低碳能源技术并为清洁能源的未来奠定基础，以上三点成为

---

① "Bush Speech on Global Climate Change", http://usinfo.org/wf~archive/.
② "Obama Sends a Message to Governors on Climate Change," http://voices.washingtonpost.com/.
③ *Blueprint for a Secure Energy Future*, March 30, 2011, https://www.whitehouse.gov/sites/default/files/blueprint_secure_energy_future.pdf.

新形势下美国能源战略的新指针。①

1. 安全有序扩大国内油气开发

为了减少对国外石油的依赖，奥巴马要求在2025年前将美国的石油进口量减少1/3。但新能源开发周期太长以及未来面临的不确定性，促使奥巴马政府在短期内必须开发更多的国内油气资源，从而降低石油对外依存度。统计资料显示，美国尚有57%的陆地租赁土地和70%的海面租赁面积还未被开发。奥巴马政府需要采取新的激励政策，推动油气公司快速、安全地开发这些资源。首先，奥巴马政府通过对公共土地和联邦水域进行充分的规划和分析，以确定最适合开发的潜在区域，并继续提供激励机制，推动对国家资源进行高效勘探和开发。这些政策主要包括：奥巴马在2008年小布什解除美国近海油气开采禁令之后，开放了阿拉斯加北部、墨西哥湾、美国东部与东南沿海新油气田的开发；通过缩短租期、对快速开发的公司予以租赁延期奖励、推进租金和分级特许权使用费（Graduated Royalties）等措施鼓励油气公司在公共土地上的快速开发；制定阿拉斯加陆上和近海油气开发、大西洋中部和南部地区近海油气开发的特定区域战略，评估不同地区油气开发的可行性；消除人们对于水力压裂法潜在负面影响的担忧，确保以安全且负责任的方式进行天然气生产。其次，美国在2010年"深水地平线"（Deepwater Horizon）钻井平台漏油事故后，奥巴马政府推出了美国历史上最激进和最全面的离岸石油和天然气监管改革，将原美国矿产管理局（Minerals Management Service）重组为自然资源收益局（ONRR，Office of Natural Resources Revenue）、海洋能源管理局（BOEM，Bureau of Ocean Energy Management）和安全和环境执法局（BSEE，Bureau of Safety and Environmental Enforcement）三家独立机构，以消除冲突，确保监督的效率。奥巴马政府改革了油气开采的安全、环境标准，鼓励企业以更有效、更安全的方式勘探、开发和生产国内石油资源。

---

① *The All-Of-The-Above Energy Strategy as a Path to Sustainable Economic Growth*, May 2014. http://www.whitehouse.gov/sites/default/files/docs/aota_energy_strategy_as_a_path_to_sustainable_economic_growth.pdf.

2. 引领世界清洁能源开发进程

奥巴马向全球推广更为安全的、清洁的能源。奥巴马政府实施的国际能源政策主要有：在2010年，匹兹堡G20峰会和横滨的亚太经合组织领导人会议上，奥巴马推动各国承诺逐步放弃低效化石燃料的补贴；美国国务院发起"全球页岩气倡议"（Global Shale Gas Initiative），开展"亚太经合组织非常规天然气普查"活动，鼓励从石油到天然气的燃料转换；美国环保局和其他37个国家、欧盟委员会、亚洲开发银行及美洲开发银行共同发起了"全球甲烷倡议"（Global Methane Initiative），以支持减少甲烷排放的项目和技术；根据与欧盟、中国等国家的双边计划和多边"电动汽车倡议"，在推动各国加快部署电动汽车；作为"全球生物能源伙伴关系"（Global Bioenergy Partnership）的活跃成员，努力使国际生物能源得到可持续发展；推进清洁能源部部长级会议进程，促进能效的显著改善和加快向清洁能源技术的转变；推动核燃料租赁理念，建立一个防扩散的新国际核能框架；推出"可再生能源和能效出口计划"（Renewable Energy and Energy Efficiency Export Initiative），为美国出口商提供新的额外的创新融资机制；与墨西哥、巴西等石油生产国建立战略合作关系，推动全球油气开发等。

3. 降低交通领域的能源消耗水平

能源效率在美国的能源战略中一直发挥着重要作用，能效被看作最廉价、最清洁、最易获取的能源资源。美国能效的提升推动了经济增长和经济结构的转型，其产生的综合效益远远不容低估。在大多数美国家庭的预算中，交通是第二大项支出。用于交通运输的石油占美国石油总消费的70%以上，并且成为温室气体排放的一个重要来源。改善美国的交通系统，用更节能的汽车和卡车降低消费者的能源成本，对于发展美国经济和改善所有美国人的生活来说至关重要。自上任以来，奥巴马加大了对包括对先进汽车和燃料技术、公共交通及高速铁路进行前所未有的投资，以及为汽车和卡车制定新的雄心勃勃的燃油经济性标准，还采取了一系列措施以提高从航空到公路到铁路再到水路的各种运输模式的效率并开发可替代燃料，帮助减少美国对石油的依赖，为民众提供了更多的交通选择并重振美国的制造业。首先，奥巴马政府大幅度提高燃油经济性标准。奥巴马政府计划将汽车燃油经济性标准从 2009 年开始每年提高 4%，2016 年达到每加仑 35.4 英里，2025 年升至每加仑 54.5 英里。2009 年，奥巴马政府为 2011 年生产的汽车和卡车确立了严格的燃油经济性标准，并宣布了适用于 2012~2016 年生产的汽车和轻型卡车的国家燃油效率标准和温室气体标准，2011 年联邦政府为 2014~2018 年生产的商用卡车、货车和公交车确定第一个国家燃油经济性和温室气体排放标准。2012 年 8 月，奥巴马政府发布了 2025 年的企业平均燃油经济性法规，规定 2017 年至 2025 年款新车的燃油经济性标准应该达到每加仑 54.5 英里，每百公里油耗仅 4.3 升，比当时水平约提高一倍。此外，奥巴马政府降低交通领域能源消耗的其他措施还包括：投资于先进汽车技术和基础设施，力图使美国成为第一个到 2015 年有 100 万辆采用先进技术的汽车行驶上路的国家；《2009 年恢复与再投资法》包括 24 亿美元用于电池和电动部件制造，以及电动示范和基础设施；提高汽车使用生物燃料比例的标准；全面发展插入式混合动力汽车、混合动力汽车和电动汽车，推动升级联邦车队；通过《复苏法案》着重于开发和部署替代燃料技术和替代燃料公交车；通过《2009 年恢复与再投资法》的"交通投资促进经济复苏"（Transportation Investments Generating Economic Recovery，TIGER）计划，并创建了国家基础设施银行（I-Bank），为具有区域和全国重要性的交通运输项目提供资金；通过采用"新一代航空运输系统"（Next Gen）升级美国航空交通系统，资助可被安全用于航空业的替代燃料研究；将现行的 7500 美元的税收减免转换为退税（rebate）使美国消费者更负担得起且更容易获得电动汽车；通过增加研发投入，增加对电池、电动技术和先进生物燃料的研发投资，推进电池技术和创新型汽车的发展；研发前景广阔的纤维素和先进生物燃料技术，开发柴油和喷气燃料的"可直接使用的生物燃料"（drop-in biofuels）；扩大对高铁、公共交通和宜居社区建设的投资，增加交通替代选择的便捷性；发起"美国的海上高速公路倡议"，减少美国高速公路交通阻塞并促进货运领域更节能的运输。

4. 降低住宅和建筑的能源消耗

美国的住宅、企业和工厂消耗的能源约占美国能源消费的 70% 以上。对住宅、商业建筑和工业部门的能效进行投资能够提高美国的竞争力，降低普通家庭的电费,为企业释放资金以进行更富成效的投资,降低排放并创造短期就业岗位。在住宅领域,通过"房屋越冬御寒改造援助计划"(Weatherization Assistance Program)为低收入的美国人降低能源成本;能源部推出"改进建筑能效"计划(The "Better Buildings" program),展示能效的创新型模式并向多类社区的成千上万个企业和家庭推广;通过"美国农村能源计划"(Rural Energy for America Program),提高美国农村地区的能效;通过"国家能源计划"(State Energy Program)以及"能效和节能专项补助"计划(Energy Efficiency and Conservation Block Grant),提高地方政府住宅、商业建筑、工业和公共部门的能效并推广可再生能源项目;实施高能效家电补贴计划(Energy Efficient Appliance Rebate Program),以削减节能家电的成本;以"能源之星"促进美国家庭在家居方面节能;通过"家庭之星"计划的补贴直接返还给消费者,想对自己的住宅进行简单能效升级的消费者可以获得1000～1500美元的"银星补贴"(Silver Star Rebates),对全面能效升级的消费者将有资格获得一项3000美元的"金星补贴"。在商业建筑领域,奥巴马政府为创新的节能建筑系统提供资助,命令联邦各机构建筑到2030年实现零能耗(zero net energy);把"能源之星"计划推广到商业建筑和产品;为建筑能效提供新的税收激励措施;降低建筑物的能源消耗;为商业建筑改造提供融资渠道和机会等。在工业领域,美国能源部用《2009年恢复与再投资法》拨款资助90个工业能效项目;在制造业中推广节能产品和工艺;要求工业区对2010年5月推出的"工业的能源之星挑战"做出积极回应;为创新型的制造技术启动突破性的有竞争力的研发计划;通过能源部的ISO 50001"能源管理标准"、环保局的国家认可品牌"工业能源之星"(Energy Star for Industry)和商务部的"制造业扩展伙伴关系计划"(Manufacturing Extension Partnership)在美国工业界推广能效文化;通过新的E3计划(经济、能源和环境)为中小制造商提供技术和财政援助。

5. 开发美国的清洁能源潜力

奥巴马在2011年1月的国情咨文演说中提出,2035年时美国80%的电力将主要来自由核能、风能、水能、太阳能、生物质能、高效天然气以及洁净煤等各种清洁能源。在开发和生产清洁能源技术的全球竞赛中,奥巴马希望能开发美国社会在企业创新、市场激励等方面的独创性优势，使美国成为全球领先者。通过《2009年恢复与再投资法》创造就业岗位和发展清洁能源，奥巴马政府对清洁能源投入了前所未有的900多亿美元——为美国人创造了224500个工作岗位和数以万计的国内可再生能源项目；奥巴马政府创建清洁能源市场战略的中心内容是《清洁能源标准》（CES），该标准为清洁能源发电设立年度目标，并通过为发电厂使用清洁能源所生产的每度电提供清洁能源信贷，这将为投资者提供所需要的信号，引导美国资本投入到清洁能源经济中，在全国创造就业岗位并减少空气污染和温室气体排放；在美国农村地区推广可再生能源电力，采取措施确保地区间不同类型清洁能源消费的公平；促进具有碳捕获和存储功能的燃煤发电技术等新兴清洁能源技术发展；提高美国电力系统现代化水平并确保安全；在公共土地上许可和支持公用事业规模的可再生能源项目；为智能电网创新投资，开发智能电网材料和系统，以整合可再生能源并提高可靠性；通过为核能研发和认证拨款，推进新的核技术的发展；要求核管理委员会对美国国内的核电厂加强安全审查，确保美国核电厂的安全。

推动清洁能源研发技术创新是挖掘清洁能源潜力的重要路径。奥巴马总统认为，对清洁能源研发的持续投资可以推动私营部门创新，有助于应对全球气候变化并推动清洁能源经济的发展，这对美国长期经济增长、能源安全和国际竞争力来说至关重要。奥巴马政府通过《2009年恢复与再投资法》，投资了40多亿美元用于电网现代化，20亿美元用于先进电池制造，10亿美元用于可再生能源和能效的新能源技术研究，8亿美元用于先进生物燃料项目，以及30多亿美元用于清洁煤项目；取消化石燃料补贴以帮助支持清洁能源，扩大能源高级研究项目署研发投资，设立和资助多个能源创新中心，致力于开发突破性的清洁能源技术；支持为创新型制造方法和技术提供支持的应用型能源研发，提高美国制造业的工业效率和竞争力；资助确保获得清洁能源所需关键矿物质的研发，保障国内对关键材料的开发和利用；此外，奥巴马政府制定Sun Shot倡议等一系列支持清洁能源的税收减免、补贴等激励政策，使研发投资和清洁能源技术的部署同步进行。

三 美国政府能源政策实施的主要成效

奥巴马能源新政加快了对国内油气资源的开发,大量投资新能源和可再生能源,研发清洁能源技术,提高能源效率。由于美国油气产量、特别是页岩气和页岩油等非常规油气产量增长迅速,伴随金融危机以来美国能源消费增长趋缓,美国"能源独立"战略取得了革命性的进展。

1. 美国清洁能源开发位居世界前列

根据《2009年恢复与再投资法》的规定,2009~2014年联邦政府在清洁能源领域的累计投资达1500亿美元,这比2002~2008年的投资增加近2/3。除了政府直接投资外,还通过贷款担保项目、税费减免、税收补贴等税收优惠政策资助清洁能源技术研发,提高清洁能源技术的竞争力,降低研发风险。每种形式的联邦政府资助都会起到政策示范作用,吸引更多私人投资。根据布鲁金斯学会研究报告分析,奥巴马政府的清洁能源投资会吸引3270~6220亿美元的公共部门和私人投资。[1] 由于奥巴马政府的巨额投入和政策支持,美国在清洁能源领域发展迅速。美国皮尤慈善信托基金会发布的2011年版《谁将赢得清洁能源竞赛?》指出,2011年美国的清洁能源投资超过了连续两年位居全球首位的中国,高达480亿美元,约占全球清洁能源投资总额的18.5%。[2] 尤其需要指出的是,美国在清洁能源领域的风险投资和私募股权融资领域遥遥领先,2012年高达430亿美元,约占G20的78%,这体现了美国社会创新的优势。[3] 2013年,美国清洁能源投资下降了9%,但仍然高达367亿美元,

---

[1] *Beyond Boom & Bust: Putting Clean Tech on a Path to Subsidy Independence*, Brookings Institute, April 21. 2012, p. 6, http://www.brookings.edu/~/media/Research/Files/Papers/2012/4/18%20clean%20investments%20muro/0418_clean_investments_final%20paper_PDF.PDF.

[2] The Pew Charitable Trusts, *Who's Winning the Clean Energy Race*? April 2012, p. 15. http://www.pewenvironment.org/news-room/reports/whos-winning-the-clean-energy-race-2011-edition-85899381106.

[3] The Pew Charitable Trusts, *Who's Winning the Clean Energy Race*? April 2013, p. 28. http://www.pewenvironment.org/uploadedFiles/PEG/Publications/Report/-clenG20-Report-2012-Digital.pdf.

清洁能源投资总额占 G20 的 19.4%，投资金额位居世界第二。2013 年美国清洁能源装机总量占 G20 的 21%，5 年增长率为 9%。美国在生物燃料和低碳技术投资金额上一直遥遥领先于世界其他国家，2013 年美国生物燃料投资高达 18 亿美元，约占 G20 的 63%，能源效率和低碳技术投资高达 28 亿美元，约占 G20 的 72%。[1] 彭博社新能源财经（Bloomberg New Energy Finance）和可持续能源商业委员会（Business Council for Sustainable Energy）联合发布 2015 美国可持续能源发展报告称，2014 年美国清洁能源投资同比增长 7%，高达 518 亿美元，位居世界第二。[2]

在政府积极引导和企业广泛参与之下，美国的先进电池、太阳能电池板、风力涡轮机等清洁能源技术日益改善，清洁能源产量不断增加，可再生能源在美国能源消费结构中的比重不断上升。2008 年，美国可再生能源产量在美国一次能源产量结构中占比为 9.85%，2016 年已经增至 12.7%。2008 年，美国可再生能源在一次能源消费结构中的比重只有 7.24%，2016 年已经增至 10.43%。[3] 在发电燃料结构中的变化也非常明显。2008～2016 年，化石燃料从 71.04% 降至 65.14%，其中煤炭从 48.2% 减至 30.4%，天然气从 21.43% 增至 33.83%，石油从 1.12% 降至 0.59%；可再生能源从 9.25% 增至 14.94%，其中风能从 1.34% 增至 5.56%，太阳能从 0.02% 增至 0.9%。[4]

2. 美国能源效率已经获得明显提高

20 世纪 80 年代以来美国能源消费持续增加，但随着国家油价上涨和气候变化的压力，美国政府开始开源节流，减排增效。此外，2008 年金融危机后，美国经济恢复乏力，这也促成了美国能源总需求的下降。美国化石能源消费 2007 年达到历史峰值 89.927 千万亿英热单位（Quadrillion Btu），此后不断降低，2016 年降至 78.569 千万亿英热单位；美国一

---

[1] The Pew Charitable Trusts, *Who's Winning the Clean Energy Race?* April 2014, p. 14. p. 50. http://www.pewtrusts.org/~/media/Assets/2014/04/01/clenwhoswinningthecleanenergyrace2013pdf.pdf.

[2] Bloomberg New Energy Finance & Business Council for Sustainable Energy, *The Sustainable Energy in America: 2015 Factbook*, February 2015, p. 17.

[3] EIA, *Monthly Energy Review*, July 26, 2017. p. 3.

[4] EIA, *Monthly Energy Review*, July 26, 2017, p. 109.

次能源消费 2007 年达到历史峰值 101.015 千万亿英热单位，2016 年降至 97.394 千万亿英热单位。① 美国能源消费的缓慢下降的根本原因是美国能源效率的普遍提高。为了减少能源消费，降低能源强度，美国一方面加快高能耗第二产业向国外转移和低能耗第三产业持续发展形成的结构性节能，另一方面大力推进从生产到消费各环节的技术性节能。美国依靠技术研发、政策激励、社会参与等措施，大幅度提高从工业、商业、交通、住宅等各个部门的能源效率，美国的能源效率不断提高。20 世纪 70 年代以来美国单位能源消费呈下降趋势，2001 年只有 337 百万英热单位（million Btu），2011 年降至 312 百万英热单位；美国人均能源开支 2001 年后持续增加，从 2437 美元增至 2008 年的 4633 美元，此后开始下降，2010 年降至 3895 美元；以 2005 年美元的实际价值计算，美国单位美元国内生产总值的能耗呈下降趋势，2000 年为 8.81 千英热单位（Thousand Btu），2011 年降为 7.31 千英热单位。②

3. 美国在页岩气开发上获重大突破

美国对页岩气储量的认识经过了一个不断深入的过程，直到 21 世纪头十年才实现了页岩油气革命。③ 根据美国能源信息署的最新评估，美国页岩气储量丰富，技术可探明储量高达 665 万亿立方英尺（trillion cubic feet），位居世界第四，约占世界总量 7299 万亿立方英尺的 9.11%。美国页岩油技术可探明储量为 580 亿桶，位居世界第二，约占全球总量 3450 亿桶的 16.8%。④ 美国在页岩带上寻找天然气始自 19 世纪。第一口页岩井钻于 1821 年，但是直到 170 多年以后页岩气才真正实现商业化开采。

---

① EIA, *Monthly Energy Review*, July 26, 2017, p. 3.
② EIA, *Annual Energy Review 2011*, September 2012, p. 13.
③ 关于美国各机构对页岩气储量的不同时间的评估数据，可以参阅 Kenneth Medlock III, Amy Jaffe, Peter Hartley, *Shale Gas and U.S National Security*, James A. Baker III Institute for Public Policy, Rice University, July 2011, p. 12. http://www.bakerinsti-tute.org/publications/EF-pub-DOEShaleGas-07192011.pdf。
④ 值得注意的是，美国页岩气储量数据经历了比较大的跳水。2012 年 2 月，EIA 把 2011 年公布的 827 万亿立方英尺的储量下调到了 482 万亿立方英尺。EIA, *Technically Recoverable Shale Oil and Shale Gas Resources: An Assessment of 137 Shale Formations in 41 Countries Outside the United States*, June 10, 2013, p. 10. http://www.eia.gov/analysis/studies/world-shalegas/pdf/fullreport.pdf? zscb = 66146661.

页岩气的大规模商业开采得益于得克萨斯乔治·米切尔（George Mitchell）长期投资和技术创新。进入21世纪以来，随着页岩气开发水力压裂等核心技术的发展成熟，页岩气的开采成本被降到了4至6美元/百万英热单位。在美国天然气价格高企之下存在巨大的盈利空间，高额利润激励了中小企业大规模进军页岩气开采领域，美国页岩气产量出现了大幅度增长。凭借页岩气的大量开发，美国天然气产量激增，从2008年的5708亿立方米增至2016年的7492亿立方米，约占世界的21.1%。2009年时，美国首次超过俄罗斯成为世界最大的天然气生产国。美国2011年的天然气产量在超过1973年的峰值水平。美国2016年天然气消费量为7786亿立方米，约占世界的22.0%，超过了亚太地区天然气消费总量，是世界最大的天然气消费国。① 美国天然气净进口总量已经连续九年下降，2016年美国天然气净进口总量为6710亿立方英尺（bcf），是2007年峰值以来的最低值。② 美国液化天然气进口量五年内下降了43%，出口量暴增了540%，这导致美国天然气出口持续增加，预计美国在2018年成为天然气净出口国。③ 美国页岩气开采技术的突破性进展和由此带来的页岩气产量大幅度上升，不但推动了美国天然气市场的结构性变化，同时也对全球的页岩气开发带来了巨大冲击，业界因此称其为"页岩油气革命"，能源发展由此进入了"天然气的黄金时代"或"天然气的页岩气世纪"。④ 虽然有人预计美国页岩气单井产量递减速度很快，总产量也不会持续很久，只是昙花一现的投资泡沫。但是，以下两点因素使得美国在天然价格不断下降的情况下页岩气产量却逆势增长。一方面，天然气价格下跌推动了页岩气企业的优胜劣汰。2010年美国本土天然气价格降至3美元/百万英热，2012年进一步跌至2.5美元/百万英热左右，明显低于页岩气的开采成本。但许多单纯采气的企业在价格下跌中"被淘汰"，在兼并浪潮中实现了资产重组，已经挤掉了页岩气领域的泡沫。另

---

① BP, *BP Statistical Review of World Energy*, June 2017.
② EIA, *Monthly Energy Review*, July 26, 2017, p.84.
③ EIA, *U. S. Natural Gas Imports & Exports 2016*, June 29, 2017. https://www.eia.gov/naturalgas/importsexports/annual/ .
④ "Shale of the Century", *The Economist*, June 2, 2012, p.65.

一方面，页岩气开发商已经改变了单纯生产页岩气的开发模式，而是转为开发附加值更高的页岩油和天然气凝析液的生产，页岩气只是一种伴生气被开采出来。而美国严厉的环境法规和发达的天然气管网减少了页岩气的放空而进入市场。这些只占开发商收入小部分来源的页岩气对美国天然气价格构成了不断下行的长期压力。在美国能源信息署《2013年能源展望》的参考情境中，随着页岩气的不断开发，2011~2040年美国天然气产量会以每年1%的速度增加。从2020年到2040年，天然气出口会以每年17.7%的速度增加，2020年的净出口量还不到消费总量的1%，2040年会增加到消费总量的12%。① 在参考情境下，2011~2040年天然气增加的产量，44%来自页岩气，增幅高达113%，页岩气在天然气产量中的比例会从2011年的34%增加到2040年的60%。②

由于美国页岩气产量的激增，《2013年能源展望》乐观地预测，美国在2020年成为最大的天然气净出口国。③ 在此背景下，美国内天然气生产商扩大天然气液化出口的呼声日益强烈。根据美国《1992年能源政策法》和修订的《天然气法》规定，美国可以向与其签署自由贸易协定（FTA）的自由贸易伙伴国家出口天然气，但对非自由贸易伙伴国的天然气出口需要经过"公众利益审核"（public interest review），评估其对美国经济贸易、能源安全、环境保护等各方面的综合影响。目前非洲一些国家和亚洲的韩国、新加坡等国都与美国签订了自由贸易协定，但亚洲中国、日本和印度三个天然气需求大国尚未与美国签署自由贸易协定。截至2017年6月30日，美国向贸易伙伴国的出口申请62个，除了3个待处理项目和撤销的8个项目外已经全部通过；共有58个向非自由贸易伙伴国的液化天然气出口项目，撤销7个项目，其中30个项目已经获得出口许可，21个项目正等待能源部审批。④

---

① EIA, *Annual Energy Outlook 2013: With Projections to 2040*, April 2013, p. 12.
② EIA, *Annual Energy Outlook 2013: With Projections to 2040*, April 2013, p. 79.
③ EIA, *Annual Energy Outlook 2013: With Projections to 2040*, April 2013, p. 79.
④ DOE, *List of current LNG Export Applications of the Lower 48 States before the Department of Energy* (as of June 16, 2017). http://energy.gov/fe/downloads/summary – LNG – export – applications – lower – 48 – states.

美国天然气产量和出口的增加,将减少对国外天然气需求和增加供应,无论美国天然气最终流向何方,从客观效果来看会改善全球供需平衡,在一定程度上缓和长期以来的供需紧张形势。

4. 美国石油进口态势发生根本逆转

为了确保能源安全,2001年以来,美国加大国内原油开发,减少对外石油依存度。美国钻井开工数从2002年的137口一路上升,2008年已经达到了379口,2010年增至591口,2011年增至984口。[①] 美国石油和液体燃料生产自1970年达到日均1129.7万桶的峰值后持续下降,2005年跌至低谷682.5万桶,近年来才开始上升,2015年已经增至历史新高1275.7万桶。[②]《BP世界能源统计2017》的分析,美国石油产量在2009年、2010年、2011年的年增长率分别为7%、4.1%、4%,近年来的增长尤为迅速,2012年同比增长13.3%,2013年同比增长13.1%,2014年同比增长15.9%,2015年同比增长8.5%。[③] 新增产量一方面是来自国内新增油田的开发;另一方面是美国新开发的页岩油产区石油产量的增加,随着页岩油气革命,这些地区的非传统石油产量得到了充分的释放。与此同时,2005~2012年美国石油消费总体呈下降趋势,已经从2005年的每天2080.2万桶降至2012年的1849万桶。近年来美国石油消费量增长缓慢,仅仅从2013年的每天1896.1万桶增至2016年的1963.1万桶。[④] 在这种情况下,美国的石油进口出现逆转,2005~2015年美国石油进口量每年减少3.5%,石油出口量每年增加14.9%。[⑤] 此外,根据美国能源信息署提供的数据,美国石油净进口从2005年的每天1254.9万桶降至2016年的487万桶,净进口占国内石油供应的比重也从60.3%降至31.9%。值得注意的是,2011年美国汽油、柴油和其他燃料等石油产品出口超进口,石油产品出口为日均293.9万桶,进口为日均250.1万桶,日均石油产品净出口为43.8万桶,自1949年以来第一次变成石油产品净

---

① EIA, *Annual Energy Review 2011*, September 2012, p. 95.
② EIA, *Monthly Energy Review*, July 26, 2017. p. 49.
③ BP, *BP Statistical Review of World Energy*, June 2017.
④ BP, *BP Statistical Review of World Energy*, June 2017.
⑤ BP, *BP Statistical Review of World Energy*, June 2017.

出口国。① 美国能源信息署《2014年能源展望》预计，因为页岩油和致密油层等陆上原油产量的扩大，2019年美国国内原油产量将从2012年的日均650万桶大幅增至日均960万桶。② 美国能源信息署2017年7月份的《短期能源展望》预计，美国原油产量将在2018年达到每天990万桶的峰值，超过1970年每天960万桶的历史纪录。③

随着对外石油依存度和石油进口量不断降低，美国能源独立的前景变得越来越乐观。在此背景之下，美国国内解禁原油出口的呼声不断增强。美国曾在1975年出台了《能源政策和节能法》，禁止本国原油出口。2015年12月18日，奥巴马签署了美国国会通过的2016财年综合拨款及税收优惠法案，该法案的内容之一就是解除了长达40年的原油出口禁令。由于国际油价低迷，美国解禁原油出口不会刺激国内原油的急剧增产和大量出口，短期内也不会对国际石油市场产生重大影响。

虽然页岩油延续了美国页岩气的成功，继续推动美国能源独立的趋势，但各界对其能够持续多久充满了疑虑。页岩油气产量衰减快、资金需求量大、环境要求高，发展受到严重制约。个别企业为吸引投资而精心包装过的储量数据被削减，这为页岩油气原本乐观的发展前景蒙上了一层阴影。2014年6月以来，国际油价持续走低，徘徊在60美元/桶的油价已低于美国多数页岩油企业的盈亏平衡点。由于OPEC坚持不减产，美国原油生产再创新高，油价低迷的状态将会持续。但由于油气公司投资下降，产油国财政压力的加大，各方提价的意愿增强，存在价格反弹的可能。整体亏损和融资困难的页岩油企业经过这一轮优胜劣汰的过程，浴火重生的页岩油气行业会继续保持稳定发展的局面，美国能源独立的态势将持续增强。

美国页岩油气革命的成功，为非常规油气的开发利用创造了先例，不但使得"石油峰值论"不攻自破，而且还提振了人们对能源安全的信心。由于减少石油进口、国内石油需求下降和国内石油生产的增加，此外还有汽车燃油效率的提高和生物燃料的使用等因素，使得美国石油净

---

① EIA, *Monthly Energy Review*, July 26, 2013, p. 55.
② EIA, *Annual Energy Outlook 2013: With Projections to 2040*, April 2014, ES-2.
③ EIA, *U. S. crude oil production forecast expected to reach record high in 2018*, Short-Term Energy Outlook (STEO), July 25, 2017. https://www.eia.gov/todayinenergy/detail.php?id=32192.

进口支出和石油进口依存度的持续下降，缓解了美国经济遭受国际供应中断和国际油价冲击的压力。拥有大量质优价廉油气资源的美国掌握了能源市场调节的主动权，不仅可以减少对国际能源市场的依赖，还可以通过能源市场打击传统的地缘政治对手。

四 美国政府能源政策实施的深远影响

奥巴马能源政策不仅在国内开启了新一轮清洁能源投资的热潮，加快了美国的经济复苏和再工业化的顺利实现，而且页岩油气革命推进的美国"能源独立"也将逐渐改变全球油气版图，在能源贸易格局发生区位逆转的情况下，将对能源地缘政治竞争的内容、方式、格局带来战略性冲击和颠覆性变革。[1] 奥巴马政府的能源政策不仅改善了美国的能源安全状况，而且使得美国重塑了在全球能源格局中的控制力和影响力。

1. 美国能源成本优势将加速经济快速复苏

2008年金融危机带来的经济衰退对美国经济造成巨大冲击。从各国发展趋势看，美国经济早已经逐渐复苏，并且各方表现总体上稍优于他国。虽然出现这种趋势的原因复杂多样，但国内能源供应的增加和能源价格的低廉，优化了美国的成本优势和财政状况，成为促成美国经济复苏的重要原因之一。[2]

第一，大规模能源投资创造大量就业岗位。

为了加快国内非常规油气的发展，美国投资开始大幅度转向国内。从美国劳工统计局的数据来看，2009年下半年到2011年美国失业率处于9.5%~10%，此后陆续下降，2012年上半年已经降为约8.2%。从长远来看，到2020年时，欣欣向荣的油气行业将带来110万至360万个就业机会，美国国内生产总值总量将增加3个百分点。[3] 奥巴马政府宣布，油

---

[1] Paul D. Miller, "The Fading Arab Oil Empire", *The National Interest*, July / August 2012, p.43.
[2] 甄炳禧：《美国经济新增长点与中国的应对》，《国际问题研究》2014年第4期。
[3] Michael Levi, Think Again: The American Energy Boom, *Foreign Policy*, July / August 2012, p.58.

气行业的就业人数从2010年到2013年期间增加了13.3万人。① 美国清洁能源业大量带动了就业。以太阳能产业为例，太阳能产业是美国新增就业人数的主要来源，142个工作中有一个来自太阳能，每天创造56太阳能工作。2013年11月，美国太阳能工人比2010年以来增加了53%，新增岗位5万个，间接增加了435000个相关工作，这使得受太阳能产业影响的工作达到了600000个。2013年美国太阳能产业新增岗位比2012年增长约20%，10倍于国家就业增长率。②

第二，油气产量增长改善能源进出口贸易。

长期以来，为了确保美国及其盟国的能源安全，美国长期在中东等石油产区布置重兵，不惜发动多次局部战争消除能源安全威胁，这为美国带来了巨大的财政负担，加剧了原本已经不堪重负的政府债务。美国对外石油进口依存度的降低，不仅有效增强了自身的能源安全，也能适度减少因为保护能源安全带来的巨额开支，降低政府财政赤字和政府债务。与此同时，美国能源出口的大幅增长为美国赚取了大量利润。近年来，美国成品油出口增长迅速，从2008年的每天177.3万桶，增至2016年的466.8万桶，增幅高达163.3%。美国原油出口从2008年的每天2.9万桶增至2016年的每天52万桶，实现了突破式增长。③ 美国天然气的出口也增长迅速，从2008年的10720亿立方尺增至2016年的23350亿立方尺，增长速度和幅度巨大。④ 气代煤发电使煤炭需求量日减，美国煤炭出口量由从2005年的日均4994.2万短吨增至2012年的12574.6万短吨，增幅高达251.8%。2015年煤炭出口仍然高达7395.8万短吨，2016年内保持在6027.1万短吨。⑤ 美国能源自给程度的提高节约了进口成本，油

---

① The All-Of-The-Above Energy Strategy as a Path to Sustainable Economic Growth, May 2014. http://www.whitehouse.gov/sites/default/files/docs/aota_energy_strategy_as_a_path_to_sustainable_economic_growth.pdf.
② The Solar Foundation (TSF), National Solar Jobs Census 2013, January 2014. p.5. http://www.thesolarfoundation.org/sites/thesolarfoundation.org/files/NSJC%202013%20Factsheet_FINAL.pdf.
③ EIA, Monthly Energy Review, July 26, 2017, p.55.
④ EIA, Monthly Energy Review, July 26, 2017, p.83.
⑤ EIA, Monthly Energy Review, July 26, 2017, p.97.

气贸易赤字持续下降。美国油气进口的下降和煤炭、成品油、天然气出口量的增加，缓解了能源价格波动所带来的负面影响，直接降低了美国的贸易逆差，有助于联邦政府削减财政赤字和债务，加快美元走强和资本回流趋势，美国在国际能源市场上的独立性和竞争力明显上升。奥巴马在《全面能源战略：通往经济可持续增长之路》中指出，美国国内生产总值中的贸易赤字比重持续降低，从2006年的5.4%锐减至2013年的2.8%，这直接归功于因国内石油产品持续增长和国内消费下降、石油进口减少而导致的贸易逆差减少，大约有0.6个百分点的降幅来自石油进口的减少。[①]

第三，非常规油气资源开发助力工业复兴。

面对国际金融危机引发的经济衰退，经济学家提出了发达国家"再工业化"的问题，强调在新起点上重新发展实体产业群，实现"制造业回归"。奥巴马政府提出了"制造业促进法案"、"重振美国制造业政策框架"、"出口倍增计划"等一系列旨在实现"再工业化"的战略举措，由此形成了"美国制造"战略的基本框架。显然，美国油气产量持续增长和价格相对低廉为经济复苏和"再工业化"提供了踏实的基础，美国获得了经济发展上的"能源比较优势"。

页岩油气革命使美国的天然气具有了一般国家无法企及的价格优势。英国石油公司能源统计数据显示，2005年天然气消费在美国一次性能源消费中的比重仅有22%，2010年这一比重上升至25%，超过了煤炭（21%）而位居第二，仅次于最大比重的石油（36%），2013年这一比重已经增加至28.2%。2016年进一步增至31.5%。[②] 燃料成本占美国发电总成本的40%，廉价的天然气推动了电力价格的下降，美国制造业获得了巨大的价格比较优势。在国际石油期货市场上，美国西得克萨斯中质油（WTI）价格开始低于北海布伦特（Brent）原油。根据《BP世界能源统计2017》的年均价数据，2008年WTI为每桶100.06美元，Brent为每桶97.26美元。但由于美国页岩油产量的增加，2010年以来呈现价格差

---

① *The All-Of-The-Above Energy Strategy as a Path to Sustainable Economic Growth*, May 2014. http://www.whitehouse.gov/sites/default/files/docs/aota_energy_strategy_as_a_path_to_sustainable_economic_growth.pdf.

② BP, *BP Statistical Review of World Energy*, 2005, 2010, 2014, 2017.

趋于增大的"倒挂"现象。2012 年 WTI 年均价为每桶 94.13 美元,比 Brent 的每桶 114.21 美元低了 19.61 美元;2013 年二者的差距缩减为 10.67 美元,2014 年差距进一步减至 5.67 美元,2015 年差距缩小至 3.68 美元,2016 年价格才逐步接近。① 页岩气产量大增也导致美国天然气价格的急剧下降。自 2008 年以来,美国天然气价格(US Henry Hub)不断下降,每百万英热单位价格已经从 2008 年的峰值 8.85 美元降至 2012 年的 2.76 美元,降幅高达 68.8%。2014 年美国天然气价格增至 4.35 美元,德国天然气进口价格为 9.11 美元,英国天然气价格(Heren NBP Index)为 8.22 美元,日本进口的液化天然气为 16.33 美元,美国天然气具有明显的价格优势。2015 年以来,国际天然气价格大幅度下降,2016 年美国天然气价格降至 2.46 美元,德国天然气进口价格为 4.93 美元,英国天然气价格(Heren NBP Index)为 4.69 美元,日本进口的液化天然气为 6.94 美元,美国依然保持了天然气的价格优势。② 美国页岩气的蓬勃发展和如此低廉的价格,将惠及整体工业、电力、交通甚至就业,无疑将增强美国经济恢复的内在动力。在油气廉价充盈的背景下,原料和动力成本的大幅减少直接导致化工产品的价格大降,对于以页岩气为原料的化工行业的影响更为深远。美国天然气凝析液(NGL)富含乙烷、丙烷、丁烷及戊烷,天然气凝析液的大规模开发为下游化工产业提供了丰富低廉的原料,吸引了全球企业的投资热潮,推动了美国合成氨、甲醇、乙烯、丙烯等化工产业的迅速发展,在全球化工行业中获得了较强的竞争力。③ 页岩油气革命支撑了美国对高能耗企业的投资,进而使得美国企业拥有了他国企业难以获得的低成本优势。④ 美国工业零售电价只有 6.87 ¢/kWh,远远低于欧盟、日本、加拿大、中国、印度、墨西哥等国的电力价格,进一步降低了美国制造业的生产成本。⑤

---

① BP, *BP Statistical Review of World Energy*, June 2017.
② BP, *BP Statistical Review of World Energy*, June 2017.
③ 李超、王红秋:《美国页岩气开发对化工市场的影响》,《中外能源》2015 年第 2 期。
④ 张抗:《美国能源独立和页岩油气革命的深刻影响》,《中外能源》2012 年第 12 期。
⑤ Bloomberg New Energy Finance & Business Council for Sustainable Energy, *The Sustainable Energy in America: 2015 Factbook*, February 2015. p.137.

第四，能源变革带动了美国经济加速增长。

奥巴马政府推进的能源政策改善了美国的能源状况，能源部门成为美国经济的重要增长点。根据 HIS 全球观察公司的分析，无论对于传统油气的能源各州，还是因为页岩油气新晋能源各州，都从近年来的非常规油气开发中获益良多；即使不生产油气的能源各州，也因为其他州油气行业的繁荣，带来了对本州各公司相关产品和服务需求的激增；州际管道等基础设施建设迅速跟进，从勘探开发到炼化、销售等上下游领域创造了大量就业就会。① 奥巴马政府在 2014 年估计，持续上升的国内能源生产为国内生产总值增长和创造就业做出了重大贡献，石油和天然气的产量仅对 2012 年和 2013 年的实际国内生产总值增长就贡献了超过 0.2% 的增长。② 从能源与经济的相互联系来看，2007~2014 年，美国能源消费下降了 2.4%，国内生产总值增加了 8.2%；以单位国内生产总值能耗来看，美国能源生产率增加了 11%，2014 年比 2013 年增加了 1.4%。③ IHS 全球观察公司预计，美国非常规能源部门税收贡献会呈不断上升态势，从 2012 年的 618 亿美元提高到 2020 年的 1110 亿美元，2035 年增至 1244 亿美元；对美国国内生产总值的贡献将从 2012 年的 2377 亿美元增至 2020 年的 4166 亿美元，2035 年增至 4720 亿美元。④ 从长期来看，美国经济已经复苏并保持良好的增长势头，美国能源部门的贡献不可忽视。

2. 美国能源独立将重构世界油气供需格局

自从世界消费重心转移加速了世界能源消费格局的多元化，能源供应轴心转移再次推动了世界能源生产格局的多元化，进一步带动了供需

---

① HIS Global Insight, *The Economic and Employment Contribution of Shale Gas in the United States*, December 2011.

② *The All-Of-The-Above Energy Strategy as a Path to Sustainable Economic Growth*, May 2014. http://www.whitehouse.gov/sites/default/files/docs/aota_energy_strategy_as_a_path_to_sustainable_economic_growth.pdf.

③ Bloomberg New Energy Finance & Business Council for Sustainable Energy, *The Sustainable Energy in America: 2015 Factbook*, February 2015, p.11.

④ IHS Global Insight, *America's New Energy Future: The Unconventional Oil & Gas Revolution and the US Economy*, Volume 1: *National Economic Contributions*, October 2012, p.8.

格局的区域化，冲击了油气价格体系的稳定，削弱了传统油气出口国的资源优势。

第一，加速世界油气供应新轴心的转移。

长期以来，世界油气资源主要集中在大中东地区。美国页岩气资源为代表的非常规油气资源有望成为大中东地区之外的又一个供应中心，形成新的世界能源地缘政治版图。① 在这个版图上，从北美洲西部的页岩油气和沥青砂岩油到墨西哥湾丰富的海上油气，再经过委内瑞拉重油带到巴西深海，成为一条狭长的南北带状区，被业界誉为"第二个中东"。这一地区的油气储量增长速度和开发前景令人瞩目。2000～2014年，巴西石油探明储量增加90.5%，委内瑞拉石油探明储量增长288.4%，并在2010年超过沙特阿拉伯而成为世界探明石油储量最大的国家。2016年，加拿大、美国、墨西哥、委内瑞拉和巴西四国的天然气探明储量共占世界总量的9.2%，石油探明储量共占世界总量的31.7%。② 这其中，美洲页岩气、油砂、重油等非常规油气资源储量相当丰富，远远超过大中东地区石油储量。加拿大油砂多达1653亿桶，委内瑞拉有2223亿桶重油。③

第二，推动国际能源市场的区域化趋势。

美国推行"能源独立"战略不仅扭转了美国石油下降的趋势，而且改变了全球能源贸易平衡，影响了全球贸易的流向。美国会逐步减少了从中东的石油进口，并将进口来源国向美洲和非洲国家转移，在世界能源消费重心向亚洲转移的趋势之下，未来世界产油国不得不将出口市场更多地转向中国、印度、日本等亚洲国家。即使是重视欧洲能源市场的俄罗斯，在乌克兰危机爆发导致欧俄关系恶化的背景下，也会更加重视亚太能源市场，从而弥补欧洲市场份额的下降和开拓极具潜力的亚太市场。无论是加拿大、委内瑞拉还是巴西，都把亚太地区作为对美国市场份额下降后的重要替代选择。在美国"能源独立"战略的推动下，未来国际能源市场会形成贸易联系相对紧密的区域化市场。在环亚洲供需

---

① Daniel Yergin, Oil's New World Order, *The Washington Post*, October 28, 2011.
② BP, *BP Statistical Review of World Energy*, June 2017.
③ BP, *BP Statistical Review of World Energy*, June 2017.

区，中、日、韩、印等国的能源消费将主要来自中东、中亚、东南亚地区；在环绕大西洋供需区，重点供应美国的将是南北美洲、北非和西非产油国。①

第三，冲击了国际能源价格体系的稳定。

由于美国页岩气产量的激增，美国天然气价格不断下降，并凭借价格优势和清洁特点广泛替代煤炭和石油发电，这也间接导致了美国煤炭和石油消费的减少。美国石油进口不断下降，煤炭出口不断上升，液化天然气出口指日可待，国际市场上的煤炭、原油、天然气价格会面临长期冲击。美国减少燃煤发电导致煤炭价格下跌，具有价格竞争力的美国煤炭大量出口，导致全球煤炭价格下跌。即使清洁能源电力颇具规模的欧洲各国，也出现了燃煤取代清洁能源电力的情况。因此，不但导致经合组织国家2013年煤炭消费量同比增加3%，而且导致二氧化碳排放量重新出现反弹，2013年同比增长0.7%。②

能源独立使得美国弱化了本土石油价格与国际市场的联系，但并未降低美国对国际石油价格的影响。由于国际原油市场的金融属性，只有掌握石油美元铸币权且占据石油金融制高点，美国才真正拥有了国际原油定价权。③ 美国石油进口量的减少，将大大减少国际石油市场的压力，为其他国家石油消费的增长提供了弹性空间。在未来全球能源供需格局中，原来西方国家与欧佩克之间的价格之争将更多地转向亚洲石油消费国与欧佩克之间的价格之争。如此一来，拥有巨大石油消费潜力和消费市场的亚洲新兴经济体无疑会获得更多的石油定价权，这将有利于亚洲国家调整全球石油贸易体系中"亚洲溢价"现象。④ 受制于运输条件，世界天然气出口主要依赖管道运输，或者经过液化变成液化天然气（LNG）。由于缺乏定价中心，目前亚洲液化天然气进口价格是全世界最高的。2013年，日本液化天然气的平均到岸价格是16.17美元/百万英热单位，分别是德国、英国进口价格的1.5倍，比美国天然气价格高出5倍。美国

---

① 曾兴球：《美国"能源独立"战略对我国的启示》，《中国能源报》2012年8月13日。
② BP，*BP Statistical Review of World Energy*，June 2017.
③ 张映红：《页岩油气对全球油气竞争格局的影响》，《战略与管理》2014年第2期。
④ 张茉楠：《美国"能源独立"战略影响全球大格局》，《宏观经济管理》2012年第6期。

以竞争性市场为基准的低价天然气大量出口，不仅会给其他国家在建液化天然气项目和炼化企业带来极大压力，甚至会影响现有的天然气贸易合同定价模式。目前欧洲的现货交易日趋活跃，俄罗斯主导的长期协定价机制已经受到冲击。根据亚洲各国现有液化天然气进口合同的价格开放条款，虽然美国天然气出口到亚洲的数量不会很大，一旦冲击现有的价格体系，就会启动各方价格谈判的窗口，未来亚洲也会出现更多以竞争性市场定价的天然气贸易。长此以往，随着液化天然气像石油一样自由交易，未来管道天然气造成的地域分割将逐渐被打破，国际天然气价格将更加透明，全球价格差异将逐渐缩小。

第四，削弱了常规油气出口国的资源优势。

在油气供应趋紧的卖方市场上，油气出口国在很大程度上控制着油气定价权，而美欧日中韩等油气进口国不得不接受卖方的垄断性油气销售价位。英国石油公司发布的《BP 世界能源统计 2017》数据显示，2016年全球天然气探明储量仅为 6588.8 万亿立方英尺，中东国家为 2803.2 万亿立方英尺，俄罗斯为 1139.6 万亿立方英尺；2016 年全球石油探明储量为 17067 亿桶，欧佩克国家石油探明储量为 12205 亿桶，非欧佩克地区石油探明储量为 4862 亿桶。[①]"9·11"以来，波斯湾国家在美国石油进口中比例陆续下降，已经从 2001 年的 23.3% 降至 2016 年的 17.5%；欧佩克国家在美国石油进口中比例逐渐减少，从 2001 年的 46.6% 降至 2016 年 34.2%。[②] 美国能源信息署 2013 年的评估报告显示，全球页岩气资源储量高达 7299 万亿立方英尺，页岩油为 3450 亿桶。[③] 美国天然气产量和出口量的增加会缓解消费国对中东液化天然气的竞争，因此会导致天然气价格下降和刺激天然气的广泛利用。[④] 全球非常规油气资源的开发，减

[①] BP, *BP Statistical Review of World Energy*, June 2017.

[②] EIA, *Monthly Energy Review*, July 26, 2017, p.53.

[③] EIA, *Technically Recoverable Shale Oil and Shale Gas Resources: An Assessment of 137 Shale Formations in 41 Countries Outside the United States*, June 10, 2013, p.3, http://www.eia.gov/analysis/studies/worldshalegas/pdf/fullreport.pdf?zscb=66146661.

[④] Kenneth Medlock III, Amy Jaffe, Peter Hartley, *Shale Gas and U.S National Security*, James A. Baker III Institute for Public Policy, Rice University, July 2011, p.13. http://www.bakerinsti-tute.org/publications/EF-pub-DOEShaleGas-07192011.pdf.

少了来自俄罗斯、伊朗和委内瑞拉的天然气在世界天然气供应中的份额，在一定程度上削弱了俄罗斯、欧佩克等资源国的资源优势。凭借页岩气的成功开发，美国把天然气供需矛盾成功排斥在了北美地区以外，已经建立起其在全球天然气市场难以撼动的霸主地位。

3. 美国转变了应对气候变化的立场与策略

清洁能源的广泛利用为美国转变气候变化政策提供了坚实的物质基础。对美国而言，清洁能源技术的突破将大幅度降低美国的温室气体排放量，进而重获国际气候谈判的领导权，改善美国在国际气候问题上的消极形象。[①]

第一，美国能源结构逐步全面优化。

美国在采取大规模投资研发清洁能源的长远战略的同时，也采取了降低煤炭比重增加天然气比重的务实选择，即首先以污染较少的天然气能源替代污染重的煤炭，弥补短期内清洁能源替代能力不足的缺陷。2008年以来，可再生能源在美国能源消费结构中的比例大幅度上升，化石能源在美国能源消费结构的比例稳步下降。美国非常规油气的快速发展，加大了对天然气消费，减少了污染较重的煤炭的消费，改善了能源消费结构。其中，燃煤发电在美国电力来源结构中的比重已经由2005年的49.63%下降至2016年的30.4%；同期天然气发电美国各部门电力消费结构中的比重由18.76%增至33.83%。[②]

第二，温室气体排放量大幅度降低。

根据《哥本哈根协议》和《坎昆协议》，奥巴马政府承诺的温室气体减排目标是以2005年为基点，2012年减少3%，2020年减少20%，2030年减少42%，到2050年减少80%。[③] 多年以来，美国二氧化碳排放强度持续下降，每百万美元（2005年价）国内生产总值能耗的二氧化碳排放数量持续减少，1990年时高达628吨，2000年时减至523吨，2011年为

[①] 孔祥永：《奥巴马政府能源政策调整的成效与影响》，《现代国际关系》2013年第1期。

[②] EIA, *Monthly Energy Review*, July 26, 2017, p.109.

[③] Bloomberg New Energy Finance & Business Council for Sustainable Energy, *The Sustainable Energy in America: 2015 Factbook*, February 2015. p.24.

412吨。① 英国石油公司数据显示，美国的二氧化碳排放量自2007年达到峰值以来持续下降，2016年比2007年下降了近12.75%。② 由于页岩气的大量开发和使用，美国2020年减排目标会因并非源自政府有意识推动的减排行动而轻松实现，这使得美国做出更大幅度的减排承诺成为可能。2014年12月，美国宣布2025年减排目标是在2005年基础上减排26%~28%，并将尽力减排28%。

第三，美国气候外交更加积极主动。

随着减排能力的增强，美国在气候变化政策上会拥有更多的回旋空间，站在了可以对其他排放大国施加压力的道德制高点上。在此背景之下，美国开始调整气候变化政策，试图掌握更多的主动权和话语权。奥巴马政府对气候变化政策上积极介入，国务卿约翰·克里在气候外交上主动出击。不仅与日本、韩国和欧盟签订了一系列加快减排的清洁能源技术合作协议，而且与中国建立了双边气候变化工作组，加强气候政策协调。2015年12月12日，在《联合国气候变化框架公约》缔约方会议第21次大会上，美国和世界各国一起签署了《巴黎协定》。该协定在2016年4月22日提交联合国，在占全球碳排放55%以上的55个国家提交批准文件后正式生效。

4. 助力于美国加快全球战略的调整与布局

第一，能源独立支撑美国战略重心的快速东移。

冷战结束之后，美国一直试图对全球战略进行调整，尽快推进"战略东移"，但由于一系列地区冲突和反恐战争，迟滞了美国战略推进的进程。随着"页岩油气革命"和全球油气资源中心的转移，中东地区在美国能源地缘政治战略布局中的地位开始下降，美国加快"战略东移"的能源安全顾虑也开始减少。③ 奥巴马政府对中东地区的外交政策和军事介入采取了相对超脱的政策，加快了摆脱反恐战争拖累的步伐。美国虽然会继续支持在中东的盟国，但是对沙特等国的支持力度会逐步下降，沙

---

① EIA, *Annual Energy Review 2011*, September 2012, p. 13.
② BP, *BP Statistical Review of World Energy*, June 2017.
③ Paul D. Miller, "The Fading Arab Oil Empire," *The National Interest*, July/August 2012, pp. 38–43.

特对美国安全保护的单方面依赖反而会逐步上升。实际上，近年来海湾合作委员会在地区安全上开始发挥更大的作用，已经折射出了美国战略收缩的迹象。^① 例如，沙特与美国之间石油换安全交易（Oil-for-security bargain）开始松动，这也使得美国可以不顾沙特与以色列等国的反对，坚持与伊朗进行谈判的重要前置条件。中东地区矛盾错综复杂，以色列与阿拉伯国家的矛盾、伊朗与阿拉伯国家的矛盾，伊斯兰教逊尼派和什叶派的矛盾、阿拉伯国家激进国家与温和国家的矛盾彼此纠缠，尽管美国试图维持各种力量的微妙平衡，但潜藏的民族、政治和宗教矛盾随时可以引发地区冲突。2011年中东地区陷入政治动荡，美国坚持从伊拉克、阿富汗撤军，在利比亚和叙利亚内战中避免大规模直接卷入的态度，既是美国对长期以来不堪重负的战略回调，也是让欧洲国家和中东国家更多参与地区事务的政策走向。况且，随着美国在地区安全保护责任的转移，海湾各国不得不斥巨资加强军备，扩大对美国军火的采购，从而增加美国的军火贸易收入。需要指出的是，"能源独立"使美国减少了对中东石油进口的依赖，只是为美国采取灵活的中东政策、战略重点转向亚太地区提供了资源基础和政策空间。从长期来看，"美国的全球存在和同盟体系意味着，即使它的军事行动会比'9·11'之后的高峰时期有所缩减，但它会继续长期致力于中东地区的政治稳定。所以，认为美国会从中东退却的观点是不符合事实的"^②。

第二，能源出口国的地缘政治影响会被削弱。

对美国而言，非常规能源的繁荣，既为美国带来了增进能源安全的机遇，也为美国带来了维护能源安全的挑战。美国油气进口大幅度下降，油气出口前景可期，改变了国际能源市场的贸易流向和权力格局。^③ 无论是对于油气出口国而言，还是对于油气进口国，丰富的油气储量和巨大

---

① Daniel Pipes etc., The Geopolitics of U. S. Energy Independence. *International Economy*, Summer 2012, Vol. 26, Issues, p. 25.

② Bruce Jones, David Steven and Emily O'Brien, *Fueling a New Order? The New Geopolitical and Security Consequences of Energy*, Project on International Order and Strategy at Brookings, March 2014, p. 2.

③ Elizabeth Rosenberg, *Energy Rush: Shale Production and U. S. National Security*, Center for a New American Security, February 2014, p. 9.

的油气出口量都使得俄罗斯获得了非同寻常的地缘政治影响力。"页岩油气革命"和西半球非常规油气资源的发现、开采,使国际油价持续下跌,不利于俄继续贯彻其依靠大量开采、销售其油气资源来保障经济增长的发展战略。美国利用自身和西半球的资源优势,可以在一定程度上帮助其欧洲盟国减轻对俄罗斯的油气依赖,排挤俄罗斯在欧洲油气市场的份额,进而削弱俄罗斯对欧洲地缘政治的影响力。[1] 詹姆斯·贝克研究所的分析报告预计,由于美国页岩气的大力开发和出口,减少了俄罗斯、伊朗和委内瑞拉在世界天然气供应中的份额;没有页岩气的开发,这些国家在2040年世界天然气供应中份额约占33%;但是如果页岩气被大量开发,这些国家的份额会仅占26%。页岩气的繁荣会直接挑战天然气欧佩克(Gas OPEC)的垄断权力,削弱俄罗斯对欧洲或其他地方天然气消费国的影响力,俄罗斯在西欧天然气市场的份额将从2009年的27%减至2040年的13%,从而降低莫斯科再次把能源作为政治工具的机会;降低美国对西半球的长期依赖和欧洲对委内瑞拉液化天然气的依赖,减少伊朗使用能源外交加强地区权力和实现核野心的能力,这也使得个别石油出口国扬言使用石油武器的可能将越来越小。[2] 在此背景之下,俄罗斯、欧佩克等国一方面要调整依靠资源出口获取外汇支撑经济发展的战略规划;另一方面必须寻找新的能源出口市场,扩大向中国、日本、韩国等亚洲国家的能源出口。

第三,巩固与欧亚盟国的能源安全合作关系。

由于美国盟国的能源供需难以摆脱对中东或俄罗斯的依赖,这使得他们不得不与美国的中东政策和对俄政策拉开距离,美国外交政策目标难以顺利实现。今后,随着世界油气中心"西移"及美国油气产量增加,美国既可以收放对中东地区安全的关注而影响国际油价的波动,也可以向欧、日、韩等盟国增加油气出口,从而一定程度上让欧亚盟国减少对中东和俄罗斯油气资源的依赖,加强对盟国的支配和控制。在乌克兰危

---

[1] Daniel Yergin, How is Energy Remaking the World? *Foreign Policy*, July / August 2012, p. 60.
[2] Kenneth Medlock Ⅲ, Amy Jaffe, Peter Hartley, *Shale Gas and U. S National Security*, James A. Baker Ⅲ Institute for Public Policy, Rice University, July 2011, p. 13, http://www.bakerinsti‐tute.org/publications/EF‐pub‐DOEShaleGas‐07192011.pdf.

机爆发以后，欧盟对过高依赖俄罗斯天然气的担忧气氛又开始上升，要求美国加快天然气对欧出口的意愿增强。实际上，美国能否出口、出口多少还存在美国国内政治干扰的不确定性。况且，即使美国天然气出口到欧洲，对于通过减少对俄罗斯天然气依赖而谋取供应安全的欧洲来说，短期来看依然可能是杯水车薪。

5. 中美能源竞争态势与合作发展前景变化

美国"能源独立"对中国的影响错综复杂，既有积极的一面，也有消极的一面。

从积极一面而言，美国对世界能源需求的减少改变了世界油气供需格局的平衡局面。由于美国以及西半球能源自主性增强，实质上释放了全球产能，有利于缓解全球供需紧张局面。[1] 近年来石油价格大幅度下降，世界石油市场已经逐渐从卖方市场转为买方市场，这为作为石油进口大国的中国获得了减少石油进口开支和建立战略石油储备的时机。美国天然气出口前景推动了俄罗斯、欧佩克、非洲和美洲等国能源出口方向的东向转移，中国以其充足的金融资本和巨大的消费潜力，获得了对接各国能源出口战略转移的历史机遇。对中美关系而言，直接能源冲突趋缓，合作机会增多。美国詹姆斯·贝克公共政策研究所的研究报告乐观地认为，页岩气的开发也会减少中美对中东天然气的依赖，降低中美在商业和地缘政治上竞争的刺激，为两国能源来源多元化提供了新的合作机会。[2] 随着美国油气进口状况的改善，美国战略界对中美能源冲突的焦虑开始下降。在中美战略与经济对话不断推进的背景下，能源合作机制化和规范化程度日益提高，能源合作范围持续扩展。在能源贸易领域，如何利用北美能源供应能力提高释放出的产能空间，这是一项战略性的挑战。美国"能源独立"直接推动了中美在页岩油气开发、液化天然气贸易、AP1000核电项目以及非化石能源方面合作的快速发展。特别需要指出的是，美国对中国页岩油储量的评估存在虚高，我国学者建议对美

---

[1] 史丹主编《中国能源安全的国际环境》，社会科学文献出版社，2012，第10页。

[2] Kenneth Medlock III, Amy Jaffe, Peter Hartley, *Shale Gas and U.S National Security*, James A. Baker III Institute for Public Policy, Rice University, July 2011, p.13, http://www.bakerinsti-tute.org/publications/EF-pub-DOEShaleGas-07192011.pdf.

国地质勘探局（United States Geological Survey，USGS）2013 年评估的中国主要油区页岩油可采资源量下调 30%～50%。① 中美在页岩油气上的合作必须立足中国国情，释放体制机制的活力，在确保环境安全的基础上循序渐进地进行有序开发。②

从消极一面而言，美国对中东地区安全形势的进退空间，会加剧中国石油进口的风险；美国对盟国能源出口的增加，也成为美国拉拢盟国、构建反华战略包围圈的政策杠杆；美国能源消费结构的优化和温室气体减排的成功，已在一定程度上增强了在气候变化政策方面约束中国的战略资本；即使将来美国天然气大量出口亚太，首要目标国还是韩国、新加坡和日本等盟国，况且中国依赖美国液化天然气的同时也会增加美国中断供给的政治风险；美国对战略通道投入的减少和对中国承担地区安全责任的要求，也会增加中国卷入地区冲突、维护海洋战略通道和保护海外利益的成本。

对于美国的"能源独立"及其对世界油气格局的深远影响，我国需要综合分析对美国经济、军事和外交战略的变化，并积极调整自身的能源发展战略和外交战略布局，在全球能源格局的变化中增强维护自身利益和实现战略目标的能力。

五　美国政府能源政策转向的前景展望

奥巴马政府的新能源政策将解决能源安全问题和气候变化问题统筹考虑，致力于实现美国转型。虽然其主张顺应了全球气候治理和低碳经济的潮流，但能否顺利实施取决于美国错综复杂的国内政治经济环境。2017 年年初，共和党人特朗普入主白宫，反对奥巴马时代重视开发新能源的政策，这为美国新能源政策的持续带来了不确定性。

1. 极化的党派政治牵制美国国内的能源立法进程

美国共和党代表中产阶级阶层的利益，支持共和党的通常是军火公

---

① 张映红：《页岩油气对全球油气竞争格局的影响》，《战略与管理》2014 年第 2 期。
② 范必、徐以升、张萌、李东超：《世界能源新格局：美国"能源独立"的冲击以及中国应对》，中国经济出版社，2014，第 234～237 页。

司、跨国石油财团等。相对而言，美国民主党主要代表下层百姓、有色人种和少数民族的利益，支持民主党的利益集团通常是主张人权的劳工组织和环保组织。在能源政策上，民主党提倡新能源，认为美国通过增加原油和天然气开采无法走出一条摆脱当前能源危机的出路，发展新能源有利于减少美国对化石能源的过度依赖。共和党代表着大企业的利益，倾向于减少生态环境顾虑而保全工业集团的经济利益。虽然两党提出了能源独立的共同目标，但两党的具体策略却泾渭分明。比较而言，共和党更希望放开国内油气资源开发的政策约束，而民主党更倾向通过节能和开发可再生能源来降低能源安全风险。共和党趋于保守的气候变化政策牵制了奥巴马在国会推进气候变化立法，这对奥巴马能源新政的顺利实施形成重重阻力。2009年6月26日众议院通过了《清洁能源安全法案》，但难以获得参议院通过。由于2010年中期选举后共和党重新掌控众议院，《清洁能源安全法案》实际上已经成为废案。

除了两党能源政策本身的分歧之外，近年来美国政党政治的极化现象也日益突出。共和党与民主党之间的政治斗争不断加剧，在重大政策议题上的分歧越来越明显，国会的立法效率持续降低。2014年中期选举后，共和党控制了参众两院，几乎不可能轻易通过奥巴马提出的任何重要法案；共和党提出的任何重要法案，在两院也很难得到民主党的支持票。[①] 在这种政策僵局下，缺少联邦立法对开发清洁能源的资金支持，联邦政府能源新政将面临后续资金不足的问题。

2017年3月24日，特朗普批准了拱心石（Keystone XL）输油管道项目。美国国务院当日发出许可证，允许拱心石输油管线建设。3月28日，特朗普在环保署签署一份名为《关于促进能源独立和经济增长的总统行政命令》的行政命令，旨在撤销一系列奥巴马时期的能源和环保政策法规。行政命令要求暂停实施奥巴马政府时期防止环境污染、减少温室气体排放等措施，同时放松美国化石能源开采限制，取消对出租联邦土地用于煤炭开采的禁令。行政命令还要求美国环保署重新评估奥巴马《清洁电力计划》（Clean Power Plan），由司法部对正在进行的相关诉讼采取

---

① 中国现代国际关系研究院美国研究所《美国国情九问》，《领导者》2015年第2期。

合理措施，最后根据评估结果修订《清洁电力计划》。① 特朗普的目的是解除政府在能源领域不必要的监管措施，重振煤炭行业，同时为美国创造更多的就业岗位和财富。由于特朗普对化石能源和可再生能源截然相反的态度，未来化石能源在能源结构中的重要性很可能回升，而可再生能源比重提升幅度可能非常有限。实际上，即使化石燃料中油气的比重上升，对美国而言，碳减排的压力也不会特别显现。而美国煤炭业的复苏道路则不会一帆风顺。由于当前全球煤炭市场处于长期低迷，加上美国本土油气价格又走低，煤炭行业面临更严峻的来自油气和新能源企业的双重竞争，复苏之路依然艰巨。而新能源由于技术提升和成本下降，在电力燃料结构中的竞争力不断上升。在市场力量的推动下，美国在2016年的煤炭生产降至1978年以来的最低水平。2010年以来，在美国已有248家燃煤电厂关停。由于经济效益低下，预计将有更多燃煤电厂将面临关闭。② 得克萨斯大学能源研究所对电力成本的三种情景进行评估，第一，如果在不考虑政府对可再生能源的补贴，也不考虑环境和健康成本的情况下，天然气发电在美国大部分州是最便宜的电源，其次是风电，而煤电仅在明尼苏达和威斯康星州地区具有成本优势；第二，如果在不考虑政府对可再生能源的补贴，但考虑煤电污染环境和温室气体排放，煤电在美国任何州都没有经济上的竞争优势，天然气、风电和核电成为各州的首选；第三，如果在不考虑政府对可再生能源的补贴，但考虑煤电污染环境和温室气体排放，再考虑美国各州对兴建电厂的限制及水资源短缺情况，那么除天然气、风电、核电以外，太阳能光伏在部分地区也成为首选，煤电完全没有市场。③ 由此可见，在成本越来越低的天然气和可再生能源的挑战下，特朗普的这道行政命令将难以使煤炭产业恢复

---

① The White House, *President Trump's Energy Independence Policy*, March 28, 2017, https://www.whitehouse.gov/the-press-office/2017/03/28/president-trumps-energy-independence-policy.

② Climatenexus, *Understanding Trump's "Energy Independence" EO*, http://climatenexus.org/climate-change-news/understanding-trumps-energy-independence-eo/.

③ Energy Institute of the University of Texas at Austin, *New U. S. Power Costs: by County, with Environmental Externalities*, http://energy.utexas.edu/the-full-cost-of-electricity-fce/fce-publications/lcoe-white-paper/.

往日的地位。

2. 复杂的利益集团因素左右着清洁能源转向

美国能源政策演变并不存在一个高度理性、安排周密、步调一致的系统,能源政策的出台是不同群体、不同利益和理念竞争性磨合的过程。[1] 在美国国会,美国能源政策的制定是各种力量博弈的结果,而利益集团在其中扮演着重要角色。在 2009 年《美国清洁能源与安全法案》(ACES) 众议院投票过程中,利益集团通过政治献金显著影响了议员的投票结果。[2] 依赖化石能源传统产业利益集团具有强大的政治游说能力,一直对气候变化相关问题持消极态度,千方百计地抵制奥巴马政府的清洁能源政策。为了保证自身利益,石油工业每年花费 1.6 亿美元游说国会。奥巴马建议结束对石油工业 25 亿美元的补贴引发了石油工业的普遍抵制,美国能源联盟(American Energy Alliance)、"美国繁荣"政治行动委员会(Americans for Prosperity)、十字路口 GPS(Crossroads GPS)、美国立法交流委员会(American Legislative Exchange Council)、美国传统协会(American Tradition Institute)、石油大亨科赫兄弟(Koch brothers)等组织不仅在 2012 年大选年组织了声势浩大的反对奥巴马的运动,批评奥巴马政府的能源政策。新兴产业利益集团主张发展新能源,公益性利益集团主张发展环保事业,二者对能源政策的制定起着愈益重要的作用。

共和党总统特朗普背后有强大的油气利益集团的支持。早在竞选过程中,特朗普就多次抨击新能源政策,表达对化石能源的青睐。在美国大选中,他也因此获得众多油气和煤炭生产商的支持。得克萨斯、北达科他、阿拉斯加、俄克拉荷马等石油生产州也都支持特朗普。特朗普上台以来投桃报李,通过减少对化石能源开采的限制、税收补贴优惠等政策措施,进一步鼓励化石燃料勘探。他还特意提名了一些油气行业的人士组成新的内阁,2016 年 12 月 13 日,特朗普正式提名世界最大石油天

---

[1] 史丹:《中国能源安全的国际环境》,社会科学文献出版社,2012,第 17 页。
[2] 谢建国等:《利益集团与美国能源政策:基于美国 ACES 法案投票分析》,《世界经济与政治》2016 年第 9 期。

然气私营生产企业埃克森美孚公司的首席执行官雷克斯·蒂勒森（Rex Tillerson）为国务卿。此外，他还任命同能源行业关系深厚的斯科特·普瑞特（Scott Pruitt）担任美国国家环保局局长，还任命在美国石油重地得克萨斯州担任了15年州长、一度呼吁废除美国能源部的瑞克·佩里（Rick Perry）担任能源部部长。从特朗普对主要部门的人事任命来看，亲化石燃料的能源政策去向已初现端倪。

虽然特朗普政府上台伊始就开始对美国现有的能源政策和环保政策改弦更张，但他宣称的能源政策仍会面临诸多限制。特朗普很难摆脱美国能源政策的路径依赖，超脱于国内政治的利益博弈格局。尽管奥巴马政府的一些能源政策法案会被否决或修订，但由于民主党在控制温室气体和发展清洁能源的立法上突飞猛进，要完全取消发展化石能源的限制性规定还会面临很多立法和司法上的障碍。由于该领域政策问题错综复杂，要想破解奥巴马历经两个任期的布局，不可能一蹴而就，且需要调动大量的政治资源。奥巴马在8年任期内所发布的以气候、能源和环保为主题的行政命令至少有35项，其中多数所涉法规并不是特朗普简单以行政手段就可立即废止或加以修改的。特朗普政府有意修改《清洁电力计划》条款，并重新计算碳排放的社会成本等，这些都无法在短期内取得进展。[①] 由于美国能源政策历来是联邦政府与州政府、新能源企业与化石能源企业等各类主体讨价还价和利益博弈的结果，美国部分州市等各级政府、非政府组织及利益集团强力抵制特朗普气候与能源政策的调整，未来特朗普政府的能源政策依然存在适度妥协的可能。

3. 能源独立将继续成为能源政策的政治导向

由于民主党认同全球变暖的观点，倾向于发展新能源弥补能源生产与消费上的缺口。奥巴马政府从2009年开始就大力推行"绿色新政"，其实质在于通过发展新能源产业，同步解决能源独立、气候变化、经济发展等议题。总之，从奥巴马政府《全面能源战略：通往经济可持续增长之路》的目标来看，该项战略考虑了当前和未来的平衡、国内和国际

---

① 王瑞彬：《美国气候与能源政策的转向及其影响》，《国际石油经济》2017年第4期。

的平衡、能源行业发展与经济社会发展的平衡、低价天然气利益和环境利益的平衡。①

特朗普也是高举"能源独立"的旗帜为自己的能源政策辩护，并且以此为名要取消奥巴马绕开国会以行政命令方式推出《清洁电力计划》。特朗普"能源独立"政策的主要措施就是放松能源监管，开发国内化石能源，这是一种不同于奥巴马政府依赖新能源实现能源独立的供给侧改革思路。由于最近几年美国页岩油气革命的成功，美国部分油气产品开始实现出口，特朗普比之前任何一任总统都更接近于实现"能源独立"这一目标。从行业发展规律来看，美国石油的大幅增产会导致全球石油供大于求并带动油价下跌，油价低迷会使得石油企业融资难度增大，难以继续增加投资和扩大生产。因此，特朗普将面临实现投资增长、产量增长与价格上涨三项任务叠加的挑战。

美国煤、电完全能够自给自足，天然气自给率近年来也不断提高，但石油长期依赖进口。《BP世界能源统计2015》数据显示，2014年美国石油探明储量占世界的2.9%，消费量为每天1903.5万桶，占世界消费量的19.9%；美国石油产量为每天1164.4万桶，占世界日产量的12.3%，美国石油进口为每天922.1万桶，约占世界的16.2%，美国石油自给率只有61.2%。② 虽然美国可再生能源发展很快，但短时间内无法替代削减的化石燃料消费。美国能源部《2013年能源展望》显示，参考情境下美国可再生能源发电比例仅从2011年的13%增加到2040年的16%。③ 也就是说，即使美国国内石油生产增长迅速，要想结束对国外石油的依赖，还需要在产量上有大幅度的提高，显然短期内是无法实现的。同时，美国油气田开发较早，大部分常规油气田已处在开发后期，增产空间十分有限，美国无法完全脱离国际石油市场而自给自足。在美国学者看来，自给自足的能源政策违背市场规律，并且也未必符合美国的国家安全利益。

---

① *The All-Of-The-Above Energy Strategy as a Path to Sustainable Economic Growth*, May 2014, http://www.whitehouse.gov/sites/default/files/docs/aota_energy_strategy_as_a_path_to_sustainable_economic_growth.pdf.
② BP, *BP Statistical Review of World Energy*, June 2015.
③ EIA, *Annual Energy Outlook 2013: With Projections to 2040*, April 2013, p. 5.

从成本来看，欧佩克等国外油气开采成本更加低廉，大量投资勘探开采国内高成本的油气资源会带来投资国内其他产业的机会成本，加快国内资源的耗竭。在资源快速流动的全球化时代，高效的石油市场完全可以满足美国需求。[1] 而且，从美国国家利益而言，控制石油是美国全球战略的重要组成部分。美国凭借其强大的经济实力和军事实力，长期控制着世界石油产地及石油运输通道，并左右着世界石油价格和贸易走向。有效地控制石油不仅能够保障美国及其盟国拥有充分的、可靠的能源供应，也意味着美国在必要时可以限制其竞争对手或敌人的能源供应。美国虽然依旧坚持"能源独立"的目标，但这绝不意味着美国可以完全实现封闭式的独立自主，而是要以此为目标，不断完善美国的能源安全体系，尽可能地减少对外石油依存度过高而不得不付出的战略代价。[2] 美国"能源独立"的实质是更大程度上的能源自主，而非完全摆脱对国外石油资源的依赖。[3] 据此而言，美国"能源独立"内涵已经演化成为一个超越了政党、地域和利益集团之间分歧的政治动员概念，"能源独立"依然会成为赢得选民支持的竞选承诺。历届政府都会在不断扩大和丰富其内涵的同时，以此为政治导向规划自己的能源安全战略布局，制定自己的能源安全政策框架。

4. 清洁能源振兴需要美国能源政策的连续性

清洁能源投资需要政府税收政策的驱动。一旦政府大力进行预算紧缩，补贴各类能源补贴将难以为继，清洁能源将无法获得政府补助来降低销售价格。据布鲁金斯学会分析，根据《2009年恢复与再投资法》，联邦政府每年在清洁能源领域的投资到2014年会减少到110亿美元，比2009年峰值443亿美元减少75%。2014年时，2009年制定的70%的联邦能源政策会过期，这使《2009年恢复与再投资法》之外联邦对清洁能源技术的支持力度也下降明显，从2010年的峰值243亿美元减至2014年的

---

[1] Pietro S. Nivola, "Energy Independence or Interdependence? Integrating the North American Energy Market," *Brookings Reviews*, Spring 2002, http://www.brookings.edu/research/articles/2002/03/spring-energy-nivola.

[2] 曾兴球：《美国"能源独立"战略对我国的启示》，《中国能源报》2012年8月13日。

[3] 史丹：《中国能源安全的国际环境》，社会科学文献出版社，2012，第15页。

109亿美元。① 随着美国联邦政府资助的枯竭，部分清洁能源高新技术产业将面临"资金断裂"，甚至引发整个行业的危机。为了鼓励风力发电和太阳能发电，奥巴马政府延续了投资税收抵免政策（ITC）生产税收抵免政策（PTC）和作为支持手段，但是这两项政策的屡次展期实际上给清洁能源投资带来了极大的不确定性。

美国政府不确定的政策已经让美国风电行业经历了多次起起落落。美国风能生产税收抵免政策在1992年被首度推出，此后曾断断续续地实行，但自2005年至今该政策一直得以延续，2.2美分/千瓦时的税收抵免相当于将风电成本降低了20%~30%。但是因为政策变动，美国对太阳能的风险投资从2012年（近10年来的峰值）的4亿美元降为2013年的2亿美元，美国风电装机总量从2012年的13.8GW骤减为2013年0.8GW。这种迅速扩展主要来自（PTC）在2013年即将到期，开发商要抢在到期之前完工。PTC在2012年12月底到期，2013年1月延期，2013年12月再次失效，2014年12月中旬被回溯性（retroactively）延期，但在两周后的2014年年底旋即失效，税收抵免政策不稳定的预期严重威胁到了投资的持续性。②

作为奥巴马政府经济刺激计划的一部分，美国国会制定了投资税收抵免政策（ITC）。该项补贴政策规定，工商业和住宅的屋顶光伏发电项目可以享受30%的税收减免，该项补贴在2016年12月31日到期。如果补贴政策失效，商业发电项目税收减免将锐减为10%，家庭光伏发电项目将没有了任何减免。如果没有税收抵免，美国公用事业、商业及住宅发电项目装机量将严重下滑。清洁能源电力项目所需投资很大，并且需要很长时间才能收回投资。现在很多开发商都争取在税收抵免政策年底到期之前实现可再生能源发电并网。一旦税收抵免政策失效，清洁能源电力项目很难吸引到新的投资者。这项推动了美国清洁能源电力发展的

---

① *Beyond Boom & Bust: Putting Clean Tech on a Path to Subsidy Independence*, Brookings Institute, April 21, 2012, p. 6, http://www.brookings.edu/~/media/Research/Files/Papers/2012/4/18%20clean%20investments%20muro/0418_clean_investments_final%20paper_PDF.PDF

② Bloomberg New Energy Finance & Business Council for Sustainable Energy, *The Sustainable Energy in America: 2015 Factbook*, February 2015, p. 50.

政策到期后能否得到延续存在很大的不确定因素。美国清洁能源电力行业的发展前景在很大程度上取决于税收抵免政策能否顺利延续，如果让税收抵免政策失效，美国清洁能源电力市场将大幅度缩水。

在2016年政府预算中，奥巴马总统提议永久延长用于太阳能项目的投资税收抵免（ITC），并继续实行鼓励风能发电的生产税收抵免（PTC），但税收减免幅度明显下降。奥巴马政府的能源立法可谓阻力重重，在美国共和党同时控制参众两院的背景下，严重的政治极化阻挠着奥巴马就国内重大政策议题提出立法。即使通过行政命令推行的能源政策暂时得以实行，但也面临国会对其进行审查的法律风险以及因政府领导人政策偏好变动而随时被取消的政治风险。美国国会诉奥巴马政府"滥用行政权力"案显示，奥巴马依赖行政命令在能源等领域推出强化政府职能的政策，这种"过度的政治行动主义"（excessive government activism）已经激起国会保守派对其"大政府"政策的阻挠。① 每当大选之年或中期选举，可再生能源政策和税收抵免政策就已经成为高度政治化的话题。这些政治因素成为美国能源政策的最大变数，美国清洁能源开发需要从联邦立法的层面确立稳定的法律政策框架。

比较而言，特朗普政府更倾向于发展石油、天然气、煤炭等传统能源，他们把奥巴马政府现行的可再生能源政策看作刻意倾斜的结果。特朗普在其能源政策纲领中就特别强调，要支持一切在自由经济体中无补贴、市场化的能源，包括煤、石油、天然气、核能源及水电。而对于被奥巴马政府寄予厚望的新能源，特朗普则更加寄希望于私人企业的技术创新。② 虽然特朗普政府要放松对煤炭产业的环境监管，但市场力量才是最终的决定者。有数据显示，美国在2016年的煤炭生产降至1978年以来的最低水平。2010年以来，在美国已有248家燃煤电厂关停。由于经济效益低下，预计将有更多燃煤电厂将面临关闭。③ 在成本越来越低的天然

---

① 韦艾德：《奥巴马的改革政治》，《南开学报》2011年第1期。
② 周云亨：《特朗普的能源政策靠谱吗》，《中国石化》2016年第9期。
③ ps：//www.whitehouse.gov/the‐press‐office/2017/03/28/president‐trumps‐energy‐independence‐policyClimatenexus，"Understanding Trump's'Energy Independence'EO"，http://climatenexus.org/climate‐change‐news/understanding‐trumps‐energy‐independence‐eo/.

气和可再生能源的挑战下，仅仅凭借特朗普政府的一厢情愿难以使煤炭产业恢复往日辉煌。虽然特朗普政府倾向于大力发展化石能源，但并未对清洁能源公开表达过直接的否定，只是要减少奥巴马政府过多的行政扶持。随着技术水平的提高，风能、太阳能、生物乙醇等行业将逐步摆脱高度依赖财政补贴的状况。美国能源产业政策和能源消费结构是多种经济和社会因素共同作用的结果，不会随政府政策的一时调整而发生重大改变。

5. 地方政府开始积极推动美国能源政策变革

虽然联邦政府在能源立法上裹足不前，但各州能源政策为清洁能源开发和气候变化政策奠定了坚实的民间基础，这种渐进式的能源政策改革不断推进，不仅使得联邦政府能源改革方略获得了大量的民意支持，也使得国会能源立法方向轻易不会发生颠覆性逆转。① 由此可见，特朗普政府的能源政策即使试图与奥巴马政府的能源政策进行切割，恐怕也会面临各级地方政府的强大阻力。

对地方政府而言，充分利用丰富的风能或太阳能资源，拉动经济增长和就业，完善能源消费结构，成为各州实施新能源政策的主要动力。西部各州在开发太阳能资源上积极进取，光伏产业已经成为重要经济收入来源；尽管得克萨斯州在石油资源上非常丰富，但也不遗余力地开发新能源，已经成为全美风电发展最快的州。不少地方政府的减排目标以1990年的排放水平作为基准，做出了远远高于奥巴马执政初期的减排承诺。② 新英格兰地区的6个州宣布，到2020年时要在1990年水平基础上减少10%，加州要求到2020年时削减至1990年水平。在具体行动上，加州早在2006年就率先立法建立了覆盖经济各领域的限制排放和配额交易制度，包括纽约和田纳西等在内的东北部九个州在2009年建立了区域性温室气体协议（RGGI）交易，形成了完善、高效的区域性应对气候变化机制。③

---

① 元简：《美国的新能源政策：渐进模式及其影响》，《国际问题研究》2014年第6期。
② 奥巴马政府执政初期温室气体减排目标是，2020年时要在2005年的基础上减排17%。
③ Regional Greenhouse Gas Initiative, "*RGGI States Make Major Cuts to Greenhouse Gas Emissions from Power Plants,*" Press Release, January 13, 2014, http://www.rggi.org/docs/PressReleases/PR011314_AuctionNotice23.pdf.

至于可再生能源发电在发电总量中的比例，美国29个州和哥伦比亚特区已经通过地方立法来推广可再生能源配额制度（RPS），这为环境保护署（EPA）出台促进可再生能源电力的清洁电力计划提供了借鉴。[1]

本章小结

自奥巴马政府上台以来，美国采取了一系列致力于改善能源结构、提高能源效率、减少对外依存度的措施，而且也在能源生产、能源消费、能源进口等方面取得了非常明显的效果。尤其是页岩油气的生产，提高了美国能源的自给自足能力，不仅减少了油气对外依存度，而且还将为美国出口油气带来了可以期待的前景，这无疑为美国以此为杠杆博取政治、经济、安全与外交等各种利益提供了现实基础和有力武器。特朗普政府的能源政策谋求改弦更张，能源政策偏好是发展传统化石能源，已将环境保护与气候变化放在了次要位置。特朗普政府主张加大原油生产和天然气的生产，无疑将增加国际油气供给，美国油气的出口前景为中美油气合作建立了可能性。

---

[1] EIA, *Annual Energy Outlook 2014: With Projections to 2040*, April 2014, LR6-10.

第四章　中国能源安全战略的转型与创新

采取适当的能源安全战略是中国坚持和平发展与促进繁荣稳定的重要保障,也是中国维护国际新能源秩序的重要前提。从中华人民共和国成立到改革开放前,中国并没有严格意义上的能源安全战略。伴随着改革开放以来中国经济快速发展和能源进口的不断上升,能源安全才逐渐从议题边缘走向议题中心,中国能源安全战略逐渐形成。中国能源发展与全球能源格局紧密互动,中国能源安全战略离不开对能源安全形势的准确研判,也离不开对全球能源治理的积极参与。

一　中国能源安全战略的发展演变

从发展过程来看,能源安全是在20世纪90年代以来才逐步上升为重要政策议题的。中国能源安全战略经历了长期酝酿、初步探索和基本形成三个阶段。

1. 中国能源安全战略的长期酝酿

中国煤炭资源相对丰富,是世界上少有的几个以煤炭为主要能源的国家。中国煤炭基本能够自给自足,但国内石油产量远远不能满足石油消费需求,需要大量进口,中国能源安全的核心问题是石油安全。

自20世纪60年代末到1993年之前,中国曾是世界重要的石油出口大国。中华人民共和国成立之初,石油消费主要靠进口。1959年发现大庆油田,中国石油工业发生历史性转折。到1963年时我国原油产量已经达到了648万吨，中国石油已经可以自给自足。我国原油产量在1985年上升至1.25亿吨，稳居世界第六位。我国石油大量出口，曾是国家外汇收入的主要来源。1985年，石油出口创汇占全国出口创汇总额的26.9%。但是由于改革开放以后中国经济持续增长，原油消费居高不下，原油进口依存度迅速扩大。

中国石油安全形势的重大转折发生在1993年，是年中国成为原油净进口国。决策层认为，能源供应完全依靠国内有限资源的思路已经不合时宜，必须通过进口石油弥补国内消费的不足。中国不得不转变能源消费观念，改革国内能源价格体系，把目光投向国际石油市场。1993年12月，我国确立了国内为主和国外补充的能源发展方向。与此同时，随着社会主义市场经济改革的深入，我国政府开始调整国内油气价格，逐步建立起与国际油价变动密切联动、处于政府调控下的石油价格形成机制。

2. 中国能源安全战略的初步探索

面对不断扩大的国内石油供需缺口，到海外找油就成为中国石油企业解决国内油气资源供需矛盾的现实选择。在石油企业积极进行海外勘探的同时，决策层从战略高度提出了确保能源安全的具体方针，中国能源安全战略思路发生重大转变。能源形势的紧迫性要求中国必须通过"走出去"战略广泛开展能源合作，在立足国内能源资源的基础上，实现能源资源在全球范围内的优化配置。"走出去"战略的提出，使中国能源安全战略有了明确的指导原则。[①] 为了推动"走出去"战略的实施，政府也加快了能源市场管理机制的改革，组建了中国石油天然气集团公司（简称中国石油）、中国石油化工集团公司（简称中国石化）、中国海洋石油总公司（简称中海油）和中国中化集团公司（简称中化集团），初步形成了国内石油石化行业的产业格局，为"走出去"战略提供了强大的市场参与主体。

在"走出去"战略的指导下，中国石油企业海外勘探业务迅速拓展。1996年11月，中国石油获得苏丹1/2/4项目，随即又与苏丹、加拿大、马来西亚3家石油公司成立联合公司进行开发，中国石油拥有联合公司

---

① 夏义善主编《中国国际能源发展战略研究》，世界知识出版社，2009，第15页。

40%的股份。随着海外勘探开采业务的增长,我国获得的权益油也不断增加,从1999年的300万吨增至2001年的831万吨。① 除了进入国际石油产业链的上游领域,中国石油先后在纽约证券交易所和香港联合交易所挂牌交易,标志着中国能源企业开始正式参与国际资本运作。

3. 中国能源安全战略的基本形成

进入21世纪以来,我国进入新一轮高速增长期,高能耗工业迅速发展,石油需求持续增加,2002年成为仅次于美国的世界第二大石油消费国。石油消费持续增加,国内石油产量增长乏力,导致我国石油依存度进一步上升。在严峻的能源安全形势下,中国逐步完善能源安全战略。2001年国家"十五"规划确定了多元化的国家能源安全战略。2004年,国务院发布《能源中长期发展规划纲要(2004~2020)》,纲要明确了以下增强维护能源安全能力的基本举措:首先要坚持节约能源并大力调整和优化能源结构;其次要依靠科技进步和创新,进一步充分发挥市场机制的作用;最后要完善能源管理体制和能源调控体系,加快石油战略储备建设和能源安全预警应急体系建设。2007年12月,我国发布《中国的能源状况与政策》白皮书,进一步明确了中国能源发展战略的基本内容:坚持节约优先、立足国内、多元发展、依靠科技、保护环境、加强国际互利合作,努力构筑稳定、经济、清洁、安全的能源供应体系,促进能源的可持续发展,进而支撑经济社会的可持续发展。② 白皮书在能源发展战略基本内容上增加了"依靠科技"与"安全",凸显了对能源科技创新和能源安全保障问题的重视。2011年发布的《中华人民共和国国民经济和社会发展第十二个五年规划纲要》提出:"要坚持节约优先、立足国内、多元发展、保护环境,加强国际互利合作,调整优化能源结构,构建安全、稳定、经济、清洁的现代能源产业体系。"③ 国家"十二五"规划突出了转变发展方式的主线,强调了安全对于现代能源体系的重要意

---

① 赵秀娟:《辉煌石油60年》,《中国石油企业》2009年第9期。
② 《中国的能源状况与政策(2007)》白皮书,http://news.xinhuanet.com/fortune/2007-12/26/content_7317197.htm。
③ 《国民经济和社会发展第十二个五年规划纲要》,http://www.gov.cn/2011lh/content_1825838.htm。

义。2012年10月24日,国务院发布《中国的能源政策(2012)》白皮书,确立的中国能源政策是:"坚持节约优先、立足国内、多元发展、保护环境、科技创新、深化改革、国际合作、改善民生的能源发展方针,推进能源生产和利用方式变革,构建安全、稳定、经济、清洁的现代能源产业体系,进而以能源的可持续发展支撑经济社会的可持续发展。"①白皮书在中国能源政策上增加了深化改革和保障民生的表述,充分认识到中国能源产业结构和能源体制机制的深层次问题,再次彰显了落实科学发展观、坚持以人为本的根本要求。

在世界能源格局发展转折性变化的今天,如何根据我国经济进入新常态的新形势,进一步优化能源安全战略,成为当下中国面临的一项重要课题。随着我国能源安全意识的提高和相关法律政策的完善以及石油公司国际合作水平的不断提高,中国能源安全战略正在逐步走向完善。但是,由于能源体制机制的原因,我国能源发展中长期累积的矛盾也日益凸显。为了回应国际社会的怀疑和担忧,中国提出自己的能源安全观。进入21世纪以来,中国已经初步建成亚太、中亚-俄罗斯、中东、非洲、美洲五个油气合作区,构建了海上、东北、西北、西南四大能源战略通道,国际合作领域不断拓展到新能源和可再生能源等多元化的能源合作领域,合作机制方面实现了双边合作与多边合作的齐头并进。2006年,中国在八国集团与五国领导人对话会上明确提出,各国应该坚持互利合作、多元发展、协同保障的能源安全观。但是上述能源安全观侧重于国际合作层面,并没有强调能源安全的国内基础以及国内外能源安全形势的紧密互动。2014年4月15日,中央国家安全委员会第一次会议提出了总体国家安全观,资源安全被列为国家安全的重要内容之一。总体国家安全观强调了国内外安全形势的相互影响,突出了非传统安全对能源安全形势的威胁,也提出要坚持综合安全、合作安全、共同安全的思路来实现国家安全。总体国家安全观的提出,为我国能源安全战略的制定与实施提出了新的方向和路径。面对能源供需格局新变化、国际能源

---

① 《中国的能源政策(2012)》白皮书,http://news.xinhuanet.com/politics/2012-10/24/c_113484453.htm。

发展新趋势，中国必须与时俱进地制定最新的能源发展战略。2014年6月，习近平总书记主持召开的中央财经领导小组第6次会议，听取了国家能源局的报告，明确提出了我国能源安全发展的"四个革命、一个合作"战略思想，即推动能源消费革命，抑制不合理能源消费；推动能源供给革命，建立多元供应体系；推动能源技术革命，带动产业升级；推动能源体制革命，打通能源发展快车道；全方位加强国际合作，实现开放条件下能源安全。这次会议是中华人民共和国成立以来党中央首次专门召开会议研究能源安全问题，明确提出了我国能源安全发展的行动纲领，标志着我国进入了能源生产和消费革命的新时代。能源革命深刻揭示了世界能源发展的大趋势，科学回答了如何化解能源资源和环境约束的世界性难题，是指导我国能源发展的理论基础和基本遵循。① 推动能源革命是保障我国能源长远安全的战略选择，也是人类社会生产力发展和文明进步的重要动力。

二　中国能源安全面临的严峻挑战

中国能源安全态势既受到资源禀赋、产业结构、发展阶段、制度规范等国内因素的约束，也面临着世界各国能源战略竞争所带来的新挑战。

1. 能源供应的长期性约束

我国能源储量相对并不丰富，根据《BP世界能源统计2017》的数据，截至2016年，世界煤炭储产比为153年，中国煤炭储产比为72年，占世界比重的21.4%。世界石油储产比为50.6年，中国石油储产比为17.5年，约占世界比重的1.5%。世界天然气储产比为38.8年，中国为25.7%，约占世界比重的2.9%。② 我国正处于工业化、城镇化进程加快的时期，经济增长带动了能源消费的持续增长。根据《BP世界能源统计2017》的数据，我国创下了一次能源消费连续16年增长的纪录。我国是世界最大一次能源、煤炭消费国和世界第二大石油、天然气消费国。

---

① 努尔·白克力：《走中国特色能源发展道路》，《求是》2016年第11期。
② BP, *BP Statistical Review of World Energy*, June 2017.

2016年中国一次能源消费量占世界的23%，煤炭消费占世界的50.6%，石油消费占世界的12.8%，天然气消费占世界的5.9%。① 中国能源需求总量仍将在较长时期内保持较高的增长水平，是世界能源需求增长的重要推动因素。英国石油公司预计，中国能源产量在消费中的比重将从当前的85%降至2035年的77%，届时中国将成为世界上最大的净进口国。中国将在2030年前后超过美国成为世界上最大的石油消费国，在2020年代中期超过俄罗斯成为第二大天然气消费国。② 虽然我国经济进入新常态，能源消费增长趋缓，但仍然属于中高速，未来我国能源消费还将大幅增长，能源供需矛盾将长期存在。由于资源禀赋的差异，很少有国家能够完全做到自给自足，多数国家必须依赖全球资源满足经济发展的需求。因此，如何共同开发利用海外能源资源，是中国和平崛起的战略保障，也是中国参与全球能源治理的基础动因。

2. 能源消费的生态化压力

从资源禀赋来看，我国一次能源呈现"富煤、贫油、少气"的基本状态，目前形成了煤炭为主体，电力为中心，油气、新能源、可再生能源全面发展的能源消费格局。我国粗放的经济发展方式使得能源结构调整缓慢，能源结构以煤为主的特征十分突出，不利于提高能源效率，也不利于控制污染物和温室气体排放，能源消费的生态化压力不断加大。根据《BP世界能源统计2017》的数据，2016年煤炭消费占全球能源消费总量的28.1%，而经合组织国家煤炭消费占能源消费总量的16.5%，而在中国能源结构中煤炭消费已经占到了61.8%，消费量已经占到了全球煤炭消费总量的50.6%。③ 化石能源消费导致严重的大气污染，全国烟尘排放的70%、二氧化硫排放的90%、氮氧化物排放的67%、有害重金属排放以及大量臭氧及细颗粒物（PM2.5）都是由能源利用造成。根据《BP世界能源统计2017》的数据，2016年全球二氧化碳排放量增长0.1%，近年来中国排放量增速趋缓并已经连续两年下降，2016年同比下降0.7%，

---

① BP, *BP Statistical Review of World Energy*, June 2017.
② BP, *BP Energy Outlook 2035*, February 2015.
③ BP, *BP Statistical Review of World Energy*, June 2017.

但排放量仍然占全球总量的27.3%。[1] 英国石油公司预测，到2035年，中国二氧化碳排放增长37%，将占世界总量的30%，人均排放量将超过经合组织。[2] 国际能源署发布的《世界能源展望2013》报告称，2012年中国二氧化碳排放量比美国多60%，到2035年中国的排放量将达到美国的两倍。[3] 化石能源利用还导致了大量酸雨、煤矿采空区塌陷、水资源紧张等问题，这种以牺牲资源和环境为代价的粗放式能源开发利用方式已越来越难以为继。因此，我国保护生态环境和应对气候变化的压力会日益增大，转变高能耗、高投入、高排放的粗放型经济增长方式迫在眉睫，推动能源转型和实现绿色发展的任务十分艰巨。各类国际机构报告对中国碳排放量的统计和预测没有充分考虑"转移碳排放"问题，不利于中国的气候谈判地位。因此，中国一方面要积极回应国际社会的指责，捍卫自身的发展权利，同时也要积极寻求国际合作，共同实现能源利用的清洁化和低碳化。

3. 能源安全的依存度困境

近年来，我国包括石油、天然气和煤炭在内的能源对外依存度上升较快。我国自从1993年成为石油净进口国以来，石油对外依存度由当年的6%一路攀升至2016年的新高65.4%，接近美国历史上对外依存度的最高值（66%）。2006年我国已成为天然气净进口国，2014年我国进口天然气580亿立方米，对外依存度达到32.2%。2009年我国第一次成为煤炭净进口国，2011年时我国首次超过日本成为世界最大煤炭进口国，2013年我国煤炭进口依存度达到8.13%的历史高点，2014年我国煤炭进口下滑10.9%减至2.9亿吨。[4] BP在《2030世界能源展望》（2015）中预测，2030年中国的石油进口依存度将从2013年的60%升至2035年的75%，天然气依存度从2013年不足30%升至2035年的超过40%。[5] 国际能源市场价格暴涨暴跌，增加了中国保障能源安全的难度，进口量价齐

---

[1] BP，*BP Statistical Review of World Energy*，June 2017.
[2] BP，*BP Energy Outlook 2035*，February 2015.
[3] IEA，*World Energy Outlook 2013*.
[4] 《2014我国进口煤炭2.9亿吨下滑10.9%》，《中国电力报》2015年1月21日。
[5] BP，*BP Energy Outlook 2035*，February 2015.

增致使中国付出不菲的外汇代价。从能源进口通道来看,我国石油进口源和石油运输线相对单一,进一步加剧了国家能源安全的风险。我国石油进口来源比较集中,石油进口区的前四名为中东、非洲、亚太和独联体地区,其中距离遥远且动荡不安的中东石油占48.1%,非洲占17.74%,而美国对中东的石油依赖不过22.4%。[1] 我国的东北、西北、西南陆上和海上四大油气进口通道的战略格局已初步成型,但中国进口石油主要依赖海上运输,所以海上通道安全不容忽视。2011年以来,中东和北非地缘政治危机持续发酵,从突尼斯、埃及、也门、利比亚、叙利亚到伊朗此起彼伏,接连不断的地缘政治危机助推国际油价高企。我国能源消费的快速增加和石油对外依存度的不断上升与世界能源供给的增长缓慢之间的矛盾日益突出,不但增大我国获取海外能源的难度和成本,影响能源进口的稳定和通畅,而且容易引发我国与其他能源消费国的矛盾和冲突。

4. 能源战略的制度性缺失

维护能源安全不仅来自外部冲击,也源自内部应对能力的不足。从能源管理来看,我国没有统一的能源管理机构,缺少综合性的能源战略协调核心机制,对能源战略和能源外交进行统一规划和实施。国家安全委员会的成立弥补了核心机制的缺位,但如何有效实施还有待进一步的探索和实践。我国战略石油储备建设2003年开始起步,计划用15年时间分三期完成油库等硬件设施建设。《2014年国内外油气行业发展报告》指出,到2014年年底,我国已建成的6个国家战略石油储备基地的储备能力1.41亿桶,我国已建成25个商业石油储备基地的储备能力3.07亿桶。[2] 2014年11月,国家统计局公布了中国第一阶段战略石油储备数量为1243万吨。按2013年每天139万吨的石油消费数量静态计算,目前的战略原油储备可供使用8.9天,商业原油储备仅供使用13.8天,全国石油储备静态能力仅仅22.7天,远远达不到国际能源署规定的90天标准。

---

[1] BP, *BP Statistical Review of World Energy*, June 2017.
[2] 钱兴坤、姜学峰主编《2014年国内外油气行业发展报告》,石油工业出版社,2015,第261页。

我国天然气进口依存度也增长很快,建立战略天然气储备也成为一项重要的保障措施。我国能源法治体系还有待健全,缺少能源法等综合性或专门性能源法律,既有的法律或者内容也需要完善,或者法律层级需要提高。就此而言,中国需要借鉴各国经验,加强内部能源治理的法治化,增强参与全球能源治理的国内保障。

5. 能源合作的政治化风险

能源的战略属性意味着中国维护能源安全的努力将不可避免地被高度政治化。这不但刻意忽略了我国对全球能源开发和经济增长做出的贡献,而且限制了我国立足本国国情制定能源战略的选择空间,致使能源现状与能源政策饱受批评与质疑。为了建立全球能源供应体系,中国能源企业与苏丹、伊朗、缅甸、委内瑞拉等国在能源领域进行了较为密切的合作。中国为满足国内的能源需求而开展的石油外交,在加强与石油出口国关系的同时也使得与石油进口国的关系更为复杂。[1] 在全球能源安全的理论预设下,能源需求快速上升的中国被指责为全球的"能源黑洞",把中国看作一条威胁他国能源安全的"能源饿龙"。中国时常被看作全球油价上涨的罪魁祸首,中国石油企业被指责正在试图锁定(lock up)全球石油供应,中国的围篱行为(Hoarding Behavior)削弱了国际市场的灵活性,推高了世界油价。[2] 某些资源国的资源民族主义和贸易保护主义抬头,增加了我国能源企业参与世界能源资源开发的成本和风险。在新能源领域,我国光伏、风能产品在美国与欧盟遭遇到多项"双反"调查。与此同时,周边某些国家肆意挑战我国海洋主权,盗采、掠夺我国海洋油气资源,钓鱼岛和南海争端、东海大陆架划分争端都与有关国家对能源利益的觊觎息息相关。在国际舆论中的"中国能源威胁论"和"新殖民主义论"等论调时有所闻,不仅对我国能源企业的跨国经营造成严重干扰,而且对我国的国际合作造成严重掣肘,致使我国的能源投资与贸易蒙受了不应有的政治和道义压力。

---

[1] Hongyi Harry Lai, China's Oil Diplomacy: Is It a Global Security Threat? *Third World Quarterly*, Vol. 28, Issue 3, 2007, pp. 519 – 537.

[2] 吴磊:《能源安全与中美关系》,中国社会科学出版社,2009,第185页。

6. 能源治理的话语权局限

改革开放以来,中国陆续加入了国际能源论坛、世界石油大会等全球性、专门性国际能源组织,也在自身参与的综合性国际组织中积极推动能源领域的合作。① 但是以上各种合作往往局限于政策对话、信息分享、技术研发等对话型与协调型的多边能源合作形式。由于某些国际能源组织的排他性,以及目前中国的身份和利益,尚不能完全加入国际能源署等协作型和同盟型的多边能源合作机制,但也与之保持着密切接触,展开了系列务实合作。② 现存国际能源秩序无法摆脱大国的制约,体现了国家争夺权力或利益的结果。目前,西方消费国集团和石油出口国集团在国际能源利益分配上矛盾尖锐,少数国家把能源作为政治工具,影响了全球能源市场的稳定。为此,作为发展中国家和新兴市场国家的代表,通过公平竞争和对话协商的方式,建立公正合理、协同保障的国际能源新秩序迫在眉睫。

三 当前中国能源安全战略的转型

党的十八大提出了"推动能源生产和消费革命"的指导思想。"十三五"规划纲要进一步明确提出,深入推进能源革命,着力推动能源生产利用方式变革,优化能源供给结构,提高能源利用效率,建设清洁低碳、安全高效的现代能源体系。能源革命是我国能源发展的基本国策,基本内容可以概括为"四个革命、一个合作",即推动能源消费、供给、技术和体制革命,全方位加强国际合作,实现开放条件下的能源安全。能源革命是新时期制定和完善我国能源安全战略的重要依据。

1. 实施能源总量控制

节约能源仍然是我国能源安全战略的首要选择,我国需要在经济发展和社会生活各领域全面落实节约能源的原则,具体来说,一是加快转变经济发展方式,培育和发展节能高效的战略性新兴产业;二是要严格

---

① 许勤华:《中国能源外交战略分析与思考》,《教学与研究》2008年第12期。
② 徐莹:《中国参与能源国际组织的现状及前景》,《现代国际关系》2010年第12期。

控制高耗能产业和过剩产业的能源消费总量，切实提高其他产业的能源效率标准；三是重点推进交通和建筑节能，改善交通运输方式，推广实施先进建筑节能标准；四是坚持走新型城镇化道路，实行优化的城乡用能方式。通过上述将能源消费与经济增长挂钩的对策，以节约型生产方式和可持续消费模式，实现对我国能源总量的控制。具体说来，节能目标力争 2020 年单位国内生产总值能耗要比 2010 年降低 35%，到 2030 年时，单位国内生产总值能耗比 2020 年进一步减少 30%。在消费总量控制上，我国石油消费量要控制在 5.5 亿吨，到 2030 年时争取保持在 6.5 亿吨左右；煤炭消费总量要力争在 2020 年达到峰值，尽量不越过 30 亿吨标煤。①

2. 优化能源体系结构

从能源生产和消费构成来看，我国需要在继续增加煤、油、气、核、可再生等能源供应能力的同时，提高天然气和非化石能源消费比重。2020 年和 2030 年，要把煤炭占能源消费比重分别降到 60% 和 50% 左右，天然气占能源消费的比重分别增加到 10% 和 15%，能源消费总量的非化石能源的比重分别提高到 15% 和 20% 以上。② 为此，第一，实现对煤炭的清洁高效的开发和利用。对于拥有丰富煤炭资源的中国来说，煤炭仍然会是满足我国能源需求的主要来源，因此清洁高效地开发利用煤炭资源便成为维护我国能源安全的重要支柱。为此，我国要积极推进煤炭分级、分质的梯级利用，提高煤炭综合利用水平；稳步推进"煤改电"、"煤改气"的替代改造，降低污染物排放。第二，充分开发国内油气供应潜力。积极推进油气资源调查评价，加快对油气勘探开发。第三，持续提高核电、可再生能源比重。在确保安全的前提下加快核电建设，因地制宜地积极发展水电，集中式与分布式相结合建设风电和光伏发电，积极发展生物质能等其他可再生能源。③

---

① 李伟：《中国未来能源发展战略探析》，《人民日报》2014 年 2 月 12 日。
② 李伟：《中国未来能源发展战略探析》，《人民日报》2014 年 2 月 12 日。
③ 国家能源局：《吴新雄在全国"十三五"能源规划工作会议上的讲话》，2014 年 8 月 21 日，http://www.nea.gov.cn/2014-08/21/c_133571995.htm。

3. 深化能源体制改革

我国能源体制改革的关键问题是改变现有侧重计划和指令的能源体制，尽快实现向市场发挥决定性作用的能源体制转变。在持续推进能源生产革命和消费革命的进程中，深化能源体制改革是实现以上目标的根本保障。为此，我国需要从以下几个方面进行突破，一是要推进能源体制的法治化，推进能源改革和能源立法的有机衔接，修订《电力法》和《煤炭法》，制定"石油天然气法"，研究起草"能源法"。二是尽快放宽市场准入，加快实现自然垄断环节与可竞争环节的分离，竞争性业务要尽快向社会开放。三是推进能源价格市场化改革，上网电价和销售电价、天然气井口价格和销售价格等能源价格逐步由市场来决定，政府只规定输配电价和油气管输价格；特别推进成品油市场的价格形成机制，在油价剧烈波动情况下，政府要实行临时性干预；通过建立多层次能源金融市场交易体系，尽快推动能源产业与金融资本的充分融合；加快煤炭、石油和天然气应急储备体系建设，提高能源供应的应急能力。

4. 推广绿色低碳能源

在实现能源转型上，中国要与国际社会协同共进，优势互补，防止后发优势转化为后发劣势。从我国国情来看，研发和推广低碳技术，发挥科技对能源安全的支撑作用，占领未来经济发展和国际道义的制高点，成为中国必须及早筹划和全面布局的战略决策。为此，第一，推广低碳城区规划，发展公共交通，提高燃油经济性标准，发展分布式能源系统，推进建筑节能，走绿色低碳城镇化道路；第二，通过发展循环经济、源头预防、末端治理等措施，减少废渣、废水和废气等污染排放，降低能源开发利用对生态环境的破坏；第三，逐步形成以环境税、消费税等为主体的绿色税收体系，建立健全基于市场定价的碳交易制度，逐步实现与能源总量控制相适应的二氧化碳减排目标，确保2030年前后二氧化碳排放总量达到峰值。

5. 参与国际能源合作

随着油气对外依存度的提高，在国际国内能源市场相互影响日益增大的情况下，中国需要利用现有的双边和多边机制，积极参与全球能源治理。一是鼓励和扩大我国各类能源企业对风险地区的海外能源投资，鼓励产油国石油公司和跨国石油公司来华能源投资。二是谨慎评估和有序推进"丝绸之路经济带"和"21世纪海上丝绸之路"能源合作,实现能源互联互通,尽快建立周边能源共同体。三是巩固和完善西北、西南、东北和海上四大能源战略通道,积极推进中国-东盟自贸区、上海合作组织框架内的能源合作机制,重点建设孟中印缅经济走廊和中巴经济走廊建设等合作机制下的能源投资与能源通道建设。四是尝试参与全球和区域性能源治理,依托金砖国家能源合作机制,推动全球能源秩序的转型,提升我国在全球和区域性能源治理中的话语权。

四　中国参与国际能源合作的原则

中国参与全球能源开发和利用,维护能源主权和能源安全,需要从战略高度出发,未雨绸缪,趋利避害,逐步扩大参与国际能源合作的力度和广度。

1. 统筹内外两个大局

我国能源发展战略需要立足基本国情,树立世界眼光,注重长期研判和整体运筹。统筹国内发展和对外开放,统筹国际国内两个大局,提高统揽内政外交全局能力,成为新时期提升中国外交能力的紧迫课题。[①] 在全球能源贸易体系中,中国能源供需在世界能源格局中的地位越来越重要,国内外能源市场与政策的相互激荡和相互影响日益明显。金融危机以来,全球经济的调整与再平衡成为一种推动中国经济从"向外"到"向内"的转变的强大外力,也为中国提供了转变发展方式、调整经济结构的契机。统筹国内国际两个大局,需要确保能源外交与市场手段的优势互补,坚持能源投资与能源贸易的综合平衡,规划区域合作与全球拓展的合理布局,推进双边合作与多边合作的均衡参与,从复杂性视角提高和促进中国能源发展与安全。首先,要提高能源国际合作中的战略思维能力和综合决策能力,既善于掌控国内不同类型能源资源的开发和利

---

① 赵可金:《统筹外交——对提升中国外交能力的一项研究》,《国际政治研究》2011年第3期。

用,又善于布局全球能源投资与贸易;在避免国内能源风险外溢的同时,也要防范全球能源危机的传导。其次,我国需要加快推进发展方式的转变,加快构建安全、清洁、经济、稳定的现代能源体系,主动将中国发展优势转化为战略优势,为全球能源治理提供实践支撑和理论借鉴。最后,在继续加大"走出去"的同时,把能源的"引进来"作为进一步努力的方向,利用中国市场优势,扩大外国在华能源投资与开发,从内部保障能源供应安全。

2. 实现各方博弈均衡

国际能源冲突与合作的深层叠加,加剧了中国参与全球能源治理的艰巨性,但同时也为中国利用矛盾和创造机遇提供了可能,实现各方博弈均衡不失为一项能源治理的务实原则。作为公共产品的世界能源安全供给不足,应对威胁的集体行动逻辑失序,长期困扰着世界能源安全体系的构建。美国安全专家迈克尔·克莱尔(Michael Klare)甚至预言,资源匮乏很可能引发和加剧国家之间的冲突。[①] 与此同时,经济全球化发展使得全球经济趋于密切化、利益共同化、安全共享化,双边能源合作与区域能源一体化蓬勃发展,全球能源对话与合作深度推进,形成了一个多层次、多领域、多机制的能源合作网络。国际能源合作在地区和全球层次的深化与拓展,为中国参与全球能源治理提供了牢固的战略依托和广阔的行动空间。中国要充分认识能源因素在对外政策和国际关系中的变量关系,防范大国对中国能源主权的遏制与干涉。一方面要通过能源技术的自立与跨越式发展,通过对亚非拉能源产区的多点出击和迂回进入,打破对我国的包围和封锁;另一方面,要尽可能通过扩大能源贸易、投资、运输、金融等各领域的深度合作和相互依存,在战略谋划和战略布局中寻求各方的能源博弈均衡。

3. 适度承担国际责任

中国是一个负责任的大国,奉行立足国内、节约优先的能源战略,并积极维护世界石油市场的稳定。我国能源供需平衡的矛盾难以在短期

---

① Michael T. Klare, "The New Geography of Conflict," *Foreign Affairs*, Vol. 80, No. 3, May/June 2001, p. 52.

内从根本上消除，不能为了经济增长无节制地消费能源，必须在经济结构、增长方式、技术创新上尽快取得突破，切实解决化石能源污染与生态环境不断恶化问题。为此，在发展战略上，要转变经济发展方式，加快产业结构的调整，降低重化工业比重；加快提升能源效率，主动控制能源消费总量，把对外依存度控制在适度范围，提出自主发展的中国方式。在生活理念上，通过政府层面的鼓励、引导和示范，制定低碳生活规范，倡导绿色生活方式，提高生态文明意识，为发展中国家做出表率，为世界贡献中国智慧。在全球能源开发上，中国推动石油企业在海外寻找资源的方式，增加了世界石油生产能力，促进了世界能源供应的稳定，为保障世界经济秩序的持续发展贡献中国动力。在全球危机预警上，携手各国共同应对西亚、北非的地缘政治危机，防范形势恶化引致石油生产中断对中国能源供应的冲击与威胁，提出解决问题的中国方案。在舆论引导上，要积极说明我国石油对外依存度连年提升但我国总体能源自给率较高的现实，声明增加能源消费和温室气体排放属于中国的发展权，表达中国对世界能源开发的增量贡献，强调中国在控制能源消费和温室气体排放等方面的努力，提高中国在全球能源治理领域的国际话语权。

4. 实现国际公平正义

世界能源力量的分化组合和能源格局的深刻演变，正在推动着全球能源秩序的重塑。目前能源市场和能源技术难以摆脱西方国家的深远影响，能源领域相关国际规则多由西方国家制定或主导。现有的全球能源治理框架，无法反映能源供需的多极化趋势，更无法充分体现新兴经济体和广大发展中国家的利益。全球能源治理不仅是对全球分工体系中资源重组和利益分配等的平衡，也是国际社会公平、正义等价值的重建。多极化格局之下，霸权国家对世界格局的控制力和对国际事务的影响力渐趋衰退，大国在全球能源治理的规则重建中正发挥着越来越大的影响力。[①] 对于中国而言，要立足于自己发展中大国的国际身份，积极推动发达国家与发展中国家共同参与的国际能源合作，从而累积推动国际能源

---

① Dries Lesage, Thijs Van de Graaf and Kirsten Westphal, ed., *Global Energy Governance in a Multipolar World*, Ashgate, 2010, p. 8.

秩序变革的力量。

五　中国参与国际能源合作的策略

随着全球能源治理体系与中国能源发展战略互动关系的增强，中国面临着如何将国际影响力转化为议题设定能力的挑战，也面临着从被动适应、渐进融入国际能源合作机制到主动创设、积极推动国际能源机制的转变。

1. 扩大能源治理参与主体

除了支持国有大企业"走出去"，还应创造条件鼓励国内民营企业赴海外进行资源并购，尽力弱化和消除一些资源国对中国国有企业政府背景的疑虑和防范，从而提高跨国并购的成功率。我国越来越多的能源企业开始跨国经营，也已经凭借经济实力赢得了一定的地位，但对企业社会责任的关注度和要求并不高，往往成为与西方跨国公司竞争中的短板。我国部分能源企业对社会公众利益关注较少，容易在当地引起一些矛盾和冲突。在亚非拉美地区的发展中国家，中国能源企业必须加大对东道国基础设施建设、文化教育、贫困问题、公共设施等最需解决的问题的社会责任投资，扩大社会影响。在对企业在跨国经营中社会责任方面门槛较高的欧洲和北美地区，必须谨慎评估和专业运营。一旦违反西方高标准的企业社会责任，势必加大我国能源企业跨国经营的成本。与此同时，旨在促进环境正义的跨国社会运动近年来发展迅速，不仅提出政策倡议和全球治理议题，而且推动各种全球性问题进入各国政策议程，有力地促进了全球治理的民主化和推动了全球治理模式的变革。在新社会运动不断兴起的背景下，我国需要通过立法加强非政府组织的管理，适度扩大能源资源、环境保护、气候变化等领域的非政府组织的活动空间，既接受对中国的善意批评，更欢迎对改善我国能源利用和生态环境建言献策。

2. 完善全球能源市场治理

全球能源问题的产生根源在于市场失灵，而这需要各国加强国际协调,完善全球能源市场治理。① 应充分利用世界贸易组织改革所提供的机遇,在多哈回合的传统能源贸易、能源服务贸易、新能源贸易谈判中协调立场,努力促进能源消费国和出口国推进贸易自由化、便利化,妥善处理能源贸易纠纷。作为东北亚能源合作的主要动力来源,中日韩自贸区的建成将为能源合作提供更加强劲的需求和便利的流通,为东北亚能源合作机制的形成提供有利的合作环境。要积极创造条件,推动欧亚经济共同体对中国开放,或者推动俄罗斯、白俄罗斯、哈萨克斯坦关税同盟与中国建立自由贸易区,为能源合作提供坚实的制度基础。在中国与东盟自由贸易区建设上,应针对能源贸易建立专门的协调机制和法律框架,为中国与东盟深化能源贸易提供制度化渠道。从现有经贸基础、发展前景和政治战略考虑,应该对建立金砖国家自由贸易区进行前瞻性研究。中国拥有的美元外汇储备,可以在国际金融体系合作中推动能源金融的协调与合作,完善全球能源贸易货币体系以及能源价格形成机制。通过建立健全贸易结算支付体系,为能源贸易提供本币投资和结算的便利化服务平台。我国发展自己的原油期货市场,培育中国基准原油和原油定价中心,建立以动力煤、焦煤为主的国际煤炭期货交易中心,形成符合亚太周边区域发展水平和特点的定价机制,利用规则制定权和监管权来对亚太能源市场施加影响,提升区域议价能力。与国际能源署在协调石油储备采购、共同投资储备设施、加强石油安全预警、何时释放石油储备等方面加强合作。抓住低碳经济的新发展机遇,与发达国家加强碳技术合作,鼓励低碳产品贸易,平衡减少碳排放与保持竞争力的关系。

3. 巩固我国周边能源布局

周边国家是我国的战略依托和屏障,既有我国能源供应的重要来源国和战略通道,也遍布我国的能源竞争对手。扩大周边能源进口,还可以有效化解我国能源长距离运输的地理障碍,减少能源供应的成本和风险。俄罗斯、中亚国家能源资源储量丰富,可以作为应对海上通道封锁的战略接替,能源合作的潜力还需要进一步挖掘。利用我国连接俄罗斯、

---

① Andreas Goldthau, Energy Security: The Call for a Global Public Policy Perspective, *International Studies Perspectives*, 2012, No. 13, p. 65.

中亚与东亚的特殊地理优势，加快大周边陆上油气运输走廊、特高压电网和铁路网的建设，建立地跨欧亚的能源供应网络，着力打造新时代的"能源丝绸之路"，把俄罗斯、中亚－里海油气资源区域与东北亚能源消费国建成能源供需共同体。东南亚国家虽然资源潜力缩小，但在维护海上通道和解决南海主权争端中的地位日益突出。可以预计，海湾国家仍将是我国重要的能源进口来源。在美国石油进口回归美洲和减少对中东依赖的情势下，巩固和增进与中东主要产油国的能源伙伴关系就显得尤其需要了。因此，在挺进非洲、开拓拉美的同时，应将国际能源合作战略布局和能源外交重点更多地转向大周边地区。目前，双边能源合作不断推进，这为今后探索更加成熟的多边能源合作机制奠定了基础并积累了经验。在东北亚，缺乏强有力的进行区域能源合作的机制已经成为阻碍区域经济发展的重要因素，构建能源合作的多边框架是东北亚能源合作的紧迫任务。构建类似于国际能源署的同盟型能源合作组织困难重重，参考《能源宪章条约》形成"东北亚能源宪章"时机还尚未成熟，但可以建立协调性的东北亚能源机构，在共同建设联合石油储备制度、联合石油采购机制、能源信息交流机制等领域不断扩大合作的范围和水平。在中亚，通过上海合作组织能源俱乐部建设来推进和深化多边能源合作进程。目前中国与东盟的能源合作仅仅停留在对话与协商的层次，缺乏专门性的能源合作协调机制，有必要建立健全具有约束力的高层次协作机制。目前，"一带一路"倡议为中国加快周边能源共同体的建设带来了新的机遇，中国必须以大型能源合作项目为抓手，不断拓展能源合作领域，以自身的能源需求和经济优势主动对接周边国家的发展战略。

4. 参与全球能源合作组织

在全球能源关系上，国与国之间应互视为合作双赢的伙伴，而不是零和竞争的对手。[①] 因此，我国需要加强与各国多层次、宽领域的能源对话与交流，化解能源利益上的矛盾与争夺，扩大双边合作的认知与共识，拓展在多边领域的沟通和协同，提升能源合作的规范化与制度化。其中，积极参与各类型各层次的国际能源合作机制成为确保能源安全的重要保

---

① Mason Willrich, *Energy and World Politics*, New York: Free Press, 1975, p. 102.

障。目前，国际社会尚未建立协调解决全球能源问题的权威性制度框架。从现实来看，简单建立一个更大的世界能源组织取代国际能源署并不能有效应对目前错综复杂的全球能源问题。[①] 中国应当加大与现有国际能源组织的合作力度，尝试参与和创设国际能源合作议程。此外，中国还应该积极筹划和推进金砖国家合作机制下的能源合作进程，依托发展中国家和新兴经济体，推动建立均衡普惠、公平正义的国际能源新秩序。

本章小结

随着全球化的深入发展，各国在相互依存和相互竞争中密切互动，围绕国际能源秩序中的权力、利益格局形成了一幅错综复杂的政治图景。国际能源环境的新变化，特别是能源地缘政治的不确定性、不稳定性上升，复杂性加大，都将给中国能源安全和经济社会发展带来严峻挑战。随着中国和平崛起，在国际社会对中国能源战略的限制和约束不断增强的同时，中国对国际能源秩序的影响和塑造能力也日益提高。在较量日益激烈的能源格局下，美国主导的全球能源秩序不断呈现严重的功能性缺位。基于日益壮大的经济增长潜力和能源供需水平，以中国为代表的新兴经济体向国际社会提供具有发展中国家元素与特征的能源治理机制，既是新兴经济体与国际社会谋求互利共赢的制度安排，亦是他们在全球能源治理中共同承担相应国际责任的重要平台。未来，中国等新兴经济体应该着力提升全球和区域性能源治理中公共产品的设计方案与供给能力，并在强化现有能源治理机制的基础上，有序扩大参与能源治理的规则制定和行动空间，进而建立更加均衡的全球能源新秩序。

[①] David G. Victor and Linda Yueh, The New Energy Order: Managing Insecurities in the Twenty-First Century, *Foreign Affairs*, January/February, 2010.

第五章　中美双边能源合作的形成与发展

中美建交以来，陆续建立了涉及经贸、安全、人权等多个领域的90多个对话机制。由于能源安全问题涉及中美之间的发展方式、贸易投资、地区安全、气候变化等综合性问题，中美能源对话已经超越了能源与科技等职能部门之间的磋商与合作，而被纳入战略对话的框架之中。中美能源合作从无到有，由少到多，不断深化和成熟，中美能源安全对话日益走向机制化。

一　中美能源安全对话机制的形成背景

1. 21世纪以来中美关系发生结构性变化

中美能源安全对话是中美总体关系的重要组成部分。就中美关系的发展态势来看，一方面，中国综合国力不断增强，与美国的差距不断缩小；另一方面，中美两国的经济贸易联系日益紧密，形成了水乳交融的经济联系、休戚与共的战略利益，进一步加强能源对话、不断推进全方位多层次的能源合作成为中美两国各界人士的共同选择。21世纪以来，两国在全球层次和战略高度展开紧密合作，把分歧与竞争控制在不影响中美关系大局的范围之内。

2. 中美因素对全球能源安全的影响上升

无论是从生产还是消费角度，无论是在能源还是石油领域，中美两国在世界能源体系中的实力和影响都举足轻重。我国油气对外依存度不断上升的趋势短期内很难改变,美国也会继续保持对全球能源安全体系的主导。中美都面临同样的地缘政治风险,有必要加强沟通与合作。中美两国都在努力采取有效措施,在力争确保本国能源安全的同时,不断加强两国在能源领域的积极互动,积极参与国际多边能源安全体系的建设。在全球化时代,由于中美两国经济贸易联系加大,两国各自的能源政策目标产生了内在联系,各自的能源政策工具也衍生出了外部效应。在这一背景下,中美两国采取怎样的能源安全战略,不仅事关彼此的经济发展和政治稳定,而且对全球能源安全和气候变化谈判都具有不可估量的重要影响。

3. 能源因素在中美关系中的战略性凸显

随着石油进口依存度的居高不下,中美两国加剧了对能源安全的忧虑和担心,这使得能源安全在国际战略中议程中的优先性日益提高。作为世界能源生产、消费和进口大国,中美两国既面临着共同的威胁,也存在着共同利益。中美两国面临着能源转型的共同使命,在技术与市场等方面利益互补,具有广阔的合作空间。需要指出的是,共同利益的存在只是合作的必要条件而非充分条件。[①] 中国日益扩大能源需求和不断拓展的"走出去"战略引起了美国各界的警惕,而美国不断扩大的反恐战争和能源地缘战略也引起了中国各界的怀疑。作为游离于国际能源署之外的石油进口大国,中国持续增加的石油进口数量以及与某些西方敌对的石油出口国开展贸易,引起了以美国为首的西方国家的忧虑。自伊拉克战争以来,美国不惜以战争手段颠覆敌对国家政权,掌控世界石油资源产地,全球军事力量的部署也几乎与石油资源产地及其运输路线惊人重合,构成了对石油资源的全球控制态势,同样也引起了中国政界和学界的担心。中美两国在能源安全上彼此间存在疑虑与担心,"中国能源威胁论"甚嚣尘上,"中国气候责任论"此起彼伏,"美国油价阴谋论"时有耳闻,"美国能源遏制论"也颇有市场。鉴于能源在国家经济发展与国家安全中的战略地位,如果不能加强沟通与协调,中美能源安全领域的

[①] 潘锐、周云亨:《从石油安全视角考察中美石油竞争关系》,《世界经济研究》2010年第1期。

竞争与冲突难免会波及甚至损害两国的经济关系，甚至会成为影响中美战略互信的消极因素。

4. 传统渠道使中美能源关系互动性不足

1979年建交之后，中美加强了在《中美科学技术合作协定》框架下的双边环境和能源合作。虽然两国有商业贸易联合委员会（JCCT）、联合经济委员会（JEC）以及科技合作联合委员会机制（JCST）等对话机制，能源安全议题长期从属于贸易和投资领域的磋商，没有成为这些对话机制的重要议题。作为世界上的能源生产和消费大国，中美双方在石油、天然气领域面临共同的问题和挑战。中美石油天然气工业论坛（OGIF）是根据1997年中美两国元首达成的协议而设立的，自1998～2016年已举办16届。十多年来，中美油气论坛的议题与时俱进，不断创新，成为中美石油、天然气产业界的良好交流平台，对推进双方相互了解和务实合作发挥了积极作用。21世纪以来，石油价格暴涨暴跌，应对气候变化的压力加大，能源地缘政治竞争愈演愈烈，能源安全面临严峻挑战。值得注意的是，能源安全与经济发展、贸易投资、地区热点等议题互有交叉。这既凸显了能源安全问题的战略渗透性，也增加了此类议题对话的难度，层级较低的中美石油天然气工业论坛显然无法有效解决这类问题。因此，需要通过中美双边对话机制的不断创新，统筹解决这一类综合性问题，战略层面上的中美能源安全对话机制便应运而生。

二　中美能源安全对话机制的基本类型

为了提高中美能源安全对话的层级，中美两国不仅在既有中美战略对话机制中开始增设能源安全议题，创设了中美能源政策对话机制，而且还把能源安全作为中美战略经济对话、中美战略与经济对话机制下的重点议题之一。

1. 中美战略对话

中美战略对话（China-U. S. Strategic Dialogue，SD）的最初设想源于美方，但最终要建立中美战略对话机制的提议来自中方。2005年3月，中美两国政府经过磋商，一致同意建立由中国外交部副部长和美国主管政治事务的副国务卿共同主持的定期战略对话机制。从该机制的定位来看，建立一个中美战略对话机制这样的综合性交流平台，其主要功能是致力于解决中美两国的战略互信问题。此前，中美两国已经建立了人权、军事、经贸等领域的定期交流机制。中美战略对话主要限于外交领域，涉及主题超越了专业性和功能性很强的单项议题，旨在深入交流具体问题背后的战略意图，通盘审视具体问题的相互关联以及由此形成的总体态势，力求增进了解、扩大合作。

从 2005 年 8 月中美举行首次战略对话，到 2008 年年底战略对话机制结束，中美双方共进行了 6 次战略对话。中美战略对话减少了全球能源地缘政治方面的误解，增进了中美双方对彼此能源政策的理解，在战略层面上促成了中美双方在能源安全、环境保护、气候变化等问题上的共识与责任。但由于机制功能的务虚性，中美战略对话没有达成任何实质性、可操作性的对话成果，没有成为解决中美矛盾与问题的平台。

2. 中美能源政策对话

2004 年 5 月，中美签署《关于开展能源政策对话的谅解备忘录》，一致同意建立政府间专门的能源政策对话机制，以此推进中美能源信息交流，加强两国清洁能源开发、能源效率提升、能源供应多元化等方面的深入合作。中美能源政策对话机制的建立，为中国国家发展与改革委员会和美国能源部这两个能源主管部门分析能源形势政策、拓展能源合作领域、应对能源热点问题提供了重要的合作平台。

2005 年 6 月，中美在华盛顿举行了第一次能源政策对话。中美双方分别介绍了彼此政策，对中美能源合作进行了回顾与展望。张国宝副主任与美国能源部部长鲍德曼进行了小范围会谈，就媒体炒作的中海油收购优尼科、中国核电建设等问题交换了看法，有力地驳斥了"中国能源威胁论"的不实之词。

2006 年 9 月，中美在杭州举行了第二次能源政策对话。中美双方就能源领域的重大政策性问题进行了广泛交流和深入探讨，就如何继续推进中美能源合作提出了设想和规划。本次对话设立了能源政策、能效和节能、可再生能源和分布式能源系统以及未来行动计划四个议题，双方代表详细介绍了各自国家对国际能源形势的看法,明确了双方合作的重点领域和具体安排,特别是对中国如何更多地参与国际多边能源合作进行了专门探讨。

2007年9月,中美在旧金山举行第三次能源政策对话。对话期间,中美签署了《关于工业能效合作的谅解备忘录》,对能源领域系列问题达成了共识。双方一致认为,能源开发和利用是影响中美两国经济增长的关键因素,共同面临着由于能源消费量上升引起的能源进口增长和环境恶化所带来的严峻挑战;双方承诺通过合作加强能源安全,同意通过能源效率项目改造和培训活动,共同促进提高工业能源效率和减少二氧化碳气体排放。

2009年9月,中美在青岛举行第四次能源政策对话。中美双方交流了彼此能源政策的最新进展,分析了联合研究清洁能源的可能,讨论了开发可再生能源、非常规能源、核能等能源的政策问题,签署了包括《中美化石能源技术领域开发和利用合作协议书》附件二"清洁燃料领域合作"在内的三项能源合作协议。本次对话期间,中美还同时举办了第九届中美石油天然气工业论坛。

3. 中美战略经济对话

为了深入讨论战略性经济问题,中美双方同意在战略对话的总体框架下设立中美战略经济对话机制。如此一来,专注于政治和安全事务的中美战略对话与偏重经济事务的战略经济对话就可以成为两个并行不悖的对话机制。从新设立的中美战略经济对话机制的定位来看,主要旨在为解决涉及两国经贸关系中的战略性议题创造一个平台。该机制每年两次,轮流在北京和华盛顿举行,先后共成功举办了5次。

2006年12月,首次中美战略经济对话机制(China-U. S. Strategic E-conomic Dialogue,SED)在北京举行。双方对包括能源、环境和可持续发展在内的5个专题进行了富有成效的讨论,达成了一系列实质性协议。双方签署了修订后的《能源效率和可再生能源技术开发和利用领域合作议定书》,一致同意继续在建筑节能、工业节能、交通节能、汽车能源替代等节能领域的科技合作,加强在风能、太阳能、生物质能、氢能等新能源开发领域的科技交流。

2007年5月,中美双方在华盛顿举行第二次中美战略经济对话。双方就两国经济问题和热点问题进行了深入讨论,集中讨论了包括能源、环境等在内的四个议题。双方争取在中国合作开发15个大型煤层气项目进行清洁煤技术的推广,这是该次对话在能源领域的实质性成果。

2007年12月,中美双方在北京举行第三次中美战略经济对话。中美双方超越了对短期经贸热点问题的关注,从战略高度对中美经贸关系的发展进行了综合评估。该次对话在能源领域达成多项合作协议,双方一致同意设立工作组来进一步推进双边能源和环境合作。

2008年6月,中美双方在美国马里兰州安纳波利斯举行第四次中美战略经济对话。双方深入探讨了中美经济发展面临的重大问题,在贸易、投资等领域签署了一系列备忘录及协议。该次对话期间,双方初步讨论了绿色伙伴关系的概念,中国同意与国际能源署加强合作。中美双方签署了《中美能源环境十年合作框架》,成为该次对话最突出的成果,该文件构建了中美合作应对能源安全、气候变化和环境可持续挑战的合作框架与目标,宣布建立五个工作小组来具体实施实质性的合作。[1]

2008年12月,中美双方在北京钓鱼台国宾馆举行第五次中美战略经济对话。中美两国同意在应对能源安全、气候变化和环境可持续性挑战方面继续进行深入和广泛合作。中美双方对《中美能源环境十年合作框架》五大目标的行动计划达成了共识,专门签署了《中美能源环境十年合作框架下的绿色合作伙伴计划框架》和《关于建立绿色合作伙伴关系的意向书》等一系列文件。此外,美方表态支持中国以非经合组织成员身份加入国际能源署。[2]

4. 中美战略与经济对话

2008年世界金融危机爆发之后,中美都充分认识到,两国经济依存日益密切,如何进一步加强良性互动和深度合作,不仅事关两国是否能够迅速走出危机,而且对世界经济的恢复和发展都会带来深远影响。

---

[1] 《第四次中美战略经济对话成果说明》,新华网,http://news.xinhuanet.com/newscenter/2008-06/27/content_8450010.htm。

[2] 《第五次中美战略经济对话成果情况说明》,人民网,http://finance.people.com.cn/GB/8471469.html。

2009年4月,中美两国决定把中美战略对话和中美战略经济对话机制合二为一,整合为中美战略与经济对话机制(China-U. S. Strategic and Economic Dialogue,S & ED)。

2009年7月,第一轮中美战略与经济对话在华盛顿举行。双方认识到,国际金融危机给世界局势带来巨大冲击和深刻变化。中美双方既面临共同挑战,也拥有共同利益,可以深度合作和协同应对。为此,两国达成《加强在气候变化、能源和环境合作的谅解备忘录》,同意通过建立气候变化政策对话与合作机制,进一步加强在清洁高效能源和环境保护领域的合作。双方承诺实施《中美能源环境十年合作框架》现有的五个行动计划,并把行动计划扩展到节能和能效领域,同意加强绿色合作伙伴计划。双方决定,通过能源政策对话、油气论坛和中美清洁能源研究中心在可再生能源、页岩气、清洁煤、智能电网等方面继续开展务实合作,并就如何进一步提高能源市场透明度和战略石油储备展开对话。值得注意的是,在与能源相关的地缘政治冲突方面,双方同意加强战略对话框架下的地区事务磋商,缓解引发地区和全球动荡的地缘政治形势。[1]

2010年5月,中美双方在北京举行第二轮中美战略与经济对话。中美双方一致认为,应该加强在经贸、能源、环境、反恐等方面的合作,同时探索新的合作领域,进一步加强地区热点问题的协调。清洁能源合作是这次对话的主导性议题。对话期间,中美共同发表了《中美能源安全合作联合声明》,取得了多项合作成果,其中涉及能源、气候方面的合作多达13项。中美重申,今后要进一步加强在《中美能源和环境十年合作框架》下的合作。[2]

2011年5月,中美双方在华盛顿举行第三轮中美战略与经济对话。双方签署了《中国美国全面经济合作框架》,本轮对话取得了包括能源、环境、科技、气候变化等领域在内共112项具体成果。在能源安全领域,双方再次重申遵守《中美能源安全合作联合声明》,同意以市场机制满足

---

[1] 《中美首轮战略与经济对话闭幕,达成多项成果》,中国新闻网,http://www.chinanews.com/gn/news/2009/07 - 29/1794823.shtml。
[2] 《第二轮中美战略与经济对话框架下战略对话成果清单》,新华网,http://news.xinhuanet.com/politics/2010 - 05/26/c_12141798.htm。

未来能源需求；中美决定加强和完善《中美能源环境十年合作框架》的实施，签署了6对新的绿色合作伙伴关系；继续举办中美可再生能源论坛、中美能效论坛等多个领域的能源政策对话，加强在能源监管、能源科学、航空生物燃料、电力项目等多个领域的合作。①

2012年5月，第四轮中美战略与经济对话在北京举行，主题是如何推进两国务实合作，以建设相互尊重、互利共赢的中美合作伙伴关系。在能源领域，中美重申《中美能源安全合作联合声明》中所作承诺，继续深化《中美能源环境十年合作框架》下的合作。中美双方决定在集成智能电网通信模式、电厂排放物脱硝领域、先进生物燃料、页岩气开发、核责任制度等领域深化合作。②

2013年7月，中美双方在华盛顿举行第五轮中美战略与经济对话。在此次对话期间，中美就能源安全、能源透明度、非常规油气领域法律和监管框架、核安全与核管制合作、中美民用核能研发等领域的深入合作达成一致。中美同意继续推进在能源和环境合作十年工作框架、能源工业论坛、能效论坛、能源科学合作第二届联合协调委员会会议、中美和平利用核技术联委会会议、中美化石能源议定书协调会议、亚太经合组织能源部部长会议等多项机制下的能源对话与合作。③ 在经济对话中，中方承诺继续改善能源数据的及时性、完整性和可靠性，美国承诺要向中国通报出口液化天然气的法律程序，双方承诺加强并扩大在石油储备政策、管理及技术方面的合作。④

2014年7月，中美双方在北京举行第六轮中美战略与经济对话，中美双方高度认可中美战略与经济对话机制对于构建中美新型大国关系的作用。中美双方承诺继续加强在非常规油气勘查开发、可再生能源开发、

---

① 《2011年中美战略与经济对话框架下战略对话成果清单》，新华网，http://news.xinhuanet.com/fortune/2011-05/12/c_121406123.htm。
② 《第四轮中美战略与经济对话框架下战略对话具体成果清单》，新华网，http://news.xinhuanet.com/2012-05/05/c_123080811.htm。
③ 《第五轮中美战略与经济对话框架下战略对话具体成果清单》，新华网，http://news.xinhuanet.com/world/2013-07/13/c_116519095.htm。
④ 《第五轮中美战略与经济对话框架下经济对话联合成果情况说明》，新华网，http://news.xinhuanet.com/2013-07/13/c_116523398.htm。

核能和平利用、核安全及监管、电动汽车和工业能效、数字能源战略等领域的合作,继续发挥气候变化工作组、中美核安保示范中心、绿色数据中心、中美低碳生态城市试点、绿色合作伙伴等项目在中美能源合作上的推动作用,继续推进能效论坛、油气工业论坛、先进生物燃料论坛、可再生能源工业论坛等多层次能源政策对话,在北京主办亚太经合组织能源部部长会议。① 在经济对话中,中方承诺加快能源市场化改革进程,加强与联合石油数据库(JODI)的合作;美方承诺继续向中方通报《天然气法案》规定的出口液化天然气申请评估的程序;双方承诺在G20框架下推行化石燃料补贴的同行审议,加强战略石油储备合作以提高应对石油供给中断的能力。②

2015年6月,第七轮中美战略与经济对话在华盛顿召开,双方重申开展能源安全对话与合作的必要性。双方承诺促使2015年巴黎气候变化大会达成一项有力度的全球气候协议,启动落实2014年11月《中美气候变化联合声明》中的合作项目,推动载重汽车和其他汽车减排,扩大智能电网的制度空间,就碳捕集、利用和封存(CCUS)进行技术交流,通过改善合同能源管理提高建筑和工业能效,加强温室气体排放数据收集和管理,落实气候变化与森林倡议;中美双方决定继续扩展中美清洁能源研究中心(CERC)合作,开展智慧能源大数据管理系统的可行性研究,加强数据中心能效标准领域的交流,启动绿色港口和船舶的倡议,共同研发和推广电动汽车,开展分布式能源热电联供领域的合作;继续在中美可再生能源伙伴关系框架下开展可再生能源务实合作,推动中国非常规天然气可持续发展,在中国开展中美页岩气培训项目;推进核安保示范中心合作,继续开展民用核能研发合作与核安全合作。③

2016年6月,第八轮中美战略与经济对话在北京召开,双方就重大

---

① 《第六轮中美战略与经济对话框架下战略对话具体成果清单》,新华网,http://news.xinhuanet.com/fortune/2014 - 07/12/c_1111579285.htm。
② 《第六轮中美战略与经济对话框架下经济对话联合情况说明》,新华网,http://news.xinhuanet.com/2014 - 07/11/c_1111579039.htm。
③ 《第七轮中美战略与经济对话框架下战略对话具体成果清单》,新华网,http://news.xinhuanet.com/world/2015 - 06/26/c_1115727263.htm。

双边、地区和全球性问题深入交换意见,并就能源以及气候变化等各项成果达成一致。中美承诺推动《巴黎协定》的全面实施,深化和拓展中美气候变化工作组的工作;双方决定继续加强中美清洁能源联合研究中心的产学研联盟合作,决定继续在可再生能源伙伴关系(USCREP)框架下开展合作;同意加强在全球石油市场分析和相应的应急准备等战略石油储备政策方面的坦诚对话,双方决定通过有针对性的讨论来加强合作和增进对话,保证全球能源安全;中国国家核安全局与美国核管会继续开展核安全合作,决定继续通过中美和平利用核技术合作(PUNT)框架下的核能技术工作组开展和平利用核能的合作,在先进反应堆和燃料循环技术领域开展双边民用核能合作;继续开展在页岩气开发领域的合作;在电力市场发展和能源监管领域加强交流与合作。①

表5-1 中美主要能源对话机制

中美战略对话		中美能源政策对话		中美战略经济对话		中美战略与经济对话	
次	时间	地点	次	时间	地点	次	时间	地点	次	时间	地点
1	2005年8月	北京	1	2005年6月	华盛顿	1	2006年12月	北京	1	2009年7月	华盛顿
2	2005年12月	华盛顿	2	2006年9月	杭州	2	2007年5月	华盛顿	2	2010年5月	北京
3	2006年11月	北京	3	2007年9月	旧金山	3	2007年12月	北京	3	2011年5月	华盛顿
4	2007年6月	华盛顿	4	2009年9月	青岛	4	2008年6月	马里兰州	4	2012年5月	北京
5	2008年1月	贵阳				5	2008年12月	北京	5	2013年7	华盛顿
6	2008年12月	华盛顿							6	2014年7月	北京
									7	2015年6月	华盛顿
									8	2016年6月	北京

资料来源:作者根据新闻报道制表。

三 中美能源安全对话机制的主要特点

1. 能源对话的层级和层次不断提升

在2005年举行中美第一次能源政策对话之前,中美能源领域对话主

---

① 《第八轮中美战略与经济对话框架下战略对话具体成果清单》,新华网,http://news.xinhuanet.com/world/2016-06/08/c_1119007842_7.htm。

要依靠中美商业贸易联合委员会、中美科技委员会、中美联合经济委员会、中美石油天然气工业论坛，这些渠道级别多为部长级，只有中美商贸联委会在2004年被提升为副总理级。作为能源领域第一个综合性对话机制，中美能源政策对话一直保持部长级。作为中美第一个高层对话，中美战略对话也一直保持副部长级。在中美战略需求和共识不断累积的背景下，双方启动了战略经济对话并从一开始就定为副总理级。奥巴马政府进一步把战略与经济对话上升为特使级，由中美两国元首各自任命的两位特别代表分别主持战略对话和经济对话。

从对话层次上看，中美对话交流最早始自科技和经济领域，能源对话始自核能、油气等具体领域，从属于这些对话渠道。1997年中美两国元首达成协议，专门设立了中美石油天然气工业论坛。"9·11"事件以后，中美关系的内涵不断丰富和逐步深化，从一般经贸问题开始上升至战略安全领域，从双边关系扩展到地区和全球层面。中美在经济贸易、对外投资、科技研发、反恐合作等工作层次的定期会晤磋商机制继续保留的同时，中美对话机制开始提升到战略层次和全球高度。尤其是在金融危机蔓延和气候变化压力加大的当下，能源议题已经不仅仅属于单纯的供应安全和可持续发展问题，已经扩散到中美经济、外交、军事等各个领域。

2. 能源议题的深度和广度不断增强

在中美各种能源对话机制下，所讨论的议题大都经过了一个由浅入深的过程。中美双方在机制启动初期主要是互相介绍能源政策与规划，就能源合作的意向或框架达成共识，随后才会就某个领域展开广泛讨论，随后不断深入和层层递进。

在中美能源安全对话机制的广度上，对话议题对能源领域的涉入越来越广，与其他议题的关联度不断增加。从战略对话、战略经济对话到战略与经济对话的议程来看，对话议题不仅包括能源领域的具体事务，也包括了如何共同应对世界金融危机、全球气候变化等全球和地区性问题。除了能源领域的议题扩展，中美能源安全对话机制涉及的其他内容也逐步丰富。在中美战略对话中，多次谈及与能源安全息息相关的地缘政治冲突，就朝鲜、伊朗的核能和平利用和核扩散问题进行多次磋商。

在第一次战略与经济对话中,再次就与能源相关的地缘政治局势交换意见,双方重申共同解决冲突,化解引发地区和全球不稳定的紧张因素,两国关系的全球意义和战略内涵不断丰富。从理论上看,中美能源议题的广泛拓展,为中美两国通过谈判解决关联性问题提供了平台,也为中美寻求功能性合作提供了更多选择。

3. 能源对话的稳定性和灵活性程度不断巩固

要想机制的权威性和功能性得到充分发挥和尊重,必须在国际环境、双边关系、内部政策变动等变量变动不安的情况下给参与方以稳定预期。机制本身的稳定性不是固化和坚守既有政策,而是依赖于当国际国内因素变化时,参与方能及时调整心理预期、充分适应情境变动和及时改进自身政策的能力。[1]

从中美能源安全对话机制的发展历程来看,中美能源安全对话受到中美元首外交的直接推动,经历了从低级政治到高级政治的过程,从能源领域的专业对话逐渐融入战略对话的合作框架,机制的稳定性不断提高。1997年江泽民访美,直接推动了石油天然气工业论坛的启动。为了加强两国能源和核能安全合作,2005年美国能源部在北京设立了办公室。2009年11月奥巴马访华发布的《中美联合声明》中用大量篇幅阐述了中美在能源、气候等领域达成的共识,同意成立中美清洁能源研究中心(CERC)促进清洁能源技术的联合研发。2011年胡锦涛访美期间,除了发布《中美联合声明》外,还专门发布了《中美能源安全联合声明》,代表了中美能源安全的最新共识。在中美双方高度重视和不断磨合之下,中美对话机制的功能不断完善,奥巴马上台后整合升级为中美战略与经济对话。2005年以来,中美能源对话频繁,除了特殊事件和特殊年份的临时变动,战略对话、战略经济对话保持在一年两次,战略与经济对话调整为一年一次。能源政策对话和石油天然气工业论坛基本保持一年一次。高频率和快节奏,使对话机制一直保持良好的稳定性。

对话机制的有效运行,除了保持稳定性外,还需高度的灵活性,能够根据形势的变化采纳新的议题,使机制的功能得到有效实现。中美能

---

[1] 王一鸣、田野:《中美战略对话的制度分析》,《国际政治科学》2009年第3期。

源安全对话在议题的设置上回应了中美两国面临的最新形势,不断纳入最新关切,及时根据能源战略的变化做出调整,保持了高度的灵活性。面对国际石油价格的暴涨暴跌和能源竞争,中美对能源安全的原则进行了深入探讨。奥巴马政府走出危机的国家战略为中美两国的相互协调、相互合作对话机制增加了更多的和更丰富的领域和内容,其中最令市场关注的是中美双方在清洁能源领域的协调合作。在金融危机和气候变化的双重压力下,中美对清洁能源的利用达成共识,不断推进新能源和可再生能源领域的合作。这体现了在中美合作机制下,通过共同努力化解金融危机和应对气候变化的效率,同时也是重构中美战略对话机制的基本动力。中美之所以能继续深化和不断拓展能源领域的对话,是因为关于能源问题的对话都是在战略层面的框架内进行沟通的,这种包容性更强的机制在很大程度上缓和了外界变量的冲击和超越了具体问题的樊篱,能从不同角度、从能源议题与其他议题密切互动的联系中进行磋商,不受一时一事的影响而另起炉灶或推倒重来,中美可以不断扩充议题领域,保障对话机制的稳定性。

4. 能源对话的体系化与法律化保障不断完善

中美能源对话在多个领域并行推进,互相交融,对话机制从低级到高级,从具体部门到战略层面,从对话磋商到项目合作,体系化程度不断提高。从参与的主体来看,既有国家元首的高层磋商,也有能源、财政、科技、外交等部门甚至军方的积极参与,更有各企业、科研机构的密切配合;从合作领域来看,不仅包括煤炭清洁利用的传统能源合作项目,也包括可再生能源合作项目;从对话级别来看,不仅有可再生能源产业论坛、先进生物燃料论坛这样的部级行政部门磋商,也包括中美战略与经济对话这样的特使级战略层面对话;从对话成果来看,不仅有政治层面的政策性宣示和交流,也包括政府推动下的实质性的七对绿色合作伙伴。在中美能源对话过程中,主要的形式是交流磋商,阐述彼此的能源政策和经验,对共同关心的能源问题进行政策性阐述,推进能源合作项目。为了保证中美能源对话的有效性,中美在能源相关领域达成了一系列协定、备忘录等具有法律约束力的协议,从制度和规范上保证了中美能源对话的有序进行。除了中美战略对话完全属于务虚性质外,中美能源对话机制都致力于通过正式法律文件将对话的成果巩固下来，中美先后签署了《关于工业能效合作的谅解备忘录》、《中美两国加强发展生物质资源转化燃料领域合作的谅解备忘录》以及《中美能源和环境十年合作框架文件》等协议，这为中美能源合作的顺利进行提供了依据和规范。

四　中美能源安全对话机制的重要意义

1. 增进能源安全战略互信

不可否认，中美两国各自追求的战略目标有着本质上的不同，在能源安全观上也存在较大的差异。在获取外部能源资源的方式和维持战略通道的意图上，美对华猜忌多于信任、防范多于合作、遏制多于交往。在中美能源合作稳步推进的同时，美国也不放松对华能源核心技术的出口管制，多次以国家安全为由限制中国能源企业对美投资。如何通过有效的沟通机制，使双方能更好地相互评估，以避免因误判产生危机，能源安全对话机制无疑是增信释疑的最佳平台。能源安全对话机制的开启表明，中美双方都不会让能源领域的摩擦影响两国关系，希望把中美能源安全问题提升到战略层面进行处理。2005年以来，中美两国领导人通过互访、会晤、通话、书信等方式保持密切联系，通过多渠道、多层次、多领域的定期对话磋商，在全球安全、气候变化、能源科技合作、地区核扩散等国际热点问题上进行了卓有成效的沟通。通过对话机制，中美双方将以往能源领域的摩擦与冲突开诚布公地置于谈判桌上，增进了彼此了解，照顾彼此关切，达成了一定共识。中美两国签署的《中美能源环境十年合作框架文件》和《中美能源安全合作声明》等一系列政策性文件，为进一步推动中美两国在能源领域的持续深入、广泛合作奠定了基础。2011年1月发表的《中美联合声明》中，首次将气候、能源与环境合作单列为中美关系的重要议题，能源合作升格为中美战略互信基石的趋势日益明显。从对话的进程来看，能源安全对话机制约束力的从弱到强，对话涉及话题和范围的由少到多、由浅入深，有效推动了两国关系互动模式的转型，改变了原来"危机反应型"的对话磋商，"主动应对型"的中美对话机制渐趋成熟,促进了中美两国在宏观战略层面和微观战术层面的战略互动、互信。

2. 加强能源安全政策协调

中美通过把能源合作明确定位到战略层次,同时就多个重要议题展开谈话,填补了中美定期高层战略对话机制的空白,加强了中美能源安全政策的协调。中美在保证国内能源供应、实现能源多样化、提高能源效率上利益深度捆绑,在应对全球能源危机和实现能源转型上难以独善其身。共同利益的存在只是为中美能源合作提供了必要条件,并不一定促使能源合作的形成,毕竟中美两国发展水平、能源消费习惯、资源禀赋和技术能力等都有着巨大的差异,能源政策和法律法规也有着显著不同。如果中美双方不能通过交流机制加强对彼此政策意图的认知与了解,那么就难以在自身能源政策制定中更多地考虑其外部性影响,而能源安全对话机制减小了单边能源政策可能产生的外部性冲击,有利于形成稳定的政策预期,从而强化双方能源政策制定时的互动与协调。通过对话,中美两国认识到国际能源市场在满足能源需求、稳定能源供给中所具有的重要作用。中美两国在促进节能和能效措施、大力开发新能源和可再生能源领域的合作,不但有利于实现美国的能源独立,也有利于中国转变能源发展方式,并把中美两国因外部石油资源竞争引发摩擦和冲突的可能性降到最低。例如,通过对话,美国支持中国加入国际能源署,中国也同意就战略石油储备方式加强合作。

3. 推进能源安全合作进程

随着中美能源合作逐渐走向机制化、成熟化,中美能源安全合作进程不断深入,各层次、多领域的磋商、论坛、技术交流、项目合作等能源合作形式普遍展开。中美两国在能源政策、产业政策、消费政策方面都具有巨大的节能减排潜力。中美两国共同承诺,持续增加能源领域的投资,通过开发、竞争的市场机制增加国内能源供应。中美两国承诺继续在可再生能源、先进生物燃料、清洁煤、页岩气、智能电网、核电(先进核能)等技术研发方面开展实质性合作。两国在《中美能源环境十年合作能效行动计划》中制定了能源合作的具体路线和时间节点。相比于初期的共识和声明,近年来双方合作更加深入和务实,中美能源安全对话硕果累累。此外,中美在多边合作机制下的能源与气候变化政策上的对话与协调也日益拓展。亚太经合组织、联合国气候变化高级会议、联合国气候变化大会等多边机制成为中美推动能源合作的重要平台。中美两国还共同参与了亚太清洁发展与气候伙伴、国际能源论坛、碳封存领导人论坛、国际氢经济伙伴等数个多边合作机制,中美在多边能源合作机制中的协调也持续深入。

4. 深化能源安全合作内涵

中美能源安全合作受到全球、国家、市场、企业等变量的限制和约束,早已经跨越了双边层面的互动,不仅与朝核伊朗核问题、索马里海盗问题等地区热点息息相关,而且扩散至市场稳定、贸易投资、运输通道、气候变化等全球层面。在中美能源安全对话机制下,两国可以直面双边关系中存在的问题,坦诚对待两国的分歧,妥善处理两国的纠纷,为中美关系的稳定发展提供了制度化的轨道。在对话中,不仅可以了解彼此能源政策的战略意图,同时也为能源问题的解决提供战略平台。更重要的是,中美通过战略层面一揽子式对话机制,就超越双边的能源安全问题以及地区热点问题面对面地沟通、对话,双方就能够从全局层面和战略高度审视两国关系,为中美两国战略利益的最大化寻找最佳途径,进一步凸显了能源安全与多领域、多层次议题的复杂关联和密切互动。

中美两国的能源安全对话机制是实现二者和平共处的协商平台,中美决策者可以切身感受对方潜在的能源安全战略考量,从而约束敌意,减少偏见,避免中美关系失控,使中美能源领域的合作在结构与功能上向中美关系一般性领域溢出,实现中美关系在内部需求与外部压力双重驱动下的良性互动,进而推动中美关系的全面发展。从长远来看,发展好利用好中美能源安全对话机制,有利于构建中美新型大国关系,为中国的和平发展塑造良好的外部环境。

总体看来,虽然中美能源合作历经波折,但在共同利益和共同需求的战略基础之上,中美两国能源合作的广度和深度不断扩大,已经成为中美关系全方位合作的重要领域。中美两国在能源领域的合作与冲突对世界能源秩序影响深远。有效化解了两国之间的怀疑和误解,不断扩展能源领域的交流与合作,日益完善各种形式的能源合作机制,形成全方位、多层次的相互依存关系，不仅有利于维护两国的能源安全，也有利于增加中美两国的战略互信，构建新型的战略稳定关系。

五　中美能源安全对话机制的改进方向

1. 提升中国在能源对话中的话语权

长期以来，在双边关系的话语权上，美国一直处于优势地位，中国提出自己议程的能力不足。这一方面源自中美综合实力的客观差距，另一方面源自长期以来审慎执行"韬光养晦"外交政策的历史惯性。在能源安全对话机制的议程设置上，美国往往主导议程设置，就自己最关心的达尔富尔等地区问题乃至气候变化问题质疑和约束中国，中国在很多议题上处于守势。事实证明，中美能源合作主导权和话语权的失衡，短期来看基本维持了"斗而不破"的关系，但从长远来看不利于双边关系内涵的提升，更不利于实现真正的利益共赢和战略互信。国际金融危机以来，美国经济遭受严重挫折，实力相对衰落，霸权合法性受到强烈质疑和挑战。从发展趋势看，随着中国综合国力的继续提高和中美差距的不断缩小，中国话语权不断增强，中美能源安全对话的心态将趋于对等。

2. 增进能源安全合作领域的广泛性

近年来中美能源合作虽取得了多个领域的飞速进展，但相对于中美经济贸易关系相互依赖的总体格局来说，目前的成果仍然有限，合作潜力远未得到发挥。就合作的领域来看，中美能源合作主要集中在能源市场和能源消费的中下游环节，而对能源开发特别是在中东、非洲、中亚和拉美地区的能源资源竞争协调不够，中美能源安全对话并没有充分缓解在能源地缘政治上的竞争，消除零和博弈的忧虑和防范。中美两国能源合作更多地限于技术研发和项目合作，尤其是清洁能源领域的合作取得了长足进展。根据中美签订的协定，双方研发活动主要集中于建筑节能技术、新能源汽车和清洁煤等领域，这和中美广阔的市场需求相去甚远。除了技术合作之外，中美增加市场透明度、石油市场投机、能源投资准入、气候政策协调等领域依然存在很大的合作空间。

3. 提高能源安全对话成果的执行力

虽然中美通过能源安全对话机制，签订了一系列的协议与备忘录，形成了一定的共识，但由于国内政治经济情况的复杂性，对中美能源安全的核心利益依然存在严重分歧，阻碍了能源对话成果的顺利实施。两国国内都有很多人怀疑对方利用能源环境特别是气候变化问题获取潜在的战略优势。发展清洁能源是中美两国共同利益最接近、分歧最小的一个领域，但是由于双方所处的国际地位以及发展阶段的不同，双方政策的意图各有侧重。美国的利益在于利用其在清洁能源领域的技术优势，扩大清洁能源技术和产品出口，缓解居高不下的贸易赤字，培育拉动美国经济的增长点。而对中国而言，发展清洁能源的主要短期目标是应对日益严峻的环境与贸易壁垒，长期目标是推动能源生产和消费革命，转变经济发展方式。

4. 扩大能源安全对话主体的参与度

中美能源合作经历了从科技领域的一般项目合作上升为国家宏观能源政策的协调，从高层政治领域推动到多层次积极参与，从短期性、小范围产业合作向常态化、机制化合作发展的转变。能源安全对话主体的参与度直接影响了对话的议程和成果，决定了能源安全合作的广度和深度。朝鲜半岛与伊朗的核问题、苏丹问题以及中东局势与能源安全形势紧密相关，中美战略与经济对话启动两年后，中国和美国军方代表才首次参与。由于中国尚未组建能源部，以至于在能源安全对话中只好用国家发改委、科技部参与协调和沟通。在大部制改革之前，国家能源局因级别太低无缘深度参与高层对话。从横向来讲，两国多个部门参与到能源对话与合作的进程之中，但两国都缺乏对议程设置、谈判方案、成果落实等进行统筹的部门之间的协调，呈现单兵突进和各自为政的特点；从纵向来看，集中于外交和政治领域的能源安全对话，在推动民间对话与合作上力度不足，缺少中美企业的普遍参与和深入合作。

本章小结

在中美双边能源合作中，由于双方的博弈资源、博弈筹码一目了然，利益分配与互惠容易实现,双边合作机制相对于区域或多边层次的合作机制更容易达成。实际上,中美双边能源合作机制化为解决中美能源共同利益困境和共同背离困境提供了制度化的规范基础,有效化解了各种因素对中美能源合作机制的干扰和冲击,不仅巩固了中美共同利益的认知与共识,而且避免了中美冲突利益的摩擦与失控。中美双边能源合作持续推进,不仅为区域和多边能源博弈提供了启示与思路,也为全方位多层次中美大国博弈提供了范式与借鉴。

第六章　中美在多边层面上能源合作的深化与拓展

除了中美双边能源互动不断深化，中美在多边层面上能源合作也日益密切。多边能源合作一般包括政府间国际能源组织、非政府能源组织、国际能源会议等载体和形式，集中了大量国际能源主体。多边能源合作机制通过制定行为合作规则、协调各方行动、发布统计报告等活动，在国际能源外交中扮演了重要角色。多边能源合作框架能够培养大国之间的彼此理解和信任，这又为确定共同利益和设计共同政策奠定了基础。[①]多边合作为中美能源博弈提供了规范化的约束机制，但中美战略竞争的总体态势必会影响中美能源多边合作的结构与进程。为了构建中美能源共赢性博弈，中美应该加强多边能源合作，共同推进多边能源合作原则、规范、规则的制定。中国通过多边能源合作机制的参与和创设，可以不断扩大在全球性多边能源合作中的话语权，并尝试构建区域性多边能源合作的领导权。

一　美国构建多边能源合作机制的布局

在第二次世界大战结束之际，美国主导构建了联合国等一系列多边合作机制，却没有把石油纳入多边合作机制的规制之中。直到 20 世纪 70

---

① Dries Lesage, Thijs Van de Graaf and Kirsten Westphal, ed., *Global Energy Governance in a Multipolar World*, Ashgate. 2010, p. 8.

年代初第一次石油危机爆发，美国才意识到建立西方石油消费国多边合作的必要。① 自此以后，美国开始加强多边能源政策对话，构建了应对能源危机、加强能源贸易、推进能源开发等一系列巩固能源安全和应对气候变化的多边合作机制。

1. 加强大国多边能源政策对话

美国与能源消费大国和能源出口大国构建了一系列多边能源政策对话机制，其中地位和作用最为突出的就是八国集团会议机制。

面对1973年第一次石油危机之后动荡不安的世界经济形势，美欧日开始走向政策联合，1975年开始形成以国际会议制度为主要载体的七国集团（后因1998年俄罗斯的加入而改称八国集团），协调彼此经济和金融政策。八国集团政策对话和协调机制覆盖了经济、社会等各个领域，并且不断分化和细化。② 进入21世纪以来，八国集团与外界的对话不断扩展，涉及议题领域更加广泛，频繁将金融危机、气候变暖、环境问题等纳入其全球治理的框架，致力于全球问题的解决。③ 面对新兴市场国家的群体性崛起和非政府组织在全球治理中的日益活跃，八国集团加强了与中国、印度、巴西、墨西哥、南非和巴西等发展中国家和各类非政府组织的合作，并加强了与公共媒体、市民社会等各类国际关系主体的联系。

从1975年首次首脑会议开始，保障充足而稳定的能源供给，减少油价大幅度波动对世界经济的冲击，一直是八国集团关注的重点议题之一。八国集团在能源领域建立的机制主要有1977年设立的国际核燃料循环评估工作组、1979年设立的国际能源技术工作组、2000年设立的可再生能源工作组等。从1975年到2007年，没有涉及能源议题的峰会只有1985年。④ 八国集团的能源政策包括以下几个方面：第一，八国集团在加强对欧佩

---

① Benjamin Shwadran, *Middle East Oil Crises Since 1973*, Boulder and London: Westview Press, 1986, pp. 94 – 95.
② 吕有志、查君红：《冷战后七国集团的演变及其影响》,《欧洲》2002年第6期。
③ Nicholas Bayne, *Staying Together: The G8 Summit Confronts the 21st Century*, Aldershot, Hants: Ashgate, 2005, p. 161.
④ John Kirton, Laura Sunderland and Sarah Cale, *The G8 Summit Communiqués on Energy, 1975 – 2007*, G8 Research Group, June 5, 2008, http://www.g8.utoronto.ca/references/energy.pdf.

克对话的同时,也不断协调成员国的石油政策,建立石油储备,控制石油消费,增强对世界石油市场的影响力。第二,随着对全球气候变化的关注上升,推广节能和清洁能源技术、促进可持续发展对话开始成为八国集团的重要议题。可再生能源工作组对可再生能源开发利用提出了一系列政策建议,八国集团峰会宣布要与发展中国家建立"可再生能源和能源效率伙伴关系",并建立"全球生物能源伙伴关系"。第三,在可再生能源、节能和清洁能源技术方面,八国集团主动寻求与发展中国家的合作。2005年,八国集团主动邀请中国、印度、南非、巴西、墨西哥五个发展中国家参加对话会议。2007年,八国集团在海利根达姆峰会上确立了同上述发展中五国就能源效率等结构性议题开展高层对话的"海利根达姆进程"。

在机制建设上,从最初少数西方国家非正式的"炉边谈话"开始,八国集团逐步形成了以首脑会议为核心,包括部长会议、首脑私人代表会议、专家组和工作小组会议构成的一系列政策协调机制。在功能领域,八国集团从应对全球经济危机逐渐过渡到参与能源和环境等公共问题的治理。八国集团左右了全球80%的经济活动,经济总量占全球国内生产总值的2/3以上。这个论坛雄厚的经济实力和成熟的对话机制为美国驾驭和解决国际问题准备了丰厚的政治基础,美国力图将八国集团纳入自己的战略轨道。[1]与此同时,八国集团要想在全球治理中真正发挥关键作用,美国的立场与态度至关重要,直接影响着八国集团在全球治理中的地位与作用。[2]

2. 构建国际能源危机应急机制

20世纪70年代初期,为了应对日益明显的能源安全威胁,以法国为首的欧共体倾向于与石油生产国的双边合作,而美国则希望通过多边合作保障能源供应稳定和价格合理。[3] 第一次石油危机爆发前,时任美国国

---

[1] 吕有志、查君红:《G7/G8角色转型与全球治理》,《现代国际关系》2001年第12期。

[2] Nicholas Bayne, *Hanging in There: the G7 and G8 Summit in Maturity and Renewal*, Aldershot, Hants, England; Brookfield, USA: Ashgate, 2000, p.194.

[3] Robert L. Pfaltzgraff, *Energy Issues and Alliance Relationships: The United States, Western Europe and Japan*, Cambridge, Mass. Washington D.C.: Institute for Foreign Policy Analysis, Inc., 1980, p.21.

务卿的基辛格就主张加强西方消费国多边合作。为了协调西方石油消费国的对外政策，1974年2月，美国总统尼克松邀请西方各国外长到华盛顿召开能源会议，试图联合西方国家共同应对能源危机。多数与会者认为，西方消费国必须采取共同的能源政策，在应对能源危机上协同行动。会议决定建立国际能源署（International Energy Agency，IEA），协调西方石油消费国的能源政策，加强战略石油储备建设。①

国际能源署成立的主要目标是促进西方消费国的能源安全。短期能源安全是提高能源系统对供需变化做出迅速反应能力，而长期能源安全主要是指提供符合经济增长和环保需求的能源供应。② 为了提升成员国能源安全，国际能源署采取了以下几个方面的措施：第一，国际能源署注重能源市场法规与制度改革的政策分析，推进电力与天然气市场的自由化，加速能源市场改革。定期全面回顾各成员国的能源政策，对世界能源前景做出预测，为各国能源政策提供指导，强化成员国能源合作与能源政策协调。第二，建立能源紧急状态的集体反应机制。国际能源署制定了"联合紧急反应措施"（Co-ordinated Emergency Response Measures，CERM），要求各成员国建立至少相当于90天石油进口量的石油储备。当国际原油供应下降达7%时，就要启动包括释油、限制需求、增加石油生产、更换燃料等措施在内的紧急应对机制。第三，国际能源署力图通过完整、可靠和准确的石油信息提高世界石油市场透明度。为此，国际能源署设立了"国际石油市场情报系统"和"与石油公司协商机制"等数据采集渠道，定期搜集、研究成员国和石油公司的具体信息，并向成员国政府与公司发布相关数据。第四，通过能源技术研究委员会（Committee on Energy Research and Technology，CERT）下设的四个由成员国组成的专家组，鼓励清洁、高效能源技术的开发、改进与推广工作。第五，通过非成员国委员会（Committee on Non-Member Countries，CNMC），同中国、印度等非成员国加强能源对话及信息共享，也与欧佩克、东盟等

---

① Daniel Yergin, *The Prize*: *The Epic Quest for Oil*, *Money*, *and Power*, New York: Simon & Schuster, 1991, p. 630.
② 国际能源署网站: http://www.iea.org/Textbase/subjectqueries/keyresult.asp? KEYWORD_ID = 4103.

国际组织保持着密切交流与合作。

以国际能源署为载体的多边能源合作机制是美国巩固霸权的重要策略之一。通过国际能源署的全球能源治理，特别是从能源结构多元化、能源开发市场化、能源安全协同化的多个维度，美国加强了与西方盟国的能源政策协调与能源安全合作。战略石油储备制度和应急分享机制建立后，西方石油消费国有效应对了多次国际石油价格波动，减少了个别石油出口国任意使用"石油武器"的可能。

3. 强化国际能源投资与贸易合作

在第二次世界大战后，为了巩固全球霸权地位，美国构建了联合国、世界银行、国际货币基金组织、关贸总协定等一系列多边合作机制。由于中东、拉美等石油出口国的反对，原油并未纳入关贸总协定的调整范围。随着全球化的日益发展，能源投资与保护、能源产品与服务、能源技术与知识产权、能源利用与环境保护的联系日益紧密，地区经济一体化不断发展。为了巩固美国的能源霸权，美国在继续维持全球能源投资与贸易合作框架的同时，试图通过区域性能源投资与贸易合作框架来弥补和强化美国能源贸易的自由化。

在美洲地区，美国是北美自由贸易区（North American Free Trade Area，NAFTA）的倡导者，无论是经济实力还是政治影响，美国在贸易区的运行中占据绝对支配地位。《北美自由贸易协定》对三国能源领域的互补合作做出了具体的要求，协定第二部分关于货物贸易的规定中，专门以第六章对能源及其化工产品贸易进行了规定，除了少数限制条件外，禁止对向成员国出口的石油或石油产品出口实行数量限制、价格限制，禁止对其征收任何税收和费用，禁止向成员国的能源出口价格高于本国国内价格。[①] 从 NAFTA 能源条款可以看出，自贸区要求成员国政府不能干预能源价格，确保成员国的能源进口价格公平合理，确保成员国能源自由贸易。墨西哥和加拿大都是能源出口大国，该条款既能保证美国能够以"公平合理"的价格获得两国稳定的石油供应，也为墨西哥和加拿

---

① NAFTA，*North American Free Trade Agreement*，"Chapter Six: Energyand Basic Petrochemicals."

大石油出口找到了稳定的出口市场。[1] NAFTA 能源条款相互锁定能源供需关系，推动了自贸区能源贸易的发展，减少了美国对动荡不安的中东地区的石油依赖。从长远来看，北美三国能源市场的形成，提高了北美地区应对全球石油市场变化的相对独立性。[2]

在亚太地区，美国积极推动和参与构建了亚太经合组织（Asia-Pacific Economic Cooperation，APEC），这是一个通过非约束性承诺加强政府间对话与磋商的论坛，1996 年在东京成立亚太能源研究中心（APERC）执行能源合作事项的专门机构。在亚太经合组织框架下，各国通过能源部部长级会议和能源工作组（EWG）提出了关于能源发展趋势、能源节约、能源效率、能源技术、能源环境、能源数据等一系列能源合作倡议，在开展能源对话和技术交流、推动区域和全球能源贸易投资方面发挥着重要作用。[3] 由于亚太经合组织缺少稳定的能源合作机制，许多合作仅仅是达成了共识，还缺少落实共识的具体行动。在推动成员国深化能源合作的机制化和规范化建设上，目前这种目标设定、任务驱动的合作方式显得动力不足。

近年来，由于美国通过 WTO 扩展经济霸权的边际效益递减，美国开始推动《跨太平洋战略经济伙伴关系协定》（Trans-PacificPartnership，TPP）和《欧美跨大西洋贸易与投资伙伴协定》（TransatlanticTrade and Investment Partnership，TTIP）两个区域贸易协定的谈判，试图以环境、技术、知识产权等领域的高端合作来整合成员国的能源投资与贸易，达到削弱竞争对手和扩大自身利益的双重战略目标。

4. 推进国际清洁能源开发合作

加快清洁能源开发是美国维护能源安全、促进经济发展和应对气候变化的重要突破口。国际清洁能源市场潜力巨大，对于主导世界能源转型和重建美国经济优势具有不可估量的战略意义。2001 年《美国能源政策》第八章"加强全球联盟——强化国家能源安全和国际关系"中明确

---

[1] 李艳丽：《NAFTA 中的能源条款与美国石油安全》，《特区经济》2008 年第 1 期。
[2] 史丹：《中国能源安全的国际环境》，社会科学文献出版社，2012，第 7 页。
[3] 许勤华、王红军：《亚太经合组织多边能源合作与中国》，《现代国际关系》2009 年第 12 期。

指出,"通过与重点国家和机构在扩大全球能源供应来源和类型方面的合作,可以加强我们自己的能源安全,并分享全球经济繁荣的果实。我们还可以通过提高能源消费效率,提高能源市场的透明度及市场运行的有效性,强化自己应对石油供应中断的能力来推进这些目标的实现"[1]。为此,美国凭借技术优势和政治影响,积极推动和引导国际清洁能源合作,试图占领未来发展的制高点。推进国际清洁能源合作不仅是联邦政府的政策意愿,而且还明确写入了法律之中。《2005年能源政策法》(The Energy Policy Act 2005)在第九章第八节对加强西半球能源合作、美国与以色列的能源合作、国际能源培训等提出了许多具体措施。该法还在第十四章第二节对北美能源合作和综合性政策提出了系列建议,力争到2025年时实现美国、加拿大和墨西哥三国所在北美地区的能源自给自足。[2]

美国推动的国际清洁能源合作主要可以分为三类,一是美国国务院协调推动的与应对气候变化有关的能源对话与合作;二是由能源部、农业部、环保署、国际发展署等部门推动的能源效率和可再生能源技术合作;三是由能源部、商务部、财政部、贸易发展署等主导的,支持美国清洁能源产品和技术出口的贸易和投资项目。[3] 除了与以色列、加拿大、中国、印度、日本、韩国等重要国家加强双边能源合作之外,美国还发起了一系列清洁能源多边合作机制,加强了国际清洁能源领域的政策对话和科技交流。

亚太清洁发展与气候伙伴计划(Asia-Pacific Partnership on Clean Development and Climate,APP)是美国在2005年7月提出的多边合作计划,主要成员包括美国、中国、印度、日本、韩国和澳大利亚六国。与会各方成立了8个工作小组,将分别针对化石能源、可再生能源等8个领域制订具体的行动计划。此计划旨在整合各界力量,加强各国在能源效率、

---

[1] Report of the National Energy Policy Development Group, *National Energy Policy*: *NationalEnergy Policy*: *Reliable*, *Affordable*, *and Environmentally Sound Energy for America's Future*, May 2001. Chapter 8: Strengthening Global Alliances: Enhancing National Energy Security and Internaional Relationships, 8 – 4.

[2] *The Energy Policy Act of 2005* (Pub. L. 109 – 58), http://www.epa.gov/oust/fedlaws/publ_109 – 058.pdf

[3] 任洪涛:《美国政府在清洁能源领域的国际合作》,《全球科技经济瞭望》2012年第4期。

清洁煤炭、液化天然气等方面的合作,通过促进清洁能源开发和推广高效能源技术,共同应对气候变化和环境污染问题。①

主要经济体能源安全与气候变化会议(Major Economies Meeting on Energy Security and Climate Change)是2007年在美国总统布什倡议下发起的应对气候变化框架。美国邀请16个主要经济体以及联合国、欧盟、国际能源署参加,涵盖了全球主要经济体。该会议机制目的之一是立足于发达国家在能源效率和可再生能源等方面的技术、市场优势,主导未来经济发展;目的之二是试图以此绕开联合国气候变化谈判框架,另起炉灶,在不影响美国经济比较竞争优势的前提下,主导气候变化谈判进程。多年来,该会议机制虽然未取得实质性成果,但各方加强了气候变化政策对话,美国以此强化了积极参与气候变化谈判的政策立场。

2009年4月,美国时任总统奥巴马在第五届美洲国家首脑会议上提议成立美洲国家能源与气候伙伴计划(Energy and Climate Partnership of the Americas,ECPA),这是一个区域性清洁能源合作机制,成员包括美洲的主要国家及美洲国家组织。该计划旨在促进美洲国家范围内的清洁能源投资、能源技术研发和技术分享,重点推进可再生能源、清洁化石燃料、能源效率等领域的合作。为帮助美洲国家加快能源转型,美国还推动成立了由秘鲁、墨西哥、巴西、智利、萨尔瓦多等国分别领衔的能源效率、风能、生物质能、可再生能源、地热等清洁能源技术项目。②

清洁能源部部长级会议(Clean Energy Ministerial,CEM)是美国能源部在2010年倡议建立的高层次全球性合作机制。该机制包括了全球主要发达国家和发展中国家共23个国家及欧盟、国际能源署等国际组织,旨在促进能源开发与合作、推广清洁能源技术。清洁能源部部长级会议秘书处设在美国能源部,首届清洁能源部部长级会议于2010年7月在华盛顿举行,每年轮流在参与国召开,截至2017年6月已经举办了八届。

美国虽然主张与各国联合研发和分享清洁能源技术,但是也着眼于

---

① The Asia–Pacific Partnership on Clean Development and Climate,http://www.asiapacificpartnership.org/english/default.aspx.
② *Energy and Climate Partnership of the Americas*,http://www.ecpamericas.org/.

开发发展中国家的清洁能源市场潜力，致力于推销美国的清洁能源标准、技术、产品和服务，从而拉动美国的经济增长。例如，通过与中国和印度等传统石油进口大国的清洁能源合作，提高能源效率、扩大清洁能源消费比重，可以有效缓解能源进口的竞争压力。

二 中国参与多边能源合作机制的现状

对国际机制参与度和认同度是判断国家融入国际体系程度的重要指标。对于国际机制，中国经历了由体系反对者和局外者逐渐向体系维护者和局内者转变的过程。[①] 中国积极推动多边合作进程，作为维护国家利益和扩大国际影响的重要手段。在国际能源合作领域，随着国内改革和对外开放的不断深化，中国与国际社会的能源合作内容不断扩大，对象日益多元，方式逐渐多样。除了加强双边合作之外，中国开始重视全球性和区域性等多边能源合作机制参与和塑造。多边能源合作机制是全球能源治理的基本框架，是各国能源战略博弈的主要平台，体现了参与各方的共同利益，制定了共同认可和国际规则。

1. 中国参与多边能源合作机制的定位

中国对参与多边能源合作机制的定位经历了一个逐渐探索的过程，反映了中国对自身利益和全球化趋势的清晰把握，具体体现在以下四个方面。

第一，提升国际能源竞争力。在能源产业、能源贸易、技术研发等领域，中国能源企业长期滞后于国际同行。进入21世纪以来，虽然中国能源企业发展迅速，但是仍然还有很大的上升空间。能源国际合作不仅为中国能源企业带来了冲击与挑战，也为国际竞争力的提高提供了机遇和平台。通过国际组织和国际会议等能源治理机制，拓展能源投资与贸易领域的协作，寻求能源对话协商的新舞台和能源技术交流的新渠道，加快能源产业的发展和能源技术的研发，这是中国提升国际能源竞争力

[①] 门洪华：《国际机制与中国的战略选择》，《中国社会科学》2001年第2期。

的重要方式。

第二,建立国际能源共同体。在国际能源体系中,能源消费国之间、能源出口国之间、能源消费国与出口国之间存在错综复杂的矛盾,需要多边合作机制进行国际规制,从而缓解矛盾,化解冲突,协调行动。在全球化时代,经济上的相互依赖和风险上的跨国传导,形成了能源安全威胁的共同性和应对的协同性。一旦发生能源危机,任何国家都难以置身事外。各国亟待加强多边能源合作,通过对话与合作约束各国行为,调节能源利益分配,加强能源安全协同应对。根据综合安全、合作安全、共同安全、可持续安全的理念,中国树立了"互利合作、多元发展、协同保障"的新能源安全观。[1] 建立策略共商、项目共建、利益共享、风险共担的多层次国际能源共同体,进而实现能源、资本、产业、技术等领域的优势互补,建立国际能源共同体,这是落实中国构建利益共同体、命运共同体和责任共同体目标的重要领域。

第三,培育国际能源话语权。独立或联合地成功设置能源安全的国际议程,日益成为捍卫国家利益、保障能源安全的重要内容,而选择适当的进入渠道尤为重要。[2] 与国际能源组织的合作可以为我国提供一个多边能源外交平台,赢得广阔的能源合作空间,提升中国在世界能源市场的话语权和影响力。长期以来,国际能源价格、能源合作规则深受少数资源富国和西方大国的影响,在能源定价、经贸合作、议程设定和规则构建上拥有至高无上的权力。中国作为一个刚刚崛起的新兴市场国家,无论是在世界能源市场或国际能源组织上,正在经历一个渐进性的参与过程,缺乏国际能源话语权。中国要积极参与和构建能源治理机制,扩大和深化能源贸易、能源投资、能源安全、气候变化等领域的合作,力图在议程设定、规则设定上提出中国的立场和主张,进而改善自身形象,引导合作方向。

第四,构建国际能源新秩序。现有国际能源秩序属于不合理的国际旧秩序的一个重要组成部分。国际能源秩序大致经历了西方石油公司主

---

[1] 闫世刚、刘曙光:《新能源安全观下的中国能源外交》,《国际问题研究》2014年第2期。
[2] 韦进深:《中国能源安全国际议程设置路径探析》,《国际展望》2015年第4期。

导时期、西方消费国集团和石油生产国集团的双中心对峙时期、中心－外围多中心并起三个时期。目前的国际能源格局深陷能源霸权和能源主权利益的矛盾之中，在能源价格、能源金融、能源技术、能源投资上的冲突难以弥合。国际能源秩序是国际能源主体长期较量的结果，在现行国际能源秩序中，发展中国家与发达国家的地位和权力失衡，正在酝酿新一轮的调整。① 自20世纪70年代，中国就提出，建立国际政治经济新秩序、构建国际能源新秩序，既是对原有政治诉求的延续，也是加强全球能源治理的时代要求。联合广大发展中国家，推动能源出口国和消费国的积极对话，改变长期以来不合理的国际能源利益分配格局，推动国际能源合作向均衡、普惠、共赢方向发展，建立公正、合理的国际能源新秩序，这是中国参与能源治理机制的重要诉求。②

2. 中国参与多边能源合作机制的特点

作为一个发展中国家，基于自身经济发展水平和国际合作意愿，中国参与多边能源合作机制呈现以下四个特点。

第一，市场化与全球化的双重驱动。中国参与全球化的进程重新塑造了中国的身份与利益。中国国内改革的不断推进，为中国参与多边能源合作机制提供了基本动力，获取资金、技术成为中国参与全球化的初始动因。但随着20世纪90年代以来国内市场化程度和融入全球化程度的加深，尤其是中国加入世界贸易组织之后，中国的国家利益越来越离不开全球化进程。或者说，中国是全球化进程的重要受益者之一。在能源合作中，中国提出要把"引进来"与"走出去"相结合，充分利用"两种资源、两个市场"，已经基本形成了相互依存的能源关系。由此，中国参与多边能源合作机制的动因从改革开放初期单一的政策驱动转换为市场化与全球化为主的双重驱动。

第二，多元化与多层次的功能合作。多边能源合作的多元化既包括合作内容的多元化，也包括合作形式的多元化。从合作内容来看，中国参与的多边能源合作机制涵盖了石油、煤炭、天然气、核能、清洁能源

---

① 王海运、许勤华：《能源外交概论》，社会科学文献出版社，2012，第200页。
② 张妍：《推动建设和谐世界与完善国际能源秩序》，《外交评论》2007年第8期。

等多个能源种类；从合作形式而言，中国参与的多边能源合作机制基本涵盖了能源勘探、能源投资、能源贸易、能源运输、能源技术、能源环境、能源法律等多种能源合作形式。中国参与的多边能源合作机制既包括全球、区域和次区域等合作区域的多层次，也包括国际组织、非政府组织、各国政府、跨国公司等合作主体的多层次。

第三，对话型与协调型的组织偏好。从国际能源合作权利和义务的要求来看，大致可以分为两个大类四种类型：一类是协调型或对话型国际能源组织，另一类是同盟型与协作型国际能源组织。[1] 改革开放以来，中国陆续加入了国际能源论坛、世界石油大会等全球性、专门性国际能源组织，也积极参与了亚太经合组织、上海合作组织、东盟等区域性、综合性国际组织的能源合作。[2] 但是以上各种合作往往局限于政策对话、信息分享、技术研发等对话型与协调型的多边能源合作形式。由于某些国际能源组织的排他性，以及目前中国的身份和利益，中国还不能完全加入国际能源署等协作型和同盟型的多边能源合作机制，但也与其保持着密切接触，展开了一系列务实合作。[3]

第四，有效性与正义性的价值诉求。国际体系正在经历冷战结束以来最深刻的变革，超越以往权势变动的维度，迈向全新的国际秩序演进，而这为中国塑造国际新秩序提供了可能和空间。[4] 通过参与能源治理机制，中国有效拓展了能源战略与能源政策的国际空间，建立了全球化的资源配置体系和能源合作体系，扩大了全球能源合作中的影响力。目前，西方消费国集团和石油出口国集团在国际能源利益分配上矛盾尖锐，少数国家把能源作为政治工具，影响了全球能源市场的稳定。为此，加强能源合作，通过公平竞争和对话协商的方式，建立公正合理、协同保障的国际能源新秩序迫在眉睫。作为发展中国家和新兴市场国家的代表，中国在维护能源安全、促进经济发展的同时，积极倡导和推动建立自由竞争、稳定有序、互利共赢的国际能源新秩序可谓责无旁贷。

---

[1] 管清友、何帆：《中国的能源安全与国际能源合作》，《世界经济与政治》2007年第11期。
[2] 许勤华：《中国能源外交战略分析与思考》，《教学与研究》2008年第12期。
[3] 徐莹：《中国参与能源国际组织的现状及前景》，《现代国际关系》2010年第12期。
[4] 俞正梁、阚天舒：《体系转型和中国的战略空间》，《世界经济与政治》2006年第10期。

3. 中国参与多边能源合作机制的约束

在多边能源合作机制中，目前中国仅是国际能源署和能源宪章组织的观察员国，在世界能源理事会和国际能源论坛等国际能源组织中的合作仅限于人员互访、技术和信息交流；虽然来自中东、俄罗斯、中亚、东南亚等国油气逐年增加，但中国未能深度参与更加规范、有效的多边能源合作机制。中国对于多边能源合作机制的参与不仅取决于自身愿景，其参与深度、参与形式、参与效果还受到复杂因素的影响。

第一，合作观念的冲突。如何化解能源领域的摩擦与冲突，推进和深化能源领域的对话与合作，各国存在不同的合作观念，决定着多边能源合作的形成与发展。在现实主义国际关系理论大师汉斯·摩根索看来，国家安全绝对不能完全寄希望于国际合作。[1] 更有学者认为，能源冲突不可避免，而且还会引发战争。[2] 新自由制度主义者超越了现实主义者的悲观，各国在绝对收益的驱动下，可以通过权威性、制约性和关联性的国际制度降低交易成本，促成国际合作的形成与稳定。[3] 在能源安全问题上，新自由制度主义者认为，能源短缺未必导致冲突，而恰恰是能源冲突的可能推动了国际合作的产生。各国通过多边能源合作机制，可以充分缓和能源矛盾，有效化解能源冲突。[4] 虽然，以上两种能源合作观念只是理想类型的概括和划分，多数国家介于二者之间或者二者兼具，在能源领域的不同问题上呈现不同的观点。但是，对这两种观念的犹豫和疑虑，无疑会限制或削弱中国对多边能源合作机制的认知，阻碍或牵制中国对多边能源合作机制的参与。

第二，参与主体的矛盾。在国际能源合作中，参与主体的矛盾无处不在，分歧无时不有，战略互信的缺乏和战略利益的冲突难免会传导至能源领域，由此影响着多边能源合作机制的构建与运行。中日之间在历

---

[1] 关于汉斯·摩根索的现实主义观点，请参阅〔美〕汉斯·摩根索《国家间政治：寻求权力与和平的斗争》，徐昕、郝望、李保平译，北京大学出版社，2006。
[2] 〔美〕迈克尔·T. 克莱尔：《资源战争：全球冲突的新场景》，童新耕等译，上海译文出版社，2002，第25页。
[3] 秦亚青：《国际制度与国际合作：反思新自由制度主义》，《外交学院学报》1998年第1期。
[4] 孙霞：《关于能源安全合作的理论探索》，《社会科学》2008年第5期。

史恩怨、领土争端、战略趋向等方面的矛盾不仅影响着两国之间的经贸合作，也妨碍了东北亚能源合作的顺利进行。中俄之间在中亚能源合作问题上也存在不少分歧，这使得上海合作组织能源俱乐部建设进展缓慢。中印之间在印度洋问题上的纠葛使印度对中国提出的"一带一路"倡议持有疑虑，无疑也会对金砖国家深化能源合作带来一些负面影响。中美之间的结构性冲突，使得中国对加入美国主导的国际能源组织和能源对话议程充满警惕。此外，个别国家把能源作为影响、支配和控制他国外交或国际议程的重要工具，把能源问题泛政治化。①

第三，能源利益的竞争。国际关系中，各国能源资源、能源产业和能源技术是决定全球财富流向和权力分配格局的基础要素。以和平方式建立对世界能源资源的配置能力，保障经济发展、能源安全和气候变化的动态均衡，增强对世界能源市场的影响力和控制力。事实上，中国与能源消费国、能源进口国和能源过境国三者之间一系列错综复杂的能源冲突与竞争，影响着中国参与多边能源合作机制的进程和走向。中国与各国能源安全战略的交锋互动，成为决定多边能源合作机制有效运行的关键支点。

第四，制度层面的分歧。在参与多边能源合作机制的进程中，中国与相关利益方在制度层面的分歧，或者限制了能源合作机制的深化，或者妨碍着中国成员国身份的获取。在对话型和协调型的能源合作机制中，因其合作机制的基础条件和约束条件相对宽松，对权利和责任的要求具有非强制性。但同盟型和协作型的国际能源合作机制都要求签订能源合作协议和建立国际能源组织，并要求在共同行动时承担明确的责任和义务。例如在与国际能源署的合作中，中国作为发展中国家的身份导致自己无法加入西方国家为主的经济合作与发展组织，自然不能成为国际能源署的成员国。在金砖国家合作机制、上海合作组织中，成员国在能源合作组织性质、合作程序、争端解决等合作机制的设计上还存在制度层面的分歧。实际上，上述这些制度因素已经构成了中国参与多边合作机制的基本障碍，限制了合作内容的深化与拓展。

---

① 赵庆寺：《国际能源外交的经验与启示》，《阿拉伯世界研究》2010 年第 3 期。

三 多边能源合作机制与中美能源竞合

中美多边能源合作机制的密切互动，既受到中美战略矛盾的影响，也受到合作机制的约束。这是错综复杂的中美关系在能源领域的投射，也是中美能源竞争对多边合作机制的一种外溢。

1. 霸权国与崛起国的冲突

构建多边合作机制是美国霸权战略的重要内容，美国以此建立了政治、金融、贸易等领域的制度性霸权。[①] 为了应对欧佩克的石油垄断，美国推动西方石油消费国组建国际能源署，形成了同盟型多边能源合作机制，重建了美国能源霸权体系。[②] 从实力衡量，中国已经是国际体系中正在崛起的大国。正如学者所指出的，所谓崛起是一个大国综合国力快速上升并对世界力量、格局、秩序和行为准则产生重大影响的过程。[③] 为了维护全球霸权，处于守势的美国必然会与处于升势的中国在全球多个层面展开主导权之争，中美两大经济体的角色会不可避免地导致多个领域的摩擦与冲突。中国崛起的发展态势势必投射到多边能源合作领域，改变相关各方的实力比对，引发国际能源格局的变动。同时，经济全球化加快了中国能源利益的全球化，中国参与多边能源合作机制的重要诉求是建立全球化的能源配置体系，进而提高全球能源治理的参与度和领导力。中国崛起对美国主导的国际能源安全机制构成了前所未有的冲击，中国、印度等能源消费和进口增长迅速的新兴市场国家不是国际能源署成员，一旦发生全球供应中断，不用承担强制性战略石油储备义务的中国不但会搭便车，而且还会使西方国家战略石油储备的释放效果大打折扣；同时，能源消费需求巨大的中国也为美国无法控制甚至与美国对抗的国际能源组织提供了石油出口对象的替代选择，中美两国与欧佩克事

[①] 门洪华:《霸权之翼：美国国际制度战略》，北京大学出版社，2005，第171~219页。
[②] 赵庆寺:《美国石油安全体系与外交 1941~1981》，上海人民出版社，2009，第183~187页。
[③] 阎学通等:《中国崛起：国际环境评估》，天津人民出版社，1998，第173页。

实上形成了一种能源大三角关系。由于美国减少了来自中东的石油进口，沙特阿拉伯等欧佩克国家不断扩大对中国的能源出口，能源合作从贸易向投资拓展。中国是否参与或如何参与各种多边能源合作机制，事实上构成了美国维护能源霸权体系需要认真对待的问题。

2. 遏制与依存的矛盾

无论是在国际体系中还是在力量交汇的东亚地区，中美两国都有着深刻的战略性、结构性矛盾，矛盾的性质决定了其影响的传导性和渗透性，自然会延伸至能源安全领域。目前中国在能源领域遇到的地缘政治风险主要源自美国在能源资源富集区推行的霸权主义，并严重威胁我国海上石油进口通道安全。美国把中国看作全球能源地缘政治格局中一支迅速上升的力量，试图进行制约与遏制。[1] 多边能源合作机制是美国维护全球霸权的重要工具之一。从自身利益出发，美国既可以掌控多边能源合作机制的进程，也可以主导某些多边能源合作机制的方向。中国所在亚太地区是大国利益与战略博弈的交汇区，能源竞争又和复杂的战略博弈结合在一起。国际关系中的结构性冲突，容易导致中美彼此在战略选择上陷入能源安全困境的可能。通过多边能源合作机制，限制中国能源势力的扩张，无疑是美国遏制中国的重要途径之一。在多边能源合作机制之中，中国需要在能源发展和气候变化领域承担一定的责任和义务，而这为美国遏制中国提供了合法化的借口。但是国际能源市场一体化使得能源安全成为全球化问题，一旦发生国际油价的暴涨暴跌，任何国家都难以置身事外。如果没有全球能源消费、能源生产和能源进口大国中国的加入，任何所谓全球能源治理机制的实践成效都将大打折扣。此外，中美经济贸易关系的结合度和关联度不断上升，国际石油危机的传导机制使得各国一损俱损，一荣俱荣。实际上，能源安全全球化趋势使得美国通过多边能源合作机制遏制中国的成本不断上升。中美在能源领域形成了一定程度的相互依存，美国不能不投鼠忌器。

3. 规制与反规制的较量

美国试图通过多边能源合作机制规制中国能源外交，要求中国避免

---

[1] 杨毅主编《中国国家安全战略构想》，时事出版社，2009，第327页。

与个别能源生产国,尤其是美国敌对的国家展开战略性能源合作。美国希望中国等新兴国家尽快加入美国主导的国际能源署。缺少新兴国家的加入,国际能源署在全球能源治理上不仅面临缺乏效率和效力的困境,也面临合法性和权威性不足的挑战。近年来,美国推动两个隔离中国的贸易合作机制 TPP 和 TTIP,强化自由贸易合作。如此一来,未能加入的中国势必会遭受"贸易转移"效应。作为重要的能源大国,中国长期游离于世界最重要的国际能源组织之外,既不利于国际能源安全机制的有效运行,也不符合中国能源大国和政治大国的身份。[1] 在此背景之下,加强多边能源合作机制的存量改革和增量建设,构成了中国重建国际能源新秩序的两种可能路径。中国既与美国主导的国际能源署保持密切接触,寻求符合中国身份与利益的合作路径;同时,中国也与美国无法主导的欧佩克等多边能源合作机制积极对话,并尝试构建新领域、新形式、新功能的多边能源合作机制,寻求制约美国能源霸权的博弈空间。上海合作组织是中国、俄罗斯和中亚各国一起建立的地区性国际组织。[2] 上海合作组织的合作领域从军事安全领域向经济文化领域溢出,成员国已经就深化能源俱乐部合作达成共识。中国还推动了金砖国家开发银行(NDB)、亚洲基础设施投资银行(AIIB)等机制,作为中国强化能源投资、推动地区发展的重要平台,以此把周边区域和金砖国家合作机制作为维护国家能源安全的战略依托。从能源权力的结构来看,上述合作机制对美国的制度性霸权形成了一种分庭抗礼之势。

4. 共生与协同的趋势

能源安全领域的共生关系决定了政策联动的协同效应。能源安全既具有传统安全的对抗性特点,也具有非传统安全的合作性需求;前者更多地呈现了零和博弈的特点,而后者体现了共建共享的理念。多边能源合作机制为中美能源战略和能源政策的对话与认同提供了平台,不仅有助于彼此战略意图的认知,而且也有助于彼此战略布局的谅解,而这对于弥合分歧和良性互动提供了规范化的多边外交舞台。从能源博弈的角

---

[1] 管清友、何帆:《中国的能源安全与国际能源合作》,《世界经济与政治》2007 年第 11 期。
[2] 姜宅九:《中国地区多边安全合作的动因》,《国际政治科学》2006 年第 1 期。

度来看，多边能源合作机制约束了中美互信背叛的投机主义倾向。多边能源合作机制是协调各国能源政策、监督各国能源行动的重要保障，中美要推动现有合作形式从松散的对话尽快完成制度化的转型。就资源获取而言，中美之间的确存在进口来源和进口方向基本重叠的结构性矛盾。[1] 但在清洁能源研发和应对气候变化等非传统安全方面，中美还存在可以深入挖掘的合作潜力与合作空间。作为世界最大的两个经济体，中美经济关系深度融合，能源关系高度共生，需要通过多边能源合作机制，在能源投资保护、清洁能源开发、战略石油储备建设等方面加强互利合作与协同保障。目前，多边能源合作机制或者嵌入全球合作机制之中，或者单独成为专业性的能源合作机制。探索恰当的参与路径与合作方式，是中美在多边能源合作机制下实现共赢性博弈的战略选择。中美在多边能源合作机制下的互动，正从全球和区域两个层次有序展开。在全球多边能源合作机制下，中美能源协作的广度与深度在一定程度上决定着全球能源治理的状态与效率。而从区域层次来看，中国周边多为能源富集国家，遍布能源战略通道，与大国战略博弈紧密结合在一起，成为中国维护能源安全的战略依托。加强中美在区域多边能源合作机制下的良性互动，实现中美能源共赢性博弈的基本路径。简而言之，通过多边能源合作机制的升级，弥补中国维护能源安全的结构性缺失，不仅可以加强能源合作的制度化，而且还为规制中美能源博弈提供了一个组织化的渠道。

四 中国优化多边能源合作机制的路径

作为全球能源格局中举足轻重的能源大国，中国在全球能源治理中扮演着越来越重要的角色，积极融入和参与多边能源合作机制可以说是大势所趋。对于许多国际能源组织来说，没有能源大国中国的参与，其合法性和有效性显然不足。但是，中国采取怎样的方式融入多边能源合

---

[1] 吴磊：《能源安全与中美关系》，中国社会科学出版社，2009，第195页。

作进程,不仅事关中国的和平发展进程,也影响着国际能源格局的稳定。目前,在国际社会的多边能源合作格局中,我国参与国际能源合作机制的广泛性、有效性还需要进一步提高。因此,中国需要立足自身国情,选择适当策略,积极参与全球能源治理,逐步形成全方位、宽领域、深层次、高水平的国际能源合作格局。

1. 渐进融入与适度构建的合理定位

对于多边能源合作机制,中国经过了一个从排斥到认同、从参与到构建的渐进式过程。自20世纪70年代,中国就加入了联合国环境署、联合国气候变化框架公约等机构所涉及的能源活动。改革开放后,中国又陆续加入了世界能源理事会、世界石油大会等专门性的非政府能源组织,积极参与了亚太经济合作组织能源工作组等区域多边能源合作,并与国际能源署等组织开启了实质性的合作进程。由于各国能源合作定位的差异性,无法建设一种约束较强的合作机制。在此情况下,主张合作与对话的透明、开放和非排他性,构建能源发展伙伴而非政治同盟便是一种务实的选择。但是,现有能源合作组织既不能覆盖与中国能源利益密切相关的周边区域,也不能真正体现中国的利益诉求,进而有效提高中国参与全球能源治理的话语权。为此,中国需要通过机制改良或另起炉灶的方式扩大全球能源合作的范围和深度。对于多边能源合作机制,选择渐进式参与还是制度构建,其实体现了中国能源外交的一种平衡和稳健。中国不谋求以激进方式打破现有的国际能源秩序,而是通过尽可能融入现有合作机制的方式,推动国际能源秩序的改革。①

目前国际能源格局呈现供需区域化、板块化的基本格局,我国的能源供应更多地来自俄罗斯及中东、中亚和非洲等区域。在东北亚、东南亚、中亚、南亚等多边能源合作不足的区域,中国应该积极推动相关各方,探索构建多边能源合作机制的具体形式和可能路径,为各国能源发展与安全提供稳定有序的合作平台。对于尚未参与的多边能源合作机制,需要寻找的适当的合作方式与合作路径。由于政治身份、会员资格、工业冲击等原因,以及加入对我国能源工业体系和运行机制独立性的冲击,

---

① 管清友、何帆:《中国的能源安全与国际能源合作》,《世界经济与政治》2007年第11期。

我国暂不能加入国际能源署。但我国依然应该继续加强沟通与交流，特别是在能源政策互评、石油应急机制、能源市场监测、新能源开发和能源效率分析等领域的合作。能源宪章在能源投资保护、能源自由贸易的规则具有广泛的国际影响力，特别是在能源投资争端解决和跨境油气运输保护方面独树一帜，我国加入该组织不存在根本性的制度障碍，总体来看弊大于利。① 2015年5月，中国签署了《国际能源宪章宣言》，可以与成员国一起推动《能源宪章条约》的修改与完善。在区域层次上，对于已加入的国际组织，我国还应挖掘构建多边能源合作机制的潜力。一是利用上海合作组织扩容的机遇，进一步深化上海合作组织能源俱乐部的合作机制与形式。二是要积极参与并谋求主导中亚区域经济合作机制（CAREC），探索与中亚国家强化次区域能源合作的多种途径。三是积极参与"东盟10＋3"框架下的能源合作，为亚太能源合作奠定良好的制度基础。四是深化金砖国家能源合作机制，扩大在全球能源治理中的影响力。② 目前，中国领衔推动了金砖国家银行、亚洲基础设施投资银行的组建，签订了实质性的法律协议，这为提高中国全球能源治理领导力提供了很好的平台。

2. 权力因素与制度因素的双重借重

在多边能源合作机制的舞台上，大国能源外交纵横捭阖，小国能源外交多方借重，形成一个复杂的能源外交网络。多边主义是三个以上行为主体在国际事务中的协调与合作，它既是一种对规则和制度的现实安排，也是一种对国际规则和制度的信仰。③ 多边主义的实现依赖于共有价值的分享，但也难以避免现实主义因素的影响。国际政治无法隔离权力因素的影响，但权力因素更需要制度因素进行约束和规范，为多边能源合作的制度化奠定基础。反之，制度因素的初始构建和良好运行，同样也离不开权力因素的推动和支持，为多边能源合作的有效运行提供保障。

---

① 国家发展和改革委员会能源研究所、英国帝国理工大学葛量洪研究所：《全球能源治理改革与中国的参与》征求意见稿，2014年11月，http://www.eri.org.cn/uploadfile/Consultation%20report%20（CN）.pdf。

② 赵庆寺：《金砖国家能源合作的问题与路径》，《国际问题研究》2013年第5期。

③ 秦亚青：《多边主义研究：理论与方法》，《世界经济与政治》2001年第10期。

多边能源合作提供了确定规则、形成共识的磋商平台,但实质性的合作离不开大国之间的协调,离开了主要大国的参与可能无所作为。正如学者所论,在能源这样一个重要且异常复杂的问题上,大国也许会比其他行为体具有更加有效的解决问题的能力,大国领导人比其他国家在发挥全球政治领导力方面有更多的潜力。[1] 因此,"中国仍要坚定不移地发展均衡和非对抗性的大国关系,通过稳定的多边关系为中国崛起筑起有利的战略态势和安全缓解"。[2]

为此,依托权力因素和制度因素的彼此制约和良性互动,中国可以在多边能源合作机制的议程创设和实践绩效上寻找到更广阔的回旋空间。就此而言,中国需要推动相关各国定期就某些重大国际问题进行对话和协商,协调谈判立场和行动策略,不排斥与世界各国和国际组织的合作,扩大与重要能源伙伴的对话空间与合作范围,希望通过彼此兼容和相互促进的合作寻求能源利益的交汇点。同时,中国应该立足解决当前最紧迫的能源问题,同时从全局出发完善国际能源合作的顶层设计和总体规划,明确提出能源合作的总体方案、路线图、时间表。G20 为中国平等参与全球经济治理提供了相对有利的组织形式,并且在国际能源组织中发挥着组织协调作用,有望成为全球能源治理的核心机制。[3] 中国可以抓住 2016 年 G20 轮值主席的机遇,研究和呼吁加强 G20 全球能源治理顶层设计和长远规划,主动塑造 G20 全球能源治理的议程设置。在国际能源合作机制中,中国要主动提出对我有利的议题,积极参与对我有益的议题,妥善应对自身弱势的议题。为避免多边能源合作流于空谈和泛化,应切实推进合作机制的规范性与实效性,尽可能推动多边能源合作机制由松散的论坛形式向紧密的制度化机制转变,从被动应对能源安全的危机治理,转向主动塑造能源安全的常态治理。

3. 政府主导与社会参与的优势整合

在多边能源合作机制中,政府主导与社会参与相辅相成,各具特色,

---

[1] Dries Lesage, Thijs Van de Graaf and Kirsten Westphal, ed., *Global Energy Governance in a Multipolar World*, Ashgate, 2010, p. 8.
[2] 杨毅主编《中国国家安全战略构想》,时事出版社,2009,第 189 页。
[3] Thijs Van de Graaf、Kirsten Westphal, The G8 and G20 as Global Steering Committees for Energy: Opportunities and Constraints. *Global Policy*, Vol. 2, September 2011, pp. 19 – 30.

应该加强优势整合，形成合力。政府主导为国际能源合作提供了规划、重点与方向。2014年11月，国务院发布了《能源发展战略行动计划（2014~2020年）》，提出了"四个革命、一个合作"战略思想，在顶层设计上为我国能源发展提出了时间表和路线图。此外，能源外交已经融入了我国的经济外交、多边外交、周边外交、峰会外交和首脑外交等多种外交形式和渠道之中，为我国能源企业的"走出去"提供了充分政治保障和经济支持。

但需要指出的是，国际社会中环境、气候等与能源利用息息相关的非政府组织和新社会运动方兴未艾，影响日益扩大。从中国参与多边能源合作机制的进程来看，无论是在政府间国际能源组织的能源合作中，还是非政府能源组织的能源对话中，拥有权威资源的政府发挥了至关重要的推动作用，但是社会参与的广度和力度、民营企业在国内外油气开发中的地位和作用等还有很大的提高空间。随着中国市场经济的迅猛发展，各类民营能源企业的规模不断壮大，社会环保意识不断增强，这为扩大多边能源合作机制的社会参与奠定了良好基础。在2014年中国海外能源并购中，"三桶油"海外项目收购金额不足30亿美元，同比下降90%，而民营企业的海外投资油气规模迅速攀升，已经超过了22亿美元。[1] 需要注意的是，环境保护与气候变化领域的非政府组织多与能源利用和能源开发有着千丝万缕的联系，不仅数量众多，而且在信息沟通、舆论导向甚至影响决策方面发挥着独特的作用。其中，较为活跃的有绿色和平组织（Green Peace）、世界自然基金会（WWF）、地球之友（FOEI）、世界自然保护联盟（IUCN）、气候行动网络（CNN）等。一般而言，主权国家存在难以克服的有限理性，任何一个主权国家的治理能力都不足以解决全球性公共问题，况且追求自身利益最大化的主权国家还存在制造或加剧公害问题的恶意行为。[2] 非政府组织提出的主张和采取的行动，一方面弥补了主权国家在全球能源治理的不足；另一方面也纠

---

[1] 钱兴坤、姜学峰主编《2014年国内外油气行业发展报告》，石油工业出版社，2015，第13页。
[2] 杨洁勉主编《国际体系转型和多边国际组织发展》，时事出版社，2007，第189~190页。

正了政府行为造成的偏差，在全球能源治理中发挥着越来越重要的作用。需要注意的是，部分非政府组织深受利益集团的影响，而且还受到知识和认知的局限，态度难以客观，行为容易偏激。① 中国亟待培育广泛认同中国立场的非政府组织，利用多边能源合作平台，扩大与国际非政府组织的合作交流，增信释疑，凝聚共识，可以为中国参与全球能源治理提供广泛多元的交流渠道和客观友善的舆论环境。

4. 利益诉求与责任意识的综合考量

通过多边能源合作机制，中国与各国加强了能源政策对话、联合技术研发和能源数据共享等领域的务实合作，并在扩大能源贸易、促进新能源与可再生能源开发等方面取得了不菲的成绩。② 经过初期的基础性参与之后，中国需要从两个方面进行利益的调整，一是兼顾他方利益，在勘探开发中充分尊重资源国的主权诉求，不试图谋求对资源的绝对控制权；二是评估自身利益，更多地考虑国际能源合作的绩效问题，对合作进程中的收益与成本的均衡、权利与义务的平衡进行评估和反馈，以便及时调整政策。

毋庸置疑，利益诉求仍然是我国国际能源战略的长期目标，但在实现利益诉求的同时，还需要提高责任意识，主动承担力所能及的国际责任。承当国际责任的维度可以分为内外两个方面入手，其一，尽快完成国内能源转型。鉴于中国的发展规模和能源消费状况，尽快实现能源转型，构建安全、稳定、经济、清洁的现代能源产业体系，即是对国际社会的最大贡献。其二，积极参与全球能源治理。中国的能源消费、能源进口和温室气体排放位居世界前列，可以在推动节能减排和加快能源转型中起到引领作用；中国能源投资、能源产业、能源技术、能源装备已经达到了较高的水平，可以在全球能源贸易与投资中发挥重要作用；通过多边能源合作机制，中国可以推动相关各方加强宏观市场调控、基础设施投资、联合技术研发、保护战略通道等方面的合作。在周边战略中，我国提出了"丝绸之路经济带"和"21世纪海上丝绸之路"建设的"一

---

① 陈宝明：《气候外交》，立信会计出版社，2011，第217页。
② 余建华等：《世界能源政治与中国国际能源合作》，长春出版社，2011，第298~302页。

带一路"倡议。目前，整合与完善区域内的多边能源合作机制，与区域内各国共同推进"一带一路"区域的石油、电力、煤炭、新能源、能源装备制造等领域国际能源合作，这是我国提升全球能源治理领导力的重要机遇。

本章小结

在中美多边能源合作中，参与博弈各方的主体数量、博弈能力、关系结构决定了不同层次博弈的难度与优势，以及构建合作机制的深度、广度与难度。在多边能源合作领域，既不像双边合作信息通畅，也不像区域合作连接因素较多，给予特定互惠的优势并不明显，预防搭便车、防范背叛常常成为阻碍多边合作的难题，博弈成功的难度系数大大增加。但多边合作的优势在于其他合作所不具备的规模效益，多边合作机制一旦形成，不仅可以充分覆盖更多的区域，而且可以充分提高能源合作规范的统一性和稳定性。为此，中美两国普遍致力于扩大和深化多边能源合作进程，以期为中美能源博弈提供效益更佳的有效路径。无论何种博弈类型，多边能源合作机制一旦建立，就会成为各国国家利益的一部分。参与各方明白，一旦多边合作机制被破坏，背叛成本会高于遵守收益，而且重建成本也过于高昂。从理论上讲，互惠原则是各方博弈能否成功以及机制能否构建的重要条件，多边能源机制强化了互惠并使得互惠制度化，使得背叛或欺诈丧失了合法性。同时，要想在多边能源合作中满足有效互惠，必须建立维持互惠制度的专门机构，从而识别背叛者和减少报复的成本。这种期望多边能源合作机制长期稳定的预期，事实上改变了参与各方的行为动机，也限制了参与各方的行动选择。也就是说，国际能源合作会成功塑造中美两国的能源利益和博弈策略。

第七章 中美能源安全观念的分歧与差异

由于能源资源独特的战略价值，能源安全被提升到国家安全和外交方略的高度。中美两国都具有较高的油气对外依存度，能源安全在中美国家战略中的地位不断凸显。由于能源安全观的分歧，中美能源安全战略自然存在比较大的差异。正是由于这些分歧与差异，导致了中美能源安全关系中的冲突与摩擦。

一 中美在能源安全上的观念分歧

1. 确保能源安全的经典模式

传统能源安全观是以国家为中心，以供应为基石，主要聚焦于石油，而且倾向于自给自足。① 丹尼尔·耶金对能源安全的定义是："保证价格合理、充足、可靠的能源供应而不危及国家的重要价值目标。"② 由于能源安全观的不同，确保能源安全的措施也截然不同。如同国际政治学现实主义和自由主义的分野，确保能源安全的基本方法有二，即市场分析方法和地缘政治方法。市场分析法的观点是全球

---

① Paul B. Stares, "Introduction and overview," in Paul B. Stares. ed., *Rethinking EnergySecurity in East Asia*, Tokyo: Japan Center for International Exchange, 2000, p. 22.; and EdwardR. Fried and PhilipH. Trezise, *Oil Security: Retrospect and Prospect*, Washington, DC: Brookings Institution, 1993, p. 1.

② Daniel Yergin, "Energy Security in the 1990s," *Foreign Affairs*, Vol. 67, No. 1, Fall1988, p. 11.

石油市场下，石油从战略商品变成了普通商品，任何地方都可以买得到。由于全球石油市场的调节机制，1950年以来重大石油危机时间不会太长，石油损失数量不会太多。地缘政治方法立足于现实主义和权力政治，强调能源的战略意义和战略手段。[1] 英国邓迪大学能源、石油和矿业法律与政策研究中心前主任、资深国际能源安全问题和中国能源战略研究专家菲利普·安德鲁斯－斯皮德（Philip Andrews-Speed）教授等主编的《中国能源需求的战略性影响》把确保能源安全的措施细分为战略性措施与市场性措施，具体内容见表格。[2] 在中国如何确保能源安全的争论中形成了两种典型模式，其一，分析者认为中国作为崛起的容易卷入冲突的修正主义国家，中国的石油需求会使自己采取不稳定的政策。这种可能性包括建设海军保卫南海和东海潜在能源来源地，与同美国为敌的国家用武器换石油。[3] 其二，分析者认为中国会成为一个仁慈的保持现状的大国，认为中国对外国石油的依赖会促使深度融入国际体系。这种预计包括中国从远距离运回资源的睦邻政策，形成了与其他石油出口国在波斯湾石油的自由流动和美国对海上运输线的保护上的共同利益。[4] 在学术讨论中，中国确保能源安全战略选择被分为两种截然相反的模式：前者预计中国会用潜在的导致不稳定的方式削弱对市场的依赖，后者预计中国会深度整合进全球能源市场。[5]

---

[1] Yuji Nakamura, The Historical Flow of Black Gold: Two Approaches to Energy Security, *International Policy Studies*, IIPS Policy Paper 282E, January 2002, pp. 12 – 17.

[2] Philip Andrews-Speed, Xuanli Liao, Roland Dannreuthe, *The Strategic Implications of China's Energy Needs*, *Adelphi Papers*, New York: Oxford University Press, 2002, pp. 16 – 17.

[3] Kent Calder, "Asia's empty gas tank," *Foreign Affairs*, Vol. 75, No. 2, March/April 1996, pp. 55 – 69; Mamdouh G. Salameh, "China, Oil and the Risk of Regional Con?ict," *Survival*, Vol. 37, No. 4, Winter 1995 – 1996, pp. 133 – 146.

[4] Robert A. Manning, *The Asian Energy Factor*, New York: Palgrave, 2000; Daniel Yergin, Dennis Eklof and Jefferson Edwards, "Fueling Asia's Recovery," *ForeignAffairs*, Vol. 77, No. 2, March/April 1998, pp. 34 – 50.

[5] Erica S. Downs, The Chinese Energy Security Debate, *The China Quarterly*, 2004, p. 21.

表 7-1 能源消费国的能源安全战略类型

	战略性措施	市场性措施
经济措施 （供给侧）	国家石油公司的控制， 自给自足， 投资国内外生产和运输。	采取以下能源市场自由化措施： 融入国际市场， 鼓励国内外企业在生产和运输领域投资。
经济措施 （需求侧）	运用行政措施达到： 提高能源利用效率， 调整交通运输政策， 运输燃料的多元化。	运用市场措施达到： 提高能源利用效率， 调整交通运输政策， 运输燃料的多元化。
政治措施	增强与能源出口国的政治联系， 在能源出口国投资并提供援助。	提高国际能源市场的运行效率。
应急措施	战略储备， 石油分享， 应急反应， 燃料转换， 迅速增产。	

资料来源：Philip Andrews-Speed, Xuanli Liao, Roland Dannreuthe, *The Strategic Implications of China's Energy Needs*, Adelphi Papers, New York: Oxford University Press, 2002, pp. 16 – 17.

2. 能源安全观的思维差异

中美这两个能源消费大国坚持怎样的能源安全观，是以零和博弈的遏制思维进行恶性竞争，还是以务实合作的包容心态实现互利互赢？这个问题的处理将主要取决于两国的思维方式和观念。[1]

进入 21 世纪以来，为了寻求稳定的石油供给来源和实现石油进口多元化，中国多家石油公司陆续进入中东、非洲和拉美等地区勘探和开采石油，这引发了美国的警惕和忧虑。[2] 中国和印度等新兴经济体，因为经济快速发展带来的能源需求不断上升和石油进口持续增加，被抹黑为"能源饿龙"和"能源黑洞"，被指责为全球油价飙升的罪魁祸首。[3]

中美有共同的能源安全需要，两国在能源领域存在着巨大的合作空间，但两国在能源政策理念、能源安全手段、能源外交方式等方面存在较大分歧。而正是因为安全观念的差异，是导致中美双方不信任的根源。

---

[1] 赵宏图：《关于中美能源合作的几点思考》，《现代国际关系》2006 年第 1 期。
[2] Ian Bremmer, "The Dragon Awakes," *The National Interest*, Summer 2005, pp. 128 – 134.
[3] 王鸿刚：《石油代言权力和道义，中国能源战略将受更多关注》，《中国石油石化》2006 年第 16 期。

伊拉克战争、中海油并购案等事件显示了两国在石油安全问题上的尖锐分歧,增加了中美两方的受威胁感和不信任感。[1] 美国认为中国的能源安全政策具有明显的"重商主义"心态,采取的是"战略性"或"现实主义"范式;美国却把自己的能源政策看成是主要依靠全球市场来保证其能源供应安全的"市场化"或"自由主义范式"。两国之间在能源安全观和能源安全政策上即使不是相反,至少也是貌合神离的。这会造成中美在能源问题上的有效对话与合作更加困难和艰巨复杂。[2] 我国学者认为,中美石油安全观和石油安全战略实质的确存在比较大的差异。美国信奉"自我安全"的绝对安全观,石油安全战略的实质是建立在"霸权稳定"论理论基础之上的霸权战略;而中国的石油安全观是"集体安全"式的相对安全观,是以"和平发展论"理论基础之上的合作共赢战略。[3]

长期以来,中美之间一直缺乏战略互信,即使在具体领域的合作如火如荼并逐渐走向稳定和成熟,但彼此对对方战略意图仍存在深深的疑虑并日趋上升。[4] 美国布鲁金斯学会约翰·桑顿中国中心主任李侃如(Ken Lieberthal)和美国国家亚洲研究局(National Bureau of Asian Research)米克尔·赫伯格(Mikkal Herberg)在《中国寻求能源安全和对美国政策的意涵》中指出,"如果中美之间能在能源问题上建立合作,而不是像现在这样越来越不信任,互相猜疑和竞争,则两国都能从中获益"[5]。

3. 能源安全观的现实主义视角

在能源安全理论上,多数学者认同现实主义的分析路径,认为石油不仅是一种满足经济需求的商品,也是一种获取政治权力的工具。谁控

---

[1] 潘锐、周云亨:《从石油安全视角考察中美石油竞争关系》,《世界经济研究》2010年第1期。
[2] 吴磊:《能源安全与中美关系》,中国社会科学出版社,2009,第205~206页。
[3] 曾中林、舒先林:《中美石油安全互动与对外战略比较》,《西安石油大学学报》2007年第2期。
[4] Kenneth Lieberthal and David Sandalow, *Overcoming Obstacles to U. S. - China Cooperation on Climate Change*, Washington: the Brookings Institution, January 2009.
[5] Kenneth Lieberthal, Mikkal Herberg, *China's Search for Energy Security: Implications for U. S. Policy*, National Bureau of Asian Research, Vol. 17, No1, April 2006, p. 8.

制了世界的石油资源、战略通道、先进技术和市场价格，谁就控制了世界经济的核心命脉，进而获得了可以施压竞争对手、约束盟国的最佳手段。

在现实主义者看来，国家是石油安全的主体，进口国的石油安全一方面源自本国石油需求的对外依存度，另一方面也离不开本国保障能源进口的军事和外交能力。[①] 在这种思维逻辑指导下，现实主义者更侧重于从地缘政治的视角来分析彼此的石油安全战略与外交，而相对忽视了全球石油市场在确保石油安全上的调节作用。[②] 在现实主义者眼里，百年来围绕世界能源资源的冲突和较量此起彼伏，当下围绕全球能源资源的博弈和争夺愈演愈烈，能源消费大国会采取各种手段，甚至不惜动用武力来争夺和控制油气资源。[③]

从现实主义视角来看，难免会得出中国强势崛起客观上对美国霸权构成直接挑战的结论，而战略守成的美国自然不会坐等权力转移的完成，势必会利用中国地缘政治暴露出来的风险，以"离岸平衡手"的角色在中国周边投棋布子，削弱中国的能源安全，牵制中国的崛起。基于这样的现实主义视角，同为石油进口大国的中美在国际能源贸易上呈现零和博弈的格局，两国能源关系具有难以弥合的竞争性。[④] 中国为实现能源安全所开展的海外投资虽然可以实现供应来源多样化，但无法改变其能源供应在美国霸权面前的脆弱性。中美在能源安全能力上的非对称性，不但增加了美国利用非对称性中的优势地位影响中国外交政策的可能，也导致中国对美国可能利用能源资源获取、能源战略通道和能源技术来遏制中国的担忧。

作为石油消费大国和石油进口大国，确保石油的充足、廉价、稳定和可靠已经成为中国经济繁荣与发展的重要瓶颈之一。目前，中国能源

---

① 张文木：《中国能源安全与政策选择》，《世界经济与政治》2003年第5期。
② 〔法〕菲利普·赛比耶-洛佩兹：《石油地缘政治》，潘革平译，社会科学文献出版社，2008，第13页。
③ 舒先林：《中美石油安全态势与环境比较分析》，《国际石油经济》2010年第10期。
④ MichaelT. Klare, "Sino-American Energy Competition", Survival, Vo.l 50, No.4, 2008, pp. 68 – 74.

不安全是国内供给不足和国外获取风险并存,既来自全球能源供应中断的危险,也来自美国利用能源因素遏制中国的可能。有鉴于此,中国认为单纯依靠市场调节存在极大的战略风险,任何地区的能源地缘政治动荡都会带来世界石油价格的剧烈波动或供应短缺,时常使得中国的经济繁荣与发展暴露在不可预测的风险之中。① 由于中国的石油进口主要依赖海上战略通道,在美国对世界海上战略通道具有绝对控制权的情况下,学者对美国对华实行海上石油封锁可能的担心不无道理。②

从历史来看,美国多次利用石油打击对手,而且有过对中国的封锁和禁运;从现实来看,美国不断加强全球石油控制,阻挠中国获取海外石油的努力,特别是中美海军力量对比悬殊、美国在亚太地区的军事存在、试图控制马六甲海峡的意图、大举介入台海冲突的可能等因素,中国对美国以能源为手段遏制中国崛起的忧虑也不无道理。近年来,美国在反恐的名义下先后发动了阿富汗和伊拉克战争,加强了对中亚的渗透和对中东的控制;美国提出了亚太再平衡战略,推动战略重心往亚太地区的战略转移,加强了北印度洋和西太平洋的兵力布置和军事活动,美国对中国周边的投棋布子的系列行动,不得不使中国感受到周边来自美国的军事压力,中国的能源不安全感日益加剧。

中国学者指出,美国对华能源政策坚持"融合接触"与"防范遏制"的软硬两手。一方面,美国希望把中国纳入美国主导下的国际能源体系,要求中国在维持能源价格稳定、温室气体减排、地缘政治冲突等方面发挥积极作用;另一方面,美国不时炒作"中国能源威胁论"、重商主义能源扩张、试图企图"锁定"世界能源供应等言论。③ 中国学者认为,能源作为中国的软肋,正是美国等西方国家最容易下手之处。利比亚战争、苏丹石油危机和伊朗核危机中都能看到美国繁忙的"身影"。④

4. 现实主义能源安全观的局限

从现实主义视角来看,能源地缘政治因素可以揭示中美能源关系的

---

① 梁忠:《中美能源利益比较与竞争态势分析》,《兰州学刊》2008年第2期。
② "The Dragon Tucks In," *The Economist*, July 2, 2005, p.61.
③ 王联合:《竞争与合作:中美关系中的能源因素》,《复旦学报》2010年第2期。
④ 崔守军:《能源大外交:中国崛起的战略支轴》,石油工业出版社,2012,第112页。

冲突性。但是，仅从能源地缘政治的角度来看待和处理中美能源安全政策的分歧，既不能充分增强中美能源安全互信，也容易导致中美能源冲突成为一种自我实现的预言。① 随着经济全球化的深入发展和全球能源市场最终形成，国际能源安全一体化程度日益显现，相互依赖程度不断提高。无论是能源出口大国抑或进口大国，都难以摆脱全球能源市场而置身事外。②

美国亚洲研究所能源专家米克尔·赫伯格（Mikkal Herberg）在美中经济安全审查委员会做证时指出，中国确保能源安全的战略性手段，反映了其对能源脆弱性的认知，体现了其对以市场化手段维护能源安全的不信任。③ 虽然有观点认为，中国可以依靠美国的保护确保石油运输线的安全。④ 但是，并不是所有的中国战略分析人士都满意这种状况。邓丽嘉指出，中国决策者很难接受这样一个现实，即对安全至关重要的事项由西方石油国、跨国石油公司和常常动荡不安的出口国主导的国际体系来保证，担心市场上最有影响的主体，特别是美国，也许还有OPEC或强大的跨国石油公司，有一天会切断中国的石油需求。⑤

从国内媒体舆论和学界的研究来看，中国的确对美国遏制中国能源安全的动机和能力表现出深深地担忧与防范，甚至把美国看作中国能源安全的主要威胁。以至于在"马六甲困境"的语境下，分析人士对美国封锁马六甲海峡的担心远远超过了对海盗泛滥的关注。⑥ 对此，美国学者辩解说，美国无意以此作为对中国的牵制和威慑。即使有此意图，恐怕也没有足够的军事力量完全切断中国石油进口的海上战略通道。封锁海

---

① 王联合：《竞争与合作：中美关系中的能源因素》，《复旦学报》2010年第2期。
② Erica S. Downs, "*National Energy Security Depends on International Energy Security*", The Brookings Institution, March 17, 2006.
③ Mikkal E. Herberg, "*China's Energy Consumption and Opportunities for U.S. – China Cooperation to Address the Effects of China's Energy Use*", Testimony Before the U.S. – China Economic and Security Review Commission, 14 June 2007.
④ Evan A. Feigenbaum, "China's Military Posture and the New Economic Geopolitics," *Survival*, Vol. 41, No. 2, Summer 1999, pp. 79 – 80.
⑤ Erica Downs, "*The Brookings Foreign Policy Studies Energy Security Series: China*", The Brookings Institution, December 2006.
⑥ 赵宏图：《关于中美能源合作的几点思考》，《现代国际关系》2006年第1期。

上战略通道关键不在于公海的打击和拦截,而在于封锁海峡通道和控制重要岛屿。美国很难彻底封锁中国的海上战略通道,更何况中国还有陆上战略通道。事实上,中国石油进口难以被完全断绝。①

中国能源安全政策对美国能源和安全利益的影响不可忽视,但美国学者无法判定,中国的能源安全政策是专门针对美国的有组织的战略挑战,还是并非针对美国的随意性的附带冲击。② 学者认为,中国缺少综合全面的能源安全战略,许多能源安全政策政出多门,有些属于政府宏观层面的国家利益驱动,有些则来自能源市场主体的商业利益驱动,这使得政府部门之间、能源公司之间,以及政府部门与能源公司之间缺乏战略协同。③

有学者冷静地指出,同为石油消费和进口大国,中美之间在能源资源开发、能源进口多元化等方面的竞争与冲突不可避免,但交流与合作也日渐深入。虽然在获取全球石油资源、保障石油战略通道畅通等方面的摩擦不少,但在维护石油价格稳定、开发清洁能源、推进节能减排等方面合作前景也十分广阔。鉴于低碳技术在国家发展战略竞争中的重要作用,美国大力推进清洁能源研发,试图依托其低碳技术优势,主导未来世界经济的发展。而我国历经前所未有的高速增长,能源和环境问题集中凸显,经济增长与资源、环境约束的矛盾日益突出,粗放型发展模式越来越难以为继。在能源转型问题上,中美在寻求加强能源安全、应对气候变化和确保经济增长等方面面临着相似的挑战,两国都需要积极合作并发展低碳经济。如何保障中美两国安全、经济、清洁的能源需求,成为两国能源科技合作跨越意识形态障碍和地缘政治分歧而持续发展的基础。④ 通过中美清洁能源务实合作,不断拓展和深化战略利益交汇点,

---

① Bernard D. Cole, *Chinese Naval Modernization and Energy Security*, A paper prepared for the Institute for National Strategic Studies, National Defense University, June 20, 2006. p. 7.
② Kenneth Lieberthal and Mikkal Herberg, "*China's Search for Energy Security: Implications for U. S. Policy*", BR Analysis, Vol. 17, No. 1, April 2006, p. 17.
③ Philip Andrews-Speed, Searching for Energy Security: The Political Ramifications of China's International Energy Policy, *Oil, Gas & Energy Law*, April 2005.
④ 丁佩华:《中美能源科技合作:特点、意义、策略》,http://www.china5e.com/show.php?contentid=166788

这就为推动中美两国关系积极合作全面发展提供了切实可行的路径与方式。我国学者认为，从能源安全多元化、多样化的宏观角度看，中美能源合作的空间远远超过了能源竞争。①

面对中美能源冲突的可能，有学者建议有效管控中美分歧。在全球层面上，应该把中国融入国际能源署，减少能源安全忧虑。美国应该带头鼓励或促进中国参与 IEA。中国承认面临许多障碍，比如经济合作组织成员国资格，要求成员拥有 90 天供应的石油储备等。如果中国没有被包括其中，它在能源危机中的行动可能打乱西方国家的合作。美国应该帮助 IEA 和中国寻求创造性的解决方案，把中国吸纳进组织，直到中国成员国资格成为可能，从而使得 IEA 与中国的合作最大化。②

在地区层面上，学者也建议美国需要坦诚地鼓励或反对中国政策，让中国清晰地认识到促进中东稳定的收益。美国应该依据历史上的集体安全机制，牵头为该地区制定包括与关键国家例如以色列、约旦和沙特阿拉伯在内的合作安全机制。地区安全一体化结构将用于把中国融入一个对中东更加负责的地区安全机制。如果不把中国融入这样的机制，中国巨大的能源需求很可能导致两国在中东的利益冲突不断升级，不仅威胁美国的地区目标和战略利益，而且会加剧超级大国与正在崛起的中等强国发生冲突的风险。③

二　中美在能源战略上的冲突风险

1. 美国对能源地缘政治要地的控制

长期以来，为了保证本国与盟国石油进口的充足、廉价、稳定，美国借助强大的军事和经济实力，有效控制了全球能源市场、资源产地和

---

① 赵宏图：《关于中美能源合作的几点思考》，《现代国际关系》2006 年第 1 期。
② Flynt Leverett and Jeffrey Bader, Managing China – U. S. Energy Competition in the Middle East, *The Washington Quarterly*, Winter 2005 – 2006, p.198.
③ Flynt Leverett and Jeffrey Bader, Managing China – U. S. Energy Competition in the Middle East, *The Washington Quarterly*, Winter 2005 – 2006, p.199.

战略通道，对全球能源形成了控制态势。[1]

苏联解体以后，美国通过石油投资和军事合作等方式扩大了对中亚——里海地区的战略渗透，与周边大国俄罗斯、伊朗等争夺在中亚—里海地区的地缘政治优势，不仅积极谋求这一地区的石油资源开发权，而且力图主导油气外运的管道控制权。美国借助多次战争，陆续控制了世界石油的资源产地和战略通道。自20世纪90年代以来，美国先后发动了伊拉克战争等多次局部战争。虽然每次战争的背景和原因各不相同，但背后都离不开控制石油产地和战略通道的共同目标。[2] "9·11" 事件之后，美国开始高举反恐战争的大旗。阿富汗战争为美国从军事和政治上渗透和染指里海和中亚的油气资源提供了契机。[3] 伊拉克战争也是一场以反恐为名发动的战争。成功推翻萨达姆政权和扶持亲美的伊拉克政府，为美国控制伊拉克石油资源奠定了基础，也为美国以综合手段影响沙特阿拉伯、阿联酋、科威特、巴林等中东国家的外交走向提供了机会。2010年时，利比亚曾是全球第12大产油国，石油产量占全球石油总产量的1.8%，占欧佩克总产量的6%。[4] 2011年，美国联合法国、英国等国家发起对利比亚的空中打击，支持其反政府武装推翻了卡扎菲政权，进而巩固了在非洲的战略前沿。

2. 美国对中国能源安全战略的认知

从长期发展趋势来看，未来中国石油对外依存度还将继续上升，能源安全对于中国经济发展的重要性会更加凸显，能源安全战略与外交在中国国际战略布局中的地位自然会越来越重要。可靠、廉价的能源供应是中国经济持续增长的前提，经济发展停滞会严重冲击社会稳定与国家安全，削弱国家的战略能力；反之，国家战略能力的提升权力的增长又

---

[1] 马小军、惠春琳：《美国全球能源战略控制态势评估》，《现代国际关系》2006年第1期。
[2] 张彬、左晖：《美国石油多元化政策与中美石油关系》，《世界经济研究》2007年第8期；吴磊：《反恐战略、"倒萨" 战争与美国的石油争夺》，《世界经济与政治》2003年第5期；Kenneth Lieberthal and Mikkal Herberg, "China's Search for Energy Security: Implications for U. S. Policy", BR Analysis, Vol. 17, No. 1, April 2006, p. 7.
[3] Rajan Menon, "The New Great Game in Central Asia," Survival, Vol. 45 No. 2, Summer 2003, pp. 187–202.
[4] BP, BP Statistical Review of World Energy, June 2011.

可以为获得能源资源、保障经济发展提供了更好的战略空间。①

在中国不断崛起的趋势下，中国采取怎样的能源战略受到越来越多的国际关注。美国各界对中国在中东、非洲和南美洲的油气开发活动表示担忧，对中国在上述地区的能源外交进行指责，中国公平参与全球油气资源开发的商业竞争屡屡遭受误解。美国将能源问题政治化，将中国在全球范围内积极寻求能源的行为视为对美国霸权地位的挑战。② 美国保守势力已经争论如何应对这种新型的"中国威胁"。

美国前中央情报局资深分析师、美国前国家安委员会中东事务资深主管弗林特·莱弗里特（Flynt Leverett）在参议院能源和自然资源委员会做证时指出："在我看来，未来25年对美国全球领导地位最严峻的挑战不是来自伊拉克战略失败的风险、大规模杀伤性武器的进一步扩散或者伊斯兰世界极端主义势力的增长和团结。未来25年，对美国主导地位最严峻的挑战来自全球能源市场结构性转变的战略性影响，特别是全球石油市场。尤其值得注意的是，中俄能源领域的合作促成了两国在战略问题上的合作，形成了有效抵制美国全球霸权力量的中俄石油轴心（Aaxis of Oil）。"③西方预计，中国会继续把中东作为能源安全战略的重要区域。"在未来几年里，中国很可能努力扩大它与该地区能源出口国的联系，以此改善相比于其他进口国的不利地位，保证在与美国等国发生军事冲突的任何情况下，可以最大可能地利用化石能源。中国能源公司锁定石油资源的幼稚行为，是否能成功地把石油资源排斥到日益一体化的全球石油市场之外，对此值得怀疑。尽管如此，中国寻求石油的行动对美国在中东的影响带来了新的竞争。如果不能谨慎管理，这种竞争会导致大量双边摩擦点，并危及美国在这一地区的战略利益。"④

在对外能源政策上，中国无意、也无力挑战美国主导的全球能源规

---

① 梁忠:《中美能源利益比较与竞争态势分析》,《兰州学刊》2008年第2期。
② Kenneth Lieberthal, Mikkal Herberg, *China's Search for Energy Security: Implications for U. S. Policy*, National Bureau of Asian Research, Vol. 17, No. 1, April, 2006, p. 7.
③ Dr. Flynt Leverett, "*The Geopolitics of Oil And America's International Standing*," Testimony, Committee on Energy and Natural Resources United States Senate, January 10, 2007. p. 1.
④ Flynt Leverett and Jeffrey Bader, "Managing China – U. S. Energy Competition in the Middle East," *The Washington Quarterly*, Winter 2005 – 2006, p. 188.

则和秩序，主张融入现行的国际能源体系。戴维·茨威格指出，中国对外关系离不开美国因素的影响，中国能源安全的美国因素如影随形。① 美国还担心中国咄咄逼人的石油外交可能改变中东地区力量的平衡。由于中国把中东当作全球能源供应的战略区域，而伊斯兰世界存在普遍的反美情绪，这为中国取代美国在中东的主导地位提供了某种可能。② 从中国与中东日益紧密的能源贸易来看，这为某些与美国外交政策相左的石油出口国，特别是伊朗这样的战略对手，提供了石油出口市场的替代性选择。③

3. 美国对中国能源安全的现实威胁

为了实现石油进口来源多元化战略，中美两国通过政治、经济、外交等多种手段加强了与石油出口国的密切合作，谋求稳定可靠的油气来源。但由于中美两国石油对外依存度高企的相似性、油气资源进口的同源性，导致中美两国在国际石油市场的竞争难以避免。④ 两国过度依赖某些地区的石油资源，导致了中美石油进口面临同一方向、同一目标和同一水平的"多层重叠"结构趋同的风险。⑤

美国发动或参与的多次局部战争，都对中国的能源安全利益带来了直接影响。例如，2003年伊拉克战争的爆发使得中国在伊拉克的石油开发付出了较高的代价。1997年中国与萨达姆政府签署过一项开发al-Ahdab油田的合同，由于美国的制裁，仅限于油田勘探活动。2003年伊拉克战争后该合同作废。中国许诺减免伊拉克债务2500万美元后才在2007年被邀请参与投标，中石油最后中标伊拉克Ahdab oilfield的开发，2008年8月签署了30亿美元的服务合同。⑥ 这种合同模式，对资源的控制力度大

---

① David Zweig, "Resource Diplomacy" Under Hegemony: The Sources of Sino – American Competition in the 21st Century? http://www.cctr.ust.hk/materials/working_papers/WorkingPaper18_DavidZweig.pdf.
② 〔美〕兹比格纽·布热津斯基：《第二次机遇》，陈东晓译，上海人民出版社，2008，第168页。
③ 王联合：《竞争与合作：中美关系中的能源因素》，《复旦学报》2010年第2期。
④ 蔡娟：《中美石油战略的博弈与合作》，《世界经济与政治论坛》2006年第4期。
⑤ 吴磊：《能源安全与中美关系》，中国社会科学出版社，2009，第193~194页。
⑥ Zhiqun Zhu, China's New Diplomacy in the Middle East and Its Implication for the United States, Prepared for the conference, "Transcending Borders: Asia, Middle East and the Global Community", U.S. Naval Academy, Annapolis, Maryland, October 16 – 17, 2009.

大下降,在利润分成远较其他合同类型要少。著名经济学家、地缘政治学家恩道尔(William Engdahl)也不无忧虑地指出,利比亚战争是传统能源战争的延续,这是继美国策动南苏丹共和国独立之后的又一场围堵中国的石油战争。①

中国石油企业的"走出去"战略屡屡遭受来自美国的干涉与阻挠。中国学者认为,美国会在地缘政治上尽力阻止中国的战略西进,切断中国与中东、中亚石油产区的直接联系。② 在中海油并购美国优尼科公司时,尽管分析人士家认为这并不能对美国国家安全带来威胁,但在竞争对手的煽动性炒作之下,美国众议院以398票对15票通过决议,坚持认为该项并购将威胁美国国家安全。③ 鉴于对中国海外扩张的疑虑与防范,美国国会在《2005年国家能源政策法案》中设立了一项专门条款,要求国防部、国土安全部和能源部联合调查中国的经济发展、国防开支、能源需求及在全球寻求石油的行动是否对美国国家安全带来了负面影响。④

4. 未来中美能源安全冲突的评估

在未来的中美关系中,涵盖政治、经济、安全、外交等多重战略属性的能源安全,很有能成为影响两国关系竞争与冲突的不确定性因素。正如丹尼尔·耶金所指出,"在石油市场上,中国需求的增长无疑对世界能源格局及全球政治造成了变革性的影响。然而,这一变化对世界石油市场的平衡带来了风险,即商业竞争有可能演变成一场国家间的竞争,构成'威胁'和'安全'问题,扰乱世界经济所依赖的国际关系。在国

---

① 〔美〕威廉·恩道尔:《能源战争仍在威胁中国》,《环球时报》2011年10月28日;〔美〕威廉·恩道尔:《中国与全球能源新战争》,《第一财经日报》2010年12月24日;〔美〕威廉·恩道尔:《石油大棋局:下一个目标中国》,戴健、李峰、顾秀林译,中国民主法制出版社,2011。
② 张文木:《美国的石油地缘战略与中国西藏新疆地区安全》,《战略与管理》1998年第2期。
③ David Zweig and Bi Jianbai:"China s GlobalHunt for Energy," *Foreign Affairs*, Vol. 84, No. 5, September/October2005, p. 37.
④ The Senate and House of Representatives of the United States of America, *Energy Policy Act of 2005*, pp. 549–550.

际关系中,判断失误和误解往往反过来会使安全'风险'上升为更为严重的对抗与冲突。这一点凸显了不把商业竞争转变成石油对抗和国家抗衡的重要性。毕竟,随着中国的经济腾飞及其必然导致的新的世界平衡,变化不可避免。"[1]

在中美总体关系错综复杂的态势之下,美国对中国实力的迅速增强感到不安,中国把美国的全球霸权看作对中国的潜在威胁。[2] 如此一来,任何中国加强能源安全的战略举措都会引起美国的警惕,之后的战略因应又进一步加剧了中国对美国的防范。这种相互诱导的认知——反应模式导致中美陷入战略互疑的恶性循环,不时干扰中美关系的稳定与发展。[3] 在缺少充分政治互信的情况下,由于中美之间在能源安全领域缺少及时沟通的有效机制,也没有共担风险的制度性安排,为了争夺石油而发生冲突的可能是存在的。[4]

从中国学者研究来看,中国的能源安全环境很难完全摆脱美国因素的影响。美国对全球石油资源的影响无出其右,对波斯湾、印度洋、东南沿海等地区海上能源战略通道的控制几乎牢不可破。[5] 邓丽嘉指出:"中国分析人士把美国看作中国能源安全的最大威胁,怀疑美国正在采取各种手段遏制中国的和平崛起。在美国这个世界上唯一的超级大国面前,中国海上战略通道显得特别脆弱,长期存在美国利用能源安全压制中国的可能。"[6] 中国学者悲观地认为,为了保障迅速增长的石油需求,中国将与美国发生一场围绕全球能源资源的战略角逐。在中美两国缺少战略互信的总体环境之下,能源安全互信是脆弱的。

在美国各界,视中国的能源需求为战略挑战的人比比皆是,中美会

---

[1] 〔美〕丹尼尔·耶金:《能源重塑世界》,朱玉犇、阎志敏译,石油工业出版社,2012,第171~172页。
[2] DavidLague, The Quest for Energy to Grow, *Far Eastern Economic Review*, June 20, 2002, p. 15.
[3] 潘锐、周云亨:《从石油安全视角考察中美石油竞争关系》,《世界经济研究》2010年第1期。
[4] MichaelKlare, "Revving up the China Threat," *TheNation*, October24, 2005.
[5] 王联合:《竞争与合作:中美关系中的能源因素》,《复旦学报》2010年第2期。
[6] Erica Downs, *China's Quest for Energy Security*, RAND PUBN, 2000, p. 44.

发生石油新冷战等耸人听闻的预言此起彼伏,这些频频炒作的舆论严重干扰了中美两国的理性认知和良性互动。[1] 随着近年来美国页岩油气的大量开发,美国石油进口依存度不断下降,中美在上游领域的竞争趋于缓和,美国战略界的安全焦虑开始下降。页岩油气的开发为中美能源技术合作带来了新的动力,特别是美国油气的出口前景,也为两国扩大能源贸易提供了契机。

从全局性来看,正如丹尼尔·耶金所指出的,在推动经济发展的全球贸易和金融网络中,中美两国的命运紧紧交织在一起。[2] 世界石油和天然气并非处于真空之中,而是一个更加庞大、更密集的经济纵深网络的组成部分。这一网络涉及巨额的贸易、资金与投资流通,以及人才流动。当然,这些联系会产生相关的矛盾,尤其在贸易及货币领域,互惠和共同利益要远远大于冲突。[3]

三 中美对于能源市场的误读与偏见

1. 中美对石油进口数量的分歧

近年来发达国家能源消费特别是化石能源消费增长趋缓,而中国、印度等新兴经济体成为带动全球能源消费增长的主力。英国石油公司在2012年发布的《BP 2030世界能源展望》预计,未来20年,全球94%的石油消费净增长、30%的天然气消费净增长以及48%的非化石燃料消费净增长都将来自中印两国。[4] 随着石油进口量的稳步上升,中国已悄然成为世界能源市场上的战略性买家,中国石油进口数量成为国际石油市场引人注目的因素。针对中国能源消费的高企和石油进口,中美学者存

---

[1] Nader Elhefnawy, "The Impending Oil Shock," *Survival*, Vol. 50. No. 2. April/May 2008, pp. 37 – 66.
[2] 〔美〕丹尼尔·耶金:《能源重塑世界》,朱玉犇、阎志敏译,石油工业出版社,2012,第196页。
[3] 〔美〕丹尼尔·耶金:《能源重塑世界》,朱玉犇、阎志敏译,石油工业出版社,2012,第171~172页。
[4] BP, *BP Energy Outlook 2030*, January 2012.

在认识上的分歧。部分美国学者认为，中国的能源消费和能源扩张造成了世界能源资源的短缺，中国不断增加的能源消费和石油进口会对国际能源市场的稳定造成冲击。部分美国学者认为，为了确保能源安全，中国更喜欢采取与西方工业国完全不同的双边能源贸易方式。这种贸易方式改变了西方国家以市场调节为机制能源的安全理念，扰乱了国际能源市场有效运行，可能危及所有国家的能源安全。[1]

2. 中美对石油进口方式的误读

有种被广泛接受的误解是，中国的国家石油公司正在试图锁定（Lock up）全球石油供应，中国把获得的海外权益油直接运回国内而不是在国际石油公开市场上销售，大幅减少了国际石油市场的供应，中国的围篱行为（Hoarding Behavior）削弱了国际市场的灵活性，推高了世界油价。[2] 美国能源部的调查报告指出，中国公司海外油气并购的影响是中性的。没有必要指责中国去苏丹之类的所谓"问题"国家投资油气开发，因为这种投资事实上增加了全球石油供应量。但报告也认为，中国在苏丹这些"问题"国家的投资会给美国带来潜在的问题。从长期看，这与美国的关键战略目标不一致，但这与石油没有直接关系，只是其他的政治、外交问题。[3]

鉴于国际石油市场深受西方国家的影响，国际价格的剧烈波动背后离不开欧美石油期货市场的操纵，中国并不相信可以从国际石油市场获得价格合理、供应稳定的石油，比较而言，更倾向以海外权益油的方式获取一部分较为可靠的供应来源。根据美国学者的分析，一方面，中国实际上获得的海外权益油不多，而且并没有把海外权益油完全运回国内，而是在国际市场上公开销售。另一方面，中国海外权益油数量和规模不大，对国际石油市场的影响是有限的。[4] 学者的研究表明，中国石油公司

---

[1] David G. Victor, Linda Yueh, The New Energy Order: Managing Insecuritiesin the Twenty-first Century, *ForeignAffairs*, Vol. 89. Jan-Feb 2010, p. 61.

[2] 吴磊：《能源安全与中美关系》，中国社会科学出版社，2009，第185页。

[3] *Section 1837: National Security Review of International Energy Requirements*, Prepared by The U. S. Department of Energy February 2006.

[4] *China's Overseas Investments in Oil and Gas Production*, Prepared for the US-China Economic and Security Review Commission by Eurasia Group, 16 October 2006, p. 3, http://www.uscc.gov/researchpapers/2006/oil_gas.pdf.

在获取海外权益油上取得巨大进步，2007年海外权益油达到了4000万吨，比1999年增加了11倍。学者进一步预测，它在中国进口石油中的比例也从1999年的7%增加到2020年的22%。到2020年，海外权益油预计会达到7000万吨，约占中国石油消费的12%。2005年海外权益油占中国石油进口的15%，中国石油公司93%的产量都在当地市场销售，而没有运回国内，那种认为中国的不公平竞争加剧了国际能源竞争的说法是站不住脚的。大部分海外权益油被销售到国外也是因为中国炼油厂无法炼制酸性石油，不得不这样做的原因是经济上更合算。即使中国石油公司愿意把它运回国内，在紧急时期能否确保安全的运输仍然存在疑问。[1] 即使中国把海外权益油全部运回国内，实际上也不能完全替代通过国际贸易获得石油数量。

实际上，中国目前已经在全球30多个国家执行着100多个国际油气合作项目，获取海外权益油的数量不断上升。2012年，时任国家能源局副局长刘琦在第四届中国对外投资合作洽谈会上明确指出，中国石油公司海外作业产量超过1.5亿吨，海外权益油首次突破9000万吨，其中权益油90%以上都在当地销售。[2] 2013年中国企业海外油气权益产量突破1.1亿吨，2014年超过了1.3亿吨。[3]

美国学者邓丽嘉（Erica Downs）也指出，海外权益油与能源安全并没有必然的联系。她认为，中国决策层似乎相信控制石油份额可以提高能源安全，实际上海外权益油在确保中国能源安全问题上的效果并不比长期石油合同有效。一旦发生地缘政治风险引发的石油供应中断和石油价格暴涨，无论是海外权益油还是长期石油合同同样会处于风险之中。[4]

---

[1] Chen Shaofeng, *Assessing the Impact of China's Foreign Energy Quest on its Energy Security*, EAI Working Paper No.145, 3 March 2009, p.5.
[2] 王小聪：《国家能源局：中国海外权益油90%以上当地销售》，财新网，http://companies.caixin.com/2012-12-03/100468168.html
[3] 中国石油集团经济技术研究院：《2013年国内外油气行业发展报告》，2014，第12页；钱兴坤、姜学峰编：《2014年国内外油气行业发展报告》，石油工业出版社，2015，第13页。
[4] Erica S. Downs, "The Chinese Energy Security Debate," *The China Quarterly*, Vol.177, 2004, pp.21-41, http://digilib.bc.edu/reserves/po514/ross/po51417.pdf.

对海外权益油的追求根植于这样一种观念,认为这种投资提供了更加安全和便宜的能源来源,特别是在危机时期。实际上,海外权益油不能使中国免受价格冲击。如果供应中断导致世界危机,海外权益油也不能以不同于其他石油的方式被定向运到中国国内市场。至于价格冲击,全球石油市场的一体化使得全球价格一致,中国只是作为 WTO 的成员国免受歧视而已。[1]

当然,这种相信石油市场一体化的自由主义理论并不能让中国信服。对于海外权益油问题,笔者认为,固然海外权益油不能完全保障中国石油供给,但却在发生石油供应中断或遭受战略遏制的情况下,提供有效缓冲负面影响的工具。长期以来,美国政府把石油公司作为能源安全和外交政策工具的历史提醒我们,石油并不是一种可以在市场上随意购买的自由商品。[2] 与此同时,中国也并未偏废维护世界石油市场稳定的国际责任以及提供更多国际公共产品的立场,而是积极参与全球能源治理。

3. 中美对冲击国际油价的争议

鉴于国际石油市场价格中断的风险依然存在,虽然以美国为首的经济合作组织通过建立战略石油储备应对价格冲击,但是中国迅速增加的石油进口需求却有可能使得战略石油储备的释放效果大打折扣,因为中国被排除在国际能源署应急石油分配安排之外,增加了供应中断情况下价格波动的风险。目前中美之间在石油储备方面并没有制度性的安排,在中国石油储备没有达到相当于石油净进口 90 天的标准之前也不太可能加入国际能源署。如果发生国际石油价格冲击,游离于国际能源署之外的中国就能从西方国家的石油储备释放中获益。

中国学者认为,美国巨大的石油消费需求和强权政治引发地缘政治风险是增加石油供应脆弱性的主要原因。美国出于政治考虑而对部分石油储量丰富的国家实施经济制裁,还忽视经济成本主导里海油气管道的

---

[1] *China's Thirst for Oil*, Crisis Group Asia Report No. 153. 9, June 2008, p. 12.
[2] 关于石油外交的深层战略背景可以参阅赵庆寺:《美国石油安全体系与外交 1941~1981》,上海人民出版社,2009。

走向。这在一定程度上限制了世界石油勘探和开发,进而影响到石油市场的供应稳定和动态平衡,为全球能源供应的充足和稳定带来了一定的风险。① 中国学者认为,恰恰由于美国与中东、非洲和南美一些国家关系的恶化,使得这些国家民众的反美情绪日益高涨,倾向采用减少对美出口或降低石油产量的方法制造市场紧张;在能源地缘政治动荡不安的情况下,美国大量投机资本进入石油期货市场而导致国际油价暴涨暴跌,这使石油进口国付出了惨重的经济代价。②

对于国际舆论对中国指责,国莱斯大学詹姆斯·贝克公共政策研究所专家艾米·杰夫(Amy M. Jaffe)的看法较为理智。他认为,实际上中国的投资活动有助于缓和紧张的市场形势,中国的积极投资与美国石油公司不愿增加勘探支出形成鲜明的对比。③ 事实上,中国与产油国的合作不仅不会减少国际石油市场的供应,反而会因为中国的海外石油投资活动增加石油供应。在石油市场全球化的背景下,中国增加来自欧佩克国家的石油进口的话,自然就会减少来自其他地方的石油进口。④ 美国能源专家丹尼尔·耶金从全球能源安全的角度出发,也认为中国的投资与运营将更多的石油输送至市场,有利于全球石油市场的稳定。如果没有这些产量,中国快速增长的需求将增加供应压力并导致价格上升。实际上,中国石油投资意味着额外供应的增加和能源安全的加强。中国石油进口增长迅速,具有完善的工业体系和巨大的外汇储备,如果不到海外投资进行石油开发,反而会遭到全世界的谴责。⑤ 美国高级研究员杰弗里·贝德(Jeffrey Bader)反驳说,即使中国把海外生产的所有石油运回国内,这些石油只是替代了中国不得不从国际石油市场上购买的那部分石油。

---

① 赵宏图:《关于中美能源合作的几点思考》,《现代国际关系》2006年第1期。
② 夏立平:《美国国际能源战略与中美能源合作》,《当代亚太》2005年第1期。
③ China's Role in the World: Is China a Responsible Stakeholder? Statement by Thomas J. Christensen, Deputy Assistant Secretary of State for East Asian and Pacific Affairs. Before the U. S. – China Economic and Security Review Commission, August3, 2006, http://www.uscc.gov/hearings/2006hearings/written_testimonies/06_08_3_4wrts/06_08_3_4_christensen_thomas_statement.pdf.
④ 赵宏图:《关于中美能源合作的几点思考》,《现代国际关系》2006年第1期。
⑤ 〔美〕丹尼尔·耶金:《能源重塑世界》,朱玉犇、阎志敏译,石油工业出版社,2012,第4页。

假如中国从苏丹每天进口10万桶石油,就等于从沙特阿拉伯减少了每天10万桶石油的需求。而这多余的10万桶石油,既可以供给美国市场,也可以供给欧洲市场。从能源市场的角度来看,中国石油公司开拓新油田的活动增加了全球石油供应。[1] 对于世界油价的推动作用,李侃如和米克尔·赫伯格认为,美国才真正是石油需求摇摆增长的主要原因。[2]

4. 关于中美对操纵国际油价的指责

从历史来看,美国曾经把石油作为赢得冷战的一件利器。[3] 随着油价的暴涨暴跌,认为美国企图操纵油价来遏制中国经济快速增长的"油价阴谋论"不时出现。有中国学者认为,美国为了控制其竞争对手的发展,美国已经控制世界重要的石油资源,可以采用多种手段操纵油价。而国际油价的迅速飙升增加了中国石油进口成本,直接影响了中国经济的持续发展。[4]

以上观点耸人听闻,已经被严肃的学者所批驳。中国学者认为,美国"油价阴谋论"并没有足够证据。随着能源市场的全球化进程,美国政府难以对国内石油价格发挥实施行政干预,也无法对国际石油价格发挥决定性的影响。况且,油价飙升会加重美国的政府赤字,由此导致的中国经济衰退也未必符合美国的经济利益。实际上,推动油价上涨的往往是某些石油利益集团和华尔街金融集团,他们的利益和政府利益并非完全一致。[5] 美国一些专家也认为,美国既没有能力左右国际石油价格,也无法实现对中国的石油禁运,中国之间的经济竞争无法通过军事手段来解决,炒作美国对中国进行石油遏制的观点是短视和无知的。[6]

---

[1] Jeffrey A. Bader, *China's Rise: What it Means for the Rest of US: Calgary, Behind the Headlines*, Vol. 63, No. 5. September 7, 2006.
[2] Kenneth Lieberthal, Mikkal Herberg, *China's Search for Energy Security: Implications for U.S. Policy*, National Bureau of Asian Research, Vol. 17, No. 1, April 2006, p. 20.
[3] 〔美〕迈克尔·埃克诺米迪斯、罗纳德·奥力格尼等:《石油的色彩:世界最大产业的历史金钱和政治》,刘振武等译,石油工业出版社,2002,第100页。
[4] 丁一凡:《美国批判——自由帝国的悖论》,北京大学出版社,2005,第147页。
[5] 赵宏图:《关于中美能源合作的几点思考》,《现代国际关系》2006年第1期。
[6] 张巨岩:《美国智库聚焦中国石油问题》,《华盛顿观察》2004年第13期,http://68.165.165.202/showtemp.cfm? showtempid=529&charid=1&uid=1。

四 中美在能源外交上的认知差异

1. 对双边能源合作倾向的担忧

对于如何确保能源安全,美国各界普遍认为中美两国存在比较大的差别。这些观点认为,美国强调能源安全的路径在于"获得"(having access)可靠的能源供应,而中国似乎更喜欢"拥有"(owning access)可靠的能源供应。[1] 美国更倚重灵活的市场机制获得广泛的能源供应,而中国对能源市场充满了疑虑和不信任。[2]

中国保障石油安全的经济实力、军事手段和外交能力都无法同美国相抗衡。在能源安全风险存在高度不确定性的压力下,中国正以自己的方式缓冲石油供给中断和石油价格波动的冲击。除了积极参加全球能源对话与合作外,中国还通过与重要石油生产国加强双边合作的方式来获得相对稳定的能源资源。中国双边能源外交积极进取,通过贸易互惠、经济援助和军事协作等方式,在中东、中亚、俄罗斯、非洲、拉丁美洲等国家和地区获得了大量能源勘探、开发、基础设施等项目。

在美国看来,中国与主要产油国的"能源战略联盟"(Strategic Energy Alliances)是一种重商主义性质的竞争性能源战略。[3] 弗林特·莱弗里特(Flynt Leverett)指出,资源重商主义(Resource Mercantilism)与资源民族主义的结合构成了对美国能源安全和国际秩序的挑战。资源重商主义政府依靠国有能源公司确保获取海外油气资源的能源进口国比单纯的供应合同获得更多的优势地位。资源重商主义政府为他们的国有石油公司提供了各种支持以获得海外的化石资源,与资源民族主义一样,出于商业和经济考虑的同时,通常把他们在全球能源市场的行动建立在战略

---

[1] 课题组:《中美能源对话与合作研究》,《经济研究参考》2008 年第 55 期。
[2] Mikkal E. Herberg, *China's Energy Consumption and Opportunities for U. S. – China Cooperation to Address the Effects of China's Energy Use*, Washington: U. S. – China Economic and Security Review Commission, June 14, 2007.
[3] 梁忠:《中美能源利益比较与竞争态势分析》,《兰州学刊》2008 年第 2 期。

筹划的基础之上。① 国际危机小组（The International Crisis Group）的报告指出，"中国转变为重要能源消费国，对原来由经合组织国家和欧佩克所垄断的国际石油市场体系带来了一系列挑战。因为国家干预作为投资手段逐渐被市场主体看作不公平的，中国与国际体系的冲突会继续增加。中国公司冒着巨大风险到冲突频繁的国家和地区进行勘探和开发，这使得冲突的解决更加复杂"②。中国寻求明显的双边方式确保能源安全，把主要的石油生产国例如沙特、伊拉克、伊朗和苏丹作为自己的范围。美国担心这些措施会让中国在政治上对产油国做出让步以换取稳定的石油供应。在最糟糕的情形下，也许会意味着对中国向政治敏感的国家出口WMD和相关技术的要求增加。随着中国与个别石油出口国双边联系的增强和它对外国石油依赖的增加，将不得不面对这些能源生产国的压力，包括那些试图寻求敏感军事技术的国家，北京会显得日益脆弱。政治压力会使中国在联合国这样的论坛中会支持倾向某些个别石油生产国的立场，这会对西方在各种问题上带来挑战。③

美国学者邓丽嘉认为，"尽管历史的经验证明情况恰恰与此相反，中国政府仍然相信，紧密的双边政治关系可以使中国在发生危机时仍能获得可靠的石油供应"④。学者指出，通过石油外交的历史来看，石油外交不会促进中国的能源安全，至少在免于油价冲击方面是如此，而且与石油生产国的双边关系会使得进口国面临出口国的讹诈时更加脆弱。⑤ 因此，丹尼尔·耶金指出，"中国需要增强对全球市场可靠性的信心。反过来，中国提高本国能源消费及库存的透明度将提升其他石油进口国对中国的信心与了解"⑥。

---

① Dr. Flynt Leverett, "*The Geopolitics of Oil and America's International Standing*," Testimony, Committee on Energy and Natural Resources United States Senate, January 10, 2007, p. 7.
② *China's Thirst for Oil*, Crisis Group Asia Report No. 153, 9 June 2008, p. 35.
③ Amy Myers Jaffe, Steven W. Lewis, "Beijing's Oil Diplomacy," *Survival*, Vol. 44, No. 1 Spring 2002. p. 117.
④ Erica Strecker Downs, *China's Quest for Energy Security*, RAND PUBN, 2000, p. 49.
⑤ Amy Myers Jaffe, Steven W. Lewis, "Beijing's Oil Diplomacy," *Survival*, Vol. 44, No. 1 Spring 2002. p. 116.
⑥ 〔美〕丹尼尔·耶金：《能源重塑世界》，朱玉犇、阎志敏译，石油工业出版社，2012，第196页。

中国的海外石油投资多数都是在政治风险比较高的地区和国家。随着油价高企，促使发展中石油生产国生产更多的石油，继而引发国内不同利益集团和阶层更激烈的纷争。石油生产国国内骚乱是非石油生产国的两倍。[1] 学者认为，中国国家石油公司愿意冒高风险到不稳定地区投资并接受低收益，实力强大的跨国石油公司尚未控制的未开发油气田往往是不太适合开发，这削弱了中国石油公司的竞争力。[2] 除了通过所谓的资源诅咒破坏国家经济外，石油还更容易为叛乱提供资金，恶化种族怨恨。内部冲突和大规模践踏人权的国家提供了免于西方竞争的投资环境和战略优势，这已经把中国置于国内冲突的环境之中。[3]

2. 与所谓问题国家合作的动因

为了寻求海外能源供应来源，中国政府鼓励石油公司实施"走出去"战略，利用好"两种资源、两个市场"。中国石油公司进入国际能源开发市场较晚，也缺乏海外投资项目的运作经验，只能进入被西方国家石油公司抛弃的石油生产国或被西方国家经济制裁的"问题国家"，或者是俄罗斯、中亚一带较少受美国势力影响的国家。[4] 在美国学者邓丽嘉看来，"中国寻求能源安全的目标之一，就是减少中国石油供应在美国面前的脆弱性"[5]。目前，中国能源企业与苏丹、伊朗、缅甸、委内瑞拉等国在能源领域进行了较为密切的合作。中国企业在那些被美国视为"问题国家"的投资活动，严重触及美国的政治神经，成为中美之间在能源问题上一个绕不开的分歧。

由于美国的经济制裁，个别能源生产国积极寻求中国的能源投资，不断扩大对中国的能源出口。美国据此认为，中国在经济上支持了他国政府，减弱了美国经济制裁的实际效果，由此美国指责中国与他国的能

---

[1] Michael Ross, "Why Oil Wealth Fuels Conflict", *Foreign Affairs*, May-June 2008, pp. 2–8.
[2] Daniel H. Rosen and Trevor Houser, *China Energy: A Guide for the Perplexed*, Center for Strategic and International Studies and the Peterson Institute for International Economics, May 2007, p. 31.
[3] *China's Thirst for Oil*, Crisis Group Asia Report No. 153, June 9, 2008, p. 22.
[4] 潘锐、周云亨：《从石油安全视角考察中美石油竞争关系》，《世界经济研究》2010年第1期。
[5] Erica Strecker Downs, *China's Quest for Energy Security*, RAND PUBN, 2000, p. 45.

源合作，并威胁连带对中国进行经济制裁。例如美国强化了对伊朗的经济制裁，迫使中国减少了从伊朗的石油进口。美国针对伊朗的制裁在2012年6月28日生效，由于中国在2012年1月到5月从伊朗石油进口减少了至少20%，美国在制裁生效的最后时刻才宣布包括中国、新加坡在内的20个国家享受制裁豁免。在美国制裁政策的影响下，中国在伊朗油气合作项目被迫长期搁置。[①] 经过漫长的艰难谈判，2015年7月14日，联合国五个常任理事国与德国（P5+1）在维也纳同伊朗就限制其核武计划达成协议，伊朗同意以冻结其核武发展来换取国际社会解除对伊朗数十年的经济制裁。伊朗会因此恢复正常的国际能源贸易，逐渐回归全球经济体系，中国与伊朗的能源合作将得到恢复和扩大。

邓丽嘉在《石油怎样给中美关系火上浇油》中指出，中美两国之间的冲突不是来自石油资源的争夺与竞争，而是来自与石油问题相关的外交政策理念与行动，因为石油安全不可避免地与外交政策和地区安全等问题紧密联系在一起，而中美两国对这些问题的看法很难达成一致。[②] 美国国会美中经济与安全评估委员会认为，中国在西半球寻求能源将减少美国从周边地区进口石油的数量，中国与伊朗、苏丹等国家的石油合作将扰乱美国对这些国家的遏制政策，中国与中亚国家的能源合作将使这些国家敦促美军尽快撤离，中印能源合作关系的推进会导致美印关系的疏远等。[③]

美国学者认为，中国与上述"问题国家"能源合作的深入将对美国全球战略利益和外交政策带来挑战与威胁。正如丹尼尔·耶金所忧虑的，"在与美国的关系上，真正的风险并非来自市场的竞争，而更可能来自油气开发卷入地缘政治、外交政策以及人权问题时"[④]。美国在中东、非洲和拉丁美洲的石油产区一直占主导地位，而中国石油公司的进入或许会

---

① 孙立昕：《美国制裁伊朗的现状、效果及影响》，《当代世界》2014年第5期。
② Erica S. Downs, "How Oil Fuels Sino-U. S. Fires," *The Business Week*, September 4, 2006.
③ U. S. - China Economic and Security Review Commission, *2005 Report to Congress*, Washington D. C. : U. S. GovernmentPrintingOffice, 2005, p. 173.
④ 〔美〕丹尼尔·耶金：《能源重塑世界》，朱玉犇、阎志敏译，石油工业出版社，2012，第4页。

边缘化美国的存在。中国"不干涉内政"的外交政策会导致中国对产油国政府治理和人权问题不闻不问，甚至阻挠国家社会敦促伊朗、苏丹、利比亚和安哥拉等国家做出积极行动的障碍。① 中国认为，为了保障国际石油市场的稳定，解除对伊朗等国的经济制裁，推动国际石油公司进入油气上游领域，扩大油气勘探开发和生产，有利于遏制个别产油国出于政治目的而采取的石油禁运等冲动。②

3. 对国家石油公司的认知错位

中国国家石油公司的崛起引起了美国的忧虑和担心。"国家石油公司的战略挑战具有多面性，给美国带来了一系列地缘政治和经济上的困境。尽管消费国和生产国国家石油公司的崛起没有对美国国家安全带来迫在眉睫的威胁，国家石油公司日渐增加的对全球能源市场经济实力和战略影响力给全球安全，以及经合组织的经济和地缘政治利益带来了长期的问题。"③ 大量来自中国、马来西亚等国的国家石油公司在美国所认为的问题国家投资，这种投资加强的紧密联系模糊了在伊朗、苏丹和缅甸等地区解决国际冲突的战略手段，也冲淡了提升公司治理和国际贸易和金融规范的策略性努力。国家石油公司在国际贸易和商业中获得了来自国内的大量外交和金融支持，这是国际石油公司所不具备的。国家石油公司经常被谴责在投标中溢价，为基础设施开发提供软性贷款从而取消了世界银行或国际货币基金组织贷款中的责任措施，削弱了跨国并购和全球投资的标准。尽管不会直接威胁美国的国家安全，但国家石油公司的影响不断上升，仍对美国地缘政治目标、经济实力、公司善治、全球投资等领域国际标准的有效性构成了长期挑战。近几年来，几个亚洲国家的国家石油公司在少数几个被国内冲突所困扰的国家投资和经营，寻求与美国利益相异的战略目标，其中最典型的是缅甸、伊朗和苏丹。国家

---

① Drew Thompson, *China's Global Strategy for Energy, Security, andDiplomacy*, China Brief, March2005.
② 课题组：《中美能源对话与合作研究》，《经济研究参考》2008 年第 55 期。
③ Matthew E. Chen and Amy Myers Jaffe, Energy Security: Meeting the Growing Challenge of National Oil Companies, *The Whitehead Journal of Diplomacy and International Relations*, Summer/Fall 2007, p. 12.

石油公司在失败国家获取能源供应的活动，使得解决人道主义危机和弥合国际冲突的努力大大复杂化了。① "国家石油公司母国对失败政权的外交支持减少了国际社会试图及时阻止大规模暴行的意愿，妨碍了推进民主发展的外交和经济制裁。"② 国际非政府组织国际危机小组的报告指出，假如海外权益油对中国能源安全助益不大的话，中石油从苏丹的投资总获益已经付出了不符合中国国家利益的外交和名誉代价。③

美国各界往往把中国国家石油公司看作政府外交政策的代理人，其实公司利益和政府利益并非完全一致，也不是公司所有行动都体现了政府的意志。1998年以来，中国石油、中国石化和中海油三大上下游一体化的石油集团早已实现了混业经营，变成了各自拥有完整油气产业链的市场主体。至于中国政府通过石油公司保证国家能源安全，这是各国通行的能源安全保障模式；而政府为国有油气企业的海外活动提供外交政策支持，也是无可厚非的政府职责所在。所以，中国国家石油公司的海外能源并购不应受到美国的阻挠。④ 中国国家石油公司的海外投资与经营，主要是企业源自企业自身发展而拓宽国际市场的正常商业活动，美方无须对此过分担忧和过度解释。中国国家石油公司获得的绝大多数海外权益油气在国际市场上就近出售而不运回国内，这只能用企业出于利润的考虑而进行的商业操作而非政府确保能源安全的手段加以解释。⑤ 对中国国家石油公司而言，国内炼化技术不适合、国内储备能力不足、远距离运回增加成本、东道国政策限制等许多客观因素限制了把海外权益油运回国内的经济性。美国能源部的调查报告认为，尽管政府最终拥有所有权，但中国国家石油公司经常以自己的方式行事，有自己的利益取

---

① Matthew E. Chen and Amy Myers Jaffe, Energy Security: Meeting the Growing Challenge of National Oil Companies, *The Whitehead Journal of Diplomacy and International Relations*, Summer/Fall 2007, pp. 13 – 14.
② Amy Myers Jaffe, Steven W. Lewis, "Beijing's Oil Diplomacy," *Survival*, Vol. 44, No. 1 Spring 2002. pp. 115 – 134; IanTaylor, "China's Oil Diplomacy in Africa," *International Affairs*. Vol. 82, No. 5, September 2006, p. 947. Matthew E. Chen, "Chinese National Oil Companies and Human Rights," *Orbis*, Vol. 51, No. 1, Winter 2007, pp. 41 – 54.
③ *China's Thirst for Oil*, Crisis Group Asia Report, No. 153, 9 June 2008, p. 7.
④ 课题组：《中美能源对话与合作研究》，《经济研究参考》2008年第55期。
⑤ 王海滨、李彬：《中国对能源安全手段的选择与新安全观》，《当代亚太》2007年第5期。

向，而不顾政府的指令。① 丹尼尔·耶金指出，中国国家石油公司必须完成国家在能源、社会发展和外交政策方面的目标，但公司的运作还受到商业及竞争目标的驱使，并且商业身份渐渐成为这些公司的主要特征。上市子公司必须对投资者的利益负责，这就需要遵守国际规则及国际治理标准，所管理的大型油气项目越来越具有全球规模。他断言，中国国家石油公司属于混合型企业，介乎人们所熟悉的国际石油公司和国有石油公司之间，已经成为一种全新公司类别的典型代表，叫作"国际化的国家石油公司"。随着国际化程度的逐步提高，它们在运作上更像别国的国际石油公司。② 经过多年的海外运营，中国国家石油公司已经完成了从国家石油公司向跨国石油公司的转变，凭借资本、技术、管理等方面的综合优势成为国际石油市场的一支崛起力量。

4. 在能源军事化问题上的对立

美国对于中国海军走向深蓝和保卫海上通道的趋向忧心忡忡。③ 实际情况正如一些学者所指出的，目前中国的军事力量，特别是海军，还不足以保卫东亚的海上运输线，更不用说保护到波斯湾的海上通道了。④ 因此，在可预见的未来，中国被迫依赖美国保卫来自中东的石油通道，这大大限制了地缘战略选择。现在中国80%的石油进口需要通过马六甲海峡，面临碰撞、海盗和恐怖袭击的风险，海上通道的安全形势日益严峻。为了确保海上石油运输的安全，中国通过利用港口和空军基地，建立特殊的外交关系，实现能从南中国海的马六甲海峡，穿越印度洋到达波斯湾的现代化的军事力量的现代化，显示了中国正在崛起的政治影响力。⑤

---

① *Section 1837*：*National Security Review of International Energy Requirements*，Prepared by The U. S. Department of Energy February 2006，pp. 14 – 15.
② 〔美〕丹尼尔·耶金：《能源重塑世界》，朱玉犇、阎志敏译，石油工业出版社，2012，第 180 ~ 181 页。
③ Kenneth Lieberthal，Mikkal Herberg，*China's Search for Energy Security*：*Implications for U. S. Policy*，National Bureau of Asian Research，Vol. 17，No. 1，April，2006，pp. 23 – 24.
④ Evan Feigenbaum. "China's Military Posture and the New Economic Geopolitics，" *Survival*，Vol. 41，No. 2，summer 1999，pp. 71 – 88.
⑤ Christopher J. Pehrson，String of Pearls：Meeting the Challenge of China's Rising Power Across the Asian Littoral（Carlisle，PA：Strategic Studies Institute，U. S. Army War College，July 2006）

中国能源驱动型的对外政策制定了以军事基地和外交联系来保护石油和战略利益的珍珠链战略（"String of Pearls" strategy）。中国在中东的伊朗、南亚的巴基斯坦、东亚的朝鲜等国建立了 WMD 客户中的关键性珍珠之后，正在沿着印度洋（例如斯里兰卡、缅甸、孟加拉国等国）寻求其他的珍珠，通过建立海军港口、电子监视、军事合作、核技术和化学武器合作等，与这些节点上的国家展开合作。① 美国学者认为，中国利用军火销售与石油出口国保持紧密的联系，还可以以便缓冲大量购买石油造成的收支失衡。②

实际上，中国的武器出口远远低于西方与俄罗斯，主要集中于与发展中国家的小型的常规武器交易。实际上，正如美国学者所指出的，认为中国将主要通过军事威慑手段来确保能源安全是缺乏根据的。相较于军事威慑，中国更愿意把贸易和投资作为能源政策的基本手段。③

我国学者认为，一个能源进口国的能源安全保障手段可以分为八种类型，每种手段具有不同预防目标的治理效力，而我国并未采取军事手段来保障能源安全。④ 目前中国的能源安全政策主要立足于能源价格暴涨等非传统安全威胁，而美国更关切能源供应中断等传统安全威胁。事实证明，军事手段非但不能保障美国石油供应体系固若金汤，而且还会带来一系列危及石油供应的连锁反应和恶性循环。

---

① Christina Y. Lin, *Militarisation of China's Energy Security Policy: Defense Cooperation and WMD Proliferation Along its String of Pearls in the Indian Ocean*, Institut für Strategie Politik-SicherheitsundWirtschaftsberatung White Paper. p. 2. Berlin: ISPSW, 2008. http://www.isn.ethz.ch/isn/Digital-Library/Publications/Detail/?id=56390.

② 因为中国过去曾出口武器给伊朗、伊拉克、利比亚和沙特阿拉伯，还曾经向伊朗销售 C-801 和 C-802 反巡航导弹，从而对油轮运输和美国海军在波斯湾的舰只形成威胁，使得美国学者担心中国会进一步扩大武器出口以换取石油出口国的稳定石油供给，从而损害美国在中东的地缘政治利益。详情参阅 Erica Strecker Downs, *China's Quest for Energy Security*, RAND PUBN, 2000, p. 49; John Calabrese, "China and thePersian Gulf: Energy and Security", *Middle East Journal*, Vol. 52, No. 3, Summer 1998, pp. 351–366.

③ T. S. Gopi Rethinaraj, China's Energy and Regional Security Perspectives, *Defense & Security Analysis*, 2003, December, pp. 377–385.

④ 王海滨、李彬：《中国对能源安全手段的选择与新安全观》，《当代亚太》2007 年第 5 期。

本章小结

自国际关系研究引入博弈论以来，博弈论为更为精确或科学的分析以及预测国际问题提供了有效途径，但建立在物质主义本体论和理性主义方法论基础上的博弈论无法解释国际合作更深层次的缘起、选择与遵守等问题。博弈各方未必一定是收益最大化的追求者，基于成本/收益分析的博弈模型也不能完全解释博弈各方心理因素在博弈中的作用。我们也不得不承认，博弈论倾向于把国家看作理性的整体行为体，用数学模型将复杂的国际关系简单化，这在实践中容易忽视影响博弈各方目标设定和策略选择的国内因素。为此，博弈论者已经开始尝试增加其他因素来对博弈策略进行解释。对中美能源安全博弈而言，安全观念、资源状况、权力对比、国内政治甚至道德诉求等错综复杂的国内因素给原本简约的博弈模型增加了更加丰富的解释变量，改变着中美能源安全博弈的性质、动力、结构、策略与收益。博弈模型只是在理论上提出了分析问题的思维方式，而非一劳永逸地解决问题的具体路径。为此，博弈理论可以通过吸收其他解释要素不断提高其灵活性，增强其对国际关系的解释和预测功能。中美能源博弈毕竟是一个复杂的过程，必须依赖多种理论和多种视角的有效整合。

第八章　中美能源安全利益的互补与共赢

在维护全球能源安全上，特别是在保障国际能源市场供给稳定、维护能源通道安全、促进新能源技术研发和应对全球气候变暖等方面，中美面临着共同的挑战，有着越来越广泛的共同利益。因此，中美两国应该主动承担责任，共同提供国际公共产品，这不仅符合两国的国家利益，同时也符合全球化时代的发展潮流。

一　维护国际能源市场的稳定

1. 石油定价机制的金融化

在20世纪70年代以前，国际原油价格基本上由少数西方跨国石油公司垄断定价；随着欧佩克（OPEC）成立和持续斗争，终于在1973年第一次石油危机前后掌握了定价权；20世纪80年代石油期货市场的逐渐形成后，国际石油市场的石油销售模式和市场参与结构都发生了巨大的变化，国际石油市场的参与主体也已经由生产商、炼油商、销售商变成了各类金融机构，国际原油定价权逐步被期货市场所取代，渐变为石油期货主导石油价格的多元化定价体系。各类金融机构陆续开始进入石油领域，商业银行、投资银行和保险公司纷纷涌入，私募基金、对冲基金和养老基金积极参与，它们以庞大的金融资本进行市场投机，石油期货交易规模远远高于现货交易规模，在一定程度上影响甚至操纵国际原油价格的走势。与此同时，由于国际油价剧烈波动，为了管理石油价格风险以控制成本和保证收益,多种金融衍生工具不断出现,各种风险管理技术日益完善。目前,欧美的期货市场以其庞大的石油期货交易量而具有了撼动国际油价的功能,石油期货价格已成为国际原油交易的重要的参照系和晴雨表。从价格形成看,投机力量的参与使石油与金融紧密结合并造成国际油价的反复无常,已经成为当今国际石油市场的新常态。有数据显示,国际石油期货交易的70%属于投机交易;国际原油价格每桶上涨10美元,6~8美元属于投机炒作因素。作为"黑金"石油,已经成为可与各国主权货币相当的价值符号。[①]

2. 油价对中美利益的影响

从长期来看,在油价的保障暴跌、大起大落的情境下,寻求供应安全的产油国和力保出口安全的消费国都要付出巨大的代价。但比较来说,由于经济结构中重工业比重的下降和能源效率的提高,发达国家有足够的经济实力应对油价上涨的冲击,而众多依赖石油进口的发展中国家,不得不忍受油价飙升带来的外汇开支负担。

美国凭借强大的期货市场和充足的国际资本,特别是石油与美元紧密结合的计价方式,拥有在全球范围内无可匹敌的价格影响力。但是石油金融投机愈演愈烈,严重扭曲了世界石油价格,美国也无法置身事外。2000年12月的《商品期货现代化法案》(CFMA)造成的"安然漏洞"(Enron loophole)使整个场外交易电子市场不再受到美国期货交易委员会(CFTC)的监管,结果导致资本大量涌进未受管制的交易所。投机资金通过杠杆作用在资本市场上筹集更多的资金在期货市场进行大规模炒作,加大了石油市场交易量。美国参议院对此进行了独立调查,并于2006年6月提交了一份60页的报告,认为在投机性美元已经大量流入能源商品市场,期货交易委员会对能源投机行为的监管能力不断下降。实际上,油价上升让美国付出了巨大的代价,推高了原本就居高不下的贸易赤字。2003~2006年,世界石油价格从每桶25美元上涨到每桶78美元,美国消费者为此多花了支出了4320亿美元。仅2006年一年,美国石油进口开

[①] 陈柳钦:《新形势下中国石油金融战略研究》,《武汉金融》2011年第6期。

支增加240亿美元，占当年贸易赤字的3/4。① 同时，国际石油价格飙升也使得石油进口大国中国付出了沉重的代价。国际能源署（IEA）的"能源——经济发展模型"测算的结果显示，在其他条件不变的情况下，每桶原油的价格上涨10美元，将使中国国内生产总值下降0.7%。②

3. 维护国际能源市场稳定

无论是国际油价飞涨或暴跌，都对中美两国带来了直接和间接的负面影响。在能源市场全球化的时代，无论是中国还是美国，都不能回避国家原油价格的传导效应而独善其身，因为自世界市场一体化的格局下，任何地方的供应中断都会冲击全球石油价格的稳定。就此而言，共同维护能源市场的稳定自然就成为两国共同需求。此外，作为世界最重要的石油进口大国，中美两国对维护全球石油市场的有效运行具有不可推卸的责任。③ 在2010年发布的《中美能源安全合作联合声明》中，两国已经就共同维护能源市场稳定达成了共识，一致同意在建设能源预警应急体系、加强能源市场监管等方面加强合作。④

4. 防范能源地缘政治风险

在能源安全领域，地缘政治却依然发挥着不可忽视的重要影响，地缘政治风险是造成油价波动的重要原因之一。不论能源生产和供应、能源的运输和补给还是能源的消费和使用，都与地缘政治的稳定与否息息相关。从石油供需分布来看，世界上大部分能源产自政治上极不稳定的中东、非洲、里海——中亚、俄罗斯、美洲等石油富集区，而中国、印度、日本所在的东亚地区和西欧地区恰恰又是石油储量非常少的地区。不幸的是，中东、非洲以及里海——中亚地区都是动荡不安、战乱频仍的地区，不是经历着严重的地区和国内冲突，就是面临着国际恐怖主义袭击的危险。根据美国罕布什尔学院从事和平与世界安全研究的教授米歇尔·克莱尔的研究，美国石油安全与恐怖主义势力范围明显地重叠在

---

① 肖炼：《中美能源合作前景及对策》，世界知识出版社，2008，第51页。
② 刘佩成：《国际油价暴涨的原因、走势及战略对策》，《当代石油石化》2004年第11期。
③ 蔡娟：《中美石油战略的博弈与合作》，《世界经济与政治论坛》2006年第4期。
④ 《中美能源安全合作联合声明》，新华网，http://news.xinhuanet.com/2010-05/25/c_12141526.htm。

一起，美国国家安全已经陷入石油、恐怖主义和冲突之间致命的交叉点上。[1] 一旦发生骚乱、冲突或战争，很容易导致冲击当地的石油生产和出口，造成石油供应局部中断。在全球化的时代，局部地缘政治风险很容易被国际市场放大，进而对全球石油供应和价格造成冲击，成为国际石油期货市场炒作的话题。为此，中美两国需要携手控制地缘政治风险，防止地区冲突和恐怖袭击对石油供应的冲击和干扰，共同维护中东、中亚、非洲等地区的能源开发秩序。

美国的反恐战争和反恐行动需要国际支持，自然离不开中国的合作。而中国要消除国际恐怖主义、宗教极端主义和民族分离主义的威胁，实际上也需要美国的协助。作为全球化主力的中国在国际体系中快速崛起，但获取的利益越多，所遭受到的威胁就会越多，包括恐怖主义。随着我国"走出去"战略的实施，越来越多的企业走出国门，而我国企业海外投资有相当一部分是在社会动荡和恐怖主义活动频发的地区，针对东道国的恐怖袭击往往波及我国的企业和人员。与此同时，恐怖主义也对新疆国际能源大通道形成潜在威胁。"东突"分子与"基地"组织相互勾结，凭借中、巴、阿三国交界处的复杂地形，加强了对新疆地区的民族分裂活动，对中国西部的社会稳定构成严重威胁。[2] 中美反恐合作是促进双方关系的一个新动力，有利于中美总体关系的良性互动和稳定发展。[3] 中美两国在"9·11"事件之后不断加强反恐沟通与合作，从2002年开始每年都会举行反恐磋商并逐渐走向机制化阶段。中美在反恐策略上存在不同的看法，中国主张标本兼治、国际社会共同行动，而美国过于倚重武力。中国更关心中亚与新疆的稳定，而美国更侧重中东和非洲的安全。另外，中美有限的反恐合作并没有改变两国之间的结构性矛盾，中国依然被美国视作潜在的战略对手。美国以暴易暴的反恐策略刺激了更多的恐怖分子，严重危害了和平发展的国际环境。值得警惕的是，美国

---

[1] Michael T Klare, The Deadly Nexus: Oil, Terrorism, and America's National Security, Current History, December 2002.
[2] 刘中民：《巴基斯坦恐怖组织与中东的联系及其对'动荡弧'地带的影响》，《阿拉伯世界研究》2009第3期。
[3] 孙晋忠：《反恐合作与中美关系》，《国际问题研究》2005年第2期。

将反恐纳入美国全球战略的规划中，借反恐之势谋霸权之实，把反恐演化成为自己谋霸的利器。[①] 就此而言，中美共同防范地缘政治风险也有一定的限度，值得中国谨慎评估和应对。

二 共同保持海上能源通道的畅通

1. 海上能源通道战略对中国的意义

由于经济持续高速发展，我国对海外能源资源的需求越来越高，保护海上能源通道成为维护我国能源安全的重中之重。

第一，海上能源通道畅通事关中国的能源安全。随着经济全球化的发展，国际贸易往来日益频繁，目前90%国际贸易依赖海运。[②] 根据美国能源信息署的估计，2015年世界石油和液体燃料的日产量为96.7百万桶，其中约60.9%（数量约59.9百万桶）依靠海上运输，海上战略通道已经成为全球化时代的经济生命线。[③] 随着对外开放的深入发展和对外贸易的持续高速增长，中国对海上战略通道的依赖不断上升。2014年中国继续保持世界第一货物贸易大国的地位，对于我国这样对外贸易依存度超过46%的国家来说，有效维护海上通道安全，对于保障货物进出口的畅通乃至经济安全具有重要意义。随着石油对外依存度居高不下，天然气进口不断攀升，煤炭进口量逐渐增加，我国对能源通道安全的需求日益凸显。学者认为，能源安全可以分为三类：买得起、买得到、运得回。[④] 中国能源供应链暴露在错综复杂的地缘政治格局之中，面临港口建设、油轮供应、航线安全的严峻挑战，从而给中国的能源安全带来了巨大威胁。从地缘政治角度来看，我国海上通道所经地区，政局动荡，海盗与恐怖袭击等各种风险都在上升。我国海上通道所经东北亚、东南亚、

---

① 杨楠：《反恐主义会成为美国全球战略的新工具吗？》，《当代世界》2002年第5期。
② 谢文捷、于友伟：《国际能源贸易的形成和发展研究》，《国际商务——对外经济贸易大学学报》2005年第3期。
③ EIA, *World Oil Transit Chokepoints*, July 25, 2017, https://www.eia.gov/beta/international/regions-topics.cfm? RegionTopicID = WOTC&src = home - b1.
④ 张宇燕、管清友：《世界能源格局与中国的能源安全》，《世界经济》2007年第9期。

南亚、中东、西非、东非和北非地区，是一片广袤的"动荡地带"，历来为兵家必争之地，今天仍是当今世界海上斗争最剧烈、最复杂的地区之一。[1] 具体而言，东北亚地区朝核问题引发的矛盾和危机随时有恶化可能，中日钓鱼岛领土主权纠纷和东海海洋权益划分问题一直僵持不下，台湾问题的前景和变数限制了中国的战略选择，个别国家试图把南海问题国际化、多边化的举动加剧了南海区域的紧张形势，中东和非洲多个国家的内部骚乱和伊斯兰国的恐怖主义活动引发了持续动荡，这些不安定因素和局部冲突都对我国海上运输通道安全带来了现实冲击和潜在威胁。

第二，中国海上能源通道的进口能力难以替代。除海上通道之外，我国在能源进口方向上已经建成了东北、西北和西南等三大陆上通道。但从进口数量来看，我国的能源进口主要来自中东、非洲地区，仍然以海运为主。我国能源进口海上通道过于集中，所经过的重要海峡大多受制于人，这对我国的能源安全埋下了巨大的安全隐患。[2] 我国的海上通道航线漫长，通往亚洲各国的平均航程约3000海里，抵达非洲各国约6000海里，通往北美各国约8000海里，通往欧洲各地需要9000海里，抵达南美各国的平均航程在10000海里。一般而言，海上通道范围越广、穿越时间越长，那么海上通道发生安全问题的概率就越大，维护海上通道安全就更加困难。[3] 在海上通道中，台湾海峡—中国南海—马六甲海峡—阿拉伯海—印度洋—阿拉伯海一线被称作中国海上生命线。南海是马六甲海峡的东部出口，位于太平洋与印度洋之间。据估计，世界上每年有一半以上的超级油轮航经南海海域。[4] 马六甲海峡位于马来半岛与苏门答腊岛之间，全长1080公里，最窄处只有37公里，是连接太平洋和印度洋之间的最短航线，有"东方直布罗陀"之称。马六甲海峡是世界上最繁

---

[1] 中国现代国际关系研究院海上通道安全课题组：《海上通道安全与国际合作》，时事出版社，2005，第61页。
[2] 罗佐县等：《突破"马六甲困局"，油气合作邻为先》，《中国石油石化》2011年第16期。
[3] 冯梁、张春：《中国海上通道安全及其面临的挑战》，《国际问题论坛》2007年秋季号。
[4] 李金明：《马六甲海峡与南海航道安全》，《南洋问题研究》2006年第3期。

忙的航道之一，1/3 的世界贸易和 1/2 的全球石油供应都要经过马六甲海峡，每天通过该海峡的船大约 60% 是中国船只。即使不走马六甲海峡，油轮要到达中国东部港口的话也必须经过巽他海峡或者望加锡——龙目海峡。而这一带海域同索马里边上的亚丁湾一起，并列为世界上海盗出没最频繁的两个海域。在这条脆弱的生命线上，可能的大国干涉、频繁的海盗袭击、未来的战争威胁、交通管理的混乱等因素，都有可能对海峡畅通带来威胁，导致航线封闭和运输中断，这样国内经济发展势必遭到严重的冲击和破坏。① 所以，在中国对中东、非洲石油和海上通道的严重依赖短时间内无法彻底改变的情况下，无论在和平状态下还是在战争状态下，马六甲海峡开放和安全与否可能对中国的能源安全形成严重制约。②

第三，中国目前缺少保卫海上能源通道的能力。当前我国面临复杂周边安全环境，大国竞争加剧，主权领土争端、恐怖主义等传统和非传统安全威胁上升。党的十八大报告提出，目前的形势要求我国加大国防建设投入，持续推进中国特色的军事变革，为国家安全提供可靠保障。学者张文木认为，一国能源安全与对外依存度成反比，与军事实力成正比。为此，在我国拓展海外能源市场的同时，必须加强军事力量来保卫海上能源通道的安全，否则随时会面临海上生命线被强力中断的危险。中国急需要发展海军力量，对敢于掠夺中国海洋资源、截断海上生命线、破坏中国领土主权的国家保持强大的军事威慑。③ 2015 年中国国防支出增加 10.1%，达到了 8868.98 亿元，国防预算连续 5 年维持两位数增长。但人均军费仅相当于美国的 1/22，相当于英国的 1/9 和日本的 1/5。④ 从保护海外利益的需要来看，中国有必要保持一定的远洋军事投送和威慑能力。目前中国在西太平洋还处于战略守势，还无法向印度洋派出保卫

---

① 赵宏图：《"马六甲困局"与中国能源安全再思考》，2007 年第 6 期。
② 张洁：《中国能源安全中的马六甲因素》，《国际政治研究》2005 年第 3 期。
③ 张文木：《中国能源安全的战略选择》，《世界经济与政治》2003 年第 5 期；李小军：《论海权对中国石油安全的影响》，《国际论坛》2004 年第 4 期。
④ 《军费增长提升中国维护和平能力》，新华网，http://news.xinhuanet.com/ttgg/2015-03/05/c_1114538687.htm。

中国生命线的军事打击力量。① 总体来看，中国保护海外利益的手段与目标之间还存在巨大的差距。

第四，海上能源通道是建设海洋强国应有之义。在党的十八大报告中提出，要坚决维护国家海洋权益，建设海洋强国。海洋强国包括的内涵十分丰富，绝对不是西方地缘政治意义上的强大海权。但对于一个经济日益开发、海外利益不断延伸的国家而言，没有强大的海上军事力量维护国家海洋权益，一个海上军事力量不能走向深蓝的国家是不可能被称为海洋强国的。中国建设海洋强国不是为了与其他大国争夺海洋霸权，也不针对任何国家，而是更加合理地管理、开发和利用海洋资源，成为成长中的海洋经济强国；更加有效地控制、保卫和威慑关键海域，成为区域性的海上优势力量；更加积极地提高磋商、斡旋和协调的海洋外交实力，拥有对海洋事务的强大影响力。从以上三个层次的内涵来看，能否确保自身海上能源通道的畅通和稳定，是中国成为海洋强国的重要标准。中国正在加快海洋强国建设步伐，从提升海军实力、拓展活动空间、增强战略威慑、加大国际合作等方面开展坚定维护海上能源通道和其他海洋权益的斗争，提高自己维护海洋和平的能力，树立负责任的海洋强国形象。

第五，海上能源通道是"一带一路"倡议重点领域。2013年，中国领导人提出了共建"丝绸之路经济带"和"21世纪海上丝绸之路"两大倡议，被合称为"一带一路"。"一带一路"建设是我国深化与中亚、中东、东南亚大周边地区各国区域经济合作的战略构想，能源合作是其中的重要领域。从中国海上石油、煤炭和天然气等能源进口的区位多集中于中东、亚太地区，进口通道位于从北印度洋到西太平洋的新月形地带，印度、日本等能源竞争大国也位于这一地带，不仅面临地缘政治形势恶化、各种海上袭击、自然灾害威胁的可能性，也会遭遇竞争对手牵制的

---

① 关于美国与中国海上安全的详细论述可以参阅：Robert D. Kaplan, "China's Two-Ocean Strategy," in *China's Arrival: A Strategic Framework for a Global Relationship*, eds. Abraham Denmark and Nirav Patel, Center for a New American Security, September 2009; Michael J. Green and Andrew Shearer, "Defining U. S. Indian Ocean Strategy," *The Washington Quarterly* 35, No. 2, Spring 2012.

挑战。深化与"一带一路"区内国家能源合作，可以实现资源国、消费国和过境国的优势互补，实现资源、市场、资金及技术方面的优化配置，不仅能保障我国的能源安全，而且可以扩大能源资本投资，拉动区内各国的能源基础设施，为区内各国提供广阔的经济增长空间和长期经济发展动力。依靠能源领域的相互依赖、相互借重，特别是对经济领域的外溢和辐射效应，为我国践行"亲、诚、惠、容"周边外交理念提供了有利平台，有利于促进地区共同发展和繁荣，提高地区稳定与安全，形成休戚与共的命运共同体。① 为此，中国需要借助"一带一路"倡议，与海上能源通道沿岸国家在资源开发、港口建设、运输产业等大型项目上加强合作，在海上搜救、联合护航、危机管控等海上行动上加强磋商，为中国海上能源通道提供良好的周边环境。

2. 美国对海上能源通道战略的影响

长期以来，美国通过多种形式的战略布局保证了对海上能源通道的长期支配权。重返亚太战略进一步收紧了对亚太地区的军事布控，提升了对海上能源通道的钳制力。

第一，长期控制海上能源通道。早在19世纪，美国军事理论家阿尔弗雷德·赛耶·马汉（Alfred Thayer Mahan）就提出了著名的"海权论"，强调控制海洋的战略意义，主张以强大海军确保平时和战时控制海上交通线。② 美国经济贸易严重依赖海上通道。按价格计算美国40%国际贸易额是通过海上运输的，而空运占27%。如果按重量计算，70%的贸易量是通过海上运输的，只有0.4%是空运的。③ 作为当今世界唯一超级大国，美国拥有全球最强大的海军力量，基本掌握了海上战略通道的绝对控制权和世界能源供给的主动权。④

---

① 石泽、杨晨曦：《推进"一带一路"能源资源合作的外交运筹》，《中国国际问题研究院研究报告》2014年第7期。
② 〔美〕艾尔弗雷德·塞耶·马汉：《海权论》，萧伟中、梅然译，中国言实出版社，1997，第25~38页。
③ Jakub J. Grygiel, *Great Power and Geopolitical Change*, Baltimore, Maryland: The Johns Hopkins University Press, 2006, p.172.
④ Lisle A. Rose, *Power at Sea: The Violent Peace*, Columbia: University of Missouri Press, 2007, p.231.

表8-1 世界石油咽喉要道的石油运输数量（2011~2016）

单位：百万桶/每天

位置	2011年	2012年	2013年	2014年	2015年	2016年
霍尔木兹海峡	17.0	16.8	16.6	16.9	17.0	18.5
马六甲海峡	14.5	15.1	15.4	15.5	15.5	16.0
苏伊士运河与苏迈特油管	3.8	4.5	4.6	5.2	5.4	5.5
曼德海峡	3.3	3.6	3.8	4.3	4.7	4.8
丹麦海峡	3.0	3.3	3.1	3.0	3.2	3.2
土耳其海峡	2.9	2.7	2.6	2.6	2.4	2.4
巴拿马海峡（以财年计）	0.8	0.8	0.8	0.9	1.0	0.9
好望角	4.7	5.4	5.1	4.9	5.1	5.8
世界海上石油贸易	55.5	56.4	56.5	56.4	58.9	n/a
世界石油和其他液体燃料供应	88.8	90.8	91.3	93.8	96.7	97.2

资料来源：EIA, *World Oil Transit Chokepoints*, July 25, 2017, https://www.eia.gov/beta/international/regions-topics.cfm?RegionTopicID=WOTC&src=home-b1。

美国军方提出了必须确保控制的16条海上咽喉要道，其中亚太地区有5条、印度洋有2条、地中海海域有2条、大西洋海域有7条。① 1999年8月，美国能源部曾经列出了六大"世界石油运输咽喉"，包括巴拿马运河、曼德海峡、苏伊士运河、博斯普鲁斯海峡、霍尔木兹海峡、马六甲海峡，把它们视为控制全球贸易航线、维护能源运输安全、保障军事快速投送的关键。② 美国大肆宣扬海上通道面临的"威胁"，极力控制海上战略通道和附近关键岛屿。美国通过构建庞大的全球军事基地网，将军事触角扩展到世界所有影响美国利益的重要海域。美国在海上战略通道的优势不仅能确保本国石油命脉不受控于人，确保盟国的能源运输安全，同时还能保持对敌对国家的军事打击和对竞争对手的海上威慑，保持国际战略层面的绝对优势地位。

第二，战略重心高调重返亚太。冷战结束之后，美国战略重心就开始逐步酝酿调整，呈现由中东地区向亚太地区转移的趋势。随着21世纪

---

① 蔡伟：《美国死盯十六条水道》，《环球时报》2001年7月6日。
② 〔美〕迈克尔·T.克莱尔：《资源战争：全球冲突的新场景》，童新耕等译，上海译文出版社，2003，第47页。

以来中国经济力量的上升和在亚太地区影响力的增大，美国的焦虑和不安开始上升。2008年金融危机之后，亚太地区经济一枝独秀，经济一体化持续深入。为了分享亚太经济发展的红利，保持在亚太地区的领导权，2009年以来，美国加速了战略重心向亚太转移的步伐。美国希望通过隔离中国的"跨太平洋伙伴关系"（TPP）谈判，重新介入亚太地区经济一体化和贸易自由化进程，重振美国在全球经贸领域的主导地位，在分享亚太地区发展的红利的同时，制约中国在亚太地区和全球的经济影响。需要指出的是，美国打着"重返亚太"的旗号，从政治、经济、安全、外交等方面多管齐下，将东亚、东南亚、南亚、中东、北非纳入能源地缘政治的"心脏地带"，给中国的周边安全形势，特别是供应产地和能源通道安全带来了新的挑战。

第三，不断巩固亚太同盟体系。美国全球安全战略的基础是前沿军事部署和欧亚同盟体系。为了打击竞争对手和维持全球霸权，美国亚太战略布局主要依托双边轴辐式（hub-and-spoke）同盟体系。美国不断加强双边交流，积极介入东盟首脑和部长级会议、东亚峰会以及亚太地区安全论坛，构建多层次的亚太同盟体系，力图在贸易规则、外交政策上协调立场，统一行动，共同应对来自中国的威胁与挑战。在军事基地、军火贸易、军事演习、军事顾问等方面，美国重新巩固了与日、韩、澳等亚太地区盟国的军事合作，拓展了与印度、越南、菲律宾、泰国的军事交流。由于印度和太平洋安全利益的联系日益紧密，美国、日本和澳大利亚等国开始将印度和太平洋进行地缘政治整合，抛出印度-太平洋战略的概念。[①] 2012年美国发布的新《国防战略指针》，试图让印度加入美国希望组建并主导的网状辐条安全体系，让印度参加美国太平洋司令部系列安全行动。

第四，确立海空一体军事战略。自20世纪冷战开始以后，美国就用扇形理论（fan-spread）和"岛屿锁链"的军事战略，布局"亚太弧形危机地带"，压缩中国的战略空间。2012年以来，美国提出了美国"亚太再

[①] Michael Auslin, *Security in the Indo-Pacific Commons: Toward a Regional Strategy*, American Enterprise Institute, December 2010.

平衡战略"，宣布到2020年要将海军舰只的60%和6个航母舰队、美国本土以外60%的空军力量以及更多地面力量部署到亚太地区，提出了"空海一体战"（Air-Sea Battle）的军事战略部署，应对中国不断提升反介入/区域拒止（Anti-Access/Area Denial，A2/AD）能力所带来的威胁。美国甚至担心，如果中国军事实力继续上升，缩小与美国军事实力的差距，实力对比向有利于中国的一面倾向，美国将不得不退出第一岛链。[①]

第五，插手周边海洋主权争端。近年来，美国明显放弃"中立"立场，开始转向全面偏袒日、菲等国。美国以"重返亚太"为名，支持并纵容与中国有海洋领土主权争端的国家，搅动了原本就错综复杂的亚太局势。值得警惕的是，日本和菲律宾、越南之间军火贸易、军事训练和情报交流等合作不断推进，这些与中国有岛屿争端的相关各方出现了南北联动、一致对华的趋势。美国借岛屿争端和军事同盟，已经形成了对我国近海通道的封锁和包围态势。在钓鱼岛问题上，2014年4月，奥巴马在日本访问前公然表示，钓鱼岛适用于美日安保条约，这也是美国在任总统首次明确如此表示。在南海问题上，美国的高调介入刺激了周边国家在领土主权上的敏感神经，使得海上战略通道陷入复杂的法理之争。[②] 美国在"航行自由"、"和平解决争端"的名义下，支持东盟各国以《联合国海洋法公约》为基础与中国进行多边谈判，形成多对一（"5+1"或"6+1"）的制约中国态势。[③] 在这些岛屿争夺背后，一方面是周边国家借助美国的重返亚太战略，联合对中国施加压力；另一方面也反映出美国期望借助中国的领土主权争端主导分化中国亚洲影响力的战略图谋。在亚太地区，多数国家在经济上愿意分享中国崛起的机遇，在安全上强化与美国合作，地区合作呈现二元结构。一旦中国与周边国家的关系因为主权领土争端出现动荡，甚至引发冲突和战争，中国稳定的周边安全

---

① U. S. – China Economic and Security Review Commission, *2010 Report to Congress of the U. S. – China Economic and Security Review Commission*, November, 2010, pp. 89 – 91. http://uscc.gov/annual_report/2010/annual_report_full_10.pdf.
② 董建平：《美国重返亚太对我国海上通道安全的影响》，《黑河学刊》2013年第5期。
③ Patrick M. Cronin, "*Cooperation from Strength, the United States, China and the South China Sea*," Center for a New American Security, 2012. p. 7.

形势将不复存在,周边小国也要被迫在中美之间进行战略选边。如果美国因此而卷入这些冲突,那么海上能源通道安全将立刻陷入困境。

3. 中美海上能源通道合作的必要

第一,增进中美良性互动。中美关系内涵日益丰富,已经从两国关系拓展到地区和全球层面。无论是在双边和多边、地区和全球等各层次、各领域,中美两国的共识与利益不断增加,但摩擦和冲突也此起彼伏。中美关系的冲突与合作必然会波及在海上能源通道领域。能源通道既受到大国干涉等传统安全的威胁,也受到海盗袭击、恐怖主义等非传统安全的威胁。作为一项公共产品,海上能源通道安全事关全球各国的战略利益,其影响早已超出了某一国家和地区的范围。对海上能源通道的非传统安全威胁绝非一国之力可以解决,各国通力合作,协同保障,共同维护海上能源通道的畅通与安全,已经成为世界各国的普遍共识。那么在海上能源通道领域加强互动与交流,减少分歧与误读,增进利益与认同,对于增进中美关系的良性互动提供了很好的机遇与平台。

第二,增强两国军事互信。军事互信是中美增进战略互信的重要领域,也是构建不冲突、不对抗、相互尊重、互利共赢的中美新型大国关系的基本内涵。中美两军建立互信还存在一些困难,美国与部分国家或地区不断加强以中国为防范对象的军事合作,这是中美两军关系发展的重大障碍。此外,美国国内歧视性法律也限制了两军交往的领域和军事技术合作的层级。美国国防部自2000年以来每年发布中国军力报告,总会对中国正常国防建设妄加指责,不时以不少臆测和武断的结论,渲染所谓中国军备开支快速增长和不透明,断言实力增长使中国在东海和南海的军事、外交变得更具"对抗性",妄言中国以军事手段获得对北印度洋到西太平洋航线的排他性支配权力,削弱美国在西太平洋的军事优势,威胁美国及其亚太盟国的安全,挑战美国主导的海洋秩序。[1] 实际上,中美海上冲突属于低烈度对抗,具有非故意性、非暴力性、非战略对抗性和非挑战性的特点,这为两国建立海上信任和海上安全合作奠定了基础

---

[1] 李繁杰:《中美海上矛盾与合作前景》,《国际问题研究》2013年第6期。

等基本特征。① 中美两国需要公正、客观、平等的视角，摒弃冷战思维和零和思维，寻求在对话机制、联合演练、救援减灾等方面达成重要共识。海上能源通道维护不仅仅涉及中美两国的利益，也是推动区域合作的重要平台。为了维护海上能源通道安全，中美两国需要广泛开展安全与防务领域的战略磋商，积极参加亚太地区安全对话和安全机制建设，为促进地区和平稳定提供有效途径。中美两军本着尊重、对等的原则，尊重彼此的核心利益，不断增强战略互信，不仅是两军关系能够持续深入发展的基础，也是两国关系长期稳定发展的根本保证。

第三，避免发生海上危机。作为世界第一、第二大经济体，中美之间利益关切相互交织，任何形式的敌对和冲突都会损害中美共同利益。在中美建交以来建立的一系列交流机制中，军事互信方面最为敏感和脆弱，时常因为危机事件停滞乃至中断。中美两国于1997年建立国防部防务磋商机制，但还是无法避免中美海上摩擦。长期以来，美国坚持对中国沿海进行高强度舰机抵近侦察，每年次数多达500多次，多次发生中美军事对峙，甚至发生2001年中美撞机事件。此外，在美国不断承诺加大对盟国军事支持和军事保护的情况下，美国很容易被盟国拖入与中国的冲突之中，为盟国莽撞的对外政策进行战略背书。如果中美爆发海上军事冲突，不仅会严重损害彼此安全利益，而且会影响地区和平与稳定。因此，中美两国要加强海上通道的对话与磋商，致力研究发展海空军事安全行为准则，管控分歧与对抗，降低两军因为误解及误判引发冲突的危险性。在海上能源通道面临共同威胁的情况下，改变中美两军以往重形式而轻实质的交流，加强海上安全磋商与对话，自然成为中美两国的战略需要。

第四，共同应对安全威胁。进入21世纪以来，海上通道面临的非传统安全威胁明显增大。海上非传统威胁是指除战争、武装冲突以外的对国家利益构成威胁的各种行为，由于海洋空间的连通性以及海洋自然条件的复杂性，海上非传统威胁具有隐蔽性、多样性、严重性的特点。近年来国际海盗袭击对海上通道的威胁日益增大，东南亚海域、孟加拉湾、

---

① 蔡鹏鸿：《中美海上冲突与互信机制建设》，《外交评论》2010年第2期。

红海和亚丁湾、索马里半岛附近海域五个地区是国际海盗的主要活动区域。国际海事局（IMB）发布的全球海盗活动2013年年度报告显示，2013年海盗活动降至6年来的低点，共发生了264起袭击。西非的海盗活动依然猖獗，几乎占全球海盗袭击总数的1/5，是世界上最危险的海域之一。海盗活动不仅对油轮的安全通行构成严重威胁，而且船员人身安全、货物的损失、高额的保险金赔付也给相关国家带来了重大损失。海盗活动范围的不断扩展，对海上战略通道安全构成严重的威胁，已经引起了国际社会广泛警惕。联合国安理会"1851号决议"要求各国改变打击海盗时的各自为政局面，通过建立国际合作机制加强统一和协调。[①] 2008年12月23日，中国国防部宣布，根据联合国安理会"1816号决议"和"1838号决议"，中国海军远赴索马里海域执行护航任务。无论从航线、船舶数量还是运输量上来讲，中国维护海上通道安全方面的能力和中国贸易运输安全性需求严重失衡。如果中美两国能够带动其他国家，实行分段保护，联合拟定保护海上能源通道的职责与义务，共同维护海上能源通道的安全，不仅能够提高维护运输安全的效率，而且还能减少彼此安全成本并共享合作收益。

4. 中美海上能源通道合作的路径

从目前来看，中国还不具有与美国全面抗衡的实力，没有独立保卫自己海外能源利益的实力，客观上也无法避免海上能源战略通道被切断的可能。但在中美关系整体走向稳定的趋势下，这种可能是很小的。由此，在中美两军在高层交往、机制性交流日益扩展的情况下，必须努力寻求和平状态下中美合作的新空间。

第一，加强中美海上冲突危机管控机制。自冷战结束以来，美军加大了对我国空中和海上侦察监视的力度，致使中美两国军机军舰相遇的可能大幅增加，发生意外情况的概率同步增长。虽然中美并没有战争意愿，但在双方不断加强海上军事存在和活动强度的趋势下，偶然性的海上摩擦在所难免，海上冲突升级的可能性依然存在，甚至可能陷入"非

---

① 殷卫滨：《困局与出路：海盗问题与中国海上战略通道安全》，http://guancha.gmw.cn/content/2008-12/31/content_874761_3.htm。

蓄意性战争"（inadvertent war）的危险之中。中美两国早在1998年1月就签署了《关于建立加强海上军事安全磋商机制的协定》，但仅有9个条款的协定缺少有效的操作规范，仅仅成为中美沟通的一个渠道。自签署以来，中美海上冲突事件依然频发，有必要在重新评估和多方借鉴的基础上，着眼于更广泛的安全领域，制定新的海上互信机制，明确海上安全细则。面对未来日益加大的海上冲突风险，中美需要借鉴1972年美苏签署的《关于防止公海水面和上空意外事件的协定》（INCSEA），继续完善和升级MMCA协定，从而建立起一套务实、详细、具有可操作性的军事交往规范。该规范需要对于海上军事单位和平时期日常航行、紧急机动、海上演习、海上监视、情况下的偶遇和对峙时的战术行为做出详细规定，禁止具有敌对和挑衅性的行为，规范容易导致双方误判和误解的行为。在2013年7月第五轮中美战略与经济对话期间，中美决定探讨制定重大军事行动相互通报机制和海空相遇安全行为准则。2015年9月，在习近平访美期间，中美双方正式签署了重大军事行动相互通报机制新增的"军事危机通报"附件、海空相遇安全行为准则新增的"空中相遇"附件，这标志着中美新型军事关系取得了新进展，为中美双方增进战略互信、管控分歧、避免误解误判迈出了实质性的一步。

第二，建立海上能源通道多边合作机制。虽然各类区域性海上通道多边合作机制早已存在，但目前在全球层面还缺少涉及能源保护的海上通道多边合作机制。随着全球化进程的推进和相互依存程度的提高，国际社会需要加强在经济、技术、军事、外交等方面的合作，构建一个全球性的海上通道多边合作机制。该机制以联合国为主导的海上安全合作组织，主要是加强各国海上利益诉求沟通，积极推动建立信任措施合作，避免海上利益冲突升级，共同打击威胁能源通道避免通畅的海盗、恐怖主义，防止事故污染等各种环境灾难。该机制需要在会议磋商、工作组进展状况、海上危机管理规范、年度情况评估等方面做出详细的规定，切实加强海上能源通道多边合作。

第三，完善海上能源通道安全法律制度。目前国际社会缺乏专门针对海上通道安全合作的多边公约，现存《联合国海洋法公约》等国际法对海上通道安全的维护起到了一定的作用。但在属地管辖、专属经济区性质、无害通过权、对海盗的认定和打击等方面,《联合国海洋法公约》等国际法还存在一些模糊性条款,各国存在比较大的分歧,需要进一步发展和完善。为此,国际社会需要制定一部专门针对海上通道安全合作的公约,清楚地界定公共航区管理、海上通道部队、港口码头保护、联合搜救行动、反海盗巡逻、情报信息支持、环境保护检测等海上安全事项中各国的权利义务,制定有效的监督机制和争端解决机制。

第四,拓展海上能源通道联合护航行动。为了保护海上通道安全,中美可以携手推动周边国家建立海上通道保护部队,就反海盗巡逻、打击恐怖主义等进行联合行动。此外,中美可以加强双方或多边参与的强化海上能源通道安全联合演习,在反海盗行动、海上搜救、灾难救助、环境保护等领域加强沟通与合作。2008年12月,中国正式宣布派遣军队参加索马里海域打击海盗的行动,中美已经有了情报、通信方面合作的经验。此外,中国参加了2014年环太平洋联合军事演习,中美已经在联演联训方面开始了密切的互动与合作。

第五,共同投资周边区域能源项目建设。在港口、码头建设和管理方面,美国具有丰富的经验,中国具有充足的资本和技术,在"一带一路"的布局下,中美两国可以利用现有世界银行、亚洲开发银行等机构,加强海上通道周边区域的港口、仓储、物流等能源基础设施项目建设,为海上能源通道的通畅提供强大的陆上支撑。

5. 中美海上能源通道合作的限度

第一,谨慎评估中美合作的限度。虽然从客观需要来看,中美两国在海上能源通道安全上具有一定的共同利益,但中美合作的深度受到多种因素的影响。其中,美国对中国影响力的认知和评估是关键要素之一。如果美国以零和博弈的思维来看待中国实力的增长和国际地位的提高,那么自然会引起美国对中国力量上升的防范,并有可能引发军备竞赛。如果美国以互利共赢的视角来看待中国海上活动范围的拓展和行动能力的增强,那么中美在非传统安全领域还有广阔的合作空间。[①] 此外,在维护海上战略通道安全方面,中美有着广泛的共同利益和合作前景,但严格说来这种

---

① 周云亨:《中国能源安全中的美国因素》,上海人民出版社,2012,第160页。

合作是不对称的。受中美关系波动的影响,一旦中美关系发生变故,美国很有可能无视或放弃中美海上通道安全合作,甚至反过来威胁我海上通道安全。① 因此,我们必须要谨慎评估美国海上通道战略的主导性、干涉性和排他性,对战略约束下中美关系合作的有限性保持清醒的认识。

第二,有效化解周边因素的干扰。从中美海上能源通道遍布欧亚非各州的关键性水域,周边国家众多,通道安全除了受到两国目标与手段的影响,还受到周边其他国家因素的影响。沙特、伊朗、巴基斯坦、印度、澳大利亚、日本、东盟国家等国都是影响通道安全的重要战略支点,他们与中美两国的关系决定着是否可以提供可靠的后勤支持和岸上支援。为此,中美两国必须寻求与周边国家的积极互动,妥善解决领土主权争端,强化现有海上多边合作机制的互动,避免大陆边缘地带地缘政治危机影响海上战略通道的通畅。

第三,切实提高中国海上石油的运输能力。中国海上船运的70%左右由外国油轮承担,与美日两国相比,中国"国油国运"比例偏低,这与中国第二大石油进口国的地位极不相称。中国油轮船队规模小,超大型油轮(VLCC)油数量少,难以承担中国原油进口任务。原有的油运公司竞争力不强,管理落后,与国际油轮巨头相比还有巨大差距,与石油公司还缺少深层次的战略合作。缺少自己的油轮船队,容易受制于人,中国运输能力不足严重影响了中国石油海上运输的安全。为此,中国需要打造超级油轮船队,通过组建超级油轮运力池(VLCC POOL)模式,规避西方油轮巨头垄断海运价格的风险,减低石油运输成本。② 一旦发生局势动乱和战争风险,中国可以理直气壮地进行武装护航,保护中国海上能源运输安全。

三 协调新能源领域的竞争与合作

中美两国都面临能源供应和节能减排的双重压力,在优化能源结构、

---

① 冯梁、张春:《中国海上通道安全及其面临的挑战》,《国际问题论坛》2007年秋季号。
② 崔守军:《能源大冲突:能源失序下的大国权力变迁》,石油工业出版社,2013,第122~123页。

开发利用新能源等方面有着共同诉求。中美两国在新能源合作领域各有优势,高度互补,在这一领域内的利益也深度交汇,双方合作的空间极为广阔。与此同时,在内外因素的影响下,中美新能源技术竞争和市场竞争导致了一系列贸易摩擦,影响着中美新能源领域合作的广度和深度。

1. 中美新能源合作的根本动因

中美两国政府都把发展新能源作为应对金融危机、气候变化和发展战略性新兴产业的重点,具有利益的一致性和加强合作的必然性。

第一,中美都把发展新能源确立为国家战略。

传统化石能源的日益耗竭以及随之而来的气候变化和环境污染已成为威胁人类生存与发展的重大问题,发展新能源来替代化石能源被认为是应对上述能源困境的有效选择。新能源能够缓解国家对化石燃料的进口依赖,大幅度地减少碳排放,为经济长期可持续发展提供持久动力。中美两国30多年前就已签署能源科技合作协议并启动合作进程,但真正取得重要进展还是在奥巴马政府上台之后。不管是美国还是中国,现在都把清洁能源作为一个战略性的产业,这是双方的一个共同点。奥巴马政府将新能源战略提升到了美国国策的高度,强化包括风能、太阳能、生物燃料等新能源的广泛利用,抢占未来发展的制高点。奥巴马试图以新能源产业领域革命的方式,以期在环境、能源、气候方面发挥更大的领导力。目前,中国政府也正大规模发展清洁能源,力图改善目前以化石能源为主的能源消费结构。中美新能源产业你追我赶,已经形成了竞合态势,这为中美更加公平的能源合作提供了坚实的基础。中国已经连续多年成为全球最大的清洁能源投资国,是全球增长最快的市场之一。中国拥有先进的煤炭燃烧技术,中国在建核电站数量超过世界上任何一个国家。目前,风电设备的国产化已基本完成。中国对清洁能源的本土需求还会逐渐加大,未来市场潜力不可小觑。奥巴马政府的新能源战略目标具有多重性,把应对金融危机、促进美国经济复苏、推动就业充分结合。奥巴马在2009年2月督促国会通过了《2009复兴和再投资法案》,采取了包括重振制造业等一系列应对措施挽救美国经济,而发展新能源产业就是重振制造业的重要部门。2011年5月10日,美国能源部公布了未来五年该部门战略规划，提出了雄心勃勃的新能源发展目标。①中国政府将新能源作为重点发展的战略性新兴产业之一。在2007年的《可再生能源中长期发展规划》，计划到2020年时可再生能源消费量要占到能源消费总量的15%。《中国的能源政策（2012）》白皮书中强调，要大力发展新能源和可再生能源，积极推进能源多元清洁发展，并把新能源和可再生能源作为战略性新兴产业。白皮书提出了中国发展新能源的目标任务，即到"十二五"末，在一次能源消费中，非化石能源消费占比要达到11.4%，非化石能源发电的装机比例要达到30%。②从中国的能源发展战略来看，中国新能源潜力巨大，市场广阔，不仅为本国能源企业同时也为包括美国在内的外国投资者提供了前所未有的机遇和空间。

第二，中美新能源合作具有丰富的经济收益。

中美两国新能源战略目标相近，战略利益相容，这为两国共同推进新能源的研究与开发奠定了基础。中美两国都将发展新能源作为刺激经济增长、能源转型和节能减排的重要路径，以此来完成经济发展、能源安全和应对气候变化的多重目标。美国发展新能源的比较优势是拥有完善的法律政策保障、充足的资本投入和先进的能源技术，而中国发展新能源的优势在于政策高度重视、发展规模和速度增长较快、能源消费市场广阔。对美国企业来说，中国新能源市场的发展规模和市场潜力具有巨大吸引力；而对于中国企业而言，获得美国新能源资金和技术对于加快能源产业发展拥有非同寻常的意义。

麦肯锡公司的研究报告指出，中美两国只有相互协作，才能创造出使新能源技术繁荣发展的环境。③对于严重依赖金融服务业的美国而言，利用中美新能源合作的机会，凭借自身技术优势，加大对中国新能源技术和设备出口，将为刺激美国经济增长带来新的增长点；对于长期处于

---

① The Department of Energy, *2011 Strategic Plan*, May 2011, http://energy.gov/downloads/2011-strategic-plan.
② 国务院新闻办公室：《中国的能源政策（2012）》白皮书，2012年10月，新华网，http://news.xinhuanet.com/politics/2012-10/24/c_113484453.htm。
③ Jonathan Woetzel, "China and the US: The potential of a Clean-Tech Partnership," *McKinsey Quarterly*, August 2009, http://www.mckinsey.com/insights/energy_resources_materials/china_and_the_us_the_potential_of_a_clean-tech_partnership.

对华贸易逆差的美国来说，如果美国放松包括先进能源技术在内的对华出口控制，在中国高科技市场需求持续增长的情况下，将有利于减少美国的对华贸易逆差，大幅度缓解中美贸易的失衡问题；对于急需要解决失业问题的美国来说，如果美国增加在中国的新能源投资或产品、技术出口，不但可以有助于实现奥巴马的"出口倍增计划"，而且还可以为其国内就业市场带来更多的机会。

中美新能源合作可以分别为两国带来不同的经济收益。美国一方面可以通过加大对华新能源技术和设备的出口，改变过度依赖金融业的产业结构，降低对华贸易逆差；另一方面可以通过新能源产业的发展创造大量就业岗位。对于中国而言，首先，中美共同开发新能源可以推进新能源对传统能源的替代速度，加快向低碳经济转型，为中国经济发展方式的转变生成新动力。其次，通过对美国绿色能源高端技术的引进、吸收和利用，不仅可以解决对传统化石能源进行改造和升级的技术瓶颈，缩短我国对化石能源的依赖周期。最后，在欧美等发达国家频频提出征收碳关税的趋势之下，通过加强与美国企业在新能源领域的合作，可以利用本土化产品高技术标准和原产地原则，最大限度地规避美国贸易保护主义带来的市场风险。[1]

相比于传统能源资源有限性的零和竞争，中美在清洁能源方面具有广阔的合作空间。比较而言，中美双方在低碳新能源领域的互补性很强，[2] 郑必坚先生也指出，中美两国可以合作节能和提高能效，开发和应用洁净煤技术，发展新能源和可再生能源，维护国际能源市场安全，以上四个方面的合作前景看好且空间广阔。[3] 如果说两国前期能源合作主要在于美国能源公司对华能源资源的勘探、开采投资和市场销售，那么现在的能源合作主体已经升格到两国政府。中美能源合作的领域和范围不断扩大，从开发化石能源到清洁能源技术研制，从生态安全、环境保护到能源效率，从建立能源对话机制到联合研讨，从确定合作框架到实施

---

[1] 张锐：《新能源合作：中美互惠式大餐如何分享？》，《中国经济时报》2011年6月30日。
[2] 王伟光、郑国光：《气候变化绿皮书：应对气候变化报告》，社会科学文献出版社，2011。
[3] 郑必坚：《中美能源，可从四个方面合作》，《人民日报（海外版）》2009年10月23日。

具体合作项目，可谓全面开花。这个进程还刚刚开始，合作潜力远未释放，能源合作将会沿着现有的轨迹和发展惯性继续快速推进。①

第三，中美新能源合作产生长远的政治收益。

新能源合作为中美关系提供了新的合作平台，全方位、多层次、宽领域的能源合作成为两国增进战略互信的重要渠道。

首先，在国内发展层面，为中美两国实现能源安全、实现发展目标提供了新的突破。能源是保障国家经济发展和维护社会稳定的战略性资源，在获取海外能源地缘政治风险加大和能源进口成本居高不下的情况下，在国内发展新能源是以自身行动促进能源安全、实现能源消费结构多样化、提高能源利用效率、减少环境污染的重要突破口。从人类开发利用能源的历史来看，每次重大的社会转型和生产方式的跃迁，都离不开新型能源的出现和大规模使用所爆发的能源革命。而引导或顺应能源革命的国家，往往成为经济发展、社会进步乃至生活方式的领导者。在这样一个过渡性的时代，能否抓住新型能源革命的机遇趁势而上，决定着后发国家赶超战略的成功与否。在今天，引领和推动能源技术创新，用绿色能源技术改造和升级能源体系变革，应该是决定各国未来发展战略的制高点。因此，推进中美两国新能源合作，实现优势互补，是两国实现国家发展战略的重要保障。

其次，在双边合作层面，为中美两国拓宽合作范围、深化合作机制提供了新的焦点。中美建交以来，两国合作领域不断拓宽，能源逐步成为中美关系的核心议题之一。随着中国石油消费的上升和石油进口的增多，美国开始关注中国因素对国际石油市场的影响，并对中国与某些国家合作来获取能源的方式不满，中美在能源领域的矛盾开始日益突出。在地缘政治折冲和意识形态对峙的相互作用下，极有可能导致美国对华能源政策倾向更深层的遏制。美国把中国看作对美国国际主导地位的严峻挑战，甚至对中国获得海外能源供应的举措频频出手干涉、施加压力。美国之所以对中国能源政策持有怀疑与防范心态，主要原因在于两国对

---

① 丁佩华：《中美能源科技合作：特点、意义、策略》，中国能源网，http://www.china5e.com/show.php? contentid = 166788。

彼此能源战略意图和能源政策交流不足。由此，中美两国政府非常有必要就能源安全和能源政策进行专门的战略对话与交流。在新能源领域，中美之间日益深化的对话与合作，为化解在化石能源领域的疑虑与偏见，起到了增信释疑的作用。30多年来，两国在煤炭、石油、天然气等化石能源领域和可再生能源领域，在减少环境污染、提高能源效率、推广智能电网、发展电动汽车、研发先进生物燃料等方面，进行了不断深化的合作与交流。特别是在新能源领域，中美两国开展了富有成效的实践活动，建立了相对成熟的合作机制。

最后，在多边合作层面，为中美两国推进区域合作、加强国际协调提供了新的领域。在全球能源治理领域，遏止石化能源资源枯竭、优化能源市场治理、应对全球气候变暖是所有国家共同的责任，需要国际社会的共同努力。但作为全球能源生产、消费大国、进口大国，特别是碳排放占全球温室气体排放总量40%以上的中美两国角色至关重要，采取怎样的能源政策与行动举足轻重，两国所承担的责任不言而喻。中美两国在多边能源合作机制中的角色差异，决定了两国在全球能源治理中政策倾向的不同。中美两国积极参与了亚太经合组织的新能源伙伴计划，共同推动着亚太各国之间的能源技术合作。中美两国通过多边合作机制下的新能源合作，可以有力地促进中美气候变化政策上的协调，引领国际社会做出共同的努力。

2. 中美新能源合作的主要问题

随着美国政府把中国看成最强劲的经济竞争对手和潜在的挑战大国，这种结构性冲突也辐射到了能源领域。中美新能源领域的合作潜力越来越受制于中美之间的战略竞争关系，而新能源可能成为未来双方竞争和冲突的新领域。

第一，新能源领域的贸易摩擦倾向。

随着中国经济实力的快速增长，中美两国的贸易摩擦从商品层面发展到产业领域，越来越直指中美两国科技领域的核心竞争力。近年来中美贸易摩擦延伸至了风电、光伏太阳能等新能源领域，纠纷却渐呈上升之势。在风电领域，2011年12月29日，美国商务部及美国国际贸易委员会收到了美国风电塔联盟（Wind Tower Trade Coalition）[①]申请，强烈要求对产自中国的应用级风电塔产品发起反倾销和反补贴两项调查，寻求征收超过64.37%的关税。在风电之外，中美光伏太阳能贸易战此起彼伏。早在2010年10月15日，美国贸易代表办公室应钢铁工人联合会的申请，启动了对中国新能源政策的"301调查"，对我国对风能、太阳能、新能源电池的补贴政策进行调查。2011年10月10日，美国商务部和美国国际贸易委员会根据德国太阳能世界公司（Solar World）美国分公司等在内6家公司提出反倾销和反补贴申诉，要求对中国新能源产业立案调查。美国商务部在2012年最终裁定中国出口美国的晶体硅光伏产品倾销幅度是18.32%到249.96%，补贴幅度是14.78%到15.97%。2014年年初，太阳能世界公司美国分公司仍坚持认为中国大陆和台湾地区输美晶体硅光伏产品存在倾销行为，倾销幅度分别为165.04%和75.68%，大陆出口商享受的政府资金补贴也超过允许范围。2014年12月17日，美国商务部裁定中国大陆输美晶体硅光伏产品倾销幅度为26.71%至165.04%，补贴幅度为27.64%至49.79%；台湾地区输美晶体硅光伏产品的倾销幅度为11.45%至27.55%。太阳能世界公司（Solar World）之所以挑起第二轮双反调查，目的是堵死大陆太阳能企业借用海外代工和采购来规避美国关税的渠道，其行为明显属于滥用贸易救济手段。由于中美两国贸易失衡的格局会长期存在，这为美国的贸易保护主义提供了现实依据和理由，这意味着中美贸易摩擦在未来会呈现常态化。

第二，美国对华能源技术出口管制。

尽管中国在新能源领域的投资已经远超美国，但在节能减排和环保领域，中国未能掌握关键的核心技术。联合国开发计划署认为，中国发展低碳经济至少需要60多种技术，但目前中国尚未掌握的核心技术有42种之多。这意味着，中国为了实现低碳经济，将不得不进口约70%的减排技术。[②] 对于包括新能源在内的高新技术，出于国家安全和知识产权的

[①] 这个名为风电塔联盟的组织由Trinity Structural Towers、DMI Industries、Katana Summit和Broadwind Energy等4家美国风电塔企业组成。

[②] 联合国开发计划署驻华代表处：《2009/10迈向低碳经济和社会的可持续未来——中国人类发展报告》，中国对外翻译出版公司，2010，第50页。

考量，美国在政策上一直无法放开对中国的出口。中美新能源合作中，是否和如何转让核心技术一直存在比较大的争议和障碍。必须认识到，保证国家安全是美国对华出口高科技产品的重要前提，就此而言，美方依然会对敏感核心技术出口实施严格管制。从长期来看，中国在世界能源格局中的地位主要取决于掌控新能源创新的制高点，而这显然无法通过中美合作而自动获得。为此，中国必须充分认识掌握全球新能源技术制高点的重要意义和深远影响，统筹资金和技术，合理规划产业，推进科研体制创新，在新能源技术领域率先取得突破，进而确立新的国际竞争优势，实现跨越式发展。①

第三，外国投资国家安全审查问题。

中国企业走出去到境外进行能源类投资，不仅可以保障我国的相关需求，促进经济发展，进一步增强中国参与经济全球化的能力、深化与有关国家的对外经贸关系，同时对提高能源开发技术水平、改进能源设备装备等具有相当大的推进作用。在当前世界各国政府、企业和社会民众日益重视能源保护的背景下，我国能源类对外直接投资中频频遭遇到各种阻力。美国建立了较为完备的能源监管法律体系，对来自中国的投资设置障碍，中国对美能源投资面临国家安全审查的阻力。根据《埃克森—弗罗里奥修正案》（*The Exon-Florio Amendment*），美国建立了外资并购国家安全审查机制。②《2007年外国投资和国家安全法》（FINSA）进一步扩大了国家安全审查的范围，同时要求对来自外国的"国有企业"收购需要进行更加严格的国家安全审查。③ 在实践中，即使某个并购项目没有涉及国家安全问题，美国国内竞争对手的国会代表也会以"国家安全"来影响外国投资审查委员会（CFIUS）的审查，导致国家安全审查的泛政

---

① 于宏源：《冷静看待中美新能源合作》，《能源》2011年第2期。
② 1988年由内布拉斯加州参议员埃克森和新泽西州参议员弗罗里奥联合提出，国会批准《埃克森—弗罗里奥修正案》（Exon-Florio amendment），将《1988年综合贸易和竞争力法》第5021条（the Omnibus Trade and Competitiveness Act of 1988）第5021节附加在《1950年国防生产法》之中，称之为《1950年国防生产法》第721条，该法也就被称为"埃克森—弗罗里奥"条款（Exon-Florio provision）。
③ *The Foreign Investment and National Security Act of 2007*（FINSA），Pub. Law No. 110 – 49, 121 Stat. 246.

治化。由于缺乏国家安全的明确定义，美国往往根据国籍来界定国家安全风险。如此一来，美国的国家安全审查呈现很强的主观性和不确定性。虽然中国对外投资规模不断增长，但中国对美国能源业的投资却增长缓慢。中国企业对在开拓美国市场时遭遇的不公正待遇深感失望和不满，很多投资项目因为所谓的"国家安全"问题被迫搁浅。

第四，新能源领域的知识产权纠纷。

为了在贸易平衡问题上找到新的突破点，知识产权也是美国企业用以遏制中国高新技术企业发展的常用武器。国际贸易委员会在2011年5月发布了一份关于中国知识产权问题的报告，对中国知识产权侵权情况等进行了系统分析。国际贸易委员会（ITC）调查了美国在华经营的包括风能等知识密集型企业，许多美国企业认为因中国创新政策而遭受了实质损失，而且在2009年美国企业因中国侵犯知识产权蒙受了482亿美元的损失。报告通过模拟分析显示，在中国政府加强知识产权保护的情境下，美国对华出口额将会增加1070亿美元，同时为美国带来约92.3万个工作机会。[1] 美国涉华知识产权问题主要采取"337调查"，这是美国针对进口贸易中的知识产权竞争行为进行的不正当的非关税行政措施。近年来，中美在新能源产业的竞争正在向知识产权领域升级，中国企业遭遇美国337调查的案例呈不断增加态势，对我国出口企业的危害越来越大。为了保护美国新能源技术专利的流失，美国还试图通过法律手段阻止中国企业对美国光伏企业的收购。美国光伏产业成本较高，而中国光伏产业拥有低成本优势，越来越多的美国市场份额被中国光伏企业所占领，导致美国一些光伏企业陷入经营困境，濒临破产。为了保障美国能源企业的竞争力，美国能源部多次出手干预中国购买美国破产光伏电企业资产，试图阻止该企业太阳能电池制造技术被中国企业获得。

3. 中美新能源贸易摩擦的原因

2010年以来，美国却频频向中国新能源贸易发起贸易保护主义的调

---

[1] United States International Trade Commission, *Effects of Intellectual Property Infringement and Indigenous Innovation Policies on the U. S. Economy*, Investigation No. 332 – 519, USITC Publication 4226, May 2011. http://www.usitc.gov/publications/332/pub4226.pdf.

查,这背后具有深刻的经济原因和复杂的政治考量。

第一,中国能源扶植政策的缺陷是表面诱因。

为了应对金融危机和应对气候变化,中国把新能源作为战略性新兴产业,并采取了一系列扶植政策。在各地竞相发展新能源的同时,不可避免地存在一些不符合世界贸易组织公平贸易原则的一些做法。美国钢铁工人协会声称,中国政府新能源扶植政策存在有歧视性政策法规、控制关键原材料、技术转让条件限制以及大规模政府补贴等行为。实际上,报告所提到的政策虽然曾经有过,但多数已早做修正或取消了。但这件事情提醒我们,正是由于各级地方政府的盲目支持和随意补贴,使得自己的新能源政策授人以柄,引发贸易摩擦和纠纷。

近年来,随着中国新能源技术的发展,本土新能源企业迅速崛起,以市场化和商业化运作不断降低新能源产品的成本,在产品质量、价格、售后服务、投标策略上开始超越国外供应商,使其在中国市场的竞争地位遂逐渐发生逆转。遗憾的是,美国无视中国新能源政策对全球新能源发展的贡献,顽固断定本国新能源企业的竞争劣势是中国歧视政策造成的。外国新能源设备制造商虽然多次参与我国风电开发项目招标和机组招标,但多数因价格和投标策略等原因落标。

中国新能源产业的快速发展,实际上也为外国企业提供了新的机遇,为全球新能源合作带来了为广阔空间。目前,全球著名的风电企业都已经在中国设立独资或合资企业,由于这些风电企业的全球采购,同时也在设计等领域为美国创造了大量就业机会。此外,中国金风科技、明阳风电、湘电风能、A-power 等新能源企业在美国选址建厂,建立海外研发生产基地,也为美国的绿色就业做出重大的贡献。

第二,中美新能源贸易的失衡是直接原因。

中国将新能源产业作为经济转型的引擎,美国也把新能源产业作为重塑美国竞争优势、维护能源安全和应对气候变化政策的关键。中美两国都要在有限的市场资源中获得更大的份额,难免会在新能源市场上短兵相接。

2009 年以来,中国一直是世界最大的新能源投资国。皮尤慈善信托基金会(PEW)发布的《谁将赢得新能源竞赛:2012 年版》显示,2012

年中国以651亿美元新能源投资高居榜首,同比增长20%,高达约占G20各国新能源投资总量的30%;位居第二的美国被中国远远地甩在了后面,2012年美国新能源投资仅为356亿美元,下降幅度高达37%。① 根据彭博新能源财经(BNEF)发布的2014年度数据,2014年中国清洁能源投资额增长了32%,达到895亿美元,其中的730亿美元来自新增项目融资,383亿美元的风电项目和304亿美元的太阳能项目投资增速都超过了20%;而美国清洁能源投资额为518亿美元,增长幅度只有8%。②

中美新能源贸易失衡是美国新能源企业在激烈竞争下发起贸易保护的直接原因。尽管我国出台了一系列扶植光伏发电的利好措施,但国内需求仍无法替代原来的出口规模。在欧洲各国深陷债务危机困扰,各类新能源补贴政策无法落实的情况下,发展新能源的美国市场成为光伏企业海外拓展的重要目的地。在快速扩充的光伏市场中,美国市场最具潜力,我国光伏厂商纷纷加大对美国市场的投入。美国统计数据显示,2008~2010年,中国出口美国的光伏产品数额增长了近三倍,从2008年的5.1亿美增至2010年的15亿美元。③ 中国出口到美国的光伏产品激增,而美国本土产量却停滞不前,部分新能源产业破产带来了新的失业问题,美国光伏业面临来自中国制造的强大竞争压力。中国光伏电池产品对美出口翻番,一定程度上引起美国电池生产商的恐慌,最终导致了美国的反倾销和反补贴调查。

其实,中国光伏产品出口增长的根本原因是市场竞争优势,是近年

---

① The Pew Charitable Trusts, *Who's Winning the Clean Energy Race? 2012*, p. 14. http://www.pewenvironment.org/uploadedFiles/PEG/Publications/Report/-clenG20-Report-2012-Digital.pdf.

② Bloomberg New Energy Finance, *Global Trends in Clean Energy Investment*, January 9, 2015. http://about.newenergyfinance.com/about/presentations/clean-energy-investment-q4-2014-fact-pack/content/uploads/sites/4/2015/01/Q4-investment-fact-pack.pdf.

③ U.S. Department of Commerce/International Trade Administration, *Commerce Initiates Antidumping Duty (AD) and Countervailing Duty (CVD) Investigations of Crystalline Silicon Photovoltaic Cells, Whether or Not Assembled into Modules (Solar Cells) from the People's Republic of China (China)*, http://ia.ita.doc.gov/download/factsheets/factsheet_prc-solar-cells-ad-cvd-init.pdf.

来中国光伏产业的快速发展、先进的生产技术和生产规模优势的必然结果，而非低价倾销或政府补贴。中美光伏产品贸易之所以能够迅猛发展，一方面来自中国光伏产品的价格和技术上的竞争优势，另一方面来自中美光伏产品贸易结构差异。美国在上游多晶硅和光伏设备出口上具有绝对优势，但中下游光伏组件却大量依靠进口。

此外，美国启动可再生能源贸易壁垒调查，离不开美国国内光伏企业连续破产的压力。2011年，美国太阳能电池制造商Evergreen Solar、Spectra WattIn、Solyndra Inc.宣布申请破产保护，美国贸易保护主义倾向开始抬头。美国还试图通过贸易壁垒调查为美国企业在华提供公平竞争环境。国际风机巨头对我国前景广阔的风电市场觊觎已久，虽然国内需求庞大，但由于国内制造成本低廉，国际风机企业在竞争中毫无优势可言，我国风机主要靠国内市场，我国风机制造产能还在大幅增加，大力拓展国际市场已经成为当务之急，所以美国、日本、欧盟强烈要求中国取消风机补贴。

根据学者对2000~2010年中美两国新能源贸易依存度的比较分析，中美两国新能源贸易的依存度都快速攀升，但中国经济对中美新能源贸易的依存程度明显高于美国。正是中美这种新贸易依存度的结构性差异，使得美国政府在能源新贸易保护上频频向中国发难而有恃无恐。①

第三，中美能源战略的竞争是根本原因。

现代民族国家对开发利用能源的动力来自市场需求和国际竞争。从历史上看，新兴大国崛起往往伴随着相应的新一代能源的发现、占有并充分利用。在当前的世界能源转型中，新能源可谓是主导未来能源体系变革的关键因素。② 作为一种国家策略的大博弈，新能源战略的竞争是中美两国在未来发展中争夺国际话语权的制高点。为了保护本国能源企业的利益，以美国为代表的一些发达国家试图利用国内和国际现行贸易规则来削弱中国企业的竞争优势。奥巴马政府把发展新能源作为拯救金融

---

① 王磊、陈柳钦：《中美贸易博弈新聚点：新能源贸易领域的合作与摩擦》，《水电与新能源》2012年第4期。

② 于宏源：《新能源和国际体系权力转移》，《上海市社会科学界第五届学术年会文集（2007年度）》（世界经济·国际政治·国际关系学科卷），上海人民出版社，2007。

危机和推动经济转型主要策略,而中国新能源产业的快速发展与其美国形成了激烈竞争。美国国会下属的重要智库——美中经济与安全评估委员会(U.S. – China Economic and Security Review Commission)在递呈国会的2010年报告中指出,美国在中美新能源科技贸易上的赤字从1997年的3亿美元上升为64亿美元。中国风电和光伏产品等新能源产业的迅猛发展,已经对美国新能源产业发展构成了较大威胁。① 2012年美国实施第一轮"双反"的惩罚性关税后,并没有阻止中国光伏企业在美国市场的优势地位。美国咨询机构GTM Research指出,美国市场上中国光伏制造商所占份额仅从2012年的57%降到了2013年的49%,下降幅度实在有限。②

第四,美国国内政治因素的干扰是重要原因。

在新能源领域,中国明显是美国的"假想敌",容易激发美国议员"恐惧感"。当中期选举或大选临近的时候,就会频频出现针对中国新能源的贸易诉讼,这是转移选民视线和拉选票的政治秀,背后有复杂的政治因素掺杂其中。

从各国的能源政策实践来看,对发展新能源实行扶持政策是各国的通行做法。美国可再生能源产业激励政策补贴种类繁多,补贴金额巨大,有可再生能源发电配额制度(RPS)、生产税收优惠补贴(PTC)、投资税收优惠补贴(ITC)和设备制造商优惠补贴(MITC)等。其中,投资税收优惠补贴和生产税收优惠补贴享有最高30%的税收优惠或现金返还优惠。但是美国新能源补贴政策受到政府拨款预算的周期性影响。一旦发生财税型激励手段的废止,因政策延期不确定性的影响,美国新能源产业会出现不同程度的下滑,呈现波浪式发展。在这种情况下,新能源产品大量出口美国市场的中国便成为奥巴马政府转移新能源产业政策执行不力的政治替罪羊。

美国贸易保护主义对我国新能源产品的出口造成严重冲击。首先,

---

① *Report to Congress of the U.S. – China Economic and Security Review Commission.* No. 2010, pp. 199 – 210. http://origin.www.uscc.gov/sites/default/files/annual_reports/2010 – Report – to – Congress. pdf.

② 〔英〕艾德·克鲁克斯:《中美光伏产品贸易战升级》,英国《金融时报》2014年1月27日。

受贸易保护主义措施的影响，美国关税大幅度增加，增加了我国产品进入美国市场的难度，导致我国出口市场萎缩。其次，美国新能源贸易摩擦引发了欧盟在2013年对中国太阳能面板征收临时性反倾销税，我国新能源产品出口环境进一步恶化。欧盟拟在2013年6月6日起征收11.8%临时性反倾销税，8月6日增加到47.6%。经过激烈谈判，中国95家供应商同意做出自愿提价和年度出口数量不超过7GW的承诺，超过年度数量的中国光伏产品将被征收平均47.6%的反倾销税。我国虽然保住了60%的欧盟市场，但价格优势不再，国内光伏产业举步维艰。最后，新能源贸易摩擦大幅度削弱了我国产品的国际竞争力，我国多家新能源企业陷入生存危局，面临倒闭破产，影响我国新能源产业发展战略的整体布局。

4. 应对新能源贸易摩擦的对策

在错综复杂的中美双边关系中，中国和美国都期待在新能源领域开启深度合作之门。然而现在中美两国都将经济转型发展的重点放在新能源产业上，已经进入利益碰撞期，新能源产业贸易摩擦在所难免。从长远来看，中美两国光伏产业的上下游合作和融合度很高，合作前景广阔，提升空间很大。为此，我国需要认真研究美国能源贸易摩擦的趋势和特点，积极对话，有效化解，共同推进全球新能源的应用和发展，实现互利共赢。

第一，使用应对贸易保护主义的规则。

首先，面对如此复杂的贸易保护主义新形势，应充分发挥企业、行业与政府协调应诉的积极性。一是要强化企业的自我防范意识，充分了解和学习国际贸易规则和贸易保护的新手段，积极应对和应诉各种形式的贸易保护主义，捍卫自身合法利益。二是要充分发挥能源行业协会的组织协调作用，加强业务指导、业务咨询和法律服务等功能，加强行业自律和规范企业行为，防范、制止不正当竞争，实行有理有节的应诉，保护维护企业的合法权益。其次，利用诉讼手段等反制措施保护企业利益。对美国发动针对我国的贸易保护主义，我国也应该对美国新能源政策进行详细调查，在国内采用反倾销、反补贴等反制措施，用正当法律手段维护我国商业利益。再次，在多边框架内约束贸易保护主义。根本上解决有利于新能源发展与补贴合规性问题，还要通过全球贸易谈判来达成多边协定,从而使这些敏感行业的补贴合法化。最后,推行新能源国际标准化战略。目前我国的很多标准离国际标准还有比较大的距离,致使我国新能源产品屡遭外国贸易救济调查。因此,我国有必要推动国内能源技术标准的国际化,并广泛参与国际能源技术标准的制定和完善,提高设立和解释国际标准能源技术的话语权。特别需要指出的是,在国际贸易中重视生态环境建设和消费者保护已经成为社会发展的潮流。为此,我国能源企业要力争通过环境管理标准的ISO14000认证,从而使能源产业在国际竞争中处于有利地位。

第二,扩大国际能源合作的公关活动。

为了摆脱能源贸易摩擦中被迫应诉的局面,我国能源企业可以通过类似的政府公关行动建立沟通渠道,与能源产业相关的行业协会、政府官员、国会议员亲密接触,有效表达中国能源企业寻求互利共赢的合作理念。政府在应对贸易摩擦工作中具有无可替代的独特作用,应该利用外交渠道,对当事国展开积极的公共外交,加强沟通,消除误解,增进互信,避免轻易将贸易摩擦政治化。此外,还可以发挥公益性能源行业协会在对外交流中的独立作用,深化中美新能源产业领域的相互了解,有利于在相互信任的基础上把竞争对手变成合作伙伴。在我国新能源出口产品遭到贸易保护主义诉讼与调查时,行业协会可以出面展开广泛的游说活动,避免贸易摩擦的扩大和升级,尽量减少贸易摩擦带来的损失。具体来说,我国产业界应该进一步加强与美国太阳能工业协会等行业组织沟通与合作,建立更加紧密的亚欧美光伏产业合作机制,协调处理跨国争端,引导行业健康发展。事实上,美国政府的"双反"决议经常遭到美国主流光伏产业协会的坚决反对。美国太阳能产业协会(SEIA)认为,应该有效解决中美贸易争端,防止贸易制裁升级。美国太阳能产业协会认为,任何中美太阳能争端的解决方案都必须保证所有利益相关者的利益,其中包括美国消费者,而不仅是反映光伏企业的声音。[1]

---

[1] The Solar Energy Industries Association (SEIA), *Key Lawmakers Support Efforts to End U. S. - China Solar Dispute*, September 25, 2013, http://www.seia.org/news/key-lawmakers-support-efforts-end-us-china-solar-dispute.

第三，完善新能源发展的法律政策。

在中美能源战略竞争中，美国对内颁布刺激新能源发展的法案，增强新能源产业的竞争力；对外利用各种法律工具，提起新能源贸易调查和诉讼。因此，新能源"双反"调查、出口管制、国家安全审查、知识产权纠纷等问题已成为美国遏制我国新能源产业发展的新举措。对此，我国应当参照 WTO 规则和美国的一些成功做法，审慎出台并认真落实补贴政策，依法完善推动新能源发展的财税、价格等支持政策。第一，我国政府在维护国家利益、积极抗辩的同时，应加强政策支持，完善新能源政策法律体系。相比于美国，虽然我国相继出台了一系列新能源规划，但还缺乏切实有效的具体实施方案。目前我国有关新能源产业法规还无法有效覆盖现有一百多种新能源产品以及可再生能源产品，需要尽快完善保障新能源发展的相关法律法规。第二，通过全面梳理我国新能源政策体系，寻找自身制度设计上的缺陷与不足，检查是否在激励政策的制定和实施上，从程序到内容都有考虑不够周全的地方，避免被其他成员国实施反补贴调查与报复措施。新能源产业对政策依赖高，需要继续通过多种财政、税收、贷款和价格等多种手段进行扶植。这意味着，我们必须借鉴国外能源法律体系和补贴政策的做法，在制定相关法规时避免出现与世界贸易组织规则不协调的措辞，防止被指控为法律上的禁止性补贴。美国之所以多次启动对我国新能源产业的"301调查"，主要依据是认定我国政府提供的新能源产业优惠措施属于世界贸易组织《补贴与反补贴措施协议》（SCMA）所反对的专项性补贴。因此，我国各级政府要检查和废止运用了黄箱、红箱政策的补贴手段，及时对外公告所实施、修改和废止的有关政策。如果将直接补贴改为间接补贴，那么扶持新能源的政策就可以规避来自于外部的法律风险。各级政府要停止对新能源的出口补贴和进口替代补贴，代之以通过增加生产要素投入、促进技术自主创新等方式加强竞争性补贴。[1]

第四，提升新能源技术核心竞争力。

中国新能源产业发展面临的关键问题是缺少核心技术。我国新能源

---

[1] 陈爱蓓：《中美新能源贸易摩擦问题评析》，《扬州大学学报》2013 年第 3 期。

技术已经初步形成一定规模，但很多设备、技术都是从国外引进，关键技术水平和创新能力明显落后于发达国家，长期以来都处于奋起直追的状态，使得我国新能源产品在市场竞争处于被动地位。部分新能源企业满足于产业链上低附加值的制造环节，主要依靠生产规模的扩大来降低成本，对高附加值的技术创新投入明显不足。① 目前我国新能源企业的低成本竞争优势已经无法持续，而该行业的长期、稳定、可持续发展最终要依靠科技创新与进步。大部分发展中国家强烈要求发达国家实行新能源技术的转让，但在科技竞争愈演愈烈的时代，能源科技决定经济发展未来，我们不能对其抱有太大幻想。要想避免贸易保护带来的冲击，我国必须自力更生，依靠科技自主研发，提升新能源产业核心竞争力。我国要在新能源产品的品种、质量、效益上加强技术改造力度，压缩过剩的生产能力，淘汰落后的工艺设备，用能源技术创新推动能源产业升级和品牌升级，缩小与发达国家的能源技术差距，增强能源企业的核心竞争力。在新能源出口中，要避免新能源出口中的低价倾销行为，实现单纯依靠价格优势到价格与质量细分优势并存的转变，从盲目追求出口规模转变为追求产品质量的提高，进而开拓更为广阔的国际能源市场。

第五，培育广阔的新能源国内市场。

近年来，我国清洁投资强劲增长，清洁贸易规模不断加大，我国新能源外贸依存度也不断攀升，这不可避免地带来能源产业发展中的结构性失衡。我国虽然已经成为世界太阳能产业大国，但是由于技术障碍和上网成本，太阳能电池销量大量依靠出口，原材料和部分高端关键技术设备主要依靠进口。这种国内新能源市场消费偏低，而新能源外贸依存度偏高的发展模式已难以为继。中国企业在欧美遭遇的新能源贸易摩擦，实际上为解决一直存在失衡模式带来了时机。近年来，我国也在加强扩大内需与稳定外需的统筹协调，积极扩大新能源内需，降低对外部市场的过度依赖。不得不承认，由于地方新能源产业的快速发展，我国已经在光伏、风能等产业领域出现了明显的产能过剩现象。目前，光伏产业需要迅速从依赖外延式扩张转入凭借内生性增长提高竞争能力的新阶段。

---

① 杨长湧：《新能源：已经到来的冲突》，《能源评论》2012年第6期。

中国虽然是全球最主要的光伏组件生产者,但把清洁输向国外的光伏组件出口只在中国留下了经济效益,并没有发挥清洁能源对本国能源转型的重要意义,体现清洁能源自身的最主要特质。为此,我国推出了明确的激励政策,力求培养国内光伏发电市场的快速发展。与此同时,我国也要敦促新能源并网标准和价格的改革,为新能源发电的并网和规模化应用扫清制度障碍。

第六,掌握国际新能源市场主动权。

在世界能源体系的转型中,我国需要把扶植新能源发展的政策优势和资本优势迅速转化为技术优势和市场优势,积极参与国际新能源竞争与合作。为此,我国需要加强对贸易保护动态和趋势的研究,建立健全包括风险预警、调查跟踪、案件处理和事后评估等多个环节的法律体系和管理流程。风险预警机制要对国外反倾销反补贴调查、绿色壁垒、技术贸易壁垒进行专门研究,专门负责收集、跟踪国外的能源贸易保护主义措施,方便企业进行信息数据查询,并为能源企业提供海外投资风险的咨询服务。在对外能源产品的出口上,一是要建立出口商品评估制度,对敏感能源产品清单实行最低指导价,避免盲目降价造成倾销的嫌疑。二是要建立出口协调机制,适当控制新能源产品出口规模和增长速度。从政府相关部门到能源企业,都应该有充分的思想准备和制定有效的应对措施,警惕贸易摩擦的连带效应,防止威胁的进一步扩散。对于新能源产业来说,特别是拥有自主知识产权的企业,为了有效绕过美国的贸易壁垒,可以到海外建设生产基地,立足自身比较优势,获得管理、销售渠道和技术补充,从而发挥整个产业链的优势。

在中美新能源博弈格局中,卷入了中美战略冲突、经济竞争、国内政治等错综复杂的因素,这实际上充分揭示了中美能源博弈的复杂性。在新能源领域,中美两国没有类似油气资源领域的地缘政治冲突,但同样存在不可避免的矛盾与冲突。对于大国而言,引领能源技术变革是占领经济发展制高点的重要路径。美国是全球霸权国家,中国是新崛起国家,都面临经济增长和资源约束的长期压力,引领新能源技术研发是增强中美能源博弈能力的不二选择。

四　携手应对气候变化的政策协同

1. 气候变化与中美国家利益

近年来，气候变暖引起国际社会越来越多的关注。联合国政府间气候变化专门委员会（IPCC）第五次综合评估报告再次明确指出，现在有更多的观测和证据已经证实，全球气候变暖正在日益变暖极有可能（95％）是人为活动引起的，报告呼吁国际社会积极采取行动，实施全球长期减排，控制温室气体的排放。[①]

我国气候条件复杂，生态环境脆弱，气候变化会对中国的经济社会发展造成巨大的损害。2008年10月，《中国应对气候变化的政策与行动》指出，气候变化已经对我国的经济社会发展和自然生态系统带来了巨大的现实威胁，适应和减缓气候变化已成为中国面临的迫切任务。由于未来中国气候变暖趋势会不断加剧，这对于正处于经济快速发展阶段的中国而言，将会面临消除贫困、发展经济和减缓温室气体排放等多重压力叠加的严峻形势，应对气候变化的任务非常艰巨。[②]

美国奥巴马政府一改小布什政府应对气候变化的消极态度，着手采取措施应对气候变化和重建国际气候变化领域的领导力。2009年9月16日，美国政府发布了《全球气候变化对美国的影响》，首先承认气候变暖已是不争的事实，而这主要源于人类活动引发的温室气体排放。[③]

除了对生态和经济的影响外，气候变化还对中美两国国家安全环境带来了巨大冲击，增加了卷入局部冲突的可能。目前，气候变化与国家安全已经成为中美两国政府、智库和国际关系学界关注的热门话题。在

---

① The Intergovernmental Panel on Climate Change, *Agreed Reference Materialforthe IPCC Fifth Assessment*, Report, http://www.ipcc.ch/pdf/ar5/ar5 - outline - compilation.pdf.
② 国务院新闻办公室：《中国应对气候变化的政策与行动》，2008年10月，http://news.xinhuanet.com/newscenter/2008 - 10/28/content_10271693.htm。
③ *Global Climate Change Impacts in the United States*, National Oceanic and Atmospheric Administration, Department of Commerce. http://downloads.climatescience.gov/sap/usp/usp - prd - all09.pdf.

美国军方看来,气候变化已经成为国家安全的威胁来源。早在2004年2月,一份题为《气候突变的情景及其对美国国家安全的意义》的研究报告就专门强调了气候变化对经济和安全上的影响。[①] 2007年4月,美国海军分析中心(Center for Naval Analysis)发表的《国家安全与气候变化的威胁》专门指出,气候变化、能源独立和国家安全已经成为相互关联的全球性挑战,气候变化将对美国的国家安全带来严重威胁,不但加剧世界上最不稳定地区动荡不安的形势,也会导致世界上稳定地区的冲突。气候变化引发的混乱会导致国内冲突、大规模屠杀及恐怖主义的蔓延。面对气候变化对美国军事行动与军事设施的影响,美军有必要对未来30~40年美国全球军事设施应对海平面上升和其他气候变化影响的状况进行评估。[②] 2007年11月,美国对外关系委员会发布的《气候变化与国家安全:一份行动纲领》认为气候变化虽然不能威胁美国的基本生存,但足以给美国国家安全带来直接的威胁,该报告还专门提出了非常具体的行动建议。[③] 2010年版的《美国国家安全战略报告》明确指出,气候变化的威胁是真实、紧迫和严重的。[④] 近年来,美国军方已经将气候变化纳入了国家安全议程,经过定期评估气候变化的影响,采取了一系列适应和减缓气候变化的措施。[⑤] 与此同时,中国学者也认为,气候变化不仅在水资源、粮食生产、极端气候方面影响民生,而且在中国未来发展空间和自主选择空间上限制了国家主权,特别是对重大国防和战略性工程带来了不利影响。[⑥]

[①] 《气候突变的情景及其对美国国家安全的意义》,http://www.ipcc.cma.gov.cn/upload/unfccc/Climate_Change_and_National_Security - c. pdf。

[②] Center for Naval Analysis, *National Security and the Threat of Climate Change*, Alexandria, VA:CANCorporation, 2007, http://securityandclimate.cna.org/report/SecurityandClimate_Final.pdf.

[③] Joshua Busby, *Climate Change and National Security: An Agenda for Action*, CSR No. 32, November 2007. http://i.cfr.org/content/publications/attachments/ClimateChange_CSR32.pdf.

[④] The White House, *National Security Strategy*, May 2010. p. 47.

[⑤] 赵行姝:《气候变化与美国国家安全:美国官方的认知及其影响》,《国际安全研究》2015年第5期。

[⑥] 关于气候变化通过什么方式、在多大程度上影响我国国家安全,请参阅张海滨《气候变化与中国国家安全》,时事出版社,2010。

2. 中美温室气体减排的压力

美国温室气体人均排放量是世界平均水平的四倍，如果美国不改变其目前的经济发展模式能源消费模式，在温室气体减排上做出表率，很难要求其他国家尤其是发展中国家采取减排措施并走上可持续发展的道路。[1] 尽管美国已经退出《京都议定书》，但仍是《联合国气候变化框架公约》的缔约国，依然承担温室气体减排的责任与义务。由于中国经济的快速发展，中国化石能源消费也持续增加，温室气体排放增长非常迅速，国际舆论要求中国切实采取措施减少温室气体排放的压力也越来越大。早在 2010 年，国际能源署（简称 IEA）的报告《世界能源展望 2010》数据显示，中国在 2007 年超过美国成为世界第一大温室气体排放大国。[2] 而根据我国学者的研究，从人均水平看，我国略高于全球平均水平，但不到美国的 1/4，仅有欧盟的 1/2；从历史累积排放看，我们远远落后于美国、加拿大和英国等发达国家，仅仅高于印度；我国还在降低单位产出二氧化碳排放水平上取得了举世瞩目的成绩。[3]

3. 中美气候变化政策的协同

中美两国都已经将气候变化政策列为重要的政治议程，奥巴马气候变化政策积极为中美气候变化政策上的协调合作提供良好的政治基础。

应对气候变化已经成为我国经济社会发展的重大战略，我国历来坚持《联合国气候变化框架公约》的宗旨和原则，高度重视温室气体减排工作，以积极的减排姿态和措施应对全球气候变化的挑战。中国先后制定了应对气候变化的一系列相关法规政策，并采取了一系列行动。2007年6月，中国正式发布了《中国应对气候变化国家方案》，阐述了中国对于气候变化问题的基本立场，提出了一系列量化的具体目标。[4] 2007年9月，我国发布了《可再生能源中长期发展规划》，提出力争到2020年可

---

[1] 海松：《中美应对气候变化的合作面临历史新机遇》，《国际石油经济》2009 年第 7 期。
[2] 国际能源署：《世界能源展望（2010）》，http://www.iea.org/speech/2010/Tanaka/weo_2010_beijing_cn.pdf。
[3] 刘毅：《"温室气体排放大国"只是表象》，《人民日报》2010 年 8 月 4 日。
[4] 《中国应对气候变化国家方案》，http://news.xinhuanet.com/politics/2007-06/04/content_6196300.htm。

再生能源占能源消费比重达到15%左右。2008年10月,《中国应对气候变化的政策与行动》白皮书正式发布,我国确立了减缓和适应气候变化的政策与行动。除了以上应对气候变化的宏观战略,中国还在能源科技、能源立法等领域制定了发展清洁能源、应对气候变化的具体政策和法律法规。在应对气候变化的国际行动上,中国希望与各国加强沟通、协调与合作,积极参与全球气候变化谈判。在2014年9月召开的联合国气候变化峰会上,中国政府表示要采取更加积极主动的减排政策。

美国的气候变化政策深受两党政治的影响,在不同政党执政期间,往往发生气候变化政策的方向性转折。[1] 奥巴马上任之后,吹响了美国减排温室气体的号角,试图重新确立在气候变化问题上的领导地位。[2] 奥巴马在不同的场合多次阐释了其气候变化政策,强调美国要重新积极参与气候变化谈判。奥巴马政府公布了《总统气候行动计划》,计划到2020年时将其温室气体排放量在2005年基础上削减17%。[3] 奥巴马政府尝试推进一系列雄心勃勃的能源和气候变化相关立法,在遭到国会的阻挠之后,力图通过行政命令的方式推进温室气体减排。2015年8月3日,经过长期酝酿,奥巴马宣布了其任期中最重要温室气体减排政策,即最终版本的美国清洁电力计划(Clean Power Plan,CPP),要求发电企业到2030年将碳排放量在2005年的基础上减少32%,而一年前草案中这一减排目标为30%。[4] 奥巴马强推的温室气体减排计划饱受争议,被认为是美国为应对全球气候变化而迈出了最大、最重要的一步。

虽然中美两国的气候变化政策立场各不相同,政策方向各有侧重,但两国都认识到气候变化对本国经济社会发展所带来的威胁,两国在应对气候变化上的共同利益不断增加,不仅在国内气候变化政策上积极进取,在双边合作中的政策协调也日益增强。

---

[1] 王联合:《中美应对气候变化合作:共识、影响与问题》,《国际问题研究》2015年第1期。
[2] Barack Obama, Renewing American Leadership, *Foreign Affairs*, Vol. 86, No. 4, July/August 2007, p. 13.
[3] Executive Office of the President, *The President's Climate Action Plan*, The White House, June 2013, https://www.whitehouse.gov/sites/default/files/image/president27sclimateactionplan.pdf.
[4] Climate Change and President Obama's Actions Plan, https://www.whitehouse.gov/climate-change.

中美应对气候变化的合作源于建交以来的能源与环境合作。自1979年以来，两国在提高能源效率和发展可再生能源等方面签署了《中美政府间科学技术合作协定》（1979）、《中美化石能源研究与发展合作议定书》（1985）、《中美能源效率和可再生能源技术开发与利用合作议定书》（1995）一系列协定，为中美气候变化合作提供了前期基础和制度保障。进入21世纪以来，双方建立了《中美能源政策对话（2005）》、《中美能源环境合作十年合作框架（2008）》等一系列政府、研究机构、能源企业参与的能源与环境合作机制，在新能源政策与各种清洁能源技术等议题进行了深入交流与磋商，中美应对气候变化的联合行动不断扩展，共识不断提高。2009年11月，奥巴马总统访华，两国同意建立中美清洁能源研究中心、中美能效行动计划、中美电力汽车倡议等项目，加强双方在清洁能源方面的合作。

奥巴马第二任期以来，中国应对气候变化的政策协调取得了一系列成果。2013年4月，中美发布第一份《中美气候变化联合声明》，指出中美两国需要采取强有力的国内行动，不断加强双边政策协调与合作，应对日益加剧的气候变化危害。为了体现应对气候变化工作的优先性，中美两国在2013年中美战略与经济对话举行之前专门成立了气候变化工作组，并把其纳入中美战略与经济对话框架，负责推进在技术、研究、节能以及替代能源和可再生能源等领域合作。2013年7月举行的第五轮中美战略与经济对话上，中美宣布要在中美绿色合作伙伴关系、气候科学研究与观测上采取进一步行动，并继续深化碳捕捉与封存、温室气体排放数据收集等领域的合作。在2014年7月第六轮中美战略与经济对话期间，中美气候变化工作组就合作进展情况和未来合作领域提交了工作报告，双方签署了扩展和深化合作的8个项目文件，将政府间气候合作扩大到大学、研究机构和企业。2014年11月，中美签订了第二份《中美气候变化联合声明》，在达成原则性共识的基础上向具体目标迈出了关键性一步。美国宣布2025年在2005年的基础上实现减排26%~28%的目标，中国表示力争二氧化碳排放在2030年左右达到峰值并努力提前，争取到2030年时把非化石能源占一次能源消费的比重增至20%左右，并随时间继续提高力度。① 在这份声明中，中美两国把气候变化与国家安全和国际安全紧密联系，将气候变化视为超越了环境与发展问题的人类面临的最大威胁。这标志着中美两国在气候变化领域的协调行动迈出了 2009 年哥本哈根峰会以来最重要的一步，超越了中美战略与经济对话下清洁能源合作的水平，进入了深化与拓展的新阶段。2015 年 9 月，中美双方发表《中美元首气候变化联合声明》，表明要进一步加强双边协调与多边合作，共同推动可持续发展和致力于向绿色、低碳、气候适应型经济转型。在国际气候合作中，中美双方重申共同但有区别的责任和各自能力原则，共同推动巴黎气候大会的成功，敦促发达国家继续向发展中国家提供资金和技术支持，加快在 21 世纪内进行全球低碳转型。

关于各自的减排行动，中美两国自 2014 年 11 月以来分别采取了一系列步骤，并在这次声明中宣布进一步计划。除了 2015 年 8 月制定完成的"清洁电力计划"，美国承诺还 2016 年制定完成下一阶段载重汽车燃油效率标准并在 2019 年开始实施。美国在 2015 年 7 月制定了"重要新替代品政策（SNAP）"，以期减少氢氟碳化物（HFCs）使用和排放。为了进一步节约能源，美国承诺到 2016 年年底制定完成 20 多项电器和设备能效标准。中国正在推动绿色低碳、气候适应型发展，要求 2030 年单位国内生产总值二氧化碳排放要比 2005 年减少 60%～65%，森林蓄积量要力争比 2005 年增加 45 亿立方米。为此，中国宣布在 2017 年启动覆盖钢铁、电力、造纸、化工、建材和有色金属等行业的全国碳排放交易体系。中国承诺进一步加快削减氢氟碳化物，到 2020 年时有效控制三氟甲烷（HFC-23）排放。中国承诺到 2020 年时，城镇新建建筑中绿色建筑比例要达到 50%，大中城市公共交通在机动化出行中的占比要达到 30%。中国计划在 2016 年制定完成并于 2019 年实施载重汽车整车燃油效率标准。中国将推动绿色电力调度，优先使用可再生能源电力和高效低碳的化石能源电力。② 对于合作机制，中美双方承诺通过中美气候变化工作组

---

① 《中美气候变化联合声明》，2014 年 2 月 15 日，http://politics.people.com.cn/n/2014/1112/c1001-26011031.html。
② 《中美元首气候变化联合声明》，新华网，http://news.xinhuanet.com/politics/2015-09/26/c_1116685873.htm。

进一步深化和加强双边和多边气候合作,支持省、州、市在应对气候变化、支持落实国家行动中发挥的关键作用。中美双方还同意加强在世界贸易组织、国际海事组织、国际民航组织、二十国集团(G20)、蒙特利尔议定书、清洁能源部部长级会议等组织推进气候变化合作,作为对联合国气候变化框架公约的补充。为了帮助其他发展中国家应对气候变化,美国重申向绿色气候基金捐资 30 亿美元,中国也宣布出资 200 亿元人民币建立"中国气候变化南南合作基金"。此外,中美双方认为两国在对其他国家的双边投资中应支持发展低碳技术和提高气候适应力,承诺以公共资金支持温室气体减排的行动。

4. 中美气候变化合作的意义

中美应对气候变化的双边合作为全球应对气候变化的谈判带来了前所未有的动力,将有力推动各国对温室气体减排目标做出新的承诺,并就全球气候变化合作达成新的共识和方案。

第一,中美气候变化合作为中美关系发展确立了未来发展的基本方向。根据合作的制约条件和实现目标的可行性,中美两国正式在最高决策层确立了应对气候变化的路线图和时间表,这在战略上开辟了中美气候变化合作的广阔前景,为实现绿色低碳、气候适应型经济转型和可持续发展提供了巨大推动力量,也为构建中美新型大国关系找到了新的共同利益基础,提供了切实的合作机制。中美两国的经济转型、能源转型与两国的双向投资、贸易平衡和技术研发息息相关,中美完全可以以优势互补的战略思维找到弥补贸易逆差、改善贸易结构、推动经济转型的互利共赢之道。

第二,中美两国的减排意愿和行动是全球减排行动的关键。从 2016 的数据来看,美国一次能源的消费量占世界总量的 17.1%,二氧化碳排放量占世界总量的 16%;中国一次能源的消费量占世界总量的 23%,二氧化碳排放量占世界总量的 27.3%;中美两国一次能源的消费量占世界总量的 40%,二氧化碳排放量占世界总量的 43.3%。[①] 考虑到中美两国排放总量在全球排放总量的比重,中美对能源消费总量的控制与否将决

---

① BP, *BP Statistical Review of World Energy*, June 2017.

定全球应对气候变化的成败,中美双边层面上的合作减排行动会直接决定着全球温室气体的排放增量。中美两国首次宣布了各自2020年后应对气候变化的行动,既符合两国的低碳战略,又推动了全球温室气体减排,可谓影响深远。如果中美两国对温室气体排放不加限制,即使其他国家努力地实施减排,也无法有效控制全球排放总量的上升和气候灾难的加剧。

第三,中美两国的气候变化政策对推动其他国家的政策选择。长期以来,美国采取与发展中国家减排政策相联系的立场,坚持由于中国等发展中国家不采取强制性的减排而不愿做出承诺。中国由于基本自身减排能力的限制和经济发展空间的担忧,也迟迟不愿在减排目标上做出具体承诺。由于中美两国在应对气候变化上各执一词,一些发达国家和发展中国家长期持观望态度,加拿大甚至跟随美国相继退出《京都议定书》,全球气候变化谈判遭受严重挫折。如今,中美两国在气候变化上的减排目标和行动给其持观望态度和犹豫不决的国家带来巨大压力。中美两个最大碳排放国率先公布2020年后的减排目标和时间表,无疑会对其他国家产生强大的示范效应和引领作用,推动着他们在温室气体减排上及时做出承诺,形成共同应对气候变化的集体行动。

第四,中美两国气候变化合作将推动国际气候变化的谈判进程。1994年生效的《联合国气候变化框架公约》是国际社会应对气候变化国际合作的法律基础,但并没有对减排义务和实施机制做出具体规定。为此,1997年出台的《京都议定书》首次以法律文件的形式规定,《公约》附件一的国家即发达国家第一承诺期内(2008~2012)要把二氧化碳排放总量在1990年的水平上减少5%。附件二的发展中国家采取自主减排行动。2007年的"巴厘路线图"实行"双轨"谈判,要求推进发达国家大幅度量化减排,发展中国家采取进一步应对气候变化行动,在2009年哥本哈根大会完成2012年后的全球应对气候变化安排。由于谈判各方的巨大分歧,哥本哈根联合国气候变化大会未能达成第一承诺期到期之后全球减排方案的《哥本哈根议定书》,勉强达成的《哥本哈根协议》不具有任何法律约束力。由于争议纷纷,原本要在2012年到期的《京都议定书》延长至2020年。国际气候谈判进展不大,在很大程度上是因为中美作为世界最大的两个排放大国立场和观点截然不同，在减排目标和行动上无法达成共识，且都不承担《京都议定书》的强制性减排义务。如果中美在气候变化上的分歧长期存在，那么全球气候变化问题的解决将遥遥无期。[①] 国际社会签署新的全球气候变化协议，很大程度上依赖于中美两国的政治意愿。中美两国在气候变化上的共识，不仅大幅度提高了两国气候变化的减排目标，而且也为全球气候变化谈判带来了积极的示范意义，对停滞不前的谈判注入一针"强心剂"。在中美气候变化政策的推动下，2015年12月12日，《联合国气候变化框架公约》近200个缔约方达成新的全球气候协议《巴黎协定》，协定在总体目标、责任区分、资金技术等多个核心问题上取得突破性进展，为国际社会应对气候变化奠定坚实的法律基础。

总之，作为最大的发展中国家经济体和最大的发达国家经济体，中美两国气候变化合作的共识与行动，为在不同发展阶段、不同产业链上的发达国家与发展中国家协同合作提供了范例。中美两国在最终目标、指标类型、时间节点等方面的妥协和谅解，对于共区原则、各自能力原则的重申与坚持，对于全球气候治理沿着正确的方向发展具有重要的意义。

5. 中美气候变化政策的问题

在近年来的历次气候变化会议上，中美两国气候变化政策走向都成为世界关注的焦点。正是由于中美两国面临温室气体减排的共同压力以及中美两国在经济方面显著的互补性，为中美两国在这一领域的双边合作提供了客观前提和必要性。中美两国在应对气候变化问题上有着较强的合作动力，但这并不意味着双方必然能顺利开展合作。虽然中美两国在气候问题达成了原则性共识，但是仍面临一些困难和挑战。

第一，中美在战略互信的整体不足导致中美气候变化谈判意图的互疑。随着中国综合实力的迅速提高和中美实力的不断接近，中美之间的战略取向发生了结构性的变化，中国陷入了崛起的困境。中美战略互信

---

① Asia Society Center on U. S. - China Relations and Pew Center on Global Climate Change, *Common Challenge, Collaborative Response*: *A Roadmap for U. S. - China Cooperation on Energy and Climate Change*, January 2009, p. 8. http://www.c2es.org/docUploads/US - China - Roadmap - Feb09. pdf.

的不足影响着能源合作的顺利开展，也妨碍了应对气候变化共识的达成。例如，虽然1997年两国就签署了《中美和平利用核技术合作协定》，但在核能领域的实质性合作却因美国的疑虑而被一再拖延，历经曲折。长期以来，由于基本国情、发展阶段和减排能力的差异，中美应对气候变化的立场存在巨大分歧，两国美国和中国在气候变化的问题上缺乏合作，有时甚至相互指责。发达国家坚持要把发展中国家纳入强制性的减排体系。2012年多哈会议上，在美国推动下，国际社会终结了中国等发展中国家长期坚持的"双轨制"谈判机制，要求所有国家接受强制性的减排承诺，这给中国带来了巨大的减排压力。对于经济发展方式有待转变的中国而言，很容易把美国在气候变化议题上的倡议看作遏制中国发展的一个重要手段。而美国也担心自己的减排努力会因为中国无所顾忌的排放而失去意义，并担心企业因为减排约束而将产业转移至海外。战略互疑导致中美气候变化谈判立场各执一词，难免针锋相对，并导致对气候变化国际条约的原则和义务做出完全不同的阐释。中国坚持"共同但有区别的责任"；但美国希望中国承担量化、强制性的减排责任，并试图把中国与其他发展中国家区别开来，划分为先进的发展中国家，接受可报告、可检测、可核实的国际监督。中美在气候问题上的彼此防范，加深了在战略意图上的相互猜疑，进而削弱了两国在一系列问题上展开合作的能力。长期来看，中美应对气候变化信任的不足仍将持续影响中美应对气候变化的合作进程。

　　第二，中美两国在气候变化政策上仍然存在分歧和障碍。在限制标准上，中国根据人口基数和发展需求，采用单位产品的排放强度标准；而美国采用的排放总量标准，部分美国人士指责中国破坏减排温室气体的国际协议。在排放峰值上，美国希望中国尽快使温室气体实际排放量从上升转为下降，并把2020年确定为碳排放的峰值年；中国控制温室气体面临巨大的发展压力，之前并未承诺本国温室气体减排年，直到2014年11月才承诺到2030年达到峰值。在限排额度上，中美认为彼此的减排目标太低。虽然中美两国在2014年分别宣布了自己新的减排目标，但就减排的力度而言，美国的承诺远远不能和自己的经济实力、特别是页岩油气革命带来的温室气体排放不断下降的实际能力相匹配。在资金支持上，中国等发展中国家要求发达国家实质性增加对发展中国家的经济援助，在 2020 年前每年从发达国家获得 4000 亿美元用于应对气候变化，而美国等发达国家仅同意提供 1000 亿欧元（约 1646 亿美元）的资金。在技术转让上，中国等发展中国家要求欧美等发达国家以减让、优惠条件或者无偿向发展中国家转让应对气候变化的先进技术；但美国政府认为，美国不能采取强制措施让企业无偿转让技术，需要尊重企业的知识产权，因为美国大多数高科技专利都掌握在私营公司手中。美国在清洁能源技术专利上的知识产权保护不仅影响了美国清洁能源技术的市场转化，也妨碍了中美技术成果的研发和分享。

第三，中美两国气候变化政策的推进深受国内相关利益方的限制。美国国会气候变化立法行动的迟滞和中国地方利益的牵制为双方气候合作的深入发展增加了重重困难。美国国会立法可以弥合社会分歧，达成政治共识，为国内气候变化政策提供资金保障和行动基础。[①] 由于受到国内利益集团的影响，美国在气候变化立法方面裹足不前，虽然众参两院分别提出了《2009 年美国清洁能源与安全法案》和《2010 年美国能源法》等草案，但这些法案或者被直接否决，或者被长期搁置，几乎无一进入全院表决程序。[②] 自从奥巴马政府的《清洁电力计划》草案提出以来，由共和党控制的国会充分利用国会的立法权和审议权等想尽办法加以阻挠；同时，主要依靠煤炭发电的中西部和南部的一些州政府以维护州的权益为由通过颁布行政命令、议会立法来直接抵抗该计划的实施，或是企图诉诸联邦法院的司法审查权，挑战该计划的法理依据，从而间接抵制该行政法规。[③] 此外，美国在清洁能源领域采取贸易保护主义，在光伏产品上频频发起"双反"调查，不利于中美两国合作应对气候变化的承诺效力。中国地方政府的立场和行动决定着中国减排政策的执行情况，但在经济优先的政绩冲动之下，地方政府和地方企业结成的地方利益共同体对国家减排政策的消极应对甚至阻挠落实，削减了中国参与气

---

① 赵庆寺：《美国能源法律政策与能源安全》，北京大学出版社，2012，第五章。
② 曹霞：《气候变化法律规制的困境与思考》，《法学评论》2014 年第 2 期；高翔、牛晨：《美国气候变化立法进展及启示》，《美国研究》2010 年第 3 期。
③ 杨强：《美国气候政治中的权力分立与制衡》，《国际论坛》2016 年第 2 期。

候变化合作的实际效果。①

第四，中美应对气候变化政策面临两国能源转型的挑战。如何落实各自的承诺目标，中美两国都面临严峻挑战。中美气候变化联合声明中碳减排目标和能源结构调整目标，不仅是应对国际压力的政策宣示，也是我国转变经济发展方式的内在需求。如果要在2030年左右实现二氧化碳排放的峰值，我国非化石能源要以每年6%左右增速，并要新增8亿~10亿千瓦的核能、风能、太阳能及其他可再生能源装机数量，这差不多是中国目前的煤电装机总量。把煤炭比重从目前的70%降低到50%以下，在能源消费结构调整上面临严峻的挑战。由于我国水电开发潜力有限，风电和太阳能还不稳定，只有大力发展核电才能从数量上顶替煤炭并保证实现非化石能源占能源消费比重20%的目标。短期来看，排放达峰会不可避免地约束我国能源消费总量和经济发展速度；从长期看，非化石能源比重和能效的提高会倒逼经济发展方式向低投入、高效率方向转型。为确保排放达峰，我国需要不断扩大约束与倒逼两种力量的积极影响，进而从根本上提高我国经济发展的竞争力。对美国而言，要想实现2025年温室气体排放比2005年减少26~28%的目标，那么美国每年的温室气体排放下降速率需要从2005~2020年的1.2%提高到2020~2025年的2.3%~2.8%。② 值得关注的是，由于页岩油气革命的成功和能源消费结构的改善，美国温室气体的减排压力已经大大减轻。③ 此外，中美关于排放数额的承诺并不具备法律约束力，如果页岩气神话破灭或者美国能源政策发生方向性转折，美国执行中美气候变化联合声明的意愿和能力将大大降低。实际上，特朗普政府上台伊始，就否定了多项奥巴马政府的气候与能源政策，美国气候变化政策再次发生逆转。

第五，中美应对气候变化的政策协调需要平衡与其他国家关系。全

---

① 庄贵阳：《中国发展低碳经济的困难与障碍分析》，《江西社会科学》2009年第7期。
② 邹骥、张晓华等：《对中美气候变化联合声明的几点评论》，国家应对气候变化战略研究和国际合作中心，http://www.ncsc.org.cn/article/yxcg/yjgd/201411/20141100001254.shtml。
③ Center for Climate and Energy Solutions, *Leveraging Natural Gas to Reduce GHG Emissions*, p. 2, http://www.c2es.org/publications/leveraging-natural-gas-reduce-greenhouse-gas-emissions.

球气候治理离不开中美两国的战略协同，中美政策协调也需要与多边合作进程相辅相成、相互促进，而不是彼此对立、相互取代。2009年以来，中美两个大国的战略协同难免可能给欧盟和部分发展中国家带来冲击，未来还需要继续做好增信释疑的工作。如此一来，既能保证大国对全球气候治理的独特贡献，又能扩大其他各方的普遍参与，兼顾其他国家的广泛利益诉求。作为《联合国气候变化框架公约》的缔约方和全球气候治理多边合作机制的利益相关者，中美应对气候变化的合作必须立足于公约原则的基础上，才更具有各自行动的合法性，才能更好地引导和推动全球气候治理进程。

中美在应对全球气候变化的挑战中负有不可替代的特殊责任，合作意愿和行动直接决定全球应对气候变化成败的关键。中美在气候变化政策上的不断协调和清洁能源合作进程的持续推进，为达成后《京都议定书》时代的全球气候变化协议奠定了重要基础。需要指出的是，中美气候变化合作进程仍然存在诸多困难和障碍，在与气候变化相关的贸易和知识产权领域，仍具有加强合作的广阔空间，这需要两国能坚持布局长远的战略观和互利共赢的利益观，深入挖掘合作议题，积极拓展合作路径，推动中美关系的不断向前发展。

本章小结

挖掘和构建中美共同利益是实现共赢性博弈的重要路径。可以说，自20世纪70年代以来，中美关系就是一个不断应对共同威胁、寻找共同利益、调适彼此政策的过程。与政治或军事利益相比，能源与气候变化方面的利益更具有公共物品的性质。无论是能源市场稳定、能源技术分享、能源通道稳定还是气候变化，这种非竞争性和非排他性共同利益扩展了中美能源安全的关联度，提高了中美能源利益的依存度。值得注意的是，在互利共赢的总体格局中，因为中美双方实力的差距，难免存在收益大小之分，互利是绝对的，共赢是相对的。对于正在崛起中的中国而言，必须谨慎务实地评估互利共赢的前景与可能承受损失之间的关系。

第九章 中美能源地缘政治的交锋与角逐

如何确保中美在能源地缘政治重点区域的良性互动，不仅事关两国经济增长的前景，也是保障地区和平与稳定的关键。在如何实现能源安全合作的问题上，中美两国不仅需要能源合作的顶层设计，更需要在适切的合作领域积极推动，从而达到由点及面、不断深化的功能性溢出效果，从而实现两国能源安全与全球能源秩序的稳定。

一 亚太能源安全形势与中美战略互动[①]

本文所指亚太地区是指西太平洋地区到北印度洋的陆海接合部，主要包括从东北亚、东南亚到南亚和大洋洲的广阔地带。亚太地区是世界经济中心，其经济占全球经济的份额不断上升，对全球经济增长的贡献越来越大，在全球治理中的地位日益凸显。[②] 与此同时，亚太地区也是世界能源消费中心，能源竞争激烈，矛盾错综复杂。在客观态势上，中国和平崛起的战略利益已经与亚太地区的地缘政治环境紧紧联系在了一起。在战略谋划上，中国应该积极表达利益关切，主动参与亚太地区事务，着力构建多边能源合作机制，确保中美在能源地缘政治重点区域的良性

[①] 本部分的论述曾公开发表，参见赵庆寺《试论中美在亚太地区的能源安全博弈》，《国际观察》2015年第6期。

[②] 详情参阅〔加〕温迪·道伯森《亚洲新势力2030：世界经济重心转移》，赵长一译，中国金融出版社，2010。

互动,引导亚太能源博弈格局的方向性转变。

1. 亚太地区能源安全格局与发展趋势

从能源地缘政治来看,亚太地区能源供需、输运、价格在国际能源贸易中举足轻重,联系紧密,已经成为世界能源格局的关键区域。随着全球战略重心转向亚太,亚太地区内部矛盾日益错综复杂,域外干涉势力虎视眈眈。

第一,区内能源消费大国的竞争。21世纪以来,随着亚太地区经济占全球经济的份额不断上升,对全球经济的贡献越来越大,世界能源消费重心东移的趋势渐趋明朗,中国和印度等新兴经济体的能源需求成为全球能源需求增长的主要推动力。2002~2016年,亚太地区的一次能源消费世界比重从24.7%增至42%,北美地区从28.6%降为21%,欧盟从18.2%降为12.4%。2016年,亚太地区煤炭消费占世界的73.8%,石油消费占世界的34.8%,天然气消费占世界的20.4%。[1] 亚太地区煤炭资源较为丰富,但更为清洁的油气资源则比较匮乏。根据《BP世界能源统计2017》的数据,2016年亚太地区煤炭探明储量占世界46.5%,煤炭产量占世界71.6%;石油探明储量占世界2.8%,石油产量占世界8.7%;天然气探明储量占世界9.4%,天然气产量占世界16.2%。[2] 作为世界能源消费中心,亚太地区需要大量进口区外能源满足经济快速发展的需要。2016年亚太地区石油出口量占世界11.7%,但石油进口量占世界49%。亚太地区石油进口主要来自中东地区。2016年中东出口到亚太地区的原油占其出口总量的74.6%,占亚太地区进口原油总量的66.5%。在天然气方面,2016年全球管道天然气进口7375亿立方米,亚太地区进口占7.9%,出口占4.3%;全球液化气进口3466亿立方米,亚太地区进口占69.69%,出口占37.3%。中国、日本、印度、韩国、印度尼西亚分别是世界排名第2、3、4、9、14的石油消费大国。[3] 在能源进口方面,亚太能源消费国不可避免地存在零和竞争的倾向。

---

[1] BP, *BP Statistical Review of World Energy*, June 2017.
[2] BP, *BP Statistical Review of World Energy*, June 2017.
[3] BP, *BP Statistical Review of World Energy*, June 2017.

第二，能源进口面临地缘政治风险。国际能源市场价格波动频繁，增加了中国保障国内能源供应的难度。近年来，中国石油进口结构虽有调整，但多元化步伐缓慢，2016年中国原油进口的48.1%和17.7%的石油进口分别来自中东与非洲地区。[1] 中东与非洲地区的民族与宗教争端恩怨很深，领土与主权矛盾纠纷错综复杂，不仅地区内部的矛盾难以消除，域外大国对该地区的干涉和争夺也从未停歇，致使这些地区长期以来动荡不安。这些能源产区一旦发生动荡，不但影响石油生产国的稳定，而且会迅速推高国际原油价格。利比亚战争使得石油日产量急剧减少，伊朗在美欧严厉制裁下的石油出口大幅度下降，中国来自以上两国的石油进口受到严重冲击。目前中国进口石油的36%要经过霍尔木兹海峡，一旦伊朗遭受军事打击和霍尔木兹海峡被封锁，将严重影响中国的石油供应安全。[2] 中东非洲地区动荡直接导致世界原油市场供应短缺，也成为油价高涨的重要推手，必然增加中国的石油进口成本。未来一段时期内，叙利亚和伊朗问题会持续发酵，伊斯兰国一时还难以根除，该地区形势依然动荡不安，前景仍不乐观。此外，海盗猖獗也对能源海上通道安全构成严峻的挑战，凸显了能源安全的多面性和脆弱性。国际海事局（IMB）发布的2012年全球范围内海盗活动报告显示，东南亚和远东地区海域发生了106起海盗袭击事件，约占全球海盗袭击船舶总数的35.7%，已经超过东非成为全球海盗袭击的重灾区。[3]

第三，多边能源合作机制碎片化。长期以来，亚太各国能源合作和地区能源一体化程度严重滞后，各国层次的能源合作机制远远落后于欧洲和北美地区。随着亚太经济的快速发展，亚太各国能源消费、能源进口的迅速增加，各国开始重视能合作的形式与机制，纷纷提出各种能源合作建议。中国在亚太地区的能源合作模式是以企业合作为主的能源勘探开发和能源贸易为主，政府间能源合作基本停留在对话层次，没有形成具有约束力的协作或同盟机制。亚太各国一直在政策和学术层面积极

---

[1] BP, *BP Statistical Review of World Energy*, June 2017.
[2] 殷冬青、吴秉辉：《中东北非动荡与中国石油进口安全》，《国际石油经济》2012年第10期。
[3] 惠小锁等：《2012年全球海盗分布特点及应对措施》，《世界海运》2013年第5期。

倡导和探索区域多边能源合作的路径。通过各种层次的倡议和讨论，亚太各国已经开始形成了区域内多边能源合作的共识，逐步明晰了区域内多边能源合作的方向。2001年的第九次亚太经合组织领导人非正式会议通过了"亚太经合组织能源安全倡议"，呼吁加强地区能源安全的研究，应对短期问题和长远挑战。2003年3月，东盟"10＋3"机制成立"亚洲能源合作工作组"，以加强信息沟通。2004年6月，亚洲合作对话第三次外长会议发表《青岛倡议》，提出了强调加强能源合作的11条具体合作建议。东盟与中日韩"10＋3"能源部部长级会议、大湄公河次区域经济合作机制等都为区域能源合作提供了综合性框架。但由于亚太地区各国社会制度、意识形态和发展程度存在巨大差异，历史和现实中的矛盾制约着各国能源合作的意愿和行动，多边能源合作的制度建设远远落后于现实需求。目前，在东北亚形成了以能源消费国中日韩为一方，能源出口国俄罗斯为一方的能源供需格局，形成了多个相互竞争的双边能源合作格局。在以东盟为中心的地区合作中，虽然现在已经有了东盟＋中日韩能源部部长会议和《框架协议》这样的合作机制，但是缺少更加精细的能源贸易合作机制。亚太经合组织的能源合作目前尚停留在科技研发和政策对话的层次，未能有效引领成员国能源合作的机制化。总体而言，亚太地区缺乏一个涵盖国家尽可能广泛的综合性多边能源合作机制，多为协调型或对话型的能源合作机制，缺少同盟型和协作型的能源合作机制。

第四，海上领土主权争端的激化。由于历史与现实的原因，亚太地区还存在多个岛屿归属问题和海洋划界问题，这些岛屿和海域不仅战略位置重要，而且多数具有丰富的油气资源。我国岛礁被侵占的情形十分严重，目前与8个海上邻国存在权益争端，近年来东海的钓鱼岛和南海诸岛及其附属海域矛盾频繁引发海上冲突。日本与中日韩三国围绕南千岛群岛（又称北方四岛）、独岛（又称竹岛）、钓鱼岛及东海大陆架划分等问题时有激化，妨碍着东北亚能源共同体的建设。南海一些周边国家通过引入跨国石油公司的合作方式，在南海海域进行非法油气资源勘探和开采，严重损害了我国资源主权。近年来，领土主权争端正呈现常态化发展，因各种力量的介入而出现国际化和复杂化的趋向，这些争议的长期存在成为亚太地区多边能源合作迟迟未能深化的重要原因。

2. 中国亚太地区能源安全战略的诉求

亚太地区是典型的资源型、通道型的能源地缘政治区域，面临巨大的能源需求和激烈的战略博弈，对于中国确保能源安全，塑造良好的国际周边环境十分重要。

第一，确保能源进口的关键区域。亚太地区虽然能源潜力下降，但由于长期以来的合作基础和区位优势，亚太地区在中国能源进口结构中仍然占有举足轻重的地位。2016年中国石油进口为日均921.6万桶，来自亚太地区原油占进口原油总量的4.1%，来自亚太地区成品油占成品油进口总量的53.4%。[①] 2011年，我国煤炭进口已经超过日本成为世界第一进口国。亚太地区是中国煤炭进出口的主要来源地，其中印尼和澳大利亚进口量合计占2014年进口量的七成，日本、韩国和中国台湾三者合计占中国煤炭出口总量的98%。[②] 此外，蒙古国、越南、朝鲜、菲律宾等其他亚太国家都位居中国十大煤炭进口来源国之列。中国保障天然气供应安全是采取多来源、多渠道的方式，管道的气源以中亚国家为主，液化天然气主要来自亚太地区，其中澳大利亚、马来西亚、印度尼西亚等亚太国家占2016年中国天然气进口量的75.5%。[③]

第二，保持能源陆海通道的畅通。随着对外开放的深入发展和对外贸易的持续高速增长，国家发展所需的石油等战略性资源越来越依赖于能源战略通道的畅通无阻。目前中国是世界第一大能源消费国和第二大石油进口国，石油和天然气的进口依存度连年高企。英国石油公司在《2030世界能源展望》（2015）中预测，2035年中国石油对外依存度将升至75%，天然气对外依存度超过40%。[④] 亚太地区也是中东、中亚、俄罗斯等各国油气管线通向亚洲大陆边缘地带能源消费国的必经之地，从北印度洋到西太平洋的海洋密布了世界最为繁忙的能源贸易航线，其中霍尔木兹海峡、曼德海峡、马六甲海峡是全球能源运输咽喉要道。从原

[①] BP, *BP Statistical Review of World Energy*, June 2017.
[②] 别凡：《2014年煤炭进出口双降》，《中国能源报》2015年1月26日。
[③] BP, *BP Statistical Review of World Energy*, June 2017.
[④] BP, *BP Energy Outlook 2035*, February 2015.

油进口来源看，中国绝大部分原油进口来自亚太地区以外，其中中东和非洲分别为18416万吨和6784万吨，北美和拉美分别为日均170万吨和5100万吨，俄罗斯和中亚共5670万吨，来自以上各部分的原油进口量占进口总量的94.46%。[1] 目前，我国已经基本建成了西北、东北、西南、海上四大油气战略通道，但是由于陆上三大方向的管道运力有限，我国石油进口仍然高度依赖海上战略通道。其中，每年通过马六甲海峡的船只多达10万艘，占世界海上贸易的1/4和世界1/4的油船经过马六甲海峡，历来是国家间战略利益争夺的焦点。目前，每天通过马六甲海峡的船只中近60%是中国船只。

第三，加快海洋能源资源的开发。党的十八大正式提出了"海洋强国"的战略，标志着海洋发展上升为国家战略。加强对海洋资源的开发力度与科学治理已成为我国缓解资源压力，增强国家实力的战略选择。根据《联合国海洋法公约》，我国管辖的海域面积约300万平方公里，沿海海域和大陆架面积近2.73亿公顷，是陆地面积的2倍以上。海洋油气产量已经成为增加国家能源供应的重要新增来源，但是我国近海勘探程度还很低，发现资源量仅占总资源量的1/3，还有巨大的资源潜力和探明空间。[2] 在东海与南海海域，各国围绕领土主权及海洋权益的争端也愈演愈烈。1969年"埃默里报告"认为东海大陆架蕴藏着丰富的油气资源，引发国际社会的普遍关注。近年来，中日两国围绕钓鱼岛主权、东海海域专属经济区和大陆架划界问题的矛盾不断凸显。[3] 南海海域面积350万平方公里，中国南海断续线内的面积为200.86万平方公里，发现了350个油气田或含油气构造，是世界上仅存的尚未大规模开发的大型油藏之一。目前各方对南海油气资源储量评估数据差异较大，但普遍认为南海油气资源丰富，被称为"第二个波斯湾"。[4] 部分南海周边国家非法在南海海域进行油气资源开采，已经形成了相当大的生产能力，对我国主权构成了持续性损害。近年来，领土主权争端正呈现常态化发展，并因各种

---

[1] BP, *BP Statistical Review of World Energy*, June 2017.
[2] 李志忠等：《我国海洋油气开发与未来潜力分析》，《中国能源》2015年第4期。
[3] 朱凤岚：《中日东海争端及其解决的前景》，《当代亚太》2005年第7期。
[4] 李国强：《南海油气资源勘探开发的政策调适》，《国际问题研究》2014年第6期。

力量的介入而出现国际化和复杂化的趋向,已经成为亚太地区多边能源合作的重要障碍。

第四,推进石油金融战略的实施。欧美国际期货市场的建立和成熟,能源价格金融化的趋势日益明显,各国能源战略的较量越来越集中于能源的定价权与标价权。在中国石油对外依存度不断上升的背景下,国际能源市场的剧烈波动对中国的冲击越来越明显,国际能源价格暴涨和供应中断对中国经济损害的风险越来越大。由于缺乏在石油期货市场的定价话语权,石油贸易中的"亚洲溢价"问题严重损害了我国石油进口的利益。2009年我国原油进口金额仅为893亿美元,而到2012年上涨至2200亿美元。2014中国原油进口突破3.08亿吨,同比增加9.4%,进口金额达到2283亿美元。[①] 我国石油进口量价齐增,带来了沉重的外汇压力。因此,利用我国巨大的能源消费潜力,建立和发展代表亚洲的原油期货市场,逐步加大我国期货合约在国际市场上的影响力已经迫在眉睫。与此同时,加快建立以人民币计价的"石油人民币"体系,扩大人民币在亚太地区能源贸易与投资中的结算范围,为人民币主权货币在国际能源贸易中的国际化奠定坚实基础。

第五,加快能源合作机制的构建。能源消费国之间、消费国与生产国之间通过建立高层能源对话和合作机制,使能源博弈由"权力导向"逐渐地转向"规则导向",成为国际能源安全领域的新趋势。中国一方面要在全球层面上争取成为国际规则制定的参与者,促进国际秩序的建设,另一方面要主动倡议或主导区域、次区域能源合作议程,构建区域合作的制度框架。2013年,中国提出建设"21世纪海上丝绸之路",它将充分依靠亚太国家既有的双边和多边机制,借助既有的合作平台扩大区域合作的水平,而能源安全无疑会为这些合作机制注入新的内涵和活力。

3. 美国亚太地区能源安全战略的布局

为了确保美国在亚太地区的绝对优势地位,在实施战略重心东移的背景下,美国积极推动亚太双边和多边能源合作,力图把亚太地区纳入由其主导的全球能源安全秩序。

---

① 中国海关总署网,统计快讯,http://www.customs.gov.cn/tabid/49666/Default.aspx。

第一,实施战略重心东移下的亚太再平衡。美国高度关亚太地区的地缘政治与安全格局,美国积极推动战略重心向西太平洋地区转移,把中国当作现实对手。到2013年底,美国在亚太地区的驻军比例超过了海外驻军比例,美国海外驻军27.35万人中,亚太地区驻军15.41万人,占56%。美国的亚太军事存在,对中国日益增长的海外利益形成了有效威慑,直接恶化了中国周边的地缘安全形势。随着美国战略重心重返亚太,在亚太出现了经济和军事(安全)分立的二元权力结构。近年来,"印太"成为美国、日本、印度以及澳大利亚的政界、学界与媒体频频使用的地缘政治概念。① 目前美国在亚太地区军事布局,使得借势美国牵制中国崛起的周边国家看到了可乘之机,这也与美国拉拢周边国家遏制中国崛起的意图不谋而合。美国通过与日本、韩国、菲律宾、澳大利亚、印度等国之间的双边同盟和多边同盟,平衡中国影响力和防范中国掌握地区事务主导权。② 大国战略竞争的存不利于各国能源合作动力的汇聚,而且还提供以能源为手段牵制对手的工具,削弱了能源合作的战略互信。

第二,加强亚太海上能源通道的军事保护。从印度洋到太平洋的海上能源战略通道,是美国及其盟国的重要生命线,也是美国威慑与遏制战略对手的重要手段。近年来,美国不断强化从西太平洋到北印度洋的军事部署。2010年以来,美国陆续制定了《美国2010年军事战略》、《2010年海军行动概念》、《可持续的美国全球领导:21世纪国防战略重地》等一系列政策文件,加快海军的部队转型和能力建设,以海空一体战的新概念,重地强化应对反介入作战的能力。在2012年6月第11届香格里拉对话会上,时任美国国防部长的帕内塔宣布,到2020年,美国海军力量会将60%的战舰部署在太平洋,航空母舰增加到六艘;在2013年第12届香格里拉对话会上,时任美国国防部长的哈格尔宣称,到2020年,美国空军会把60%的海外军力移至亚太地区,并调配约60%的太空

---

① 关于印太战略的代表性论述可以参阅:Rory Medcalf, "A Term Whose Time has Come: The Indo-pacific", *The Diplomat*, December 4, 2012. Michael Auslin, "Security in The Indo-Pacific Commons: Toward a Regional Strategy", December 2010, http://www.aei.org/files/2010/12/15/AuslinReportWedDec15201F0.pdf.
② 赵青海:《"印太"概念及其对中国的含义》,《现代国际关系》2013年第7期。

和网络力量云集于此。近年来,美国将新武器海外部署首选地定为西太平洋地区,2012年向日本部署了"鱼鹰"运输机,2013年在新加坡部署了滨海战斗舰;美国加强了对亚太地区的军售,对菲律宾、日本和韩国加大了军售规模,并部分解除了对越南的武器禁运;大力构建以关岛基地、达尔文基地和迪戈加西亚基地三条基地战略威慑三角线,提高美军的危机反应能力和战略机动能力,以全面掌控亚太安全形势;美国高调介入东海、南海等热点问题,拉拢与中国存在主权争议的国家,形成对中国的牵制与制约;美国不断加大在亚太地区军事演习的规模和力度,特别是针对中国的"夺岛"演习,加强在亚太地区的动态军事存在。

第三,推进以美国为主导的多边能源合作。美国一直通过主导多边经济合作机制来分享亚洲经济快速增长的成果,同时制衡亚洲大国的影响力,确保其在亚太地区的政治经济领导者地位。美国坚持在亚太经合组织(APEC)框架内形成广泛的能源合作机制,APEC一度成为美国实施亚太战略的首选对象。① 在APEC框架下,诸经济体在新能源及可再生能源、能源效率与节能、能源运输及基础设施建设、能源信息和数据共享、能源供给中断应急机制、清洁化石能源技术等诸方面进行了一系列的多边能源合作。② 但随着成员国数目的增多而日益松散,APEC无法就贸易自由化的实现达成任何实质性协议。APEC早在2007年就提出过建立亚太自由贸易区(FTAAP)的建议,但由于成员国存在较大分歧而未有实质性推动,亚太自由贸易区谈判目前还需要具体的时间表和明确的路线图。在这种背景之下,美国推出跨太平洋战略经济伙伴关系(TPP),美国试图打破现行的自由贸易协定模式,限制中国在东亚区域经济合作中的主导地位。2015年10月5日,TPP谈判初步达成协议,只待各国批准后生效。但TPP过于严苛的标准和必要条件并不能很好地兼顾亚太地区经济发展的多样性和差异性,作为当今世界第二大经济体和第一大贸易国中国加入TPP谈判还面临许多障碍。奥巴马政府大力推动TPP,试图

---

① Daniel S. Sullivan,"Energy and U. S. Foreign Policy: Security Through Diplomacy," Washington, D. C., March 9, 2007, http://2001-2009.state.gov/e/eeb/rls/rm/2007/82171.htm.
② 许勤华、王红军:《亚太经合组织多边能源合作与中国》,《现代国际关系》2009年第12期。

从贸易规则上隔离中国，主导亚太经济一体化的格局。TPP 一旦建成，不仅对于能源投资与贸易的流向带来重要影响，也对亚太各国能源消费结构和应对气候变化政策带来巨大冲击。虽然特朗普政府已经否决了 TPP，但是这种通过构建自由贸易区削弱中国贸易竞争力的趋势值得警惕。

第四，注重与中印等能源消费大国的合作。作为全球一体化的能源市场，一旦发生供应中断，美国难以置身事外，能源消费大国的能源竞争也会间接影响到美国的能源供应，因此美国能源安全与亚太能源安全、全球能源安全相互依存，息息相关。与中印等能源消费大国加强在能源领域的对话与合作不仅对美中、美印能源安全非常重要，也会对亚太能源安全产生重大影响。中印两国一次能源消费占全球能源消费的 28.5%，分别是世界第二和第四石油进口大国。[1] 由于不是国际能源署的成员国，中印长期游离于美国构建的全球能源合作机制之外。为此，除了与日韩等盟国长期保持紧密的能源合作关系之外，美国还加强了与中印等能源消费大国的能源安全对话与合作，力争把中印两国纳入以美国为主的国际能源秩序。在双边合作领域，美国与中印两国展开了新能源与可再生能源开发、能源效率等技术上的合作；在多边合作领域，美国积极推动国际能源署与中印等新兴经济体建立密切的能源伙伴关系，以亚太经合组织"亚太清洁发展和气候伙伴计划"（the Asia-Pacific Partnership on Clean Development & Climate）、主要经济体能源安全与气候变化会议（Major Economies Meeting on Energy Security and Climate Change）和清洁能源部部长级会议（Clean Energy Ministerial）机制为平台与中印等国开展清洁技术创新和气候政策合作，通过建立全球核能合作伙伴（Global Nuclear Energy Partnership，简称 GNEP）与中印等国展开合作，推动先进核能技术联合研发和促进核能在全球的发展。美国不仅着眼于开发发展中国家的清洁能源市场潜力，同时致力于推销美国的清洁能源标准、技术、产品和服务，重建清洁能源和气候变化领域的领导权。

第五，筹划向亚太地区盟国的油气出口。受益于页岩气的发展，美国已经成为最大的天然气生产国，2016 年底成为天然气净出口国。美国

---

[1] BP, *BP Statistical Review of World Energy*, June 2017.

页岩气和页岩油的产量在持续增长，使得美国实现能源独立和能源出口成为可能。亚太地区作为经济增长和能源消费的中心，中国、日本、韩国等严重依赖能源进口。况且，与亚洲消费者支付给海运液化天然气每百万英热单位16美元的价格相比，美国页岩气具有明显的价格优势。油气增产的现实对美国能源安全心态的转变产生了显著影响，开始谋求扩大石油和天然气的出口。2014年6月底，美国商务部通过一项个别裁决程序，悄然允许德克萨斯州两家公司出口凝析油。作为超轻质石油的天然气凝析油符合美国法律出口原油炼油产品的规定，这被舆论认为是美国即将松动原油出口禁令。在企业界的积极推动下，美国政府在2016年底解除了长达40年的原油出口禁令。美国天然气出口目的地包括日本、韩国等天然气需求猛增的亚洲国家，预计在2020年之前美国将成为重要的液化天然气出口商。值得注意的是，美国向盟国出口天然气和石油，不仅仅是满足盟国的能源需求，同时也是换取盟国支持其对外政策的战略手段，还有可能影响并控制国际天然气市场的价格。

4. 中美亚太能源战略互动的基本框架

作为公共产品的能源安全供给不足，应对威胁的集体行动逻辑失序，长期困扰着亚太能源安全体系的构建。作为能源消费中心，亚太地区能源供需矛盾不断加大，内部竞争激烈，合作机制滞后。与此同时，亚太各国能源利益依存度不断增加，通过合作共享能源安全的需求也日益强烈。目前亚太地区的能源合作严重滞后于各国需求，能源合作呈现主体分散、领域交叉和机制碎化的状态。在此背景之下，深化中美在亚太地区的能源安全对话与合作，克服集体行动的逻辑困境，需要高层次、综合性的规划和布局，明确彼此的博弈策略和目标诉求，加大对合作的奖励和背叛的惩罚，增强信息沟通，稳定收益预期。

第一，把能源对话纳入多边安全协调机制。能源合作不仅需要巨大的经济利益驱动，也需要良好的政治互信与战略协作。由于复杂的大国博弈背景，基于市场化的能源开采与贸易有变成地缘政治竞争的可能。这种竞争不仅扭曲了合理的能源供求关系，非市场因素的干扰很容易激化国际矛盾，影响地区稳定。在诸多影响能源合作的因素中，主要障碍是各方的能源安全思维和方式存在较大偏差。从现状来看，亚太地区的安全问题已经纳入了多边安全协调的多项议程当中,但是缺乏维护能源安全的专门机构和核心机制。东盟地区论坛是亚太地区最重要的多边政治与安全对话合作机制,为参与各方拓展能源安全合作提供了对话平台。2004年6月,为了推进亚洲能源合作,制定行动纲领和框架文件,亚洲合作对话第三次外长会议发布了《青岛倡议》。2007年1月,第二届东亚峰会发布了《东亚能源安全宿务宣言》,宣布各方将在提高化石能源效率、加大利用可再生能源和清洁能源、寻求和鼓励针对能源及基础设施开发的投资、探索可能的战略能源的储备模式、减少温室气体排放等方面进行能源合作。从长远来看,能源安全进入地区多边安全议程,意味着能源安全在安全领域重要性的上升,也代表了各国对共同应对能源安全共识的增进,有利于从战略层次统筹规划和有效推进多边能源合作。其中,美国是影响中国亚太地区安全环境的核心要素,亚太合作离不开美国的参与甚至深度介入。美国推行"亚太再平衡战略",不断拉拢日本、菲律宾及其他东南亚国家与中国对抗,联合印度和澳大利亚平衡中国的影响。虽然部分国家愿意在安全上依靠美国,但都想与中国保持合作关系,无法承受中美对峙的经济损失,而美国也不愿为美国盟国一意孤行导致与中国的战争风险背书。从整体趋势来看,双方共同致力于构建新型大国关系,维持全球和地区战略稳定已经成为中美双方最重要和最大战略共识。为缓解地区能源竞争和摩擦,消除彼此的偏见和误解,中美两国应该推动亚太各国应将能源合作纳入地区战略对话,用深入、广泛的交流合作不断累积战略互信的正能量、正资产,减少能源安全竞争恶化加剧战略竞争的可能。

第二,扩大区域经济合作机制下的能源贸易。亚太经济一体化有天然的地理便利条件和庞大的经济总量,有利于区域内各国的优势互补及资源配置,推动成员国商品和贸易自由化。从战略高度看,亚洲经济合作多元化机制的出现顺应了国际产业转移分工和国际经济结构调整的大趋势。中国在加入WTO后,迅速崛起为全球贸易大国。中国积极推进以东盟为核心的"10+3"自由贸易区合作机制,并在2012年底有宣布加入"10+6"、"区域全面经济伙伴关系"(RECP)谈判。现在参与RECP谈判的有东盟10国和中、日、韩、印、澳、新等16个国家,这在事实上对美国主导的 APEC 机制形成了挑战。同为亚太自由贸易机制，TPP 和 RECP 成员国存在交叉关系，但前者并不包括中国，后者也把美国排除在外，在经济层面上反映了中美两个大国对亚太地区主导权的争夺。为了制衡中国的崛起，美国一度力推新自由贸易合作框架 TPP。[1] 为了有效平衡 TPP 将对中国经济贸易带来的"排他性效应"冲击，中国应利用自身地缘优势和经济地位，继续积极推进 RCEP 的建设，循序渐进地推进亚太自由贸易区。此外，中国可以利用 TPP 谈判成员以及 APEC 成员同美国的分歧，加紧推进同亚太经贸伙伴的双边自由贸易区建设，构建以中国为核心的"轮轴-辐条"（Huband Spokes）形自由贸易区网络来抵消 TPP 的冲击。[2] 各国密切的经贸往来使经济上的相互依存不断加深，这必然要求减少能源领域的恶性竞争，降低能源冲突的风险。所以，经济上的共同利益与互利合作不断增大，势必要求加强政治理解和战略互信。简而言之，作为能源合作的主要动力来源，多层次经贸区的建成将为能源合作提供更加强劲的需求、更加便利的流通，可为能源合作机制的探索和完善提供更加有利的政治经济环境，这是亚太地区构建能源共同市场的可行路径之一。

第三，提升多边能源合作的战略层级。从开放性和关联性来看，没有一个国家能完全依靠国内能源资源满足经济社会发展需求，独立应对能源市场动荡带来的冲击，这需要加强与各国多层次、宽领域的能源对话与合作，化解能源利益上的矛盾与争夺，扩大双边合作的认知与共识，提升能源合作的规范化与制度化。为了避免因误解引发权益争端和恶性竞争，进一步推进能源一体化和建立能源共同体，亚太各国应该就能源安全加强对话与合作。鉴于亚太地区能源安全合作存在诸多宏观的结构性挑战，不仅需要自由市场机制的调节，更需要中美两国政府层面的鼓励、引导和示范。由于各国国情的多样性、能源问题的战略性，能源合作机制宜采取"在合作中学习合作"的渐进性策略和开放性原则，以梯

---

[1] 王金强：《TPP 对 RCEP：亚太地区合作背后的政治博弈》，《亚太经济》2013 年第 3 期。
[2] 彭支伟、张伯伟：《TPP 和亚太自由贸易区的经济效应及中国的对策》，《国际贸易问题》2013 年第 4 期。

次型拓展的方式凝聚各方不同阶段、不同领域的利益诉求。经过多年的政治对话与经贸磋商，亚太各国在维护能源安全上已经达成了初步共识，形成了共同维护能源安全的良好政治意愿。然而，能源安全议题受制于地缘政治环境，从属于各国的宏观战略规划与布局。亚太能源合作、经济合作、安全合作是亚太全面合作中相互联系、相互促进并互为条件的综合性议程。因此，能源安全合作的成功实践同样可以增进亚太各国的共同体意识，通过能源合作共识增进战略互信，尽快实现利益认同向身份认同的转变。为了有效协调区域外能源合作伙伴的各种关系，强化对话和协商，免掣肘和牵制，需要设立能源合作的专职协调机构。中美两国要继续推动亚太能源研究中心（APERC）的工作，共同参与亚太经合组织能源部部长会议和能源工作组（EWG）的，大力支持APEC框架下的"亚太清洁发展和气候伙伴计划"，为地区能源合作机制的构建累积共识和经验。此外，因为RECP涵盖了东盟与中日韩"10 + 3"能源部部长级会议的成果，并包括了印度和澳大利亚两个能源大国，中国还应该积极筹备和推动RECP下的能源合作机制，为区域能源合作提供一项可供选择的综合性框架，进一步增强中国在亚太地区能源博弈的战略依托。在政治上，亚太各国要把能源问题作为领导人高峰会晤的常设议题，表达能源合作的意愿。在法律上，亚太各国可以考虑借鉴国际能源署（IEA）、《能源宪章条约》（ECT）和北美自由贸易协定（NAFTA）的相关规定，共同推动缔结保护亚太地区能源贸易、投资和运输自由化的多边能源条约，为区域能源合作机制的形成或能源组织的建立提供法律基础。

5. 中国亚太能源安全战略的路径选择

作为亚太地区的能源大国，中国有必要加强亚太能源安全战略的顶层设计和适切领域的积极筹划，从而达到由点及面、不断深化的功能性溢出效果，实现亚太地区能源稳定、安全和可持续发展。

第一，建立综合化的国际能源运输网络。亚太地区目前尚缺少密集高效的能源通道，能源竞争主要源自能源进口的同向性和运输路线的重叠性。为了减少零和竞争，各国可以协商解决建设区域内油气管网所需的资金与技术等一系列问题，最终建成由油气管网、电力干线、铁路、公路、海运等各种运输方式在内的，地跨欧亚、纵横交错、四通八达的国际能源运输网络。从地缘政治的角度来看，需要加大对俄罗斯和中亚－里海地区的能源开发，多国共同投资建设通往太平洋和印度洋的能源管线。如此一来，亚太地区油气来源有了陆路与海路的双重保证，增加了能源供给的安全系数。这不但可以促成中日韩三国更加紧密的能源合作，而且也增加了中日韩与俄罗斯油气价格谈判的筹码。对于拥有漫长过境管线的中国而言，不但可以增加油气过境收入，也可以增加在东北亚能源合作的主导权和话语权。中国需要加快新疆、广西和云南境内的铁路通道建设，利用既有跨国铁路和新建铁路线路，形成一个覆盖中国、东南亚、南亚各国的跨跨区域的泛亚铁路网，打造以中国为中心的运输联盟，为能源贸易提供更加顺畅的通道。为了维护海上战略通道安全，首先需要完善海上反恐预警与处理机制，加强与联合国反恐委员会、国际刑警组织等现有机制的合作，不断提高对突发性事件进行预警和处理的能力。其次要建立海洋权益争端解决机制，遵照联合国等国际组织通过的宪章、公约、协定等，经过平等协商，妥善处理和解决这些争议。再次，推动国际社会建立有效的海上安全合作机制，建立联合保护通道的部队，加强反海盗巡逻，实施联合多边救灾活动等。

第二，挖掘新能源与可再生能源的合作潜力。相对于化石能源引发的冲突域摩擦，新能源与可再生能源的开发利用为亚太地区各国实现优势互补提供了合作机遇，有着巨大的发展空间。为了应对日益增加的气候变化压力和促进经济可持续发展，亚太地区各国必须积极开发新能源，大力推广风能、太阳能、洁净煤等新能源技术，实现能源结构的调整和经济模式的转变。亚太地区各国在太阳能、风电，以及生物燃料等领域拥有丰富的资源和开发经验，这为开展多层次的能源合作提供了前提条件。亚太地区各国之间可以挖掘潜力，分享经验，推动国现代能源产业的快速发展。

第三，提升能源金融领域的合作力度。随着区域经济一体化的深入发展，亚太地区多边合作不断地被赋予新的内容以及新的内动力，能源金融领域的合作成为亚太地区能源合作的重要突破点。在国际能源市场上，由于亚洲没有成熟的原油期货市场，中东国家对亚洲国家的油气出口定价不是以反映亚洲油气供需情况的亚洲期货市场定价,而是选择其他地方的期货价格作为依据。在目前的定价机制之下,东亚国家进口中东油气往往比欧美国家更加的价格,这种现象被称作"亚洲议价"。为消除现存的"亚洲溢价",必须着手建立东亚石油期货市场,培育东亚自己区域内原油定价中心,提升亚洲国家的区域议价能力[1]目前日本已经推出了本国的原油期货,中国也决定建立自己的原油期货市场,让原油期货价格能反映东亚石油市场的供求关系,进而成为亚洲地区的定价中心。此外,为了实现能源与金融的合力,中国还应该探索在能源投资与贸易领域建立人民币跨国结算方式、增加人民币结算的比重、建立新的超国家货币的可能性、扩大外汇储备品种等问题。中国可以利用自身优势,加快人民币在区域能源合作中的地位和影响力。中国应该在能源进出口中推行人民币结算等多种金融结算方式,有效规避美元汇率动荡带来的风险。中国可以倡议研究成立亚洲能源开发银行的可能,除发放人民币出口买方信贷和本币债券外,还可以在亚洲能源开发银行下设能源发展基金,为成员国的经济发展提供人民币贷款帮助,对区域内跨国油气管道等基础设施建设进行人民币融资。

第四,建立亚洲能源储备和应急机制。在亚洲特别是东北亚地区,只有韩国与日本拥有充足数量的石油储备,显然难以应对区域性的石油供应危机。目前,新加坡、中国、日本和韩国已建立了自己的国家战略石油储备。由于起步较晚,我国国家石油储备能力规模有限,商业石油储备也有待大力推进。为了应对国际油价波动对印度产生的不利影响,印度计划在2020年之前将战略石油储备增加至1.32亿桶。从目前和长远来看,逐步建立联合石油储备制度将是亚太国家平抑地区性风险溢价的重要手段,也是构建多边能源合作机制的可行路径之一。随着美国大幅度减少对中东石油的依赖,国际油价低迷,中东产油国希望扩大对亚洲国家的石油出口,石油储备采购面临难得的机遇。从现有的条件来看,亚太地区不妨加强与国际能源署的对话与合作,借此推进亚洲石油储备

---

[1] 徐海燕、鲍建军:《后金融危机时期油价走势与东北亚能源战略合作》,《复旦学报》2011年第3期。

计划的建设步伐和协作机制。目前日本、韩国、澳大利亚、新西兰已经都是国际能源署成员国,都有建立战略石油储备的义务。截至2017年4月,美国拥有的石油储备量相当于365天石油净进口量,国际能源署亚太地区成员国的石油储备量相当于163天石油净进口量,日本、韩国、澳大利亚、新西兰拥有的石油储备分别达到了180天、200天、51天和93天的石油净进口量。[1] 随着国际能源署成员国以外的石油消费快速增长,国际能源署正在同新兴经济体开展石油安全政策对话及信息共享机制,协调未来的应急响应政策。中国、印度和东盟成员国多次参加国际能源署举办的石油供应中断应急响应模拟演习(ERE)。从2004年开始,国际能源署已经向包括中国、印度、东盟、亚太经济合作组织等多个非会员国提供了统计和应急准备工作培训。[2] 由于国际能源署在建立石油储备领域拥有充足的储备容量、先进的相关技术、完备的法律体系和丰富的管理经验,亚太国家可以在协调石油储备采购、共同投资储备设施、加强石油安全预警、何时释放石油储备等方面加强合作,并逐步推动亚太多边能源合作机制的完善。

  总体来看,经过多年的政治对话与经贸磋商,中美等亚太地区各国在维护能源安全上已经达成了初步共识,形成了共同维护能源安全的良好政治意愿。然而,能源安全议题受制于地缘政治环境,从属于各国的宏观战略规划与布局。亚太能源合作、经济合作、安全合作是亚太全面合作中相互联系、相互促进并互为条件的综合性议程。因此,能源安全合作的成功实践同样可以增进亚太各国的共同体意识,通过能源合作共识增进战略互信,尽快实现利益认同向身份认同的转变。中美两国推动亚太能源合作的机制化、规范化,有可能成为其他领域再尝试的一个模本。目前,亚太各国共同面临消费增长迅猛、对能源进口依赖突出等难题,不仅供需矛盾尖锐、资源开发竞争激烈的严峻挑战。从长远看,亚太能源合作领域广阔,潜力巨大,意义深远。作为能源大国,中美两国

---

[1] *Closing Oil Stock Levels in Days of Net Imports*, 13 July 2017, http://www.iea.org/netimports/.
[2] *IEA Response System for Oil Supply Emergencies*, 2012, http://www.iea.org/publications/free-publications/publication/EPPD_Brochure_English_2012_02.pdf.

在亚太能源安全格局中具有举足轻重的地位,应该在亚太能源合作中发挥积极的建设性作用,为优化全球能源治理提供可资借鉴的区域模式与经验。

二 中美在中东的能源竞争与合作

中东地区资源型与通道型的能源地缘政治特色决定了该地区历来为兵家必争之地。中美两国能源安全与中东息息相关,在能源安全目标与手段上展开了复杂的战略互动。如何化解矛盾,寻求共赢,对于如何在功能领域和地区层次构建中美新型大国关系,可谓意义深远。

1. 中东能源地缘政治格局的特点

第一,世界能源优势地位难以撼动。从储量、产量和出口潜力来看,中东油气资源仍然在世界格局中占有难以替代的战略地位。根据英国石油公司 2016 年的统计,中东石油储量占世界总量的 47.7%,产量占世界总量的 34.5%,出口占世界总量的 35.9%。[①] 2016 年中东天然气储量占世界总量的 42.4%,产量占世界总量的 18%,液化出口占世界总量的 35.3%。卡塔尔是世界第三大天然气生产国和最大的液化天然气出口国,2016 年探明储量为 24.3 万亿立方米,占世界 13%,2016 年出口量为 1044 亿立方米,占世界的 30.12%。伊朗是世界第二、中东第一大天然气生产国,2016 年产量为 2024 亿立方米,占世界的 5.7%,仅仅向土耳其等少数几个国家出口。2005 至 2015 年,伊朗天然气产量的年均增长率为 6.4%,卡特尔天然气产量的年均增长率为 14.6%。[②] 一旦伊朗解除制裁和伊拉克完全恢复石油产能,中东将会有很大的出口潜力。

表 9-1 中东石油在世界能源格局中地位 (2016 年)

	储量	占比	储产比	产量	占比	出口	占比
单位	亿桶	%	年	万桶/日	%	万桶/日	%
数量	8135	47.7	69.9	3178.9	34.5	2251.8	35.9

资料来源:BP, *BP Statistical Review of World Energy*, June 2017。

---

① BP, *BP Statistical Review of World Energy*, June 2017.
② BP, *BP Statistical Review of World Energy*, June 2017.

表9-2　中东天然气在世界能源格局中地位（2016年）

	储量	占比	产量	占比	管道出口	占比	液化出口	占比
单位	万亿立方米	%	亿立方米	%	亿立方米	%	亿立方米	%
数量	79.4	42.5	6378	18	284	4.9	1224	35.3%

资料来源：BP，*BP Statistical Review of World Energy*，June 2017。

第二，海湾战略通道事关全球供给。海湾地区的油气资源和海上运输线是该地区在全球地缘政治中长期占有突出地位的重要因素。霍尔木兹海峡位于阿曼和伊朗之间，将波斯湾与阿曼湾和阿拉伯海连接，是波斯湾海上出口的唯一通道。根据美国能源信息署的数据，2015年每天有1700万桶石油通过霍尔木兹海峡，约占海上石油和其他液体燃料贸易的30%，2016年海峡石油流通量达到了每天1850万桶，其中80%的原油通过该海峡流向了亚洲市场，中国、日本、韩国和新加坡是这些原油最大的目的地。霍尔木兹海峡可谓是石油运输最繁忙的海峡。[①]

第三，中东亚太能源关系日益紧密。鉴于中东地缘政治的不稳定对能源安全带来的巨大冲击，欧美自20世纪80年代开始寻求能源进口多元化，减少来自中东的石油进口。随着亚太经济崛起，能源消费和能源进口不断增加，逐渐成为中东国家扩大石油出口的重要目的地。从英国石油公司的统计来看，中东对美国石油出口比重从2001年的14.5%降为2015年的7.3%；中东对欧洲石油出口比重从2001年的18.6%降为2014年的10.4%，2016年升至13.1%；中东对亚太地区的石油出口比重从2001年的60.1%增加为2014年的76.2%，2016年依然保持在72.8%；中东对中国的石油出口比重从2001年的3.6%增加到2015年的17.1%。[②]

表9-3　中东石油出口流向的比例变化（%）

	美国	欧洲	日本	中国	印度	亚太
2001年	14.5	18.6	22.1	3.6	/	60.1

[①] EIA, *World Oil Transit Chokepoints*, July 25, 2017, https://www.eia.gov/beta/international-al/regions-topics.cfm?RegionTopicID=WOTC.

[②] BP, *BP Statistical Review of World Energy*, 2002, 2006, 2010, 2014, 2015, 2016, 2017.

续表

	美国	欧洲	日本	中国	印度	亚太
2005 年	11.9	15.9	21.6	6.9	/	66.6
2009 年	9.5	11.5	19.6	11.3	12.0	68.8
2013 年	10.6	10.6	17	15.2	12.9	75.8
2014 年	9.5	10.4	16	17.5	12.4	76.2
2015 年	7.3	12.9	15.4	17	12.7	75.8
2016 年	7.6	13.1	13.8	17.1	13.2	72.8

资料来源：BP，*BP Statistical Review of World Energy*，2002，2006，2010，2014，2015，2016，2017。

第四，地区政治稳定面临严峻挑战。中东能源地缘政治与国际国内等多层次的矛盾、冲突联系在一起，一旦发生动荡将对油气生产和价格造成巨大冲击。阿以争端血雨腥风，持续了60多年至今仍未解决，而且还有愈演愈烈之势。2003年伊拉克战争后，伊朗、黎巴嫩（真主党）、巴勒斯坦（哈马斯）、叙利亚、伊拉克在中东地区形成了什叶派的新月地带，伊朗的地区影响力迅速扩大，打破了长期以来逊尼派和什叶派力量大体均衡的格局，引起了以沙特为首的逊尼派国家和西方国家的忧虑。2010年底以来，部分阿拉伯国家发生大规模动荡，政权发生更迭，利比亚、叙利亚、伊拉克境内的不安定因素还在发展。在伊拉克和叙利亚大肆扩张的"伊拉克和黎凡特伊斯兰国（ISIS）"，在2014年6月29日宣布建立哈里发国家，自称"伊斯兰（IS）国"，对中东的政治稳定带来严重影响。

第五，大国战略角逐左右中东走势。目前世界各大经济体都是中东石油的主要进口国，在中东地区投入了大量政治、经济和外交资源，甚至不惜发动战争，竞争十分激烈。从历史上看，中东是欧洲国家战略角逐的外围地带，也是美苏冷战时期战略对峙的前沿阵地。冷战结束以后，世界大国依然对决定世界能源安全的中东充满着浓厚兴趣，在经贸合作和地区安全上展开了激烈的战略博弈，试图影响中东能源供应的产出和走向。进入21世纪以来，新兴经济体对中东能源的需求不断上升，也开始加强与中东国家的合作，尝试适度参与中东事务。西方国家在中东地区的影响根深蒂固、盘根错节,新兴经济体在中东的渗透遍地开花、野心勃勃,它们都在竭力维护自己的势力范围,这势必会挤压中国石油公司参与中东开发的展开空间。

2. 美国中东能源安全战略的态势

第一,能源安全与战略意图的目标错位。第二次世界大战以来,中东石油对美国及其盟国的国家安全和经济繁荣发挥了重要作用,美国的中东战略应运而生,而促进能源安全成为美国的基本战略目标,这难免与其他战略目标发生冲突和抵牾。在确保以色列安全与中东石油稳定之间,美国时常面临难以抉择的困境,而这是导致中东地区石油供应中断的间接诱因之一。"9·11"事件后,美国战略界开始重新评估中东地区的战略目标,除了依然将中东作为西方重要能源供应基地之外,还把中东作为21世纪全球威胁的重要来源。美国需要石油,但石油并不是美国外交战略的唯一目标。在美国外交政策的优先次序中,能源安全的位置会因对主要威胁的评估而发生变化。总体来看,其他战略目标与能源安全存在基本的一致性,但也难免存在矛盾,致使美国的中东政策进退失据,捉襟见肘,既难免在一定程度上牺牲能源安全,也在有些时候损害他国利益和盟国安全。

第二,不惜军事手段确保中东能源安全。中东地区冲突频繁,危机不断,不可避免地对能源生产和运输产生冲击和影响,这在凸显了该地区对美国能源安全的战略意义的同时,也要求美国对能源安全威胁来源和应对手段做出恰如其分的评估与选择。美国在中东设立了中央司令部,多次以战争手段挫败敌对国家威胁中东能源安全的企图,长期以军事手段威慑敌对国家危及波斯湾能源安全的潜在打算。对于国际恐怖主义势力,不惜以反恐战争的手段进行了长达十余年的非对称打击。拥有丰富石油资源伊拉克和伊朗一度遭到美国多年的持续打压,伊拉克在2003年被美国及其西方盟国以战争手段实现了政权更迭,而伊朗至长期面临美国军事力量的威慑。与此同时,美国也与立场温和的沙特阿拉伯、科威特等国建立了事实上的军事同盟,在海湾地区布置了重兵,一方面可以保护石油资源丰富但军事实力较弱的产油国,另一方面也对伊朗这样的激进国家保持战略威慑,并可以阻止其他国家在中东地区的军事扩张。

但从历史与现实的运行情况来看,军事干涉可以抵御外来势力的干涉,也可以暂时平息地区冲突,但无法从根本上消除对石油安全的威胁。而且,军事干涉本身就是该地区地缘政治冲突的根源之一,美国在中东地区频繁的军事干涉使得美国难以走出安全与道义的双重困境。[1]

第三,美沙特殊关系作为能源安全保障。无论是从石油储量、产量、石油剩余生产能力,以及在欧佩克中的地位而言,沙特阿拉伯都在世界能源格局中具有举足轻重的特殊地位。根据英国石油公司的数据,2016年沙特阿拉伯的石油探明储量为2665亿桶,分别占世界总量和中东总量的15.6%和32.8%;石油产量为每天1234.9万桶,分别占世界总量和中东总量的13.4%和38.8%。[2] 沙特阿拉伯具有可以迅速增加产量的巨大剩余石油生产能力。为了弥补世界石油市场因叙利亚、利比亚、伊朗等国石油减产导致的损失,沙特阿拉伯的石油产量从2010年的每天1007.5万桶增至2011年的每天1114.4万桶,2012年又增加到每天1163.5万桶。[3] 沙特阿拉伯是美国在海湾地区的关键盟友,沙特阿拉伯以其石油生产能力和石油政策换取美国的安全保证。沙特阿拉伯的剩余生产能力不仅可以帮助美国遏制其他国家发起石油禁运的企图,而且还可以利用这种能力稳定世界石油市场。[4] 此外,沙特阿拉伯坚持石油贸易以美元计价的政策对石油美元的顺畅流动和实现美元霸权发挥了重要作用。

第四,页岩油气革命对中东地位的影响有限。美国是世界上的石油消费大国。2016年美国每天消费石油1963.1万桶,占世界总量的20.3%。[5] 对于石油天然气一直依靠进口的美国来说,能源完全独立是很困难的。随着美国页岩油气革命的成功,美国的天然气和页岩油的产量不断增加,美国对外石油依存度呈现逐年降低,而且石油进口量也呈现降低的态势。但美国仍然是石油进口大国,2016年进口石油数量高达每

---

[1] 孙溯源:《中东北非变局与西方石油安全的悖论》,《外交评论》2011年第2期。
[2] BP, *BP Statistical Review of World Energy*, June 2017.
[3] BP, *BP Statistical Review of World Energy*, June 2017.
[4] Douglas Little, *American Orientalism: The United States and the Middle East since 1945*, London & New York: I. B. Tauris, 2003, pp. 43–70.
[5] BP, *BP Statistical Review of World Energy*, June 2017.

天1005.6万桶,占世界石油进口量的15.4%。2016年,美国从中东进口原油为8817万吨,仍然占进口总量的22.4%。[①] 美国"能源独立"是维护美国国家能源安全的重要政策,这个政策的核心是鼓励能源多元化和多源化,减少中东石油进口,防止能源安全牵制左右外交政策。从数据来看,对于石油天然气一直依靠进口、一直居世界第一进口国的美国来说,能源完全独立是很困难的。短期来看,美国也不具备大举出口石油和天然气的能力,即使有了丰富的石油天然气,国内复杂的利益集团因素也会阻挠美国油气的大量出口,美国数量有限的油气出口更不会对世界能源版图产生颠覆性影响。

第五,重返亚太与中东战略的政策平衡。20世纪90年代以来,美国一直酝酿战略重心往亚太地区的转移,但21世纪初以来的反恐战争迟滞了美国战略重心的调整。随着亚太地区在世界战略重心的位置日益凸显,奥巴马上台伊始就宣布,美国对外政策的重点将从中东转向亚太地区。但是从中东的局势来看,巴以冲突和伊朗核问题长期以来悬而未决,伊斯兰国势力范围的快速发展给地区安全带来了新的威胁,危机四伏的中东局势使得美国难以轻易地转向亚洲。世界上只有一个石油市场,美国仍然难以在中东地缘政治恶化导致的全球石油供应中断和油价上涨中置身事外。[②] 所以,即使美国自身减少了来自中东的石油进口,也不会允许中东陷入混乱和动荡之中。全球化的时代,美国的能源安全离不开全球市场的稳定,而这客观上需要中东能源地缘政治环境的稳定。

表9-4 中东与中美两国的石油进口

	中国			美国		
	自中东进口 (百万吨)	占中东出口 (%)	占中国进口 (%)	自中东进口 (百万吨)	占中东出口 (%)	占美国进口 (%)
2001	34.2	3.6	38.7	138.0	14.6	24.1
2002	38.9	4.3	38.7	114.7	12.8	20.4
2003	51.8	5.5	40.3	126.1	13.4	20.8

---

① BP, *BP Statistical Review of World Energy*, June 2015.
② 吴磊:《世界石油新版图与中东石油》,《西亚非洲》2012年第6期。

续表

	中国			美国		
	自中东进口（百万吨）	占中东出口（%）	占中国进口（%）	自中东进口（百万吨）	占中东出口（%）	占美国进口（%）
2004	62.8	6.4	42.3	124.9	12.8	20.2
2005	67.4	6.9	40.4	116.5	11.9	17.5
2006	73.9	7.4	38.5	113.2	11.3	16.9
2007	78.8	8.1	38.8	110.4	11.3	16.4
2008	92.0	9.2	42.2	119.7	12	18.8
2009	103.2	11.3	40.7	86.9	9.5	15.4
2010	118.4	12.7	40.2	86.0	9.2	14.9
2011	137.8	14.1	42.0	95.5	9.8	17.1
2012	144.4	14.7	40.8	108.0	11.0	20.6
2013	161.8	16.7	42.8	100.1	10.3	20.7
2014	171.7	17.5	46.1	93	9.5	20.4
2015	173.8	17	42.9	75	7.3	16.1
2016	199.1	17.1	43.6	89.3	7.6	17.9

资料来源：笔者根据英国石油公司 2002～2017 年数据（BP, *BP Statistical Review of World Energy*, 2002–2017）整理。

3. 中国中东能源安全战略面临的挑战

第一，能源进口集中态势不容乐观。随着 20 世纪中国成为石油净进口国，中国石油进口增长迅速，特别是对中东能源的依赖不断上升。根据英国石油公司的数据，2001 年中国自中东进口石油 3420 万吨，占中东出口总量的 3.6%，占中国进口总量的 38.7%；2016 年中国自中东进口石油 1.99 亿吨，占中东出口总量的 17.1%，占中国进口总量的 43.6%。比较而言，美国对中东的能源依赖开始呈现缓慢下降趋势。数据显示，2001 年美国自中东进口石油 1.38 亿吨，占中东出口总量的 14.6%，占美国进口总量的 24.1%；2016 年美国自中东进口石油 0.89 亿吨，占中东出口总量的 7.6%，占美国进口总量的 17.9%。[1] 2016 年中国液化天然气进口总量为 343 亿立方米，其中来自卡塔尔和也门的液化天然气为 66 亿立

---

[1] BP, *BP Statistical Review of World Energy*, June 2017.

方米，约占中国进口总量的 19.2%。①

第二，能源产区安全形势影响生产。美国全球霸权与中东地区强国之间的斗争时常引发剧烈冲突或长期对峙，使得中东能源安全与地区政治稳定难以兼容。美国以不公正、不合理的态度介入中东地区矛盾，往往成为影响中东供应稳定或石油危机的导火索。美国的动辄诉诸武力的强权政治行为，特别是反恐战争的扩大化，进一步加深了伊斯兰世界与美国的矛盾，激发了阿拉伯世界此起彼伏的恐怖袭击，导致石油市场恐慌和政治溢价。伊拉克战争以来，美国试图以"大中东计划"改造阿拉伯国家，阿拉伯国家的社会矛盾不断激化，为中东变局的动荡埋下了隐患。②自 2010 年西亚北非发生动荡以来，若干产油国的供应稳定受到严重影响。利比亚的石油日产量也从 2010 年的 165.8 万桶锐减为 2011 年的 47.9 万桶；苏丹的石油日产量从 2010 年的 46.2 万桶下降到 2012 年的 10.3 万桶；叙利亚的石油日产量从 2010 年的每天 38.5 万桶下降到 2012 年的 17.1 万桶，2013 年跌至 5.6 万桶。伊朗的石油日产量从 2011 年的 435.8 万桶降为 2013 年的 355.8 万桶。③

第三，能源企业投资风险不断上升。通过能源企业在能源生产国直接投资是我国获取能源的重要方式之一。虽然中东地区已探明石油储量非常巨大，但因石油勘探工作滞后，勘探密度普遍偏低，部分国家石油投资开发强度不高。在原油价格高企的情况下，中东存在着非常巨大的石油投资利益。长期来看，随着伊朗温和保守派总统上台，叙利亚危机持续发酵，伊拉克教派流血冲突等新情况与新问题的出现，中东地区酝酿着长期动荡的不安定因素。中国石油企业的海外经营极有可能要面对一个族群和教派冲突日益激化、社会动荡与分裂更加严峻的中东。④

第四，能源进口通道安全面临威胁。中国对中东能源的依赖不仅仅在于买得到，还在于运得回。中东地区能源地缘政治地位极其重要，环

---

① BP, *BP Statistical Review of World Energy*, June 2017.
② 舒先林：《美国的中东石油战略与中国能源安全》，《西亚非洲》2010 年第 2 期。
③ BP, *BP Statistical Review of World Energy*, June 2017.
④ 陆如泉等：《中东北非主要油气资源国形势走向》，《国际石油经济》2013 年第 10 期。

绕和布局了多条能源战略通道。其中，海湾国家的石油出口大部分依赖霍尔木兹海峡，通过原油的85%输往亚洲市场的中日印等国，其中中国石油进口量的36%要经过霍尔木兹海峡。此外，从中东到中国的海上通道十分漫长，海盗不时出没，恐怖袭击时有发生，严重威胁中国海上能源战略通道的畅通。中东地区发生动荡，容易导致供应短缺和市场恐慌，有这为欧美石油投机者炒作石油价格提供了现实支撑。中东地缘政治引发的石油价格大波动必然增加中国的石油进口成本，全将对中国经济发展产生严重影响。

4. 中国中东能源安全战略的调整

与美国相比，中国石油安全形势相对严峻，不仅石油来源高度集中在不稳定的中东，而且中国维护石油安全的手段更加匮乏。中国必须立足自身的外交原则，通过经济、政治和外交途径寻找石油供应安全的出路。

第一，加强地区风险预警。中东地区的政治动荡给我国能源公司的投资经营带来巨大的威胁，政治风险最为集中和突出。一方面，东道国政府更迭，民族冲突、宗教争端、恐怖主义袭击等往往给企业的经营者造成措手不及的冲击。另一方面，西方石油进口大国、跨国石油公司、东道国利益集团等也通过国际竞争，对中国能源企业的跨国经营进行指责和阻挠。[1] 鉴于投资环境的不确定性和特殊行业的敏感性，政府部门必须加强对中东地区政治风险的预警，对当地的政治局势、法律秩序、社会环境等做出详细评估，给企业投资提供专业性的指导意见。同时，中国石油企业也需要不断提升风险管理能力，全面评估中东地区局势发展的潜在风险，构建风险防控体系，提升应对突发事件的应急能力。[2]

第二，分散能源进口来源。在2016年中国液化天然气的进口来源中，从亚太地区进口259亿立方米，占75.5%，从中东地区进口66亿立方米，占19.2%，而从非洲地区进口5亿立方米，占1.5%，来自欧洲和美

---

[1] 赵庆寺：《石油企业跨国经营政治风险与法律防范》，《新疆大学学报》2008年第3期。
[2] 陆如泉等：《中东北非大格局与中国石油企业的应对》，《国际石油经济》2011年第10期。

洲的进口量非常少。非洲和美洲天然气资源储量巨大，也有很大的出口潜力。在原油进口方面，2016年中国从中东进口的数量超过了来自北美、拉美、非洲、亚太地区的进口数量之和，来自后者的进口分别占中国进口总量的0.4%、11.2%、14.9%、2.2%。与中国相比，2016年美国原油进口对中东地区的依赖已经减少到进口总量的22.4%，美国从加拿大一国的原油进口量是来自中东石油进口量的1.8倍，来自北美地区的原油占进口总量的48.7%，来自拉美地区的进口占进口总量的20.3%，即美国从地理距离较近、相对比较安全的西半球进口量占到了进口总量的69%。[1] 从长远来看，中国应该适度减少对中东地区的石油依赖，逐步扩大对非洲、中亚和拉美国家的能源投资和贸易。

第三，深化能源经贸合作。中国经济增长需要中东地区充足可靠的石油供应，而中东产油国也依赖中国大量资本和油气技术，加大了对本国炼化产业的投资力度。同时，为了打破欧美国家在中东能源开发中的垄断地位，中东部分国家积极开拓亚洲市场，力求实现能源出口的多元化。中国与中东的能源合作，可以保障双方的进口安全和出口安全，可以实现互补共赢，符合双方的长远利益，有利于维护国际能源市场的稳定。中国应合理选择与中东石油合作的方式，中国石油企业与中东国家的石油合作可以同时实施"走出去"和"引进来"的战略。"走出去"是让中国石油企业在这些国家获得石油开采权，并向这些国家的炼油工业和化工产业投资；"引进来"是通过合资的形式有选择地引进中东产油国一些具有技术优势的石油炼化项目。在投资形式上，为了弥补自身技术上的短板，增强我国在海外的能源竞争力，中国还可以深化与美欧石油公司的合作，结成共担风险、共享收益的利益共同体。这既可以增强与产油国谈判的话语权，也可以减少西方国家出于政治意图的干涉和阻挠。此外，中国还应该在"中阿合作论坛"、"中国—海湾经贸合作论坛"等框架内加强双边及多边经贸合作，鼓励双方企业相互投资和建立合资项目。

---

[1] BP, *BP Statistical Review of World Energy*, June 2017.

表9-5 中美原油进口来源比较

单位：百万吨

	地区	北美	拉美	欧洲	原苏联	中东	非洲	亚太	总量
中国	数量	1.7	51	5.8	56.7	184.2	67.8	15.5	382.6
	占比（%）	0.4	13.3	1.5	14.8	48.1	17.7	4.1	100
美国	数量	191.6	79.8	3.2	2.4	88	25.8	2.3	393.3
	占比（%）	48.7	20.3	0.8	0.6	22.4	6.6	0.6	100

资料来源：BP, *BP Statistical Review of World Energy*, June 2017。

第四，扩大参与地区事务。中国积极参与中东事务，既是中国实力不断增强之后的自然结果，也是中国勇于承当大国责任的表现，更响应了中东国家希望中国在中东地区发挥大国作用的战略诉求。[①] 中国希望维护中东地区安全形势的长期稳定，不能无动于衷，更不能束手无策；不能置身事外，也不能深陷其中。中国与中东地区的矛盾和危机并非直接的利益相关者，中国正好可以利用这种地位施展斡旋外交，以客观中立和相对超脱的姿态，向冲突双方提出建设性的意见和方案，这种客观公正的态度更容易让冲突各方理解和接受。[②] 无论是巴以问题还是伊朗核问题，中国都力图寻求冲突各方最大程度的利益契合点，并与地区外大国一起协商解决，满足各方在外交博弈中的关键诉求。无论是利比亚还是叙利亚，中国通过不同的渠道力劝当事双方谈判协商，支持双方的自主选择，中国强烈反对外国势力的片面干涉，引发争端的进一步升级。

第五，加强中美政策协调。中东动荡不安局势与与美国的中东战略息息相关，中东问题的解决也离不开美国的态度和政策。可以说，美国是影响中东能源安全形势的重要变量。从国际战略环境来说，中国石油安全战略难以摆脱美国中东石油霸权战略的影响。从美国在中东的影响力来看，美国是中国石油供应问题上最大的安全隐患和制约因素。因此，加强中美中东政策的协调，构建起中美避免冲突对抗、实现互利共赢的中东能源关系，成为维护中国能源安全的重要路径，也是构建中美新型

[①] 周士新：《中国对中东变局的建设性介入》，《阿拉伯世界研究》2013年第2期。
[②] 孙德刚：《中国在中东开展斡旋外交的动因分析》，《国际展望》2012年第6期。

大国关系战略目标的题中应有之义。由此，中美两国应该通过与阿盟的战略合作框架，借助中美战略与经济对话下的各种机制，积极展开政策对话与协调。

三 中亚能源形势与中美能源安全战略

中亚能源储量丰富，而且出口潜力巨大，亟待加大勘探开发。美国以"反恐"为借口进入中亚地区，鼓励能源出口多元化，扩张美国的能源利益，势必会对中国的能源安全带来深远的影响。如何在中亚地区共同促进中亚能源开发和输出，维护世界石油市场的稳定，日益成为协调中美在地区层面上战略交锋的重要课题。

1. 中亚能源资源开发的基本态势

第一，丰富的资源储量。由于苏联时期政府对中亚油气勘探投入不足，中亚油气资源的地位鲜有人注意。苏联解体之后，资源丰富的中亚地区逐渐引起了各国石油公司的浓厚兴趣。该地区能源资源主要分布在哈萨克斯坦、土库曼斯坦和乌兹别克斯坦等中亚三国。从国别来看，哈萨克斯坦能源资源最为丰富，石油储量在世界各国中排名第10位，煤炭资源在世界各国中排第8位。土库曼斯坦的天然气十分丰富，在世界各国中排名第4位。乌兹别克斯坦天然气储量较大，也有少量石油。吉尔吉斯斯坦和塔吉克斯坦属于油气资源匮乏的国家，但水能较为丰富，远远超过其他三国。从石油资源储量来看，截至2016年底，中亚三国探明石油储量为312亿桶，占世界总量的1.8%，接近亚太地区的石油储量。从天然气探明储量来看，截至2016年底，中亚地区天然气探明储量为19.6万亿立方米，占世界总量的10.5%。值得注意的是，中亚地区的油气勘探远远不足，预示着未来还有很大的发展空间。中亚地区煤炭资源也很丰富。截至2016年底，该地区的探明煤炭储量为269.80亿吨，占世界总储量的2.3%，分别超过拉美与中东各自的世界份额。[①]

---

① BP，*BP Statistical Review of World Energy*，June 2015.

第二,巨大的出口能力。2016中亚三国地区的石油总产量约为9460万吨,占世界总产量的2.2%。2016年中亚三国石油消费量约为2270万吨,石油净出口量达到了7190万吨,出口比例高达76%,主要出口目的地是俄罗斯、欧洲、中国和伊朗。其中哈萨克斯坦是中亚最大的石油生产国,2016年石油产量达到了7930万吨,石油净出口量达到了6610万吨。2016年中亚三国天然气产量高达1296亿立方米,占世界总产量的3.7%;中亚地区天然气消费量为943亿立方米,出口总量为353亿立方米,出口比例为27.2%。中亚地区最大的天然气生产国是土库曼斯坦,2016年产量和出口量分别达到了668亿立方米和373亿立方米。中亚地区的天然气出口主要输往伊朗、俄罗斯和中国。中亚地区的煤炭生产主要集中在哈萨克斯坦,2016年产量达1.024亿吨,占世界煤炭产量的1.4%,哈萨克斯坦是世界第十大煤炭生产国。[1] 作为有待充分开发的能源资源富藏区,中亚地区的能源开发前景非常广阔,有效开发和利用中亚能源资源,成为周边国家在激烈竞争中占据主动的关键。

表9-6 中亚三国能源资源探明储量(2016)

	石油(亿桶)	天然气(万亿立方米)	煤炭(亿吨)
哈萨克斯坦	300	1	256
土库曼斯坦	6	17.5	/
乌兹别克斯坦	6	1.1	13.8
总计	312	19.7	269.8
世界比重(%)	1.8	10.5	2.3

资料来源:BP, *BP Statistical Review of World Energy*, June 2017。

表9-7 中亚油气生产、消费和净出口(2016年)

	石油(百万吨)			天然气(10亿立方米)		
	生产	消费	净出口	生产	消费	净出口
哈萨克斯坦	79.3	13.2	66.1	19.9	13.4	6.5
土库曼斯坦	12.7	6.7	6	66.8	29.5	37.3

---

[1] BP, *BP Statistical Review of World Energy*, June 2017.

续表

	石油（百万吨）			天然气（10亿立方米）		
	生产	消费	净出口	生产	消费	净出口
乌兹别克斯坦	2.6	2.8	-0.2	62.8	51.4	11.4
合计	94.6	22.7	71.9	149.59	94.3	55.2
世界比重（%）	2.2	0.6	/	4.3	2.2	/

资料来源：BP, *BP Statistical Review of World Energy*, June 2017。

第三，多向的油气管道。中亚地处内陆，在独立之前的油气管道较少，而且主要通过俄罗斯境内，对俄罗斯依赖较重，容易受到俄罗斯的控制。为了打破俄罗斯对中亚油气管道的垄断，中亚国家在美欧和周边国家的帮助下，规划计划了一系列油气关系，致力于能源出口多元化。从现有管道、建成管道、在建管道、计划管道或建议管道的布局来看，中亚油气管道主要有东向、西向、南向、西北四个方向。东向管道主要通往中国，但也存在通往日本和韩国的可能。向东的管道主要是中哈石油管道和中国——中亚天然气管道；西向的建成管道、在建管道、计划管道或建议管道总计有六条，其中的三条石油管道分别是已建成的里海财团管道（Caspian Pipeline Consortium，CPC）、巴库—第比利—斯杰伊汉管道（Baku-Tbilisi-Ceyhan pipeline，BTC）和计划建设的跨里海石油管道（Trans-Caspian Oil Pipeline），此外的三条输气管道分别是已建成的南高气管道（South Caucasus Pipeline）和跨里海天然气管道（Trans-Caspian Gas Pipeline），以及拟建中的纳布科天然气管道（Nabucco）。中亚地区自北向南的管道主要有五条，包括三条石油管道和两条天然气管道。三条天然气管道分别是在建的内卡—贾斯克管道（Neka-Jask）、计划建设的哈萨克—伊朗石油管道（KTI）和建议铺设的阿富汗石油管道（Trans-Afghanistan Gas Pipeline）。计划建设的阿富汗天然气管道和已经建成的科尔佩杰库尔特库伊天然气管道。西北方向的管道主要是苏联时代建成的阿特劳—萨马拉（Atyrau-Samara）管道，另一条由多条管道组成的中亚中心天然气管道系统（Central Asia-Center gas pipeline system，CAC）。新油气管道的建成和规划，构建了新的能源输送网络，中亚国家实现了能源出口多元化，不但改善了欧亚大陆的能源供需形势，也使得欧亚地区的能源格局发生了重大变化。

第四,激烈的战略博弈。中亚地区不仅是连接周边欧洲、中东、南亚和东亚地区的战略枢纽,亦是大国地缘政治角逐的战略要地。自苏联解体以后,独立的中亚五国成为一个独特的地缘政治板块,作为"权力真空"地带,各种势力也不遗余力地渗透和争夺中亚地区。此外,由于其丰富的油气资源,中亚早已成为了地缘政治博弈的焦点和美、俄以及周边大国战略角逐的舞台。在中亚这个地缘政治棋局中,域外大国之间、区内国家之间以及二者之间的利益错综复杂,各种矛盾交织碰撞。俄罗斯力图确保在中亚的独特地缘政治优势,将中亚五国悉数纳入独联体;通过双边或多边安全合作机制保持俄罗斯的军事存在;对中亚五国提供经济与技术援助等。美国借助反恐建立中亚军事基地,深化在北约"和平伙伴计划"框架下的军事合作,在中亚地区的影响力不断上升。欧盟利用地理接近的优势,加大了对中亚事务的投入,力图扩大欧盟在中亚的影响力。日本通过强化对中亚国家的经济援助和投资,积极参与中亚能源利益的争夺。周边的伊朗、土耳其等伊斯兰国家,也以宗教信仰为纽带,以能源合作为龙头,积极扩展与中亚五国的合作。

第五,复杂的政治风险。中国与中亚国家能源合作的政治风险也不可忽视。中亚国家还尚未形成稳定的政治框架,容易引发权力斗争和社会动荡。领导人长期执政,政权交接临近,派系斗争激烈,民间积怨较深。此外,随着中亚国家经济实力的提升,民族主义和贸易保护主义开始抬头,出现一些反华势力和思潮,要求加强对资源的控制权。再者,在中亚地区宗教极端主义、民族分裂主义和国际恐怖主义的蔓延严重威胁中亚地区的政治和社会稳定,也对能源基础设施的安全带来了重大威胁。随着多个国际机制合作打击恐怖主义的力度加大,目前极端势力和恐怖势力在中亚的迅速蔓延的势头已经受到遏制。但是由于其在中亚有深厚的社会基础和复杂的活动网络,极端势力和恐怖势力在中亚政治中仍有扩展的可能。

2. 中国中亚能源合作的现状分析

第一,开展能源合作存在优势互补。本地区丰富的能源资源和中国不断上升的消费需求,为开展优势互补的能源合作提供了可能。中国与中亚各国在贸易结构上的互补性为开展包括能源合作在内的多边合作奠定了基础。再者，中亚地区位于欧亚大陆的心脏地带，周边里海地区、海湾地区也是油气资源十分丰富的国家和地区，具有扩展能源合作的资源基础和地理空间。中国与中亚国家彼此接壤，交通便利，便于采用管道输送油气，降低贸易成本。中亚国家地处内陆，迫切需要加强与中国这个战略买家的合作并借道中国进入东亚和东南亚市场。对于石油进口严重依赖海上运输的中国来说，与中亚国家的合作可以为中国提供安全可靠的陆路能源供应来源。

第二，深化上合能源合作成为共识。中国与中亚五国都是上海合作组织成员国，上海合作组织的宗旨之一就是深化经济贸易合作，其中能源合作是上海合作组织成员国之间优先拓展的务实合作领域。上海合作组织各国首脑一致认为，油气开发合作和油气管道建设合作对加强上海合作组织的凝聚力和影响力至关重要，有必要建立维护地区能源安全有效机制，实现各方互利共赢。在此背景之下，构建能源合作的框架和机制逐渐被正式提上议事进程。上海合作组织成员国就扩大和深化能源合作已经进行了多轮磋商。2004年9月，俄总理弗拉德科夫在上海合作组织政府比什凯克会议上提出，应该在上海合作组织框架内建立能源供需各方组成的能源俱乐部，并尝试铺设广泛覆盖的石油、天然气及其他能源的运输线路，多边能源合作开始被上海合作组织成员国看作优先发展、前景广阔的合作领域之一。为了进一步深化和拓展多边层次的能源合作，2006年6月，时任总统普京在上海合作组织峰会上再次提出建立上海合作组织能源俱乐部的建议。2006年8月，上海合作组织能源工作组召开了成立大会，各方就能源合作项目交换了意见。2007年6月，在上海合作组织能源部部长会议上，各方同意将上海合作组织能源俱乐部作为能源合作的非政府协商性机构，并一致认可了能源俱乐部章程。普京是在2011年上海合作组织第十次总理会议期间表示，希望适时建立上海合作组织能源俱乐部，敦促构建能源俱乐部的法律基础及秘书机制，并在此框架下进行能源领域事务及信息的交流。2013年9月13日，习近平在上海合作组织成员国元首理事会第十三次会议上也建议成立能源俱乐部。2013年12月，上海合作组织的一些成员国、观察员国和伙伴国就组建能源俱乐部达成协议。2015年7月10日，上海合作组织乌法峰会通过了准备接收巴基斯坦和印度加入上海合作组织程序的决议。作为南亚重要的能源过境国和消费国，巴基斯坦和印度也有志于加快能源俱乐部建设。迄今为止，能源已经把上海合作组织成员国之间的经济利益和国家利益紧密地联系在一起，建立能源共同体的目标已经基本明确。

第三，中国能源投资增长迅速。目前国内石油公司已经成功进入中亚地区。中国在中亚地区的第一个大型投资项目始于1997年，中国石油天然气勘探开发公司在1997年和2003年先后竞得哈萨克斯坦阿克纠宾油气股份公司60.3%和25%的股份。2003年，中国石油通过两次并购最终获得雪佛龙—德士古北布扎奇有限公司100%股份，购得哈萨克斯坦北布扎奇油田。2004年11月，中国石油收购KAM项目50%的股权，获得哈萨克斯坦肯尼斯油田和贝克塔斯油田经营开发权。2005年10月，中国石油收购PK石油公司。2009年11月，中国石油与收购了曼格什套油气公司100%股份。2013年9月，中国石油与土库曼斯坦签署每年增供250亿立方米天然气的购销协议，中国石油承建的复兴气田南约洛坦项目投产，预计产能为每年100亿立方米。2014年5月，中石油土库曼斯坦巴格德雷合同区的第二天然气处理厂开始投产，复兴气田每年300亿立方米增供气EPC总承包项目奠基，生产的天然气将输往中国。这是近年全球最大的EPC总承包项目之一。近年来，中国与中亚地区的经贸合作日益深化，以能源为主的投资贸易增长迅速。2002～2013年，中国与上海合作组织成员国家的贸易额从142.28亿美元增长到1294.54亿美元。[①] 2013年9月，习近平总书记出访哈萨克斯坦期间提出了"丝绸之路经济带"的战略构想，旨在深化包括能源在内的各领域合作。

第四，油气管道网络建设不断扩大。我国与中亚的能源合作在油气管道网络建设领域得到充分体现。中国至哈萨克斯坦原油管道全长3007千米，目前是中国第一条长距离跨国原油管道，从哈萨克斯坦阿特劳经肯基亚克、阿塔苏至阿拉山口，与阿拉山口—独山子管道相通，年输油能力2000万吨。一期工程在2006年7月投运，二期一段工程于2009年

---

① 林永亮：《从乌法峰会看上海合作组织发展前景》，《当代世界》2015年第8期。

10月投运。到2013年底,中哈石油管道对华管输原油累计达6362万吨。2013年,哈萨克斯坦位居中国第八大原油进口来源国,同比增长了11.9%,至1198万吨。中国-中亚天然气管道是我国西北天然气进口重要通道,分为ABCD四线,目前A、B、C三条跨国天然气管道已经建成投运。中亚天然气管道A、B线始于乌兹别克斯坦和土库曼斯坦交界地带,穿越乌兹别克斯坦和哈萨克斯坦,与我国西气东输二线管道在霍尔果斯口岸相连,全长1833千米,年设计输气量为300亿立方米。中亚天然气管道A线在2009年12月正式开始输气,与之并行的B线在2010年10月投产,实现双线通气。2014年5月,与A、B线并行的C线正式投产,接入我国的西气东输三线管道,设计年输气量为250亿立方米。2011年11月,土库曼斯坦与中国签署每年增供250亿立方米天然气协议,开始筹划再建一条D线。2013年9月,中国政府分别与乌兹别克斯坦、吉尔吉斯斯坦、塔吉克斯坦政府签署了关于中亚天然气管道D线建设运营的合作协议。D线以土库曼斯坦复兴气田为气源,直接穿越乌兹别克斯坦、塔吉克斯坦、吉尔吉斯斯坦三国进入中国境内,止于新疆乌恰的末站。线路全长1000公里,设计年输量300亿立方米,已于2016年建成通气。全部建成后,中国-中亚天然气管道这条跨国能源大动脉输气能力进一步提升,输气能力将从每年550亿立方米增至到850亿立方米,将建成为中亚地区规模最大的输气系统。从2009年开始输气至2017年6月30日,中亚天然气管道累计向中国输气1840.35亿标方?在"丝绸之路经济带"上,这条横跨中亚三国输送天然气的能源大动脉,经过近十年运营已经成为我国西北能源的重要战略通道,并成为丝绸之路沿线国家合作的典范。[1] 在"一带一路"倡议的推动下,中国与沿途国家的能源合作还在进一步深化。目前第四条输气管道的可行性研究和初步设计已经启动,预计可在"十四五"期间初步完工。届时中亚天然气管道整体将有望每年向中国输气850亿立方米,这将为快速增长的国内天然气市场需求提供了有力保障。

---

[1] 李明、朱景朝:《今年上半年中亚天然气管道向中国输气近160亿标方》,中国新闻网,http://www.chinanews.com/cj/2017/07-05/8269525.shtml。

第五，多边能源合作机制亟待推进。上海合作组织成员国彼此有很多共同的利益，但是这些共同利益不能掩盖成员国之间所存在的分歧与冲突。上海合作组织成员国经济实力悬殊，中俄国内生产总值在上海合作组织占96%以上，塔吉克斯坦、吉尔吉斯斯坦不足0.1%。各国市场开放程度不同，除中国、俄罗斯和吉尔吉斯斯坦外，哈萨克斯坦、塔吉克斯坦和乌兹别克斯坦都尚未加入WTO，在经贸、投资、税收政策上协调难度较大。受经济发展水平和政治行动能力等方面制约，各国面临的问题和诉求不同，对能源合作的期望和定位存在差异，在一定程度上制约相互间的能源合作。中亚地区有多种类型的能源合作形式，但主要合作多数还是以双边方式展开，探索适切的多边合作机制，是深化能源合作的重要目标之一。① 上海合作组织目前还不具备能源合作的高级机制，缺乏相应的实体和机制。由于上海合作组织成员国发展水平差异性较大，区域外的竞争因素激烈，地缘政治影响短期内难以消除，能源合作的具体事宜尚未形成共识，不但缺少统一的能源合作规划，财税制度与法律法规的复杂多样也为能源贸易投资合作带来了困扰。

3. 美国中亚战略布局与能源外交

第一，加大对中亚国家的政治渗透。美国介入中亚地区的政治策略是推动中亚国家尽快完成社会主义体制向西方民主体制和市场经济转型，美国认为这是确保地区稳定和长期利益的保障。美国通过国务院、国防部、农业部、国际发展署等部门实施对中亚国家的各项援助，促使受援国在民主法治、人权层面做出承诺和改进。在中亚国家制度转型的过程中，美国提供了大量的智力支持，帮助设计政治制度框架和为立法提供建议，推动了独立媒体和民主政党的成立。美国还通过民主基金会、国际共和研究所等非政府组织向中亚各国的反对派予以巨额资助，对非政府组织的成立和活动提供支持。美国还支持反对派，在政治改革的进程中发动"颜色革命"，试图推翻原苏联时代的执政者，推动亲西方政府的上台。2005年以来，美国不惜发动"颜色革命"，在乌克兰和格鲁吉亚取得初步成功后试图在中亚国家推广。由于美国的鼓励和支持，中亚国家

---

① 许勤华：《上海合作组织框架内能源合作的现状与前景》，《中国能源报》2011年6月20日。

受到"颜色革命"浪潮的不同程度的影响,政治稳定受到极大威胁,各国开始疏远美国。由于美国与中亚各国关系的恶化不利于在阿富汗的反恐行动,客观上促使美国尽快调整中亚战略。

第二,强化在中亚地区的军事存在。中亚国家独立后,实现中亚驻军,强化在中亚的军事存在是美国寻求已久的战略目标。"9·11"事件之前,由于不具备驻军中亚的国际安全背景,美国与中亚的军事关系仅限于一般性军事互访、军事演习、军火贸易等低层次水平。在美国的推动下,中亚五国先后加入了"北约和平伙伴计划"(NATO's Partnership for Peace Program),与美国签署了多项军事交流协议,加强了军事交流和军事演习。1999年,军事上原来属于欧洲战区的中亚五国划归中央战区负责。"9·11"事件之后,小布什政府以反恐为契机,在吉尔吉斯斯坦和乌兹别克斯坦建立了军事基地,军事力量进入中亚。随后,美国加强了对中亚国家的军事援助,提升了对中亚国家的军售数量和层级,与中亚国家的军事合作日益紧密。

第三,力挺美国石油公司进入中亚。中亚国家独立之后,美国能源企业纷纷进入中亚,在能源开发上占得先机,拥有大量份额。雪佛龙公司早在1993年就开始参与哈萨克斯坦田吉兹油田的开发,签署了为期40年的协议,总投资200亿美元。雪佛龙公司和埃克森美孚公司分别拥有田吉兹气田50%和25%的股份。卡沙甘油田是近30年来世界发现的最大油田,可开采的石油储量在40亿~130亿桶,埃克森美孚公司和康菲公司分别持有16.81%和8.4%的股份。卡拉恰干纳克油气田蕴藏着12万亿立方米天然气和10亿吨液态凝析油,雪佛龙公司占有20%的股份。目前,雪佛龙公司是哈萨克斯坦最大的私人石油生产商,也是里海管道财团(CPC)最大的私人股东。一般而言,如果没有政府的支持,在中亚政治形势不明、投资环境不完善的情况下,跨国石油公司轻易不愿涉足。正是在美国政府的大力支持下,美国跨国石油公司才能大举进入。强化与中亚地区中亚能源生产国的双边外交关系一直是美国在中亚地区能源政策的重点。美国与中亚地区主要能源生产国不断进行频繁的高层互访,并设立了专门的能源对话机制。2001年,美国与哈萨克斯坦建立了能源伙伴关系,同时设立政府间的能源工作小组,就两国能源合作展开广泛对话。"9·11"事件之后，美国对中亚国家的经济政策上升到了国家安全战略的高度，一是通过改善中亚国家的经济发展状况铲除恐怖主义的土壤，二是通过密切的经济联系提升美国与中亚国家的双边外交关系。2004年6月，美国与中亚国家共同签署了贸易与投资关系发展的框架协议，专门设立了"美国中亚国家贸易与投资委员会"，增强美国与中亚国家的经济合作。随着阿富汗反恐战争的阶段性胜利，美国学者认为，美国应该通过加强阿富汗与中亚五国经济联系的方式，使得美国在中亚的军事存在合法化和长期化。[①] 支持美国跨国石油公司参与中亚地区的能源开发，加强与中亚国家的经贸合作，不但可以获得巨大的商业利益，也便于美国把中亚国家纳入自己的地缘战略框架。此外，由于能源市场全球化的发展，提高中亚地区的能源生产和能源出口，会增加世界能源的供应，也有利于缓解能源供需矛盾，从而间接促进美国的能源安全。

第四，支持中亚能源外运的多元化。在管道建设上，美国通过政治支持和经济投资等方式，不遗余力地支持中亚国家能源外运管道的多元化，但是对于不同方向的管道政策各有侧重。在这些管道中，通过欧洲的BTC管道是中亚地区第一条绕过俄罗斯通往土耳其和欧洲的石油管道，东起阿塞拜疆的巴库，向西穿越格鲁吉亚的第比利斯到达土耳其的杰伊汉，全长1768公里，总投资39亿美元。由于途径政治动荡的南高加索地区，管道技术复杂，成本高昂，美国政府及其石油公司的全力支持成为顺利建成的关键。美国雪佛龙和康菲两家石油公司各占8.9%和2.5%的股份，美国这两家公司11.4%的股份总额仅次于阿塞拜疆的国家石油公司和英国石油公司。此外，由于美国还是英国石油公司大股东，美国的利益显而易见。在俄罗斯境内里海管道财团（CPC）项目也得到了美国的支持，美国雪佛龙管道财团公司、美孚里海管道公司、奥瑞克斯里海管道有限公司分别占有15%、7.5%、1.75%的股份，仅次于俄罗斯所占31%的股份，两家俄罗斯公司Transneft和CPC分别占24%和7%。与BTC石油管道平行的南高加索天然气管道（BTE）全长692公里，项目资

---

① S. FrederickStart, *AGreater Central Asia Partnershipfor Afghanistan and Its Neighbors*, Central Asia – Caucasus Institute and Silk Road Studies Program, March 2005.

金来自美国贸易发展署,英国石油公司占有25.2%的股份。[1] 通往欧洲的纳布科天然气管道从土耳其的埃尔祖鲁姆出发,取道罗马尼亚、保加利亚、匈牙利到达奥地利,全长3300公里,同样得到了美国的鼎力外交支持。美国对于通往中国的中哈石油管道和中国中亚天然气管道没有明确表态支持,至少乐见中国的介入进一步打破了俄罗斯在中亚能源外运中的独大地位。阿富汗石油管道(又被称为中亚石油管道,Central Asian Oil Pipeline),优尼科公司提议,从土库曼斯坦的土库曼巴西到巴基斯坦沿岸的瓜达尔港,全长1674公里。对于阿富汗天然气管道,因为美国和联合国对塔利班政权的制裁一度冻结,但塔利班政权垮台后开始表示大力支持,但由于地区形势仍然不稳定而再度暂停。为了削弱伊朗的经济实力和伊朗在中亚能源管道中的地位,美国反对任何经过伊朗的油气管道。从伊朗里海沿岸的内卡到阿曼湾贾斯克的内卡——贾斯克管道(又被称为伊朗石油互换管道,Iran Oil Swap Pipeline),全长1515公里;从哈萨克斯坦经土库曼斯坦到伊朗波斯湾哈尔克岛的哈萨克——伊朗石油管道全长1487公里,因为美国的反对而暂时搁浅。美国法律禁止美国公司参与伊朗投资与贸易,故无法参与修建向南穿越伊朗的管道。此外,根据《1996年伊朗和利比亚制裁法案》以及《伊朗制裁法案》规定,对于投资于伊朗石油和天然气部门的非美国公司也要进行制裁。总体来看,美国最支持绕俄罗斯通往欧洲方向的BTC管道、纳布科管道、跨里海石油管道和跨里海天然气管道,明确反对路程短、成本低但却过境伊朗的管道。

第五,平衡中亚周边国家的影响力。对美国而言,虽然与中亚地区距离遥远,但无法完全忽视重要的地缘政治地位而无所作为。[2] 从长期来看,如果美国控制了这一地区,向北可以构筑阻止俄罗斯的弧形地带,从而挤压其战略回旋空间;向东可以切断中国正欲打造的"丝绸之路经济带",阻止中国的战略西进;向西南可以俯瞰土耳其、伊朗和中东,确

---

[1] 徐洪峰、李林河:《美国的中亚能源外交(2001～2008)》,知识产权出版社,2010,第164～169页。
[2] 〔美〕兹比格纽·布热津斯基:《大棋局——美国的首要地位及其地缘战略》,中国国际问题研究所译,上海人民出版社,1998,第197页。

保波斯湾的能源安全；向东南可以贯通阿富汗、巴基斯坦和印度，贯通中亚油气资源南下印度洋的便捷通道。从目前来看，美国中亚战略取得了一定的成就，但由于复杂因素的影响，美国不可能完全排斥其他大国的影响而单独实现对中亚地区的政治主导和能源控制。中亚国家利用自身的独特地位，在国际力量之间左右逢源，寻找战略回旋空间，美国的影响很难说是根深蒂固的。在能源合作机制上，中国、俄罗斯、中亚五国、印度和巴基斯坦等国参与的上海合作组织具有美国所难以比拟的组织优势，这无疑会降低美国在中亚的能源竞争优势。所以，美国对中亚地区的介入策略应该与该地区的主要力量角色加强对话以协调政策，防止危机的发生。[1] 事实上，美俄在中亚地区存在一定程度的能源竞争，但谁也无法忽视加强能源合作的可能与空间。鉴于俄罗斯在哈萨克斯坦等国长期依赖中形成的优势地位，美国完全排斥俄罗斯在中亚地区的能源生产和运输是不可能的。

4. 深化中国中亚能源合作的路径

鉴于中亚地区在中国能源安全战略中的地位，中国应该谨慎评估美国对中亚能源安全形势的影响，不断拓展与中亚各国的能源合作空间。

第一，评估中亚地区的美国因素。由于中亚国家油气资源的有限性，多个方向油气管道的建设势必面临油源和气源是否充足的问题。从目前中亚地区的供需态势来看，东西、西向和南向都是能源需求数量巨大的地区，中亚国家的能源向哪个方向出口和出口多少能源引发了周边国家的密切关注和激烈角逐。由于美国能源企业在中亚重要油气田都占有较大份额，美国可以在一定程度上影响中亚能源外运的走向和数量。这意味着美国可以以此牵制俄罗斯和中国，弱化上海合作组织，也可以加强美国与欧盟、印度、巴基斯坦、土耳其等盟友的关系。[2] 美国跨国石油在中亚的油气开发资本充足、技术先进，虽然压缩了中国石油公司的活动空间，但也为两国石油公司的参股、并购等合作机会提供了可能。为此，

---

[1] Ariel Cohen, *U. S. Interests and Central Asia Energy Security*, The Heritage Foundation Backgrounder, No. 1984. November 15, 2006. p. 3－5. http：/www.heritage.org/Research/RussiaandEurasia/bg1984.cfm.

[2] 周琪等：《美国能源安全政策与美国对外战略》，中国社会科学出版社，2012，第333页。

中国必须认识美国因素在中国中亚能源合作中的影响，利用好上海合作组织的平台，发挥中国能源优势，提升中国中亚能源和合作的水平。

第二，坚持能源合作的开放性。由于复杂的大国博弈背景，中亚地区市场化的能源开采有变成地缘政治竞争的可能。大国在中亚地区应保持力量平衡，任何谋求单方面优势的大国战略都会遭到其他力量的反对和抵制。为了维护该地区的安全稳定，减少各种非市场因素对能源合作的冲击，必须继续坚持开放性原则。开放性是上海合作组织能源合作非常重要的原则，任何国家、组织、企业都可以在平等互利的基础上参与能源生产国的油气开采、运输和提炼等，反对任何国家或跨国公司垄断中亚地区的能源开采、输送和价格。在这个广阔的能源合作区域，既有如俄罗斯、伊朗、哈萨克斯坦、土库曼斯坦和蒙古国这样的能源出口大国，也有中国和印度这样的能源进口大国，另外还有决定油气管线走向的地缘能源支轴国如阿富汗和巴基斯坦的。地缘政治的开放性决定了中亚能源合作无法采取封闭意义上的区域合作，有必要以中亚国家为中心，协调能源生产国、消费国、运输国和投资国在内有关各方共同参与的协调机制。在组织建设上，巴基斯坦、印度已经被上海合作组织接纳为成员国，目前还有3个观察员国（蒙古国、伊朗、阿富汗）和3个对话伙伴国（白俄罗斯、土耳其、斯里兰卡），面临增员与扩容的问题。如果把能源合作范围推广到部分观察员国，上海合作组织将真正成为地跨欧亚的能源供需、储运和定价中心。

第三，完善能源合作的顶层设计。目前，大量的双边能源合作不断推进，为今后探索机制与规范更加成熟的多边能源合作机制奠定了基础并积累经验。由于各国国情复杂，应该采取一种渐进性发展、梯次型拓展的方式。[①] 具体而言，一是要定期召开由各国能源部部长参加的国际会议，协调各方的能源政策，对参与国际能源合作提供指导；二是要建立区域内能源供求机制和保障机制，在能源开发、价格、税收等方面制定贸易便利化措施，保障各方能源合作的长期性和稳定性；三是可以尝试建立反映地区能源生产水平和能源贸易规模的油气定价机制，减少其他

---

① 张玉国：《上海合作组织能源俱乐部建设：问题与前景》，《俄罗斯研究》2007年第3期。

地区石油定价体系的冲击。

第四,实施能源投资的多样化。扎实推进上海合作组织能源合作领域和合作方式的多样化,采取双边贸易、能源投资、合作研发、技术转让等多种方式深化双边或多边合作,这是保障能源合作长期化和稳定化的经济基础。从合作层次看,政府驱动和能源企业驱动应该齐头并进,构建多层次的能源合作机制。从合作领域看,中国要与中亚国家的拓展能源合作领域、延长合作价值链。我国需要鼓励中国企业增加对中亚国家的经贸投资,将能源合作由资源贸易向整体产业链转变,拓展煤炭、油气、核电等领域的资源设备和技术研发合作,并扩大在新能源、节能减排、环境保护等领域的投资。从合作的理念看,为了防范政治风险,中国不但要更多地考虑资源输出国的利益及其全面发展经济的诉求,也要兼顾到与其他国家和跨国公司的竞合关系,更多采取与东道国以及西方跨国公司联合经营的形式。

第五,加强能源金融领域的合作。2009年上海合作组织峰会讨论了将来建立新的超国家货币、增加本币结算的比重、实行跨国结算方式、扩大外汇储备品种、的可能性,能源金融领域的合作成为重要的高端突破点。能源金融领域的合作可以充分利用上海合作组织银联体,为能源领域的合作提供联合贷款、项目贷款,可以增加人民币放款。此外,温家宝还在2010年11月上海合作组织总理会议上提出了加强金融领域合作、成立上海合作组织开发银行的构想。上合开发银行不但可以发放人民币出口买方信贷和本币债券,促进能源贸易时的卢布、人民币的结算等,还能对上海合作组织区域内的跨国油气管道等能源基础设施建设进行本币融资。中国还可以利用自身优势,加快人民币在区域能源合作中的地位和影响力。

四 中美在非洲能源地缘政治中的交锋

世界重要能源进口国及其跨国石油公司纷纷加入到非洲油气资源的竞争当中,中美在非洲的能源开发上难免会迎头相撞,发生冲突。中美两国都把非洲作为能源多元化的重要来源地，都面临着保障能源供应和运输稳定的艰巨任务。在能源安全领域，中美两国如何在非洲能源地缘政治格局中实现良性互动，寻求互利共赢，应该是顺利构建中美新型大国关系的重要路径。

1. 非洲能源资源储量与开发的发展趋势

第一，能源版图不断扩展。从分布上看，随着近年来油气勘探开发投资的大量增加，不但北非、西非传统油气产区有了巨大发展，而且在东非、南非以及内陆地区的勘探开发都有了重要突破，非洲能源版图正在向东部和中部非洲扩大。东非的坦桑尼亚、莫桑比克近海也勘探出了储量巨大的天然气田。英国石油公司的数据说明，2016年非洲石油探明储量已经达到了1280亿桶，占世界的7.5%，储采比年限为44.3年，虽然不及中东的69.9年，但是远远超过了亚太地区的16.5年以及欧亚地区（北海、中亚和俄罗斯）的24.9年。非洲也有丰富的天然气资源，探明储量从1994年的9.1万亿立方米增长到2016年的14.3万亿立方米，探明储量占世界的7.6%，储采比为68.4年。[①] 由于勘探技术的进步，非洲的油气探明储量还将继续增加。

第二，油气产量亟待恢复。非洲的石油产量逐年增加，2007年达到了历史峰值，日产量从1994年的700.4万桶增加到2007年的1019.4万桶，占世界石油总产量的12.4%。[②] 由于2011年以来的政治动荡，利比亚、南苏丹等国石油生产受到严重影响。2013年利比亚石油日产量仅有98.8万桶，比骚乱前的2010年减少了67万桶，减产幅度高达40.4%，2014年又同比减少49.8%，日产量仅有49.8万桶。2013年苏丹和南苏丹石油日产量只有22.1万桶，比南苏丹独立前的2010年减少了24.1万桶，减产幅度高达52.2%。2014年南苏丹石油产量开始恢复，同比增长60.6%。2013年非洲石油产量同比减少5.7%，2014年同比减少5%，2016同比减少4.9%，仅有789.2万桶，比2007年的峰值下降了23%，

---

① BP, *BP Statistical Review of World Energy*, June 2015.

② BP, *BP Statistical Review of World Energy*, June 2017.

仍占世界石油总产量的 8.6%。[①] 阿尔及利亚、埃及、利比亚、尼日利亚都是重要的天然气生产国，占非洲天然气产量的 90.2%。非洲天然气产量从 1994 年的 755 亿立方米增加到 2012 年的峰值 2144 亿立方米，增产幅度高达 184%。2013 年非洲天然气产量同比减产 5.3%，2016 年同比减产 1.7%，年产量为 20836 亿立方米，仍占世界总量的 5.8%。[②]

表 9-8　非洲石油在世界能源格局中地位（2016 年）

	储量	占比	储产比	产量	占比	出口	占比
单位	亿桶	%	年	万桶/日	%	万桶/日	%
数量	1280	7.5	44.3	789.2	8.6	616.9	9.5

资料来源：BP, *BP Statistical Review of World Energy*, June 2017。

表 9-9　非洲天然气在世界能源格局中地位（2016 年）

	储量	占比	产量	占比	管道出口	占比	液化出口	占比
单位	万亿立方米	%	亿立方米	%	亿立方米	%	亿立方米	%
数量	14.3	7.6	2083	5.9	456	6.2	450	13

资料来源：BP, *BP Statistical Review of World Energy*, June 2017。

第三，油气出口前景广阔。由于受到经济发展水平的限制，非洲能源消费需求低，大量油气资源可以出口。2016 年非洲石油日产量高达 789.2 万桶，占世界产量的 8.6%，但石油日消费量为 393.7 万桶，仅占世界消费总量的 4.1%。非洲石油主要用于出口，2016 年非洲石油日出口量为 639.6 万桶，出口量占产量的比重高达 78.2%，主要流向欧洲、北美及亚太地区。[③] 近二十年来，非洲石油出口稳步增加，1994 年北非石油日出口量为 265.2 万桶，2007 年达到历史峰值 334.1 万桶；1994 年西非石油日出口量为 267.5 万桶，2007 年达到 496 万桶。但由于政治形势不稳，非洲石油出口近年来有所下降。2016 年，北非石油日出口量比 2007 年减少了 165.8 万桶，下降幅度为 49.6%，西非石油日出口量比 2007 年

---

① BP, *BP Statistical Review of World Energy*, June 2017.
② BP, *BP Statistical Review of World Energy*, June 2017.
③ BP, *BP Statistical Review of World Energy*, June 2017.

减少了47.5万桶。① 从目前的供需情况来看，非洲天然气出口能力也很大。2016年非洲天然气产量2083亿立方米，占全球总量的5.9%；2016年非洲天然气消费量为1382亿立方米，占全球总量的3.9%；而2016年非洲液化天然气出口量为450亿立方米，主要以液化天然气方式出口到欧洲和北美，占全球总量的13%。② 与当今中东、拉美和俄罗斯等国家"资源民族主义"回归不同的是，目前非洲大多数国家实行对国外投资开放政策，希望国际资本参与其上游石油天然气的勘探和生产。从长远来看，随着政治局面的稳定，非洲石油生产和出口会很快恢复昔日的生机与活力。非洲油气生产将继续稳步增长，非洲大陆的内部油气需求增长仍将极其有限，其出口潜力和对国际能源市场的贡献将继续扩大。

第四，能源产业亟待完善。长期以来，非洲整体经济发展水平较低，社会长期动荡不安，许多国家还没有解决贫困问题。目前非洲有5亿人无法获得现代能源，严重制约着非洲经济的发展和生活水平的提高。随着非洲能源的战略地位进一步提升，非洲国家对经济独立的要求日渐增强，渴望减轻在资本和科技上对外国石油公司的严重依赖，尽快实现本国能源产业的现代化。尽管非洲拥有丰富的油气资源，但炼油产业极其落后，炼油能力十分有限。从英国石油公司的数据来看，2016年非洲地区日炼油能力只有345.7万桶，仅占全球日炼油能力的3.5%。2016年，北非地区原油日进口量为8.8万桶，成品油的日进口量为68.6万桶，原油出口为116.5万桶，成品油的日出口量仅有51.8万桶。西非地区的成品油的日进口量为68.6万桶，原油日出口量为433.5万桶，成品油的日出口量仅为15.1万桶。③ 非洲地区的炼油中心主要分布在北非的埃及、阿尔及利亚、利比亚，另外还有南非、尼日利亚等少数国家，苏丹、摩洛哥、肯尼亚等国炼油能力非常有限。非洲炼油产量远远不能满足需求，不得不大量进口成品油来满足国内能源需求，所以非洲国家既是国际石油市场上的原油出口国，同时也是成品油进口国。非洲国家通过对外开

---

① BP, *BP Statistical Review of World Energy*, June 2017.
② BP, *BP Statistical Review of World Energy*, June 2017.
③ BP, *BP Statistical Review of World Energy*, June 2017.

放和国际合作，加大了对油气上游领域的开发，同时也希望能加快炼油能力的增长，这样不但可以获得石油价值链更高的增值收入，还可以通过炼油能力的增长更大程度地保障国家能源供给安全。因此，大力发展本国炼化项目，尽快实行能源产业的本土化，将是非洲国家能源产业的重要发展方向。此外，非洲还有大量人口没有用上电力，的撒哈拉以南大约2/3的非洲地区存在电力短缺，85%的农村地区缺电比力。撒哈拉以南的非洲地区要在2030年前用上电力，至少还需要投资3000亿美元。非洲的太阳能等可再生能源资源虽然丰富，但需要对可再生能源领域进行持续的大规模投资。非洲联盟区域能源基础计划包括9个主要能源项目，预计需要资金规模多达400亿美元。

第五，跨国公司竞争加剧。非洲油气资源储量丰富，原油含硫低，油质高，适宜加工和提炼。非洲大陆地理上靠近欧洲和北美，而且非洲海上石油开发易于外运，可以躲避一些国家的政治或社会动乱。非洲多数产油国游离于欧佩克之外，产量不受欧佩克配额的约束。由于油气资源的出口能力和出口前景，非洲在世界能源格局中的地位凸显，引起了世界各国的广泛关注，其特殊的战略地位使之成为国际能源博弈中的新焦点。世界上大型跨国石油公司几乎都在非洲产油国有大量投资。跨国石油公司在非洲油气勘探开发、炼油与油品销售、天然气贸易等业务领域非常活跃，对非洲电力等可再生能源的开发与利用兴趣渐浓。美欧日等大国及其跨国石油公司凭借传统优势，在非洲能源开发中捷足先登，经营多年，具有难以撼动的优势地位。如埃克森美孚在尼日利亚、赤道几内亚、安哥拉、喀麦隆、乍得投资；英国石油公司的投资集中在安哥拉；壳牌主要投资于尼日利亚及其浅水区；道达尔主要投资于赤道几内亚、安哥拉和刚果（布）的深水区。随着美国调整了对非洲的外交政策，将非洲能源重新置于重要的战略位置，对欧洲跨国石油公司的传统势力范围带来冲击。此外，中国、马来西亚和印度等新兴经济体的国家石油公司也纷纷挺进非洲地区，成为非洲石油市场上的一支劲旅。

2. 美国在非洲推进能源战略的主要路径

第一，提升对非洲能源战略地位和影响的评估。长期以来，美国的能源战略重心围绕着海湾地区国家以及通向欧洲和亚太地区的两条运输线进行布局。"9·11"事件之后,美国开始重视石油供应多元化,致力于减少对中东地区的过高依赖。与中东相比,从非洲到美国距离更近更安全。英国石油公司的数据说明,2001年时美国来自北非的石油进口量为每天28.6万桶,从西非的进口量为每天137万桶,占美国石油进口总量的14.3%,占非洲石油出口总量的28%%。[①] 2006年时,非洲超过中东地区成为美国首要的石油进口来源地。近年来,随着美国国内石油消费的下降和国产石油的增多,特别是对周边国家石油进口的增加,美国对非洲的石油依赖开始下降。2016年美国原油进口量为3.9亿吨,非洲石油占美国石油进口量的6.6%,对美石油出口占非洲石油出口量的9.4%,其中来自北非国家的有360万吨,来自西非国家的有2220万吨。[②] 值得注意的是,无论是非洲石油在美国进口中的比重,还是对美石油出口占非洲石油出口的比重,在2016年都呈继续下降状态,这意味着美国与非洲在石油进出口上的依赖双双下降。2012年6月,美国公布了《美国对撒哈拉以南非洲地区的战略》,明确了美国非洲战略的重点是扩展民主、推进经贸投资,促进非洲和平、安全与发展。从现状来看,美非之间的经贸联系还有很大的提高空间。2013年,美国从撒哈拉以南非洲的货物进口额只有393亿美元,仅占美国进口总额的1.7%,其中矿物燃料263亿美元;货物出口额240亿美元,占美国出口总额的1.5%。[③]

第二,重视对非洲的能源外交和高层访问。长久以来,非洲在美国对外政策中不占优先地位。美国战略界认识到非洲能源对美国能源安全的重要性后,发起了一场全方位的非洲能源外交攻势,打造美国对非战略多边平台。2003年及2006年,美国分别恢复了与石油资源丰富的赤道几内亚与利比亚建交。2012年7月底至8月初,时任国务卿希拉里对南苏丹、塞内加尔、肯尼亚、乌干达、马拉维和南非等6个非洲国家进行长达11天的访问。2013年7月,奥巴马对南非、塞内加尔和坦桑尼亚进行了为期一周的访问,并在开普敦宣布了一个雄心勃勃"电力非洲"的

[①] BP, *BP Statistical Review of World Energy*, June 2002.
[②] BP, *BP Statistical Review of World Energy*, June 2017.
[③] Office of the United States Trade Representative, *U. S. - Sub - Saharan Africa Trade Data*, http://www.ustr.gov/countries - regions/Africa.

计划。除了双边关系外，美国还构建了系列多边外交机制，通过美国非洲与非洲裔美国人峰会、对非投资峰会、美非能源部部长级会议、美国-南共体论坛等形式强化沟通合作，力争扩大在非洲的影响力。2014年6月3~4日，旨在促进非洲可持续能源增长的美国-非洲能源部部长级会议在亚的斯亚贝巴非盟总部会议中心举行，目的是探讨非洲各国能源政策的战略规划，广泛地推动电力发展，重点关注可再生能源技术运用，强调非洲国家电力互联互通，鼓励私人投资。2014年8月5日~6日，美国前总统奥巴马邀请50位非洲领导人参加了在华盛顿举行的第一届美国-非洲领导人峰会，旨在加强美国与非洲各国的政治及经济联系，在更高层次上推动美非经贸合作。2015年7月，奥巴马率领20多名参议员和200名美国投资人士访问肯尼亚和埃塞俄比亚，这是他以美国总统身份第四次访问非洲，期间在内罗毕举行了第六届"全球创业峰会"，希望继续加强美国与非洲的经贸伙伴关系。

第三，促进非洲的政治转型和有效治理。小布什政府把反恐作为非洲政策的首要任务，而奥巴马政府则把对非政策中的"价值观外交"作为重要目标。美国通过高层外交访问，试图推进非洲的美式民主，敦促有关国家在政治改革、人权保护等方面做出努力。

第四，加强驻非洲的军事力量和安全合作。长期以来，非洲一些国家边界混乱、武器泛滥地区冲突和内战不断，政府治理能力较弱，为恐怖主义滋生提供了土壤。利比亚伊斯兰战斗组织、阿尔及利亚的"萨拉菲派"圣战组织、马里的"伊斯兰马格里布基地组织"和索马里青年党等恐怖组织活动猖獗。"9·11"事件后，"基地"组织及其北非分支趁机渗透，活跃在西非的马里和东非的索马里及其附近区域。美国以反恐为名，加强了在该地区的军事力量和安全合作。目前，美军在非洲的军事基地主要分布在瓦加杜古、吉布提、埃塞俄比亚和塞舌尔等国和地区。圣多美和普林西比的军事基地位于几内亚湾，毗邻石油重要产地，便于美国通过海空军事力量优势，迅速控制非洲大陆和石油运输通道，具有重要的地缘战略价值。2007年，美国成立非洲司令部，负责指挥美军在非洲53个国家（除埃及以外）的行动，秘密在非洲建立军事网络。后因遭到非洲国家的反对，总部最后设在了德国的斯图亚特。在长期合作的基础上，美国联合刚果（金）、乌干达、南苏丹和吉布提等国，构建了一条弧形的战略轴线，处于辐射整个非洲大陆的核心位置。迄今，美军已经在非洲部分国家建立起了由10余个小型空军基地组成的快速反应基地和军事情报网，不仅美国打击"恐怖主义组织"活动提供各种军事情报，同时也为美国掌握各竞争对手的经济活动提供了便利。再者，美国已向联合国在非洲的维和行动提供了大量资金支持。2012年6月，奥巴马公布了针对撒哈拉以南非洲的战略规划，美军非洲司令部先后耗资1000万美元修缮了肯尼亚曼达湾海军基地，并与20多个非洲国家签署了战时使用其机场、港口的军事协议。2014年8月，奥巴马在的第一届美非会议上宣布，美国计划在今后3至5年内每年花费1.1亿美元帮助非洲国家建设能够快速部署的维和部队。美国将与埃塞俄比亚等有过维和记录的国家合作，以阻止武装分子的威胁并应对其他危机。美国向非洲国家派出军队虽然在短期内加重了财政负担，但从长远来看，美国军事优势可以推进和保障资源性的投资，有助于维护美国的能源安全。从而确保其在未来地缘政治和经济等方面的优势。

第五，加大对非洲的经济援助和能源投资。美国对非洲经济政策逐渐从经济援助转向贸易和投资，持续拓展在非洲的商业投资利益。2013年奥巴马访问非洲，提出了一个庞大的"电力非洲（Power Africa）"的计划。"电力非洲"计划的援助资金总额高达70亿美元，涉及石油、天然气、电网等多个领域，惠及6个撒哈拉以南非洲国家。除美国政府70亿的政府资助外，美国公司也将带来90亿美元的融资。在2014年美非峰会的《非洲增长与机遇法案（AGOA）》论坛上，美国表示会在2015年到期后进行新一轮立法，旨在加快对非洲贸易步伐的意图非常明显。首届美非峰会上，凯雷投资集团、黑石集团、通用电气、可口可乐等公司宣布了价值140亿美元的投资，用来支持美国在非洲的发展项目。

3. 中国与非洲开展能源合作的基本状况

第一，中非能源外交不断拓展。中非合作论坛（FOCAC, Forum On China-Africa Cooperation）推动了中非双方《北京宣言》、《北京行动计划》的相关行动，取得了一系列成果。2007年1月，中国政府发表了《中国对非洲政策文件》，第一次以政府文件的形式对中非关系进行了战略总结，中国坚持与非洲国家建立和发展新型战略伙伴关系，坚持真诚友好、平等互利、团结合作、共同发展的中非交往与合作的原则，采取切实措施，努力构建全方位、多元化、深层次合作的命运共同体。我国不断加大对非洲的援助规模，2010~2012年，共对非洲联盟以及51个国家提供了援助，占我国对外援助地区总数的51.8%。① 中国需要积极地推动对非洲的石油外交，尤其是通过高层互访和首脑外交，加强与能源供应国家的双边关系。在国家领导人出访的非洲国家中，如阿尔及利亚、埃及、尼日利亚和安哥拉、苏丹、几内亚等与中国有石油合作关系的国家占了相当大的比重。高层互访和首脑外交为直接签署石油长期供货合同、争获得油田勘探开采权、加快双方石油贸易的发展提供了重要推力。

第二，油气贸易规模迅速扩大。改革开放以来，中非双边贸易增长迅速。1995~2013年，中非贸易额从39亿美元快速增至2102亿美元，自2009年起中国连续5年成为非洲最大贸易伙伴。据中国海关统计，2014年我与非洲贸易额增至2218.8亿美元的历史新高，同比增长5.5%。② 比较而言，根据美国国家统计局数据，美非贸易额近年来不断下降，已经从2011年的1258.9亿美元跌至2014年的726.66亿美元。③ 能源贸易是中非贸易的重要组成部分，中非能源贸易日益紧密。2001年，中国从北非的石油进口量为每天60.6万桶，从西非的日进口量为每天7.6万桶，占中国石油进口总量的4.6%，占非洲石油出口总量的1.4%。④ 近年来，因为利比亚战争和南苏丹问题的冲击，中国来自非洲的原油进口比重有所下降。根据英国石油公司的统计，2013年中国石油进口量为每天767.3万桶，其中来自北非国家的有13.1万桶，来自西非国家的有107.4万桶，来自东南非国家的有11.8万桶，占中国石油日进

---

① 余斌、胡江云：《夯实中非合作基础，提升新型战略伙伴关系》，《中国经济时报》2014年1月9日。
② 《2014年中国与非洲贸易额首次突破2200亿美元》，2015年1月26日，http://www.focac.org/chn/zfgx/zfgxjmhz/t1231248.htm。
③ U. S. Census Bureau, *Trade in Goods with Africa*, http://www.census.gov/foreign-trade/balance/c0013.html#2011.
④ BP, *BP Statistical Review of World Energy*, June 2002.

口量的17.2%，占非洲石油日出口量的19.4%。① 2014年，北非对中国的石油出口急剧下降，中国来自西非和东南非的石油上升迅速。2016中国原油进口量为3.83亿吨，其中来自北非国家的有170万吨，来自西非国家的有5950万吨，来自东南非国家的有670万吨，占中国原油进口量的17.7%，占非洲原油出口量的24%，远远低于出口到欧洲（36.6%）的贸易量，但是已经超过了美国（9.2%）的贸易量。②

第三，能源合作形式日益多元。20世纪90年代中期以来，自中国开始重视开拓非洲石油市场之后，中非石油合作迅速发展，中国对非投资规模逐步扩大，领域不断拓宽。截至2013年，我国对非直接投资存量超过260亿美元，共有2500多家中国企业在非洲投资。中国首次参与开采非洲石油是1995年与苏丹的合作。目前，中非石油合作已经从石油贸易、勘探开发，扩大到基础设施建设、石油公司并购和参股等多种方式。中国与苏丹在石油领域合作形式上集多种方式于一体。继中石油之后，中国多家石油公司纷纷进入安哥拉、尼日利亚等国，获得了大量石油开采合同。进入21世纪以来，中国对非能源投资快速增长，逐步形成多元化的源投资格局。

4. 美国对中非能源合作进程的战略反应

第一，担心中国威胁美国能源安全。美国政界、学界和舆论都普遍认为，中国与非洲关系的快速发展，将会对美国在非洲的利益构成威胁，尤其是经贸利益与能源安全。③ 美国学者斯蒂法妮·吉利对中国在非洲石油版图的扩张忧心忡忡，认为这会损害美国的全球霸权地位。④ 美国的非洲问题专家丹尼尔·沃尔曼提出了耸人听闻的"中美瓜分非洲石油论"，妄言中国在非洲的石油攻势将会导致与美国在非洲的能源战略发生冲突，并由此对美国的安全利益带了威胁。⑤

---

① BP, *BP Statistical Review of World Energy*, June 2014.
② BP, *BP Statistical Review of World Energy*, June 2017.
③ 张春：《试析中美在非洲的竞合关系》，《教学与研究》2012年第6期。
④ Stephanie Giry, "China's Africa Strategy, Out of Beijing," *New Republic*, November15, 2004, pp. 19 – 23.
⑤ Michael Klare & Daniel Volman, "African Oil Rush and U. S. National Security," *Third World Quarterly*, Vol. 27, No. 4, 2006, pp. 609 – 628.

第二,挤压中国与非洲的合作空间。"9·11"之后,美国卷入了中东、中亚的两场局部战争,这使得美国对非洲和拉美地区的政治热情和地区参与大幅度下降。美国对中国在非洲影响力的上升保持高度警惕。中美两国都重视与非洲的能源贸易与投资,发生竞争和摩擦在所难免。埃克森美孚、雪佛龙等美国主要石油公司对非洲的能源勘探和开发投资较早,在安哥拉等国的油气开发中占据优势地位,这使得中国石油公司的进入倍加艰难。2012年,希拉里访问塞内加尔、南苏丹、乌干达、肯尼亚、马拉维和南非等6个非洲国家,警告非洲国家警惕中国投资带来的潜在危害。2014年3月份,南非分拆了与通用电气价值47亿美元的合同,由通用电气、中国公司和加拿大庞巴迪公司分享,这引发了美国的不快。为了扩大在非洲的影响力,美国在2014年举办了首届"美非首脑会议"。在此次峰会上,美国宣布通过"电力非洲"计划大规模投资非洲电力行业。虽然70亿美元投资额不大,而且我国在非洲的电力投资还在探索阶段,美国率先进入无疑将会挤占我国电力行业在非的发展空间。

第三,威慑中国在非洲的能源投资。近年来,以反恐为契机,为了扩展美国在非洲的政治和经济利益,美国军事力量大举进入非洲,在非洲建立了一系列军事基地。在反恐、维和、安全与军事合作等领域,美国对非洲的影响力无可匹敌。随着非洲司令部的建立,美非之间展开了密集的安全合作,加强了海上巡逻。美国在非洲的军事存在,既可以保障本国石油公司在部分非洲国家获得垄断地位和特别待遇,又可以排挤英法等传统势力,同时影响中、印、日、俄等新进入国家在非洲的活动,特别是遏制中国在非洲日益扩大的影响力。在美国的支持下,北约推翻了利比亚卡扎菲政权、南苏丹脱离苏丹成为独立国家,这导致中国从这两国的石油进口遭受重创。

第四,批评中国与非洲的合作方式。美国除了担心中国在非洲的能源布局,还担心中国与一些特殊国家加强合作,会与美国的外交政策目标背道而驰,危及美国在非洲的利益。拉里·翰尔(Larry Hanauer)与莱尔·莫里斯(Lyle Morris)指出,中国对非洲的影响是好坏参半的。一方面,中国在矿业和基础设施的投资增加了非洲政府的收入,创造了一些就业机会。另一方面,中国的支援和投资因为没有附带政治条件支持了那些对人民群众不负责的官员。他们指出，如果美国希望中国在非洲的行动更加具有建设性，那么美国应该增加其在非的投资，让更多中国企业会效仿美国公司及时履行社会责任，推动非洲人民去要求与中国建立更加平等的政治、经济和商业关系。①

第五，指责中国与非洲的合作目的。美国2006年的《美国国家安全战略报告》认为，中国与"无赖国家"保持密切关系，试图从源头"锁定"石油供应，这是一种典型的重商主义政策。② 中国从非洲获得了资源和市场的同时，非洲也从中国获得了资金和技术。然而，中国在非洲的活动被妖魔化为"新殖民主义"或"经济帝国主义"，指责中国的非洲政策完全出于争夺石油等战略资源的需要，中国在"掠夺"非洲资源方面与西方没有区别。对此，我国学者清醒地指出，美国各界对中国非洲政策的指责本质上是美国企图遏制中国非洲战略影响力、重建美国非洲话语权的一种体现。③ 中国坚持互惠互利的原则，除了能源开采外中国还在非洲国家修建铁路、公路、医院、学校等基础设施，改善了当地的生活条件。就此而言，中国在非洲贸易和投资活动促进了非洲国家的经济发展和社会进步。

5. 中美在非洲开展能源合作的可能前景

第一，中美可以在非洲实现互利共赢。从推动非洲经济发展、构建稳定的中美新兴大国关系角度看，中美在非洲存在很多利益聚合点。这需要两国不能过分强调意识形态差异和价值观分歧，而是以务实合作的态度，客观对待两国在非洲立场和政策的差异，积极探索中美在非洲进行全方位合作的路径，切实有效地推动非洲的长期发展，这不仅有利于非洲经济的稳定发展，而且也有利于中美关系在全球层面的和谐共处。要在非洲的能源开发中实现中美双赢和中美与非洲的多赢，必须走出零和思维的束缚，通过中美合作密切合作，将非洲能源发展和政治稳定的

---

① Larry Hanauer, Lyle J. Morris, *Chinese Engagement in Africa: Drivers, Reactions, and Implications for U. S. Policy*, RAND Corporation (RR－521), 2014.
② The White House, *The National Security Strategy of the United States of America*, March, 2006. pp. 41－42.
③ 罗立昱：《西方关于中国对非洲石油战略观点评析》，《当代中国史研究》2013年第1期。

蛋糕做大。

第二，注重发挥中美彼此的战略优势。中美对非洲的战略各有侧重，各有优势，这为相互借鉴、互利共赢提供了必要的前提和条件。根据非盟 2012~2020 年非洲基础设施发展计划，非洲基础设施总投资规模将高达 679 亿美元，其中能源和交通运输是重点领域，投资规模分别为 403 亿美元和 254 亿美元，占比分别达 59.35% 和 37.4%。[1] 基础设施建设有旺盛需求，这为中美在非洲的合作提供了广阔空间。中国向非洲提供了大量援助和优惠贷款，大多数非洲国家都从中国帮助修建的港口、道路、水利设施和其他基础设施中受益。我国积极参与非洲基础设施建设，截至 2013 年，我国累计为非洲铺设了超过 2200 公里铁路和修筑了 3500 公里公路。[2] 由于美国方面在项目管理上具有独特优势，中美可以在建设和改进公路、铁路和管道运输系统、完善港口的现代化管理上加强合作。[3] 经贸合作虽是美非关系的短板，但在军事和安全领域，美国对非洲依然拥有强大影响力，在平定地区冲突、打击海盗和恐怖主义势力方面，美国可以提供情报和行动支持。

第三，共同维护非洲国家的稳定发展。非洲当前仍面临诸多安全挑战，部分国家政治局势不稳，既存在滋生恐怖主义的土壤，也面临局部战争、部族冲突等政治因素的干扰。许多非洲国家尽管油气资源充裕，但仍未能摆脱"石油的诅咒"，国内腐败丛生，内战频频，环境恶化。中美两国应该携手在政府治理、司法建设、维护人权、人道主义救援、防治传染病等领域加强合作，改善部分国家的政治混乱局面，推动当地经济的健康持续发展。

第四，共同深化能源资源的全面开发。在能源开发方面，除了与产油国深化合作之外，作为能源消费大国的中美两国也应加强合作，就在非洲的项目运营、技术开发、资源储备等方面加强沟通与磋商，在非洲所投资的能源产业链条各环节相互交流和借鉴，共同协助非洲国家提高

---

[1] 刘青海：《中国对非洲基础设施投资现状及前景》，《东方早报》2014 年 12 月 16 日。
[2] 余斌、胡江云：《夯实中非合作基础，提升新型战略伙伴关系》，《中国经济时报》2014 年 1 月 9 日。
[3] 贺文萍：《中美在非洲的利益竞争、交汇与合作》，《亚非纵横》2007 年第 3 期。

能源开发和深加工能力，把非洲国家资源优势尽快转向发展优势。除了扩大油气资源开发合作，中美还可以共同开发非洲的可再生能源也。非洲有巨大的可再生能源潜力，中美两国都有成熟的可再生能源技术和强大的资金支持，两国的合作将会给非洲人民带来更多洁净能源。

第五，加强多边合作机制的沟通协调。围绕非洲的能源事务的互动关系，中国应该积极推动和参与以非盟为中心的中美非三边合作，在具体议程和合作理念上把握三边合作的话语权，能有效缓解中非关系所面临的国际舆论困境。

五　中国与拉美能源合作中的美国因素

拉美地区是我国石油公司"走出去"的重点战略目标区和保障我国原油进口多元化的重要来源地。拉美作为重要的资源接替区，同时也是中国间接影响美国能源供需的战略迂回区。作为美国传统的"后院"，美国历来十分重视与拉美的能源合作。在中国与拉美能源合作全面展开、不断深化的进程中，美国因素的影响不容忽视，两国需要加强沟通，协调彼此的政策目标。

1. 当前拉美能源地缘政治现状

第一，能源资源潜力持续提升。拉美地区油气能源储量丰富，但是由于受到经济发展水平的限制，只有巴西能源消费增长较快，总体上仍然是世界能源出口地区。英国石油公司的能源统计显示，2016年拉美地区的探明石油储量为3359亿桶，约占全球探明石油储量的19.7%，是仅次于中东地区的世界第二大石油富集区。从产量来看，2016年拉美地区石油日产量为993万桶，仅占全球石油日产量的10.8%。就此来看，拉美地区的石油开发还有相当大的潜力。从国别来看，2016年，委内瑞拉探明石油储量高达3290亿桶，稳居世界首位，石油日产量却从2006年的峰值334万桶降至241万桶，降幅高达27.8%，2005～2015年年均减少2.2%。如果国内政局稳定，未来的石油产量和出口还有很大的上升空间。墨西哥的探明石油储量为80亿桶，石油日产量为245.6万桶，比

2004年的峰值日产量383万桶下降了35.9%，减至245.6万桶，2005~2015年日产量年均减少3.7%。一旦墨西哥石油生产得到恢复，还可以大量出口石油。巴西的探明石油储量为126亿桶，石油日产量为234.6万桶。阿根廷已探明石油储量达24亿桶，2016年石油日均产量为61.9万桶。厄瓜多尔的探明石油储量为80亿桶，日产量为54.5万桶。哥伦比亚的探明石油储量为20亿桶，日产量为92.4万桶。[1] 近年来，拉美的能源开发有了大幅度提升。委内瑞拉的奥里诺科重油带为世界上最大的重油和油砂聚集区，油砂的探明储量从2006年的76亿桶迅速增至2016年的2223亿桶，占全球石油储量的13%，相当于北美三国在全球石油储量中的比例。[2] 巴西是拉美新兴的能源大国，2007年以来在东南部远海水域发现了盐下层石油，估计石油储量高达700亿桶。截至2014年6月，巴西盐下层石油的日产量已达50万桶，预计2020年的石油日产量会达到420万桶。[3]

第二，积极开拓亚洲石油市场。由于美国对拉美石油的依赖减少，拉美国家不得不大力开拓美国之外的石油消费市场，积极谋求能源出口的多元化。欧洲作为能源消费基本稳定的地区，很难成为拉美石油的重要出口地区，多年来与拉美的能源贸易增长平缓。从英国石油公司的数据来看，从2001年，欧洲从拉美的石油进口为日均47.8万桶，约占拉美石油出口总量的9.5%；2005年，拉美出口到欧洲的石油为日均52万桶，约占拉美出口总量的9.3%；2013年拉美出口欧洲的石油为日均55.9万桶，占拉美石油出口总量的11.1%；2014年拉美出口欧洲的石油为日均69.8万桶，占拉美石油出口总量13.4%。[4] 2015年拉美出口欧洲的石油为3230万吨，占拉美石油出口总量12%；2016年拉美出口欧洲的石油为3840万吨，占拉美石油出口总量11.3%。[5] 随着世界经济增长重心向亚

---

[1] BP, *BP Statistical Review of World Energy*, June 2017.
[2] BP, *BP Statistical Review of World Energy*, June 2017.
[3] EIA, *International energy data and analysis*: *Brazil*, Updated: December 2, 2015. https://www.eia.gov/beta/international/analysis_includes/countries_long/Brazil/brazil.pdf.
[4] BP, *BP Statistical Review of World Energy*, 2002, 2006, 2014, 2015.
[5] BP, *BP Statistical Review of World Energy*, 2016, 2017.

太地区的转移，亚洲石油消费和石油进口增长迅速，作为拉美石油出口的重要目标区，亚洲国家自然成为拉美多元化战略中重要的一环。从发展进程来看，亚洲与拉美的石油关系经历了一个从疏离到密切的过程。2001年，拉美石油出口亚太地区为日均17万桶，约占拉美石油出口总量的0.3%；2005年，拉美出口亚太地区的石油增至20.9万桶，约占拉美石油出口总量的3.7%；2013年，拉美出口亚太地区的石油总计已经增至178.1万桶，占拉美出口总量的比重高达35.3%；2014年，拉美出口亚太地区的石油总计已经增至199.1万桶，占拉美出口总量的比重高达38.1%。[①] 2015年，拉美出口亚太地区的石油总计已经增至10780万吨，占拉美出口总量的比重高达40%；2016年，拉美出口亚太地区的石油总计已经增至11460万吨，占拉美出口总量的比重高达41.4%。[②] 除了中国以外，印度和新加坡从拉美国家的石油进口增长迅速，亚洲市场已经成为拉美地区的重点关注对象。亚洲国家的石油公司还大举进入拉美能源产业链，影响不断扩大。

第三，本国资源主权日益强化。由于拉美多数产油国的经济结构和财政收入对油气产业高度依赖，墨西哥、厄瓜多尔、委内瑞拉、玻利维亚等国形成了不同程度上的能源资源型财政。油气产量、出口数量和价格上的变化会直接影响贸易收入和财政平衡。对于关系国计民生的能源产业，拉美地区有非常强烈的资源民族主义情绪。目前除秘鲁、阿根廷两国油气产业对外开放程度较高以外，大多数拉美国家加强了对油气资源的控制和支配。拉美国家石油公司普遍持有本国大部分油气储量和优质资源区块，并在公司股份和收入分配中绝占据优势地位。委内瑞拉、巴西、阿根廷、墨西哥等国对油气开发的国产化率要求提高，并对股权结构和收入分配提出了扩大资源国持有比例的要求，力图实现资源收益的最大化。为了变相实现油气产业的"国有化"政策，拉美资源国频繁调整合同模式。2001年委内瑞拉颁布《新油气资源法》和《石油法》，开始逐步掌握国家石油公司的控制权，2008年全面完成油气资源国有化。

[①] BP, *BP Statistical Review of World Energy*, 2002, 2006, 2014, 2015.

[②] BP, *BP Statistical Review of World Energy*, 2016, 2017.

2006~2007年，厄瓜多尔等国开启了新一轮油气政策调整，通过提高国家石油公司持股比例、增加政府分成比例、提升所得税率、增加矿区使用费等措施，加强了国家对油气产业的控制。2008年国际金融危机爆发以来，拉美地区性油气政策调整急需深入。2009年，巴西提出了意在加强对盐下层油气资源的控制权的系列法案，初步建立了巴西盐下层油田勘探开发的基本法律框架。2010年，厄瓜多尔对外国石油公司强势推行油气服务合同，废除了原来的产品分成合同。2012年，阿根廷议会通过了对雷普索尔－YPF公司"国有化"的法令，强行收购了雷普索尔－YPF公司，收回了10多个石油开发许可合同。2012年，玻利维亚也对西班牙电力公司实行了"国有化"。尽管拉美资源民族主义减少了跨国石油公司的利益，但保持能源产业的对外开放的政策不会发生根本性的改变，为吸引外国的资本、技术，资源国一定会坚持实行能源合作多元化的基本战略，不断加强与跨国石油公司的合作。

第四，能源一体化的进程加速。拉美一体化运动由来已久，拉美各国希望通过一体化来增强合力，应对来自欧盟、东亚、北美等地区一体化的挑战。此外，美国在拉美实施"分而治之"策略，分别与墨西哥、秘鲁等国签署了双边自由贸易协定。因此，与美国拉开距离的委内瑞拉、巴西、阿根廷等国，在巩固扩展现有一体化组织的同时另辟蹊径，试图从能源等领域探讨地区一体化的新思路。在此情形之下，拉美各国就建设区域能源一体化体系，共同维护地区能源安全已经达成共识。与此同时，拉美各国还建立了南方石油公司、加勒比石油公司等区域能源合作组织，推动墨西哥和中美洲能源合作计划、南美洲输送天然气管道计划相继出台。2007年4月，第一届南美能源首脑会议成立了南美能源理事会。许多拉美国家已拥有资金雄厚、技术较先进的国家石油公司，如委内瑞拉国家石油公司、巴西国家石油公司和墨西哥国家石油公司等。这些公司在满足国内需求的同时，加大了对本地区的投资与合作，积极推进和参与到能源一体化的进程之中，拉美双边能源合作也呈现一派欣欣向荣的景象。

第五，拉美政治环境复杂多变。拉美资源国的政治环境差异较大，在左翼政府执政的委内瑞拉、玻利维亚和厄瓜多尔等国，民主制度脆弱，社会矛盾尖锐，社会冲突频发，容易发生剧烈的政治动荡；而在阿根廷、巴西、秘鲁等政治立场较为温和的国家，政治生态良好，社会风险较小。左翼政府虽然得到了部分民众的支持，但国内政治利益分化和社会冲突加剧，未来的改革前景面临考验。在拉美的多个国家，政治制度和政治生态脆弱，各种示威抗议运动增多，社会进入矛盾凸显期。拉美资源国环保标准日益严格，多次对外国石油公司因石油勘探、开采和生产带来的污染提起诉讼。由于石油勘探开发对印第安人的生存环境造成了一定的破坏，印第安人常常采取示威抗议、法律诉讼等方式要求对其受损害利益进行补偿，甚至采取占领油气田、封锁道路、扣押人员等多种形式阻止油气勘探开发。拉美有种类繁多的非政府组织，"亚马逊观察"、"地球权利国际"、"亚马逊保护团队"等组织积极培训如何维权，组织针对石油公司的法律诉讼，发起抗议示威活动，在环保和人权方面的影响不可忽视。

2. 美国与拉美能源合作的变化

第一，能源合作面临着左翼政府的挑战。20世纪90年代末期以来，随着拉美左派的崛起，委内瑞拉等国的左翼政府上台执政。智利、巴西和乌拉圭的左翼态度比较温和与理智，国内政策注重经济、社会的协调发展，对外政策不把反美作为主要取向，主张与各国发展友好合作的伙伴关系。但在委内瑞拉、厄瓜多尔、玻利维亚等国，政府态度比较激进，对内改变了新自由主义的改革，加强了对经济的国家干预，在能源等战略性部门实行国有化；对外政策上谴责美国的霸权主义在拉美的渗透。为了对抗美国提出的西半球一体化构想，拉美左翼政府在巴西与委内瑞拉的提议下成立南美洲国家联盟和南美能源理事会，推动拉美的能源一体化合作。拉美左翼政府大力推进对外关系和能源出口的多元化，积极开拓同欧盟国家与俄罗斯的关系，也更加重视加强同亚洲、非洲发展中国家的关系。奥巴马上台以来，改变了小布什时期的拉美政策，尝试以温和理性的态度宽容对待拉美激进左翼政府，试图修复受损的外交关系，构建平等的伙伴关系。总体来看，由于拉美国家对美国的经济贸易依赖较深，即使像委内瑞拉、玻利维亚、厄瓜多尔等激进左翼政府，也难以与美国彻底破裂。受国内外因素的制约，拉美激进左翼政府虽然对美国政策不满，但也无法真正对抗美国，无法建立南美大陆的反美联盟。

第二，美国从拉美的石油进口开始减少。长期以来，由于地理上的便利，美国是拉美国家的主要出口市场，拉美也是美国石油进口重要的来源地。根据英国石油公司的数据，2001年，拉美石油出口总量为日均出口502.5万桶，其中出口美国为日均399.1万桶，约占拉美石油出口总量的79.4%，占到了美国进口总量的34.4%。2005年，拉美石油出口总量为日均559.3万桶，其中出口美国日均451.5万桶，约占出口总量的80.7%，占美国进口总量的33.4%。[1] 随着美国国内页岩油气革命的到来，美国石油进口连年下降，从拉美的石油进口不断减少。由于美国国内石油产量的增加，美国自拉美的石油进口大幅度削减。2013年，拉美石油出口总量为日均504.5万桶，其中出口美国的石油降至日均260.9万桶，占拉美石油出口总量的比重下降为51.7%，占美国石油进口总量比重低至21.1%。2014年，拉美石油出口总量为日均521.9万桶，其中出口美国的石油降至日均243.9万桶，占拉美石油出口总量的比重下降为46.73%，占美国石油进口总量比重开始反弹，升至26.5%。[2] 2015年，拉美石油出口总量为26940万吨，其中出口美国的石油降至日均12560万吨，占拉美石油出口总量的比重下降为46.6%，占美国石油进口总量比重升至27%。2016年，拉美石油出口总量为27660万吨，其中出口美国的石油为12270万吨，占拉美石油出口总量的比重下降为44.3%，占美国石油进口总量比重低至24.6%。[3]

第三，美国对拉美成品油出口持续上升。由于拉美国家的石油加工能力严重不足，不得不从美国大量进口成品油。根据BP的统计，2005~2011年，美国对拉美的石油出口从每天53.4万桶增至每天142.5万桶，占美国石油出口总量比重从47.3%升至55.4%。2013年，拉美从美国进口石油161.7万桶，占其总进口的比重降至49.4%。2014，拉美从美国进口石油188.7万桶，占总进口比重为65.68%。其中2014年墨西哥的

---

[1] BP, *BP Statistical Review of World Energy*, 2002, 2006.
[2] BP, *BP Statistical Review of World Energy*, 2014, 2015.
[3] BP, *BP Statistical Review of World Energy*, 2016, 2017.

成品油进口为每天64.1万桶，中南美的成品油进口为178.7万桶。①2015年拉美成品油进口总量为12830万吨，从美国进口10160万吨，占拉美成品油进口的79.2%，其中墨西哥进口总量为3460万吨，中南美国家进口6670万吨。2016年拉美成品油进口总量为12870万吨，从美国进口10130万吨，占拉美成品油进口的78.7%，其中墨西哥进口总量为3290万吨，中南美国家进口6870万吨。②从美国与拉美的能源贸易流向来看，拉美形成了对美国石油出口市场和成品油来源的双重依赖。未来，拉美国家将通过吸引更多外资或寻求区域能源一体化来提升石油开采、加工的能力。

3. 中国与拉美能源合作的趋势

第一，中拉能源贸易迅速升温。21世纪以来，中拉贸易呈现前所未有的高速增长势态。早在2013年，拉美已经是中国的第七大贸易伙伴，而中国是仅次于美国、欧盟的拉美第三大贸易伙伴。③2016年中国同拉美国家和地区的贸易总额达2166亿美元，比2000年提高了16倍，占中国外贸总额的比例也由2.7%上升到约6%。中国已成为很多拉美国家的第一大贸易伙伴，中国市场在拉美地区的对外贸易中扮演着至关重要的"稳定器"角色。④作为世界石油消费大国和进口大国的中国，积极寻求石油进口多元化，与旨在减少对美国石油依赖和寻求石油出口多元化的拉美国家迅速形成了能源伙伴关系。从发展进程来看，2001年，拉美出口到中国的石油仅有0.6万桶，仅占拉美石油出口总量的0.1%，约占中国进口总量的0.3%；2005年，拉美出口中国的石油为日均10.7万桶，占拉美石油出口总量的1.9%，占中国石油进口总量的3.2%。⑤随着中拉政治关系的趋近和经贸合作的加强，中国与拉美地区的贸易额增加迅速，2013年达到创纪录的2610亿美元，几乎是2000年的21倍。其中，能源贸易是重要内容，中国从拉美的石油进口大幅度上升。2013年拉美

---

① BP, *BP Statistical Review of World Energy*, June 2017.
② BP, *BP Statistical Review of World Energy*, 2016, 2017.
③ 刘玉琴：《中拉关系的新起点》，《人民日报》2015年1月6日。
④ 陈效卫：《中国市场成为拉美对外贸易"稳定器"》，《人民日报》2017年2月20日。
⑤ BP, *BP Statistical Review of World Energy*, 2002, 2006.

出口中国的石油为日均64.6万桶,已占到了拉美石油出口总量的12.8%,占中国石油进口总量的8.4%。2013年,中国超越美国首次成为巴西石油的第一大进口国。2014年拉美出口中国的石油为日均76.5万桶,已近占到了拉美石油出口总量的14.66%,占中国石油进口总量的10.15%。[1] 2015年拉美出口中国的石油为4250万吨,已近占到了拉美石油出口总量的17.6%,占中国石油进口总量的11.1%。2016年拉美出口中国的石油为5840万吨,已近占到了拉美石油出口总量的21.1%,占中国石油进口总量的12.8%。[2]

第二,能源并购规模不断扩大。拉美地区是中国石油公司开展国际能源合作,实施"走出去"战略的重点区域。虽然拉美油气生产国加强了对资源的控制,但由于油气勘探和开发不足,拉美油气生产国普遍实行对外资开放的政策。在中国与拉美地区关系日益紧密的背景下,以中石油、中石化、中海油等为代表的中国石油公司,在国家充足外汇储备的支持下,在拉美油气生产国的石油投资已经初具规模。中国石油公司在拉美合作的主要对象国是委内瑞拉、哥伦比亚、秘鲁、厄瓜多尔,四国的中拉油气合作项目约占中拉能源合作项目总数的90%。近年来,中国石油公司不断向巴西和阿根廷扩展,两国的合作项目几乎占到了新增合作项目的一半。2009年,雷普索尔YPF公司在阿根廷的油气资产被中海油与中石油联合收购;2010年,中石化国勘公司以24.5亿美元收购OXY阿根廷子公司及其关联公司,目前已是阿根廷第四大油气生产商;2010年,阿根廷布利达斯石油公司与中海油联合成立合资公司,投资5亿美元开发瓦卡姆尔塔的页岩区块。2013年10月,中海油、中石油与巴西国家石油签署了世界上最大海上油田利布拉油田开采产量分成合同,为期35年。同年11月,中石油通过附属公司中油勘探及中油勘探国际,向巴西国家石油收购了其旗下的巴西能源秘鲁公司全部股份,价格约26亿美元。除了石油投资之外,中国葛洲坝集团在阿根廷,中国水电集团在厄瓜多尔都承建了水电站项目。

---

[1] BP, *BP Statistical Review of World Energy*, 2014, 2015.
[2] BP, *BP Statistical Review of World Energy*, 2016, 2017.

第三，能源合作模式不断创新。根据"优势互补，互利互惠"原则，中拉双方不断创新合作模式，能源合作已经取得了初步成果和经验。中国有充裕的外汇储备，融资服务已成为中国推进中拉能源合作的重要渠道。中国和委内瑞拉建立了中委联合融资基金，由2007年成立时的初始规模60亿美元扩大至2009年的120亿美元，2010年4月，中委两国又签署了200亿美元的贷款协议。中委合作模式以两国政府间高级混合委员会作为决策中心，以中国开发银行与委内瑞拉社会发展银行合作设立的中委联合融资基金作为平台，构建了以油气合作为主，循序渐进地向其他产业领域发展的合作模式。2009年中国还分别向巴西、厄瓜多尔提供100亿美元和10亿美元的能源合作贷款融资。从实际运行来看，中拉能源融资合作使我国在拉美地区的能源合作渠道、合作范围和市场占有率等方面均实现了重要突破。在进入拉美能源领域的方式上，中国石油公司还以提供工程技术服务为契机，获得了参与油田开发的机会。此外，中国石油公司还以政府提供的贷款融资作为合作支撑，改善了两国油气合作环境，获得了多个优质区块的权益。

第四，能源合作领域不断拓展。商务部数据显示，2016年中国对拉美非金融类直接投资达298亿美元，较前一年增长39%。2016年中国在拉美非金融直接投资相当于2009年之前中国对拉美直接投资的存量。[①]能源历来是中国与拉美国家经贸合作的重点领域。与此同时，我国同拉美国家能源合作正在向宽领域、高层次扩展，石油产业合作不断深化，在天然气、地热、水电、风能、太阳能等清洁能源和可再生能源方面的合作也日益拓宽。2013年6月，中石油集团与厄瓜多尔签署合作协议，中石油将参与厄瓜多尔石油勘探开发和参股建设太平洋炼厂。与此同时，中石油与哥斯达黎加国家石油公司携手中国国家开发银行和哥斯达黎加国家银行，协议成立合资公司对哥斯达黎加莫因炼厂进行改造和扩建。此外，中国与拉美在新能源领域各有所长，可以实现优势互补。我国在太阳、能风能、核能等领域的所取得的成就进步举世瞩目，而巴西、阿

---

① 李家瑞、高春雨：《中国对拉美投资提质升级》，2017年2月22日，新华社，http://news.xinhuanet.com/fortune/2017-02/22/c_1120512433.htm。

根廷和哥伦比亚三国在燃料乙醇和生物柴油等生物燃料领域的发展遥遥领先，居世界前列。自 2010 年起，中国企业开始大量参与拉美的水电开发，已经承建了 22 个的水电项目。中国水电集团在厄瓜多尔承建了总价 20 亿美元的科卡科多辛克雷水电站，这是中国对外投资承建的最大水电站工程，也是厄瓜多尔历史上外资投入金额最大，规模最大的水电站项目，项目建成后能满足该国 75% 的用电需求。2013 年 8 月，中国葛洲坝集团和阿根廷当地企业组成的联合公司成功获得阿根廷总价 41 亿美元的大型水电站承包合同。拉美太阳能开发亟待发力，墨西哥、巴西、智利是拉丁美洲的发展太阳能的三大潜力市场。总体而言，从发展趋势来看，水力发电与生物质能源将面临越来越大的环保压力，中国与拉美国家风能、太阳能、核能领域的合作可能面临新的市场机遇和广阔前景。

4. 中美在拉美能源竞合的前景

第一，美国会持续巩固自己的拉美后院。拉美是否保持稳定，事关美国的能源安全和商业利益。美国国务院、商务部、贸易和发展署、对外援助署、进出口银行等机构与海外私人投资公司通力合作，力图把美国的油气开采、智能电网等能源先进技术转化为贸易和投资机遇。2009 年，美国提出了"美洲能源和气候伙伴关系"，在拉美积极推动可再生能源技术。2012 年，奥巴马政府启动了"连接美洲 2022 计划"，旨在推动在哥伦比亚、中美洲和墨西哥之间的电力一体化。拉美地区左翼政府虽然推行了一些政治变革，但总体还算务实温和，不会发生大规模的社会冲突，也不存在剧烈的地缘政治危机。由于西亚北非的持续动荡，美国从中东、非洲的石油进口不断减少，从西半球的石油进口相对增加，呈现石油进口回归周边的趋势。由此看来，由于美国页岩气和页岩油的大规模开发，美国石油进口不断减少，来自拉美的石油大幅度下降，但拉美作为美国石油进口的可靠来源，在美国能源安全格局中的地位依然至关重要。所以，美国在把外交注意力投向亚太和中东的同时，一定不会放弃对自己后院的经营。

第二，美国高度关注中国在拉美的影响。拉美国家希望实现能源产业自主化和能源出口的多元化，拥有资本和技术优势、能源消费需求潜力巨大的中国已成为拉美国际能源合作的战略伙伴。中国与拉美能源合作促进了拉美的能源开发，在实现拉美能源自给自足和出口多元化的同时，也为确保中国的能源需求和进口多元化找到了一个重要来源地和战略缓冲区。目前，中国与拉美能源合作的内涵不断丰富，从化石能源勘探和新能源开发扩展到非常规能源开发和能源金融合作；中国与拉美的能源合作的战略影响也不断扩大，已经从能源供需和互利共赢扩展到地区经济一体化和全球外交支持，成为南南合作的典范。此外，除了维护国家能源安全之外，中国以与拉美的能源合作为契机，不断开拓双边合作的新领域，并推动和提升了与合作对象国的政治经济关系。实践上，中国与拉美的能源合作与政治、贸易、金融、外交等领域的合作相辅相成，能源利益与各领域的利益深度交融，中国与拉美的能源合作内涵更加丰富，意义更加深远。从国际能源市场来看，由于美国页岩气的大规模开采，页岩油产量随之增高，美国将减少对拉美进口的依赖。如此一来，拉美产油国家油气出口将更多转向亚洲。对于中国在拉美政治和经济影响力的不断增加，美国保持了高度的警惕与怀疑。特别是对于中国与拉美激进国家委内瑞拉、古巴等国不断加强能源合作关系，美国担心他们与中国的合作推进了中国在拉美的政治渗透，提升了他们的国际地位，削弱美国在拉美的政治影响和经济优势。

第三，中拉能源合作影响美洲能源格局。拉美国家与中国相距遥远，从能源安全及运输成本来说，存在一定障碍，但中拉能源合作的意义早已超越了单纯的能源供应。中国与拉美的能源合作不仅是企业利润的简单追求，中国石油公司参与拉美能源市场涉及西半球能源格局变化，具有政治和外交上的多重战略意义。从西半球的石油贸易格局变化趋势来看，拉美对美国的原油出口不断下降，而从美国进口的成品油呈上升趋势。如果中国加大对拉美的石油进口，并积极帮助拉美国家提升能源产业炼化能力，这就会改变目前拉美对美国油气出口市场和成品油进口来源的双重依赖格局。从拉美的石油储量、产量及在国际能源贸易中的地位来看，如果能够对西半球的能源产业链条和能源贸易走向施加局部影响，意味着中国在拉美能源地缘政治格局中战略地位的提高和回旋空间的扩大，这也在一定程度上提升了中国在全球能源格局中的话语权与影响力。目前中国在拉美的能源投资和能源贸易数量还不大，对拉美能源生产和贸易的影响还较微小，但中国已经是拉美能源地缘政治格局中不可忽视的重要因素。

第四，中美在拉美的能源合作前景广阔。中美两国在拉美能源开发上存在一定的商业竞争，但两国也有广泛的共同利益。拉美"资源民族主义"泛滥，许多国家"资源主权"情结异常浓厚，中美两国都关注拉美能源市场的开放度、透明度以及投资安全问题。在拉美的中美能源企业同时面临政治风险、商业风险、法律风险挑战，以怎样的方式进入拉美能源勘探开发领域，并把投资风险降至最小化，可以说中美能源企业在拉美的合作有着广阔的发展空间。美国拥有众多实力雄厚的能源公司，在跨国并购和资源整合方面经验丰富，可以为中国公司的进入提供参考和借鉴。在拉美国有化的冲击下，美国和欧洲的石油公司纷纷调整在拉美的经营策略，减少或抛售拉美石油资产，这为中国石油公司的进入也提供了某种契机。美国具有先进的新能源开发技术和深海石油开发技术，中美和可以扩大在拉美能源开发中的技术合作。

5. 中国与拉美能源合作的深化

第一，加强中拉能源外交的高层协调。由于中国能源需求持续上升，金融实力和对外投资能力不断提高，拉美国家把中国作为能源出口多元化的重要合作伙伴。近年来，中拉关系全面升级，政治互信、经贸合作不断加强，这为能源合作提供了坚定的政治支持和经济保障。2014年，拉美和加勒比共同体已经与我国成立了中拉论坛，建立起了稳定、高效的中拉战略互信、战略合作框架与合作机制。2016年以来中国同乌拉圭、阿根廷、古巴、厄瓜多尔等拉美国家的经贸混委会会议及中国和墨西哥的第七次高层工作组会议先后召开，并公布新的对拉政策文件。未来需要双方对经贸合作中出现的问题进行及时磋商，并对加强能源经贸合作提出了新的安排，这些措施都将有益于未来双边能源贸易的发展，进一步推动包括能源合作在内的中拉整体合作。

在中拉能源合作中，由于各国资源禀赋、民主制度、产业管制、法律规则、社会秩序等方面的差异性来进行适当的合作定位。中国与委内瑞拉、巴西等油气资源大国的合作重在能源安全和国际市场参与，其中供需双方的进口安全和出口安全分别占据了突出位置。中国与古巴、哥斯达黎加的能源合作更倾向于外交支持，与拉美油气资源贫乏国的能源合作具有经济援助的性质，与厄瓜多尔、秘鲁等国的合作偏重于能源商业利益的考量。①

第二，构建拉美风险预警和应对机制。对资源国能源投资环境的宏观分析，特别是对资源国政治稳定和发展趋势的综合判断，仅仅凭借石油公司的商业能力无法达到，这就需要政府的政治支持和外交协调，建立和完善风险预警和应对机制。鉴于拉美资源国变动频繁的政治环境，我国需要与拉美资源国建立政府间常规性政策对话和信息交流机制，为能源企业提供政治支持；我国政府需要适度介入资源国国内政治生态，与不同政党及政治势力沟通，加强能源部门、立法机构之间的能源对话。我国需要对资源国政府更替或议会选举进行长期追踪和准确研判，特别是对各种政治力量的政策博弈进行准确分析，加强交流与沟通，规避政治周期带来的政治对立和社会分化对中国能源投资的影响。为把握拉美油气政策的最新动向，我国还需要建立针对资源国投资信息的数据库，对拉美油气资源立法状况与趋势进行动态分析。

第三，提高能源企业的业务整合能力。拉美的商业博弈环境较为复杂，中国石油公司在大举进入拉美之后，应该采取本地化策略，重在提高并购、参股后的业务整合能力。中国石油公司进入拉美后，必须直面资源国的政党政治、社会冲突、环境保护、劳工权益纠纷甚至印第安人群体问题。中国能源企业要培养一支重在开拓海外能源市场的专业化队伍，从技术学习到企业管理上全面提升开拓当地市场的能力。与此同时，为了实现本土化经营，融入当地社会，中国能源企业应该增加建造学校、医院等社会性投入。中国能源企业应该按照国际通例，及时发布中国能源企业在拉美的社会责任报告，准确、详细公布在劳动保护、环境保护和慈善事业上的投入情况，消除国际上对中国能源企业海外投资的误读和偏见。

第四，选择减少风险的能源合作方式。鉴于拉美的投资环境，需要根据对资源国的风险判断，在石油企业风险承受范围内选择恰当的合作

---

① 孙洪波：《拉美油气投资环境：政策、市场及风险》，《国际石油经济》2014年第1~2期。

方式，从而趋利避害，各方共赢，减少各类风险对石油企业利益的冲击和损害。从中拉能源合作的比较优势来看，中国具有充足的外汇储备，如果能与拉美在能源金融领域进行创新，可以延伸和加强中拉在能源产业链的全方位合作。为了满足资源国大规模能源开发的融资需求，可以继续扩大和细化"贷款换石油"的合作方式，尝试与资源国建立货币互换机制，推动中国与资源国结成稳定的利益共同体。中国金融资本与能源产业资本相结合，可以有效规避拉美国家的支付风险，确保能源开发与能源供应的长期性。

第五，完善解决经贸摩擦的制度框架。拉美是油气投资纠纷频发地区，有必要对油气投资争端解决机制和传统惯例进行深入研究，寻找符合各方利益的油气投资争端解决机制。拉美地区贸易便利化、投资便利化程度不高，贸易投资壁垒较多，能源争端和摩擦频繁，这实际上阻碍了中国能源企业走出去的步伐。为此，一是要加强与现有拉美一体化组织的合作，防止贸易的转移效应；二是应该加快对中拉自由贸易区的前瞻性研究，根据南南合作、共同发展的原则，适时加快签署自由贸易区，建立健全解决经贸摩擦的制度化框架，专门对争端解决机制的流程、管辖、救济手段、法律适用等做做出具体规定。[①] 中国自2006年以来先后与智利、秘鲁、哥斯达黎加签署了自贸协定，目前正在积极推进与哥伦比亚的自贸协定可行性联合调研工作，乌拉圭也向中国提出开展自贸区合作的意愿。自贸区的签署会直接带动中拉能源贸易额的快速增长。

本章小结

在全球化时代，国家利益超越了国界，与全球事务日益紧密地联系在一起。同理，中美双边关系的内涵日益丰富，两国关心的议题不仅源自中美两国的内部事务，利益关切也渐渐与区域性或全球性议题密切相关。由此可知，中美能源博弈的利益考量不仅在空间上延伸到亚太、中

[①] 于峰、孙洪波：《中国对拉美和非洲贸易政策的效果评估》，《对外经贸实务》2010年第2期。

东、中亚、非洲的拉美的广袤区域，在内容上也与地区安全、区域发展、贸易投资等地缘政治经济议题相互渗透，在主体上会涉及更多国家，卷入错综复杂的矛盾，达成各方满意利益分配方案的难度空前增加。与此同时，区域性多边合作博弈也有自己促成合作博弈的独特因素，由于区域性的历史文化、地理空间、经济联系等因素的存在，各国也期待通过合作增强经济竞争力。从理论上看，如果在博弈集团中存在强势国家，就会主导和推动区域博弈的进程；如果存在需要博弈各方应对的共同挑战，也会激发博弈集团的合作。中美在地区事务中矛盾不可避免，但应对共同挑战的压力同样也不可忽视，这是驱动中美能源合作博弈的动力之一。值得注意的是，在国家利益的轻重缓急中，能源安全只是中美综合利益的重要构成要素之一，一旦受到地区安全等地缘政治利益的冲击，就会为中美能源安全合作带来巨大的不确定性因素。

结　论

　　进入 21 世纪以来，随着中国工业化和城镇化的快速发展，中国能源需求持续上升，能源进口依存度不断提高，保障能源安全成为实现和平发展的战略支柱。对于战略守成的美国而言，能源是美国构建和护持全球霸权体系的核心议题。作为中美关系的重要领域，两国能源互动与磨合难以摆脱中美整体关系的约束与影响，两国能源安全冲突与合作注定也会对中美整体关系产生外溢和塑造。在世界权力转移的背景下，中美能源安全战略与外交如何实现良性互动，不仅事关中美关系的稳定与发展，也是影响国际格局与秩序的关键因素。因此，如何实现中美能源非合作博弈状态下的帕累托最优均衡，从一般性博弈向共赢性博弈的转变，成为当下中美战略界需要面对和思考的重大课题。

　　新型大国关系旨在以相互尊重、互利共赢的合作伙伴关系，这需要两国转变观念、创新思维、相互信任、管控分歧和深化合作。新型大国关系为中美能源安全博弈界定了方向、方略与方法。

　　新型大国关系为中美能源安全博弈确立了新定位。能源安全博弈旨在实现利益最大化。但问题在于这种行为发展到极端，个别国家行为的逻辑就排除了集体生产国际能源博弈总收益的可能，妨碍了国际能源博弈效率的提高。新型大国关系旨在减少冲突与对抗，实现相互尊重、互利共赢。中国是现行国际秩序的维护者和建设者，中国承认并尊重美国在世界上的突出作用（prominent role），同时认为世界各国都应摒弃零和思维，相互尊重彼此合法权益，倡导实现合作共赢。共赢性博弈要求中美两国放弃以邻为壑的策略，以绝对收益预期与战略互信推动博弈均衡点从非合作、低效率"纳什均衡"点向合作、高效率的最优点方向移动，直至达到"帕累托最优"。

新型大国关系为中美能源安全博弈建立了新范式。中美两国需要一定的合作机制解决信任问题和不确定性，从而将协调博弈的均衡稳定在合作解上。约束机制的建立依赖博弈规则的建立。博弈规则即制度，它既是人们行为的准则，又是博弈的结果。制度的建立确立了博弈的公共知识，表述了博弈主体行为与结果的关系。博弈规则实际上以生产函数的方式，最终决定着纳什均衡解的实现。由于博弈规则能够以利益诱导为机制，影响博弈主体根据利己本性进行不同的策略选择，实际上在博弈结果出现之前就已经完成了利益在主体之间的分配。

新型大国关系为中美能源安全博弈提出了新机制。实现互利共赢是中美两国能够建立新型大国关系的关键，这要求能源安全博弈必须在共同利益的基础之上，探索积累两国战略互信的动力和方式，寻找实现的条件和途径，把各项共识落到实处。国际关系的新现实需要制定国际关系的新规则，订立规则往往是国家间博弈的最高形态。在国际格局变动之际，中美两国围绕最新一轮规则制定权的合作与竞争日益增多。为了推动能源领域务实合作，实现中美能源安全共赢性博弈，需要从以下三个方面制定中美能源博弈的相关机制：第一，建立广泛的收益约束机制，通过制度规范限制一国能源安全政策的负外部性，实现能源安全战略与政策的彼此协调；第二，建立利益扩大机制，加强多元化、多层次的合作，挖掘合作共赢的潜力，推进能源安全利益的协同共进；第三，建立信息交流机制，通过各种高层往来、定期交流、合作平台等扩大能源安全领域事项的磋商，妥善处理分歧，增进相互理解，加强在地区和全球层次上的协调，促进周边地区乃至世界能源市场的稳定。

具体而言，为了提高中国参与能源安全博弈的能力，推进能源安全领域的对话与合作，构建中美能源安全共赢性博弈的环境与规则，必须从宏观到微观的多个层次，从约束到激励的多个机制，全面推进中美能源安全利益的深度融合和战略政策的彼此协调。

1. 建立权威、高效的国家能源安全咨询、规划和决策协调机构

影响能源安全的因素错综复杂，涉及能源、贸易、产业、金融、军事、外交等各个部门的工作，亟需一个综合性的高层机构对能源安全进行统筹规划、分析和应对。为了应对日益复杂的能源安全形势，应该在国家安全委员会下设专门负责能源安全战略问题研判、决策、协调的能源安全委员会，统筹解决能源安全问题。具体而言，能源安全委员会要建立能源战略研究机制、能源政策决策机制、联席会议协调机制、能源政策评估机制、能源外交统筹，最终应该形成一个涵盖部门、行业、企业的智力支持体系，全面提升保障能源供应、调控能源需求、规避能源风险、应对能源危机的能力。其中，最重要的是要准确评估影响中美能源博弈的内外因素。首先，我们需要加强对中长期世界能源安全格局和能源安全趋势的分析，在世界能源供需重心、能源权力中心、能源竞争核心转移的背景下，寻找中美能源合作的机遇与空间。其次，推进中美关系的健康发展和利益交融，以中美关系总体稳定的政治基础推动能源关系的发展，以能源安全领域的良性互动推动中美关系的战略互信，确保能源安全在中美关系中的双向积极影响。最后，中美能源合作需要追踪研究美国政府能源政策调整的改革措施、主要成效，尤其是美国能源独立和未来油气出口可能带来的深远影响，结合中国能源安全战略的转型，推进中美能源政策沟通和战略互动。

2. 加强中美能源安全对话与合作顶层设计

中美能源安全对话与合作涉及中美资源、产业、贸易、金融、科技等多个领域，必须从宏观上进行通盘审视，从布局上进行长远规划，整体上进行协同推进。就此而言，加强中美能源安全对话与合作的顶层设计势在必行。我们需要稳定的中美能源对话机制，弥合中美能源安全观念分歧和能源外交认知差异，推进中美两国在稳定能源市场、保护能源通道、交流能源技术、应对气候变化等方面的务实合作。目前来看，能源安全已经进入中美战略与经济对话机制的议程之中，中美在2008年签署了《中美能源和环境十年合作框架文件》，确定了清洁电力、能源效率等六大优先合作领域，共同应对来自能源安全、气候变化和可持续发展方面的挑战。随着框架时间临近终结，中美需要提前运筹下一阶段的能源合作规划。在战略与经济对话机制中，能源安全对话与合作的地位很容易被冲淡。再者，应该在条件成熟时恢复原来单独举行的中美能源政策对话机制。除了提出能源合作的优先领域之外，还需要统筹安排各项能源合作的工作机制，尤其是中美双方的负责部门。由于中国能源部尚未组建，缺少与美国能源部对等的政府机构，这为能源交流合作中的工作对接和规格对等带来一定的困扰。为了保持政策张力，中美需要把能源安全合作的倡议和做法，通过不时发布联合声明的方式加以宣示和稳定下来。从政策推动的角度看，能源安全对话与合作应该作为中美首脑外交的常态议程，通过高层达成共识，为合作的稳定和顺畅提供政治保障。目前，中美能源安全对话与合作的交流机制侧重于综合性和战略性，在参与度和执行力上还有巨大提升空间。为此，中美能源安全对话与合作应该在坚持顶层设计的同时，通过巩固现有各层级、各类型的能源对话机制，拓展各类能源合作机制，扩大能源对话主体，加强能源对话成果落实，进一步丰富中美能源合作内容。

中美能源投资与贸易的提升，需要加快制定促进中美能源贸易和投资的宏观政策框架。美国对华贸易存在一定的逆差，如果美国改变对华出口管制政策，提高高技术产品出口比重，中美能源贸易的依存度会发生结构性改善。从客观条件来看，中国巨大的能源需求会为美国对华能源投资带来众多的投资机会。中美两国在意识形态方面的巨大差异的带来隐性阻力，以及贸易利益冲突产生的现实阻力，常常使在正常情况下可以完成的并购卷入党派政治的漩涡，为中国企业赴美投资增添了额外的不确定性。每次总统大选，与中国有关的能源安全等议题总是会成为两党辩论的重要议题之一。大选中的恶意炒作破坏了两国关系友好合作的政治氛围，非理性言论严重损害中美关系健康发展的民意基础，加深了两国间的战略误读。2011 年 5 月，荣大聂（Daniel Rosen）、赫恩曼（Thilo Hanemann）撰写的名为《敞开美国大门？充分利用中国海外直接投资》的特别报告，建议美国两党应联合向中国发出欢迎中国对美投资的明确信息，增加来自中国的直接投资，分享中国繁荣带来的机遇，同时在制度上对中国对美投资行为进行规范以符合美国需求。报告指出，鉴于近年来中国对美投资案中有多起被以"国家安全"为由遭到阻挠，如果美国继续以泛政治化的视角审视中国投资，中国在其他国家投资将使美国错失增加就业和投资收益良机。① 2008年6月，两国同意启动双边投资保护协定谈判，目前双方正就投资有关的法律框架、政策措施以及投保协定范本的主要内容进行多轮磋商。美国希望为美国公司赢得司法保护，其中包括享受国民待遇，在被征用或是国有化时得到补偿，资本可以自由转移，监管透明以及争端可以向独立国际仲裁机构提交等。中国希望通过投资谈判，敦促美国加大对中国开放力度，避免美国贸易及投资保护主义，防止"政治性"障碍对中国投资利益产生不利影响。从中国的经济实力来看，2010年中国成为世界第一制造业大国，2013年中国成为全球第一货物贸易大国，2014年首次成为资本净输出国。中国企业的对外竞争力不断增强，其中对美国的投资同比增长23.9%，远远超过了中国对外投资的总体增速。② 在此背景之下，中美经济相互依赖的纽带日益增强，两国扩大相互投资符合两国人民的根本利益。中美需要尽快推动双边投资保护协定谈判，减少能源贸易的泛政治化。

3. 拓展多元化与多层次中美双边能源合作

美国能源机构的设置和能源政策的出台，往往需要经由国会立法专门成立和拨款实施。国会制定的能源法成为美国能源政策的主要依据和来源，也是中美能源关系的重要内部变量。此外，国会作为美国的权力中枢，近年来越来越直接地参与到能源外交事务之中。美国能源立法对能源外交的作用主要体现在以下四个方面。第一，批准国际能源合作条约。除了国内立法之外，美国国会还负责批准美国政府缔结和参加国际能源条约、能源双边合作协定，推动建立双边、多边、地区性或全球性的多层次能源合作体系，这实际上也间接影响了中美能源合作关系的总体环境。第二，规划综合能源外交体制。美国并无专门的联邦机构负责能源外交事务的统一管理和协调，涉及能源外交事务的权力分散于国务院、能源部、内政部、商务部、国家安全委员会等多个部门。为了促使

---

① Daniel H. Rosen an Dthilo Haneman, *An American Open Door? Maximizing the Benefits of Chinese Foreign Direct Investment*, May 2011. Center on U. S. - china relations, Asia Society and Kissinger Institute on China and the United States, Woodrow Wilson International Center for Scholars.

② 鄢彦辉：《应正确看待我国首次成为资本净输出国》，《中国经济时报》2015年4月10日。

美国政府在行政管理体制上做出进一步的调整，提升能源外交在国家安全中的地位，美国国会议员开始提出推动能源外交体制改革的专门议案，建议把保障能源安全置于外交政策的核心位置。2007年12月通过的《能源独立和安全法》专门要求，国务院必须设立国际能源事务协调官（International Energy Coordinator）。2009年8月，时任国务卿希拉里任命曾出任国际能源事务助理国务卿的大卫·高德温（David Goldwyn）为第一位国际能源事务协调官，初步建立了国务院主导美国能源外交事务的体制。第三，指导具体能源外交事务。美国国会通过的综合性或专门性能源法案中，都要求美国通过国际合作促进能源安全，对能源外交事务进行法律指导。美国在国内立法中会对国际能源合作做出明确的规定。在《2005年国家能源政策法》中，第985条要求能源部部长实施项目来提高与西半球国家在能源问题方面的合作，第986条要求美国落实1996年与以色列签署的能源合作协议，第986条A款要求能源部部长协调国际能源培训事务。[1] 第四，参与能源政策评估。美国国会各小组委员会经常就中美能源问题举行听证会，直接影响了美国政界和民众对中国能源安全政策的认知和评估。自然资源和能源委员会、国际关系委员会、军事委员会、情报委员会甚至专门机构美中经济安全审查委员会都把能源政策和能源外交列入讨论和决策的重要议程，有关能源政策和能源外交的听证会、研讨会和决议案、法案层出不穷。《2005年国家能源政策法》第1837条，题为"国际能源需求的国家安全审查"（national security review of international energy requirements），专门要求美国能源部，系统分析中国不断增长的能源需求对美国"政治、战略、经济和国家安全"的影响。[2] 鉴于美国国会在国内政治中的重要地位和对中美关系的广泛影响，中美两国立法机构需要深化政治互信，促进务实合作。中国是少数几个同美国众、参两院均全面建立定期交流机制的国家，但是交流的频率和层级却十分有限。目前，我国需要积极推动中国人大与美国国会的经常性交

---

[1] *The Energy Policy Act of* 2005, Pub. L. 109-58, http://www.epa.gov/oust/fedlaws/publ_109-058.pdf.

[2] *The Energy Policy Act of* 2005, Pub. L. 109-58, http://www.epa.gov/oust/fedlaws/publ_109-058.pdf.

流，加强对彼此能源政策的了解和认知，化解对彼此能源战略的疑虑与防范，为中美能源合作提供稳定的政治基础和法律保障。

在日益密切的经贸关系中，能源利益集团在国内政治中相互博弈、相互竞争，成为影响双重博弈获胜集合从而塑造中美双边关系格局的基本力量。美国利益集团影响如此之大，其原因，一是宪法赋予人民的结社与言论自由；二是权力分散化体制为利益集团参与决策提供了丰富的渠道；三是政党政策趋于中立的背景下很多团体的特殊利益无法靠政党来代表或表达，只能在政治体制中谋求实现其利益。[①] 从政治经济学的角度看，与能源有关的问题从来就不是单纯的供应和价格问题，而是涉及权力斗争、利益分配和环境正义的复杂较量，也是联邦政府、地方政府、能源公司、社会组织等多元化主体相互博弈的对象。美国与能源立法有关的直接的利益集团主要是三类：传统产业利益集团、新兴产业利益集团和公益性利益集团。[②] 在中美新能源合作中，最值得关注的是公益性利益集团。他们主张利用总量控制与交易制度控制碳排放增长，支持碳捕捉和封存技术开发，支持制定可再生能源发电标准，主张全面提高能源效率等。除了纯粹的经济利益冲突，中美之间的新能源贸易摩擦和舆论争端几乎都有其深刻的政治背景。自2010年以来，美国企业及其行会组织多次对中国光伏和风电企业提出反倾销和反补贴诉讼，原本向好的新能源合作摩擦不断。美国前总统奥巴马发表的2012年度《国情咨文》正式宣布成立一个执行工作组，对中国可能存在的"贸易和其他商业违规行为"进行监督，包括财政部、商务部、能源部、美国贸易代表办公室等各涉华职能部门参与其中。进入2012年以来，美国政府、国会、总统候选人及各有关利益集团纷纷提高"制裁中国"的调门，再度把中美能源贸易问题推向两国关系的风口浪尖。因此，我国政府和能源企业有必要采取公共外交形式，通过走访美国联邦下面的各州县，与能源行业协会、美国各大财团、美国各类商会、政府官员、专家学者等展开交流等形式，释放善意，凝聚共识。

---

① 周琪：《国会与美国外交政策》，上海社会科学院出版社，2006，第238页。
② 刘卿：《论利益集团对美国气候政策制定的影响》，《国际问题研究》2010年第3期。

中美战略互信的培养需要加强双方智库之间的交流与合作。智库（brain trust，think tank），在美国能源安全政策的酝酿、形成、实施和评估的过程中发挥着重要作用。美国宾夕法尼亚大学"智库与公民社会项目"（TTCSP）发布的《全球智库报告2014》（2014 Global Go To Think Tank Index Report）中指出，目前全球共有6681家智库，美国共有1830家，中国仅有429家，英国只有287家，是世界智库数量最大的三大国家。[①] 美国智库大致可以划分为三大类型：一是官方及政府部门类型的智库，其中较为著名的是兰德公司（The RAND Corporation）；二是民间及学会、基金会类型的智库，其中较为著名的有传统基金会（The Heritage Foundation）、布鲁金斯学会（The Brookings Institution）、对外关系委员会（The Council on Foreign Relations）等；三是大学附属学术机构类型的智库，其中较为著名的有胡佛研究所（Hoover Institution）和战略与国际问题研究中心（Center for Strategic and International Studies）等。定期出版发表本智库研究人员和最新研究成果的专门刊物是美国智库发挥自身影响力的重要平台，智库还经常不断邀请美国政界、学界和商界重要人物参加各种学术会议，就能源问题和能源政策发表看法，在社会舆论和学术思潮方面影响美国能源政策。从美国能源政策的实践来看，美国智库的研究报告发挥了举足轻重的作用。例如，2004年12月，民间组织美国国家能源政策委员会发表了一篇题目为《打破能源僵局：解决美国能源危机的两党战略》的报告，提出了6项建议如下：加强石油安全，降低气候变化所产生的风险，提高能源效率，确保可承受及稳定的能源供应，加强基础能源系统，开发未来的能源技术。[②] 这些建议为一年后《2005年能源政策法》的出台奠定了良好的舆论基础。个别智库及其学者在"中国能源威胁论"舆论造势中起到了推波助澜的作用。美国外交关系委员会2006年发表的《美国石油依赖的国家安全后果》报告指出，能源安全问题对美国政策的限制不断增多，无论在亚洲、非洲、南美或欧洲，美国外交政策都直接或间接地受到石油输出国的影响，美国需要对能源

---

① *2014 Global Go To Think Tank Index Report*，http://gotothinktank.com/.
② 朱成章：《解决美国能源危机的两党战略》，《节能》2006年第8期。

政策和外交政策进行更大程度的整合。① 这篇报告在美国政界影响深远，为美国能源外交政策的制定和实施提供了充分依据。在中美能源合作进程中，多数理性智库对中国能源政策的认识客观理性，提出了推动中美能源合作的中肯建议。例如，在2009年1月，亚洲协会美中关系中心和皮尤全球气候变化中心联合发布了《中美能源与气候变化合作路线图》，比较全面且深入地分析了中美两国在气候领域合作的可能性、必要性、合作优先领域和合作步骤。② 报告表达了美国希望与中国在能源和气候领域建立起长期的全面战略合作伙伴关系的愿望，所提出的有关节能减排的措施也比较符合我国现阶段的环境政策，总体上有利于中国实现可持续发展战略。美国政治上的"旋转门"制度，也使智库的著名学者有机会进入政府能源部门，把自己的能源研究理念付诸实施，例如朱棣文、布鲁金斯学会中国中心前主任杰夫里·贝德（Jeffrey A. Bader）等都曾进入奥巴马政府任职。虽然中国智库增长迅速，但与美国相比还有很大差距。随着美国全球战略中心向亚洲转移和中国的崛起，美国智库也越来越重视对中国的研究，尤其是分析中国崛起对全球格局与中美关系的深远影响。新美国安全研究中心、战略与国际研究中心、布鲁金斯学会等智库都设有能源安全与气候变化研究项目，智库学者与政府官员通过"旋转门"的形式，以自己的能源政策研究影响美国政府的能源决策和能源外交。面对种类繁多、观点纷呈的美国智库，中国要加快中国特色智库的建设，推动中美智库的交流与合作，加强沟通与协调，尽可能地增信释疑，为中美能源合作建言献策，从政策供给的角度展开预防性沟通，提高美国高层人士对中国能源政策的理解和认同，找到中美推进务实合作、实现互利共赢的有效路径。党的十八大以来，习近平主席多次从提高国家软实力与治理能力现代化的高度，强调要加强新型智库建设、健全决策咨询制度。为了推进智库建设，2015年年初中办、国办印发《关

---

① The Council on Foreign Relations, *National Security Consequences of U. S. Oil Dependency*, October 2006, http://www.cfr.org/content/publications/attachments/EnergyTFR.pdf.
② 亚洲协会美中关系中心、皮尤全球气候变化中心：《中美能源与气候变化合作路线图》，2009，http://file.caijing.com.cn/flash/pdf/US_China_Roadmap_on_Climate_Change_Chinese.pdf。

于加强中国特色新型智库建设的意见》。2015年4月,习近平主席在博鳌亚洲论坛讲话中进一步提出要"打造智库交流合作网络"的倡议。目前,中国已经掀起了一轮建设智库的热潮,这无疑会为中美智库之间的交流与合作提供契机与平台。毋庸置疑,培养一批从事全局性、战略性、综合性研究的国际战略智库可谓刻不容缓。[1] 智库建设不仅可以提高中国的决策水平,而且可以更深入地与美国智库进行交流与合作,增进双方战略精英的相互理解与信任。

拓展与美国地方政府的能源合作具有广阔的空间。由于地理区位、资源禀赋、产业结构和华裔人口数量的不同,美国各州之间的对华贸易政策也存在比较大的差异,并通过代表地方利益的参众两院议员影响美国对华贸易政策的提案和表决。[2] 为了拓展中美能源经贸与投资,我国应在重视与美国国会交流的同时,加强与美国各州之间的能源合作,更多地争取来自地方上的支持。美国地方政府和企业与中国展开了一系列能源投资与合作,这些力量都成为支持中国新能源贸易的积极因素。2009年10月,加州与中国江苏省签署了新能源与生态环境战略合作框架协议,以期共同应对全球气候变暖问题。此外,太阳能资源丰富的西部各州,对拓展光伏产业合作表现出了浓厚的兴趣。我国需要对美国各州的能源合作需求进行详细分析,直接推动省州之间的密切交流,为扩大中美能源投资与合作寻找可靠的政治经济保障。

4. 推进中美多边能源合作机制下的积极互动

中美能源关系实质上已经远远超越了双边范畴,加强中美双边合作与多边合作的统筹与协调,不仅是对中美能源影响力的现实回应,也是中美能源合作进一步扩大和深化的必然要求。中美在全球和地区多个多边能源合作机制下都有重合,无论是亚太经合组织还是国际能源论坛,中美都是其中举足轻重的大国。为了对中国的能源政策和能源外交施加影响和限制,美国政界和学者都提出把中国整合进西方主导的国际能源

---

[1] 傅莹:《中国国际战略智库期待"转型革命"》,2015年4月15日,人民网,http://theory.people.com.cn/n/2015/0415/c40531-26846624.html。

[2] 徐康宁、韩会朝:《美国政党分野、州际差异如何影响美国对华贸易政策?》,《国际经济评论》2014年第6期。

合作组织之中。对美国来说，应该认识到将中国排除在多边能源合作机制之外，只会推动中国采取更加进取的单边主义行为来保障本国的石油安全。[1]

近年来，外界邀请中国加入国际能源署（IEA）的呼声日渐高涨，美国表现出前所未有的积极性。中国尚未被美国等西方国家普遍承认为市场经济国家，战略石油储备数量不足，短期内无法成为 IEA 的正式成员国。而中国不是 IEA 的成员国，只是一般参与者，与其进行一般性合作。中国加入 IEA，可以与发达国家在能源技术合作、能源数据分享和战略石油储备等方面展开实质性合作，增强协同保障能源安全的能力和稳定性，同时也将推动能源政策的国内整合以及全球能源治理的良性发展。此外，加入 IEA 有助于在一定程度上缓和西方国家对中国挑战国际能源秩序的担心。[2] 当然，中国在分享 IEA 制度优势的同时会付出一定的代价，不仅作为发展中国家的定位将面临其他发展中国家的质疑，而且还有可能失去在气候变化谈判上的战略依托。从长期趋势来看，中国加入 IEA 并加强与各类国际能源组织的协调与合作将是大势所趋。在目前尚不能加入 IEA 的情况下，中国应该坚持渐进适应的原则，以非成员国身份参与战略石油储备等部分合作机制，采取具有现实可能性的方式参与国际能源合作。[3]

在二十国集团（G20）中，能源与气候变化多次列为重要的会议议程，这为中美两国在更广阔平台上对话与合作提供了机会。G20 基本涵盖了世界主要的能源消费国，同时也包括美国、中国、俄罗斯、澳大利亚、印度尼西亚、墨西哥、巴西等关键的能源生产大国，土耳其还是重要中转国，在世界能源格局中具有举足轻重的地位。从 G20 的能源比重来看，石油进口量占世界的 44.7%，石油消费量占世界的 77.9%，天然气生产量占世界的 61.2%，天然气消费量占世界的 51.7%，管道天然气进口量占世界的 66.2%，液化天然气进口量占世界的 82.5%。[4] 同时，G20 还是

---

[1] 周云亨：《中国能源安全中的美国因素》，上海人民出版社，2012，第 201 页。
[2] 王联合：《中国与国际能源署：一项规范研究》，《国际观察》2009 年第 4 期。
[3] 管清友、何帆：《中国的能源安全与国际能源合作》，《世界经济与政治》2007 年第 11 期。
[4] BP, *BP Statistical Review of World Energy*, June 2015.

清洁能源开发和世界能源转型的主要推动者,清洁能源投资占全球清洁能源投资总额的比例超过90%。① G20的太阳能装机总量占世界的81.8%,风能装机总量占世界的81.7%。② 再者,G20也是全球温室气体的主要排放者,排放量占世界的72.1%,在应对全球气候变化中承担着不可推卸的关键责任。③ 总之,G20能源生产、消费和进口状况和温室气体减排情况直接影响着世界能源体系的结构和方向。G20成立之后,虽然主要致力于应对国际金融危机,但根据加拿大多伦多大学八国集团研究中心的统计,能源议题已经被大量纳入G20 2004~2007年的金融决议之中。④ 2009年匹兹堡峰会以来,G20参与全球能源治理的意愿不断增强,能源类的承诺呈现稳步上升的趋势。2008~2014年,G20首脑峰会大约做出1514项承诺,能源类(95项)位居第六,占历年来承诺总数的6.3%。⑤ 从机制措施来看,2009年以来G20已经陆续设立了化石燃料补贴(fossil fuel subsidies)、化石燃料价格波动(fossil fuel price volatility)、全球海洋环境保护(global marine environment protection)清洁能源和能效(clean energy and energy efficiency)等四个工作组。虽然中国与这些G20成员国都建立了良好的双边能源合作关系,像G20这样的多边合作机制为中国与重要能源大国能源对话与合作提供了统一、规范的全球性舞台。在2014年澳大利亚布里斯班领导人峰会发布的公报中,G20把加强能源合作作为工作重点并通过了《G20能源合作原则》,主张逐步取消化石燃料补贴,提高能源效率,稳定国际能源市场,支持应对气候变化的各种有效举措。G20不同于IEA,除了西方七国和俄罗斯外,还包括了中国、

---

① 从2009年起,美国皮尤慈善信托基金会发布G20清洁能源投资情况的报告《谁将在清洁能源竞争中胜出?》,2013年的情况请参阅:The Pew Charitable Trusts, *Who's Winning the Clean Energy Race*? April 2014. http://www. pewtrusts. org/~/media/Assets/2014/04/01/clenwhoswinningthecleanenergyrace2013pdf. pdf。

② BP, *BP Statistical Review of World Energy*, June 2015.

③ BP, *BP Statistical Review of World Energy*, June 2015.

④ Anton Malkin, *G20 Finance Conclusions on Energy*:1999-2009, Drawn from G20 finance communiqués, G20 Research Group, August 2009, http://www. g20. utoronto. ca/analysis/conclusions/energy. html.

⑤ *G20 Summit Commitments by Issue*:2008 to 2014, G20 Research GroupFebruary 8, 2015, http://www. g20. utoronto. ca/compliance/commitments. html.

印度等众多新兴市场国家，也包括沙特这样在石油输出国组织中具有巨大影响力的石油出口国。从国际能源构成来看，G20 为世界重要的石油出口国和石油进口国提供了对话与合作的平台。尤其需要指出的是，金砖国家游离于欧佩克和 IEA 这两大能源合作组织之外，这为加强内部能源合作和集体参与全球能源治理提供了必要性和可能性。在 G20 的框架下，金砖国家加强能源合作和共同参与全球能源治理，将为中国提高在全球能源治理中的话语权和对美能源博弈的实力提供难得的机遇与平台。[①] 在 G20 框架下加强全球能源治理，符合国际能源合作的趋势与要求，不仅能更好地发挥 G20 作为全球经济治理平台的作用，而且也是对 G20 全球治理机制的重要创新。[②] 鉴于中美能源安全对国际能源市场的依赖居高不下，中美应该在双边磋商的基础上，共同提出加强全球能源治理的倡议。中美已经同意将在 G20 框架下对化石能源补贴进行联合同行审议，这为推动全球能源治理提供了切实可行的具体路径。

5. 管控第三方因素对中美能源合作的牵制

总体来看，近年来中美关系的一个重要趋势是：深受第三方因素的掣肘或捆绑。[③] 从中美关系的内涵来看，中美早已超越了双边关系，而是扩展到地区和全球事务当中。就此而言，中美能源关系自然也拓展和延伸至地区和全球事务当中。他国因素对于中美能源合作进程影响主要体现在以下几个方面。第一，他国能源资源或能源战略通道成为中美能源竞争的对象，他国以此为筹码，在中美之间左右逢源，以此博取更多的战略利益。中美两国出于不同的战略目标，在他国投入大量的战略资源，力争在三角关系占据优势地位，由此中美在外交关系上发生摩擦和冲突。例如委内瑞拉为了实现能源出口多元化和能源利益最大化，同时与中美进行能源合作，由此引发美国对中国进入"美国后院"的忧虑。缅甸地处中国西南战略通道的关键区位，在中美之间巧妙周旋，采取平衡外交

[①] 详细论述可以参阅：赵庆寺《金砖国家能源合作的问题与路径》，《国际问题研究》2014 年第 5 期；赵庆寺《金砖国家与全球能源治理：角色、责任与路径》，《当代世界与社会主义》2014 年第 1 期。

[②] 范必、王军等：《建立全球大宗能源资源市场治理机制》，《宏观经济管理》2012 年第 4 期。

[③] 袁鹏：《关于构建中美新型大国关系的战略思考》，《现代国际关系》2012 年第 5 期。

政策，以此换取中美两国的最大支持。第二，他国在能源合作中邀请中美同时参与，中美两国携手应对，共同增加他国能源利益，或为地区能源安全提供更多的非竞争性和非排他性的公共产品，实现三方互利共赢。例如，响应索马里政府的呼吁和联合国的倡议，中美两国共同参加了打击索马里海盗的行动，保护了海上战略通道的安全。中美两国在他国的共同投资和联合并购，也以强强联合的方式加快了东道国能源资源的开发。第三，他国因领土和主权纠纷寻求美国支持，影响了中美战略互信，妨碍了中美在争议海域的能源勘探与开发。例如在东海大陆架的油气开发中，美方最终撤出了投资。此外，在南海地区，周边个别国家在与中国有争议的海域引入美国资本开发，这严重侵害了中国的主权，导致中国能源资源大量被侵占。

能源安全与地缘战略竞争紧密结合在一起，不能不受到地缘战略竞争的影响。从趋势上看，中美在地缘政治中的较量随着中国崛起而日益突出。从布局上看，中美在地缘政治中的较量已经从亚太扩展到了全球。从内容上看，中美在地缘政治竞争中也不乏共同利益。无论是在缓解地缘政治冲突中，还是在维护能源战略通道安全上，中美的能源安全合作可以为国际社会提供更多的公共产品。一旦地缘政治冲突影响国际油价，作为石油进口大国的中美两国都会付出惨重的经济代价。正如著名能源专家丹尼尔·耶金所论："中国和美国都应该用21世纪的视角而非20世纪的视角来看待能源问题，这一点非常重要。国际石油市场应当被看成一体化全球经济的一部分。特殊或个别的问题当然会出现，但是对石油的追求在本质上属于充满活力的商业竞争，而非虎视眈眈的地缘政治较量。如果两国能够这样看待问题，情况就会大为改观。"[1] 为此，中美需要改变观念，探寻能源地缘政治良性互动的路径，防止恶性地缘政治竞争伤及能源合作的潜力与趋势。因此，我们需要加强对中美能源地缘政治竞争与合作的区域分析，尤其是对中美在亚太、中东、中亚、非洲、拉美等地区的交锋与竞逐，寻找中美能源利益兼容和能源政策互动的路

---

[1] 〔美〕丹尼尔·耶金：《能源重塑世界》（上），朱玉犇、阎志敏译，石油工业出版社，2012，第4页。

径，重点关注中美在"一带一路"倡议下共同深化区域能源治理的可能。随着近年来美国战略重心东移，美国因素已然深度卷入亚太地区，中、美、邻之间的三边关系已成为构建亚太能源共同体时必须始终加以考虑的有机要素。特别是在中国与周边邻国的主权领土矛盾长期存在并有所恶化情况下，建立亚太能源共同体必须在推进中美关系时考虑日本、韩国因素，解决中菲、中越主权领土矛盾时也要考虑美国因素。随着中国在海外能源贸易投资范围的扩大，中美在中东、非洲、拉美等国的摩擦与冲突在所难免，必须充分尊重彼此的能源利益，寻求利益汇合点。在全球能源体系中，无论在中国是与俄罗斯、伊朗和委内瑞拉等美国制裁国家的合作中，还是在与沙特、伊拉克和加拿大等美国重要石油进口来源国的合作中，中国的能源国际战略必须慎重考虑各种利益的平衡。

在中美能源合作已经从贸易发展到金融，从双边扩展到多边，已经从地区延伸到全球。中美能源安全合作面临的风险无处不在，政治风险和商业风险的类型复杂多样。与商业风险相比，政治风险预警与化解的难度更大，因此也成为中美能源安全合作的重要障碍。从国际市场来看，中国在中东、非洲等地的能源投资常常受到美国的干涉和阻挠，甚至因为美国支持或发动的局部战争而损失惨重。为此，有必要建立能源安全的风险评估体系，对中国在全球能源投资目的地的投资环境展开深入的调查研究，谨慎评估可能面临的政治风险和商业风险，为中美能源安全合作的稳定发展提供借鉴与对策。

总之，构建中美新型大国关系的共同发展愿景，既是战略性课题，也是现实性挑战。目前中美交往的维度正在不断扩大，程度不断加深，两国的共同利益和相互联系远远大于差异和分歧。必须从战略高度和长远角度看待和处理中美关系，不为一时一事所遮蔽。在中美初步达成共识的前提下，规划构建新型合作关系的路线图具体路径就是构筑支撑新型大国关系的具体载体，从而实现中美新型大国关系概念的具体化和丰满化。[①] 新兴大

---

① 阮宗泽等：《中美新型大国关系：挑战与契机》，《中国国际问题研究院研究报告》2013年9月第1期，第54页。

国与守成大国之间的战略张力和战略效应，势必会影响中美关系的各个层面。目前中美两个大国的竞合态势在越来越多的领域、场合、渠道中增强，能源关系自然也不例外。就此而言，如果能够通过中美能源安全合作的层次性拓展和功能性溢出，就可以为战略守成国家与战略崛起国家的和平权力分享提供一些经验和借鉴。中美能源合作需要两国累计共识，增加信任，细心筹划，积极行动，从环境、动力、规则、机制等多个层面提供充分保障，才能保障实现中美能源安全的共赢性博弈。

正如丹尼尔·耶金所言，确保人类经济增长不断增加的能源需求是一项巨大挑战，"克服这些挑战，需要人类高效负责的能源使用方式，需要人类正确的判断，需要人类持续不断的能源投资，需要政治家的远见卓识，需要人类的相互合作，需要人类的长远思考，还需要人类认真思考环境治理如何与能源战略协同规划的问题"。[①] 作为两个世界舞台上举足轻重的国家，如果中美两国在能源领域携手合作，必将引领世界发展，促进世界秩序的稳定。

---

① 〔美〕丹尼尔·耶金：《能源重塑世界》（下），朱玉犇、阎志敏译，石油工业出版社，2012，第350页。

参考文献

一 中文部分

（一）中文著作

曹建华、邵帅：《国民经济安全研究：能源安全评价研究》，上海财经大学出版社，2011。

陈宝明：《气候外交》，立信会计出版社，2011。

陈元主编《加强对外合作，扩大我国能源、原材料来源战略研究》，中国财政经济出版社，2007。

陈岳、许勤华：《中国能源国际合作报告》，时事出版社，2010。

陈岳：《国际政治学概论》（第二版），中国人民大学出版社，2006。

陈之骅：《勃列日涅夫时期的苏联》，中国社会科学出版社，1998。

迟春洁：《中国能源安全监测与预警研究》，上海交通大学出版社，2011。

楚树龙：《冷战后中美关系的走向》，中国社会科学出版社，2001。

丛鹏主编《大国安全观比较》，时事出版社，2004。

崔宏伟：《欧盟能源安全战略研究》，知识产权出版社，2010。

崔民选主编《2006中国能源发展报告》，社会科学文献出版社，2006。

崔守军：《能源大冲突：能源失序下的大国权力变迁》，石油工业出版社，2013。

崔守军：《能源大外交：中国崛起的战略支轴》，石油工业出版社，2012。

刁秀华：《俄罗斯与东北亚地区的能源合作》，北京师范大学出版社，2011。

丁一凡：《美国批判——自由帝国的悖论》，北京大学出版社，2005。

董崇山：《困局与突破——人类总危机及其出路》，中国经济出版社，2006。

范必、徐以升、张萌、李东超：《世界能源新格局：美国"能源独立"的冲击以及中国应对》，中国经济出版社，2014。

高金钿主编《国家安全论》，中国友谊出版公司，2002。

高宁：《国际原子能机构与核能利用的国际法律控制》，中国政法大学出版社，2009。

高祖贵：《美国与伊斯兰世界》，时事出版社，2005。

管清友：《石油的逻辑：国际油价波动机制与中国能源安全》，清华大学出版社，2010。

韩学功、修纪元：《国际石油合作》，石油工业出版社，1995。

何维达、吴玉萍等：《国家能源产业安全的评价与对策研究》，经济管理出版社，2010。

洪兵：《国家利益论》，军事科学出版社，1999。

黄进主编《中国能源安全问题研究：法律与政策分析》，武汉大学出版社，2008。

黄运成、马卫锋、李畅编著《中国石油金融战略体系构建及风险管理》，经济科学出版社，2007。

江红：《为石油而战：美国石油霸权的历史透视》，东方出版社，2002。

雷家骕主编《国家经济安全理论与方法》，经济科学出版社，2000。

李若晶：《失衡的依赖：美国对中东石油外交的国际政治经济学解读（1945~1975）》，中国社会科学出版社，2012。

李少军：《国际政治学概论》，上海人民出版社，2002。

李晓辉：《保障我国能源安全的经济法律制度研究》，厦门大学出版社，2011。

梁咏：《双边投资条约与中国能源投资安全》，复旦大学出版社，2012。

林珏：《能源价格变动与经济安全》，上海财经大学出版社，2009。

刘劲松、李孟刚：《资源"走出去"与中国石油产业安全研究》，经济科学出版社，2011。

刘铁男：《中国能源发展报告2011》，经济科学出版社，2011。

刘跃进：《国家安全学》，中国政法大学出版社，2004。

陆忠伟主编《非传统安全论》，时事出版社，2003。
梅孜编《美国总统国情咨文选编》，时事出版社，1994。
梅孜编译《美国国家安全战略报告汇编》，时事出版社，1996。
门洪华：《霸权之翼：美国国际制度战略》，北京大学出版社，2005。
倪健民、郭云涛：《能源安全》，浙江大学出版社，2009。
戚文海：《中俄能源合作战略与对策》，社会科学文献出版社，2006。
钱今昔、张绍飞、汤建中：《战后世界石油》，天津人民出版社，1981。
钱兴坤、姜学峰主编《2014年国内外油气行业发展报告》，石油工业出版社，2015。
钱学文等：《中东、里海油气与中国能源安全战略》，时事出版社，2007。
潜旭明：《美国的国际能源战略研究》，复旦大学出版社，2013。
佘际从：《经济全球化与国家油气安全战略》，地质出版社，2003。
史丹：《中国能源安全的国际环境》，社会科学文献出版社，2012。
史丹等：《中国能源供应体系研究》，经济管理出版社，2011。
舒先林：《美国中东石油战略研究》，石油工业出版社，2010。
宋秀琚：《国际合作理论：批判与建构》，世界知识出版社，2006。
苏长和：《全球公共问题与国际合作：一种制度的分析》，上海人民出版社，2000。
隋平：《海外能源投资法律与实践》，法律出版社，2011。
孙溯源：《国际石油公司研究》，上海人民出版社，2010。
孙霞：《权力与规范：东北亚能源安全合作》，世界知识出版社，2010。
王波：《美国石油政策研究》，世界知识出版社，2008。
王桂兰：《能源战略与和平崛起》，科学出版社，2011。
王海运、许勤华：《能源外交概论》，社会科学文献出版社，2012。
王怀宁等编《世界经济统计简编》，生活·读书·新知三联书店，1974。
王家枢、张新安、张小枫：《矿产资源与国家安全》，地质出版社，2000。
王家枢：《石油与国家安全》，地质出版社，2001。
王立东：《海上利益论》，国防大学出版社，2007。
王能全：《石油与当代国际经济政治》，时事出版社，1993。
王绍光、胡鞍钢：《中国国家能力报告》，辽宁人民出版社，1993。

王绳祖：《国际关系史》第5卷，世界知识出版社，1995。

王伟光、郑国光：《气候变化绿皮书：应对气候变化报告》，社会科学文献出版社，2011。

王逸舟主编《全球化时代的国际安全》，上海人民出版社，1999。

吴磊：《能源安全与中美关系》，中国社会科学出版社，2009。

吴磊：《中国石油安全》，中国社会科学出版社，2003。

伍福佐：《亚洲能源消费国间的能源竞争与合作》，上海人民出版社，2010。

夏义善主编《中国国际能源发展战略研究》，世界知识出版社，2009。

项立岭：《中美关系史全编》，华东师范大学出版社，2002。

肖炼：《中美能源合作前景及对策》，世界知识出版社，2008。

肖乾刚、肖国兴：《能源法》，法律出版社，1996。

肖兴利：《国际能源署能源安全法律制度研究》，中国政法大学出版社，2009。

萧建国：《国际海洋边界石油的共同开发》，海洋出版社，2006。

谢识予：《经济博弈论》，复旦大学出版社，1997。

徐洪峰、李林河：《美国的中亚能源外交（2001~2008）》，知识产权出版社，2010。

徐泉：《国家经济主权论》，人民出版社，2006。

徐小杰：《新时期的油气地缘政治》，中国社会科学出版社，1998。

薛力等：《中国的能源外交与国际能源合作（1949~2009）》，中国社会科学出版社，2011。

闫林：《后半桶石油——全球经济战略重组》，化学工业出版社，2007。

阎学通：《中国国家利益分析》，天津人民出版社，1997。

阎学通等：《中国崛起：国际环境评估》，天津人民出版社，1998。

阎政：《美国核法律与国家能源政策》，北京大学出版社，2006。

阎政的《美国核法律与国家能源政策》，北京大学出版社，2010。

杨洁勉：《国际体系转型和多边国际组织发展》，时事出版社，2007。

杨洁勉等：《大磨合》，天津人民出版社，2007。

杨言洪：《海湾油气与我国能源安全》，对外经济贸易大学出版社，2010。

杨毅：《中国国家安全战略构想》，时事出版社，2009。

杨毅：《国家安全战略理论》，时事出版社，2008。

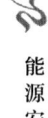

杨泽伟：《中国海上能源通道安全的法律保障》，武汉大学出版社，2011。

杨泽伟：《中国能源安全法律保障研究》，中国政法大学出版社，2009。

姚海鑫：《经济政策的博弈论分析》，经济管理出版社，2001。

叶荣泗、吴钟瑚主编《中国能源法律体系研究》，中国电力出版社，2006。

余建华等：《世界能源政治与中国国际能源合作》，长春出版社，2011。

余潇枫、潘一禾、王江丽：《非传统安全概论》，浙江人民出版社，2006。

余潇枫：《非传统安全与公共危机治理》，浙江大学出版社，2007。

张海滨：《气候变化与中国国家安全》，时事出版社，2010。

张利军：《中美关于应对气候变化的协商与合作》，世界知识出版社，2008。

张生玲：《能源资源开发利用与中国能源安全研究》，经济科学出版社，2011。

张维迎：《博弈论与现代经济学》，上海三联书店·上海人民出版社，1996。

张文木：《中国新世纪安全战略》，山东人民出版社，2000。

张旭东：《全球化时代的文化认同：西方普遍主义话语的历史批判》，北京大学出版社，2005。

张宇燕、李增刚：《国际经济政治学》，上海人民出版社，2008。

赵剑：《世界能源战略与能源外交·中国卷》，知识产权出版社，2011。

赵庆寺：《美国能源法律政策与能源安全》，北京大学出版社，2012。

赵庆寺：《美国石油安全体系与外交（1941~1981）》，上海人民出版社，2009。

赵庆寺：《国际合作与中国能源外交》，法律出版社，2012。

赵汀阳：《天下体系：世界制度哲学导论》，江苏教育出版社，2005。

郑羽、庞昌伟：《俄罗斯能源外交与中俄油气合作》，世界知识出版社，2003。

中国社会科学院能源战略研究所：《中国能源可持续发展战略专题研究》，科学出版社，2006年。

中国现代国际关系研究院海上通道安全课题组：《海上通道安全与国际合作》，时事出版社，2005。

中国现代国际关系研究院经济安全研究中心：《国家经济安全》，时事出版社，2005。

中国现代国际关系研究院经济安全研究中心：《全球能源大棋局》，时事出版社，2005。

周琪：《国会与美国外交政策》，上海社会科学院出版社，2006。

周琪等：《美国能源政策与美国对外战略》，中国社会科学出版社，2012。

周云亨：《中国能源安全中的美国因素》，上海人民出版社，2012。

邹艳芬：《中国能源安全测度》，江西人民出版社，2009。

查道炯：《中国石油安全的政治经济学分析》，当代世界出版社，2005。

（二）中文论文

蔡娟：《中国能源外交与地缘政治》，《社会主义研究》2006年第4期。

蔡娟：《中美石油战略的博弈与合作》，《世界经济与政治论坛》2006年第4期。

蔡鹏鸿：《中美海上冲突与互信机制建设》，《外交评论》2010年第2期。

曹霞：《气候变化法律规制的困境与思考》，《法学评论》2014年第2期。

曾中林、舒先林：《中美石油安全互动与对外战略比较》，《西安石油大学学报》2007年第2期。

查道炯：《中美能源合作：挑战与机遇并存》，《国际石油经济》2005年第11期。

常城、李慧：《中国石油企业跨国经营的政治风险及规避策略》，《中国石油大学学报》2008年第2期。

常泽鲲：《世界石油地缘新图景下的石油安全问题》，《国际问题研究》2004年第2期。

陈爱蓓：《中美新能源贸易摩擦问题评析》，《扬州大学学报》2013年第3期。

陈东晓：《复杂性与中美关系结构的新变化》，《美国研究》2006年第2期。

陈凤英：《新兴经济体：21世纪世界经济领头羊》，《外交评论》2011年第3期。

陈洪涛等：《石油金融理论研究评述》，《经济学动态》2008年第7期。

陈静：《2050年中国能源和碳排放报告解读》，《中国石油和化工》2009年第11期。

陈柳钦:《着力构建安全、稳定、经济、清洁的现代能源产业体系》,《科学发展》2011年第8期。

陈柳钦:《新形势下中国石油金融战略研究》,《武汉金融》2011年第6期。

陈素权:《二十国集团在全球金融与经济治理中的角色分析》,《世界经济与政治论坛》2009年第4期。

陈玉霞、陈光春:《中国与东盟能源贸易中的利益博弈》,《价格月刊》2009年7月。

崔守军:《中国能源国际合作模式的选择》,《现代国际关系》2010年第11期。

戴超武:《国家利益概念的变化及其对国家安全和外交决策的影响》,《世界经济与政治》2000年第12期。

丁志刚:《论国家权力与市场力量在国际关系中的作用》,《世界经济与政治》1998年第2期。

董建平:《美国重返亚太对我国海上通道安全的影响》,《黑河学刊》2013年第5期。

樊瑛、张炜:《中国在能源国际合作中的战略定位及策略选择》,《国际经济合作》2008年第7期。

范必、王军、曾少军等:《构建大宗能源资源全球治理机制》,《财经》2012年第9期。

范必、王军等:《建立全球大宗能源资源市场治理机制》,《宏观经济管理》2012年第4期。

袁鹏:《关于构建中美新型大国关系的战略思考》,《现代国际关系》2012年第5期。

冯梁、张春:《中国海上通道安全及其面临的挑战》,《国际问题论坛》2007年秋季号。

付俊文、范从来:《构建能源产业金融支持体系的战略思考》,《软科学》2007年第2期。

高琪:《正确解读中美新型大国关系》,《当代世界》2014年第4期。

高翔、牛晨:《美国气候变化立法进展及启示》,《美国研究》2010年第3期。

耿晔强、马志敏:《基于博弈视角下的中国与上海合作组织成员国能源合作分析》,《世界经济研究》2011年第5期。

龚婷:《美国"油气革命"》,《世界知识》2014年第16期。

龚向前:《世界能源体系演进下市场化与供应安全的法律协调》,《理论月刊》2010年第5期。

顾小存:《低碳经济视角下的东北亚区域合作》,《国际论坛》2011年第5期。

管清友、何帆:《中国的能源安全与国际能源合作》,《世界经济与政治》2007年第11期。

郭震远:《中美关系:从战略冲突到战略磨合》,《中国评论》2010年7月号。

海松:《中美应对气候变化的合作面临历史新机遇》,《国际石油经济》2009年第7期。

韩立华:《保障东北亚地区能源安全必须走多边合作之路》,《俄罗斯中亚东欧市场》2005年第6期。

韩立华:《东北亚地区能源竞争态势与合作前景研究》,《经济研究参考》2005年第51期。

寒放:《美国宣布要控制十六个航道咽喉》,《世界知识》1986年第6期。

何忠义:《"非传统安全与中国"学术研讨会综述》,《世界经济与政治》2004年第3期。

贺文萍:《中美在非洲的利益竞争、交汇与合作》,《亚非纵横》2007年第3期。

侯红育:《建立东北亚安全机制的必要性与可行性》,《当代世界》2006年4期。

胡宗山:《博弈论与国际关系研究:历程、成就与限度》,《世界经济与政治》2006年第6期。

黄宝玖:《国家能力:涵义、特征与结构分析》,《政治学研究》2004年第4期。

黄凤志、吕平:《中国东北亚地缘政治安全探析》,《现代国际关系》2011年第6期。

黄莉娜：《中国与东盟能源安全合作的障碍与前景》，《北方法学》2011年第4期。

惠小锁等：《2012年全球海盗分布特点及应对措施》，《世界海运》2013年第5期。

江冰：《新形势下保障我国能源安全的战略选择》，《中国科学院院刊》2010年第2期。

姜宅九：《中国地区多边安全合作的动因》，《国际政治科学》2006年第1期。

课题组：《中美能源对话与合作研究》，《经济研究参考》2008年第55期。

孔祥永：《奥巴马政府能源政策调整的成效与影响》，《现代国际关系》2013年第1期。

李超、王红秋：《美国页岩气开发对化工市场的影响》，《中外能源》2015年第2期。

李晨阳：《中国与东盟的能源合作》，《世界知识》2006年第8期。

李道军、胡颖：《中国新疆参与中亚区域经济合作的机制比较与启示》，《新疆社会科学》2011年第3期。

李繁杰：《中美海上矛盾与合作前景》，《国际问题研究》2013年第6期。

李国强：《南海油气资源勘探开发的政策调适》，《国际问题研究》2014年第6期。

李洁：《应对气候变化的中国步调》，《瞭望新闻周刊》2009年第25期。

李金明：《马六甲海峡与南海航道安全》，《南洋问题研究》2006年第3期。

李黎明：《论中国和东盟的能源贸易与合作》，《时代经贸》2008年第8期。

李林河：《非传统安全视角下的中美关系：以石油问题为例的分析》，《学术探索》2005年第12期。

李涛、刘稚：《浅析中国与东盟的能源合作》，《东南亚研究》2006年第3期。

李小华：《"权力转移"与国际体系的稳定：兼析"中国威胁论"》，《世界经济与政治》1999年第5期。

李小军：《论海权对中国石油安全的影响》，《国际论坛》2004年第4期。

李新：《上海合作组织经济合作十年：成就、挑战与前景》，《现代国际关系》2011年第9期。

李延波：《国际能源外交中的过境运输问题》，《北京电力高等专科学校学报》2012年第5期。

李艳君：《中国—东盟石油和化工贸易发展迎来新机遇》，《中国石油和化工经济分析》2010年第2期。

李艳丽：《NAFTA中的能源条款与美国石油安全》，《特区经济》2008年第1期。

李志斐：《非传统安全治理与新型大国关系构建》，《教学与研究》2014年第6期。

李志忠等：《我国海洋油气开发与未来潜力分析》，《中国能源》2015年第4期。

梁忠：《中美能源利益比较与竞争态势分析》，《兰州学刊》2008年第2期。

林安薇：《能源安全观助解我国"能源法"之结》，《环境科学与管理》2006年第8期。

林跃勤：《对扩大上海合作组织框架内能源合作的若干思考》，《俄罗斯中亚东欧市场》2006年第11期。

令计划：《统筹国内国际两个大局》，《党建研究》2007年第11期。

刘明：《评析西方涉华"六论"》，《国际问题研究》2009年第3期。

刘明：《博弈蕴涵合作：如何运用博弈论解析中美关系》，载《全球化背景下的世界与中国——2007年国际形势研讨会论文集》，世界知识出版社，2008。

刘佩成：《国际油价暴涨的原因、走势及战略对策》，《当代石油石化》2004年第11期。

刘卿：《论利益集团对美国气候政策制定的影响》，《国际问题研究》2010年第3期。

刘新华、秦仪：《略论21世纪的石油地缘政治学》，《当代亚太》2003年第7期。

刘永涛：《理解含义：理论、话语和国际关系》，《外交评论：外交学院学报》2007年第2期。

刘跃进：《中国官方非传统安全观的历史演进与逻辑构成》，《国际安全研究》2014 年第 2 期。

刘中民：《巴基斯坦恐怖组织与中东的联系及其对"动荡弧"地带的影响》，《阿拉伯世界研究》2009 第 3 期。

卢新华：《试论中国与东盟的能源合作》，《改革与战略》2007 年第 12 期。

陆如泉等：《中东北非大格局与中国石油企业的应对》，《国际石油经济》2011 年第 10 期。

陆如泉等：《中东北非主要油气资源国形势走向》，《国际石油经济》2013 年第 10 期。

罗国强：《"共同开发"政策在海洋争端解决中的实际效果：分析与展望》，《法学杂志》2011 年第 4 期。

罗立昱：《西方关于中国对非洲石油战略观点评析》，《当代中国史研究》2013 年第 1 期。

罗威：《俄罗斯的能源政策及其对东北亚能源安全的影响》，《经济导刊》2011 年第 12 期。

骆莉、袁术林：《中国国家安全中的南海问题初探》，《暨南学报》2005 年第 1 期。

吕有志、查君红：《G7/G8 角色转型与全球治理》，《现代国际关系》2001 年第 12 期。

吕有志、查君红：《冷战后七国集团的演变及其影响》，《欧洲》2002 年第 6 期。

马登科：《国际石油价格动荡的原因探析》，《金融教学与研究》2010 年第 3 期。

马平：《国家利益与军事安全》，《中国军事科学》2005 年第 6 期。

马卫锋等：《构建石油金融体系：中国石油安全的战略选择》，《资源科学》2005 年第 6 期。

马小军、惠春琳：《美国全球能源战略控制态势评估》，《现代国际关系》2006 年第 1 期。

梅新育：《中国企业跨国经营政治风险发展的趋势》，《国际贸易》2004 年第 10 期。

门洪华：《国际机制与中国的战略选择》，《中国社会科学》2001年第2期。

孟国碧：《经济全球化时代经济主权原则的发展趋势》，《云南大学学报》2003年第2期。

潘光：《改革开放30年来的中国能源外交》，《国际问题研究》2008年第6期。

潘光：《中国的能源外交》，《外交评论》2008年第1期。

潘锐、周云亨：《从石油安全视角考察中美石油竞争关系》，《世界经济研究》2010年第1期。

彭萍萍：《和谐世界：构建和谐社会的外部保障》，《齐鲁学刊》2007年第2期。

彭支伟、张伯伟：《TPP和亚太自由贸易区的经济效应及中国的对策》，《国际贸易问题》2013年第4期。

秦亚青：《国际制度与国际合作：反思新自由制度主义》，《外交评论：外交学院学报》1998年第1期。

秦亚青：《多边主义研究：理论与方法》，《世界经济与政治》2001年第10期。

秦亚青：《国际制度与国际合作：反思新自由制度主义》，《外交评论：外交学院学报》1998年第1期。

邱询立：《东北亚区域能源安全与合作》，《贵州财经学院学报》2009年第4期。

任洪涛：《美国政府在清洁能源领域的国际合作》，《全球科技经济瞭望》2012年第4期。

阮宗泽等：《中美新型大国关系：挑战与契机》，《中国国际问题研究院研究报告》2013年9月第1期。

佘升翔、马超群等：《能源金融的发展及其对我国的启示》，《国际石油经济》2007第8期。

沈海涛、李永强：《东北亚地区岛屿主权争端的发展趋势》，《内蒙古大学学报》2012年第2期。

盛洪：《从民族主义到天下主义》，《战略与管理》1996年第1期。

石泽、杨晨曦：《推进"一带一路"能源资源合作的外交运筹》，《中国国际问题研究院研究报告》2014年第7期。

史泽华：《两面性：美国对华政策的长期战略》，《红旗文稿》2010年第7期。

舒先林：《美国军事介入中东石油战略利益之透析》，《阿拉伯世界研究》2007年第5期。

舒先林：《美国的中东石油战略与中国能源安全》，《西亚非洲》2010年第2期。

舒先林：《中美石油安全态势与环境比较分析》，《国际石油经济》2010年第10期。

宋魁：《俄罗斯能源战略的亚太取向》，《中国市场》2010年第50期。

孙德刚：《中国在中东开展斡旋外交的动因分析》，《国际展望》2012年第6期。

孙洪波：《拉美油气投资环境：政策、市场及风险》，《国际石油经济》2014年第1～2期。

孙晋忠：《反恐合作与中美关系》，《国际问题研究》2005年第2期。

孙溯源：《中东北非变局与西方石油安全的悖论》，《外交评论》2011年第2期。

孙霞：《关于能源安全合作的理论探索》，《社会科学》2008年第5期。

谭民：《加强中国与东盟能源安全合作的国际法思考》，《南洋问题研究》2012年第1期。

唐旗：《WTO体制与能源贸易问题》，《法学评论》2008年第4期。

田春生：《俄罗斯东北亚地区能源战略与中国的选择》，《太平洋学报》2005年第6期。

田鸿雁、宋学文：《中国—东盟自贸区建设的成就、挑战与对策探析》，《改革与战略》2012年第1期。

童生、成金华：《我国资源型企业跨国经营的政治风险及其规避》，《国际贸易问题》2006年第1期。

王春修、贾怀存：《东北亚地区油气资源与勘探开发前景》，《国际石油经济》2011年11期。

王帆：《美国的东亚战略与对华战略》，《外交评论》2010年第6期。

王帆:《中美竞争性相互依存关系探析》,《世界经济与政治》2008 年第 3 期。

王丰等:《石油储备与国家军事安全》,《物流科技》2002 年第 5 期。

王海滨、李彬:《中国对能源安全手段的选择与新安全观》,《当代亚太》2007 年第 5 期。

王海滨:《美国因素对中国石油安全的影响》,《石油大学学报》2004 年第 3 期。

王海燕:《上海合作组织成员国能源合作:趋势与问题》,《俄罗斯研究》2010 年第 3 期。

王鸿刚:《石油代言权力和道义 中国能源战略将受更多关注》,《中国石油石化》2006 年第 16 期。

王金强:《"他者"的崛起与后美国时代下的权力转移》,《美国研究》2010 年第 1 期。

王金强:《TPP 对 RCEP:亚太地区合作背后的政治博弈》,《亚太经济》2013 年第 3 期。

王磊、陈柳钦:《中美贸易博弈新聚点:新能源贸易领域的合作与摩擦》,《水电与新能源》2012 年第 4 期。

王联合:《竞争与合作:中美关系中的能源因素》,《复旦学报》2010 年第 2 期。

王联合:《中国与国际能源署:一项规范研究》,《国际观察》2009 年第 4 期。

王联合:《中美应对气候变化合作:共识、影响与问题》,《国际问题研究》2015 年第 1 期。

王瑞彬:《美国气候与能源政策的转向及其影响》,《国际石油经济》2017 年第 4 期。

王雪:《中国—东盟矿产资源合作的理论与现实》,《前沿》2012 年第 2 期。

王一鸣、田野:《中美战略对话的制度分析》,《国际政治科学》2009 年第 3 期。

王逸舟:《国家利益再思考》,《中国社会科学》2002 年第 2 期。

王逸舟:《中国外交三十年:对进步与不足的若干思考》,《外交评论:外交学院学报》2007年第5期。

王勇、赵振智:《我国石油价格安全预警机制的构建及其实施对策》,《价格理论与实践》2009年第1期。

王震、李春:《中东原油定价机制与亚洲原油溢价研究》,《价格月刊》2008年第7期。

韦艾德:《奥巴马的改革政治》,《南开学报》2011年第1期。

吴磊:《反恐战略、"倒萨"战争与美国的石油争夺》,《当代世界经济与政治》2003年第5期。

吴磊:《能源安全体系建构的理论与实践》,《阿拉伯世界研究》2009年第1期。

吴磊:《世界石油新版图与中东石油》,《西亚非洲》2012年第6期。

吴强:《苏丹危机挑战中国海外石油利益》,《南风窗》2004年9月。

伍福佐:《试析西方学界对中国能源安全影响的争论》,《国际论坛》2006年第5期。

伍福佐:《重商主义还是自由主义:试析西方学界对中国能源外交的争论》,《国际论坛》2009年第2期。

伍贻康、张海冰:《论主权的让渡》,《欧洲研究》2003年第6期。

夏立平:《美国国际能源战略与中美能源合作》,《当代亚太》2005年第1期。

夏先良:《碳关税、低碳经济和中美贸易再平衡》,《国际贸易》2009年第11期。

谢建国等:《利益集团与美国能源政策:基于美国ACES法案投票分析》,《世界经济与政治》2016年第9期。

谢文捷、于友伟:《国际能源贸易的形成和发展研究》,《国际商务——对外经济贸易大学学报》2005年第3期。

宿景祥:《资源战争:现时代的特征?》,《世界知识》2005年第21期。

徐斌:《国际能源机制的理论与中国经验:一个合同执行的分析框架》,《世界经济与政治论坛》2009年第1期。

徐海燕、鲍建军:《后金融危机时期油价走势与东北亚能源战略合作》,

《复旦学报》2011年第3期。

徐海燕：《东北亚能源安全：应对与合作——面对国际原油价格暴涨的思考》，《亚洲研究集刊》2007年第3辑。

徐海燕：《国际原油价格暴涨与原油价格体系演变》，《世界经济文汇》2008年第4期。

徐康宁、韩会朝：《美国政党分野、州际差异如何影响美国对华贸易政策？》，《国际经济评论》2014年第6期。

徐旻：《中国石油：从"走出去"到"走上去"》，《中国经贸》2011年第3期。

徐小杰：《有效使用外汇储备开展境外能源项目投资的建议》，《国际产业观察》2009年第4期。

徐莹：《中国参与能源国际组织的现状及前景》，《现代国际关系》2010年第12期。

许刚雁：《东北亚区域经济一体化的发展困境》，《经济导刊》2011年第1期。

许勤华、王红军：《亚太经合组织多边能源合作与中国》，《现代国际关系》2009年第12期。

许勤华：《中国能源外交战略分析与思考》，《教学与研究》2008年第12期。

亚洲协会美中关系中心、皮尤全球气候变化中心：《中美能源与气候变化合作路线图》2009年1月。

杨鸿玺：《能源主权、能源安全与中国发展》，《昆明社科研究》2008年8月。

杨洁勉：《改革开放30年中国外交的成就、经验与理论思考》，《国际问题论坛》2008年冬季号。

杨洁勉：《重要战略机遇期与中国外交的历史任务》，《毛泽东邓小平理论研究》，2003年第4期。

杨洁勉：《新型大国关系：理论、战略和政策建构》，《国际问题研究》2013年第3期。

杨楠：《反恐主义会成为美国全球战略的新工具吗？》，《当代世界》2002年第5期。

杨强：《美国气候政治中的权力分立与制衡》，《国际论坛》2016年第

2 期。

杨长湧：《新能源：已经到来的冲突》，《能源评论》2012 年第 6 期。

杨振发：《能源国际合作中的国家能源主权原则研究》，《红河学院学报》2010 年第 5 期。

叶渠茂、蒋红军：《中海油并购优尼科的政治经济学分析》，《理论月刊》2006 年第 8 期。

叶玉：《全球能源治理：结构、挑战及走向》，《国际石油经济》2011 年第 11 期。

于峰、孙洪波：《中国对拉美和非洲贸易政策的效果评估》，《对外经贸实务》2010 年第 2 期。

于宏源：《冷静看待中美新能源合作》，《能源》2011 年第 2 期。

于宏源：《全球能源治理的功利主义和全球主义》，《国际安全研究》2013 年第 5 期。

于民：《七家国际大石油公司使用金融衍生工具的研究》，《石油化工技术经济》2006 年第 1 期。

余敏友、唐旗：《论 WTO 构建能源贸易规则及其对我国能源安全的影响》，《世界贸易组织动态与研究》2010 年第 3 期。

余潇枫：《从危态对抗到优态共存——广义安全观与非传统安全战略的价值定位》，《世界经济与政治》2004 年第 2 期。

俞正梁、阙天舒：《体系转型和中国的战略空间》，《世界经济与政治》2006 年第 10 期。

俞正樑：《再论中国新外交》，《毛泽东邓小平理论研究》2005 年第 6 期。

元简：《美国的新能源政策：渐进模式及其影响》，《国际问题研究》2014 年第 6 期。

袁鹏：《寻求"双重稳定"——中美关系与东北亚局势紧张的相关性及破解之道》，《中国战略观察》2011 年第 2～3 期合刊。

袁征：《"重返亚洲"——巴马政府东亚政策评析》，《当代世界》2010 年第 1 期。

岳树梅：《中国参与国际能源合作的法律机制创新研究》，《河北法学》2009 年第 4 期。

张抗：《美国能源独立和页岩油气革命的深刻影响》，《中外能源》2012年第12期。

张彬、左晖：《美国石油多元化政策与中美石油关系》，《世界经济研究》2007年第8期。

张昌泰：《21世纪世界军事安全形势走向》，《瞭望》2000年第1期。

张传明：《当代跨国公司经营中的政治风险问题》，《世界经济与政治》1999年第5期。

张春：《试析中美在非洲的竞合关系》，《教学与研究》2012年第6期。

张华新、刘海莺：《能源市场化与能源安全》，《中国矿业》2008年第3期。

张洁：《中国能源安全中的马六甲因素》，《国际政治研究》2005年第3期。

张锦芳：《韩国加入石油争夺战：钻机伸向黄海大陆架》，《海事大观》2004年第9期。

张巨岩：《美国智库聚焦中国石油问题》，《华盛顿观察》2004年第13期。

张抗：《中亚地缘油气特点和中国的中亚发展战略》，《俄罗斯中亚东欧市场》2008年第10期。

张立凡、李东：《石油企业核心竞争力与石油安全关系辨析》，《企业经济》2006年第10期。

张茉楠：《美国"能源独立"战略影响全球大格局》，《宏观经济管理》2012年第6期。

张天悦、林晓言：《中国—东盟铁路通道建设的思考》，《铁路运输与经济》2011年第10期。

张文木：《美国的石油地缘战略与中国西藏新疆地区安全》，《战略与管理》1998年第2期。

张文木：《中国能源安全的战略选择》，《世界经济与政治》2003年第5期。

张映红：《页岩油气对全球油气竞争格局的影响》，《战略与管理》2014年第2期。

张宇燕、管清友：《世界能源格局与中国的能源安全》，《世界经济》2007年第9期。

张玉国：《上海合作组织能源俱乐部建设：问题与前景》，《俄罗斯研究》

2007年第3期。

张志洲:《在崛起背景下构建中国自己的外交哲学》,《国际论坛》2007年第1期。

章百家:《改变自己,影响世界——20世纪中国外交基本线索刍议》,《中国社会科学》2002年第1期。

赵行姝:《气候变化与美国国家安全:美国官方的认知及其影响》,《国际安全研究》2015年第5期。

赵宏图:《国际能源组织与多边能源外交》,《国际石油经济》2008年第10期。

赵宏图:《透视能源外交——兼谈对中国能源外交的思考》,《国际石油经济》2007年第10期。

赵宏图:《"马六甲困局"与中国能源安全再思考》2007年第6期。

赵宏图:《关于中美能源合作的几点思考》,《现代国际关系》2006年第1期。

赵可金:《统筹外交——对提升中国外交能力的一项研究》,《国际政治研究》2011年第3期。

赵青海:《"印太"概念及其对中国的含义》,《现代国际关系》2013年第7期。

赵庆寺:《"红线协定"与中东石油政治格局的变迁》,《阿拉伯世界研究》2007年第4期。

赵庆寺:《国际能源外交的经验与启示》,《阿拉伯世界研究》2010第3期。

赵庆寺:《金砖国家能源合作的问题与路径》,《国际问题研究》2014年第5期。

赵庆寺:《金砖国家与全球能源治理:角色、责任与路径》,《当代世界与社会主义》2014年第1期。

赵庆寺:《美国能源信息署情报制度及其启示》,《情报理论与实践》2012年第10期。

赵庆寺:《石油企业跨国经营政治风险与法律防范》,《新疆大学学报》2008年第3期。

赵庆寺:《试论美国对外石油政策的形成(1941~1954)》,《史林》2010

年第 12 期。

赵庆寺：《试论中国能源国际战略的改革与调整》，《新疆社会科学》2011 年第 5 期。

赵庆寺：《试论中美在亚太地区的能源安全博弈》，《国际观察》2015 年第 6 期。

甄炳禧：《美国经济新增长点与中国的应对》，《国际问题研究》2014 年第 4 期。

中国现代国际关系研究院美国研究所现代院美国所：《美国国情九问》，《领导者》2015 年第 2 期。

钟龙彪等：《从单层博弈到双层博弈：中国外交决策模式的变迁》，《世界经济与政治》2007 年第 7 期。

仲光友等：《大陆架划界标准及对解决东海划界争端的启示》，《中国海洋大学学报》2007 年第 5 期。

周士新：《中国对中东变局的建设性介入》，《阿拉伯世界研究》2013 年第 2 期。

朱成章：《解决美国能源危机的两党战略》，《节能》2006 年第 8 期。

朱凤岚：《中日东海争端及其解决的前景》，《当代亚太》2005 年第 7 期。

朱立群：《观念转变、领导能力与中国外交的变化》，《国际政治研究》2007 年 1 期。

朱训：《实行全球能源战略建立全球供应体系》，《国际石油经济》2003 年第 4 期。

庄贵阳：《中国发展低碳经济的困难与障碍分析》，《江西社会科学》2009 年第 7 期。

（三）中文译著

〔美〕阿尔弗雷德·塞耶·马汉：《海权论》，萧伟中、梅然译，中国言实出版社，1997。

〔俄〕阿·赫·沙瓦耶夫：《国家安全新论》，魏世举等译，军事谊文出版社，2002。

〔美〕丹尼尔·耶金：《能源重塑世界》（上、下），朱玉犇、阎志敏译，石油工业出版社，2012。

〔俄〕尼·雷日科：《大动荡十年》，王攀译，中央编译出版社，1998。

〔俄〕斯·日兹宁：《国际能源政治与外交》，强晓云译，华东师范大学出版社，2005。

〔俄〕斯·日兹宁：《俄罗斯能源外交》，王海运、石泽译，人民出版社，2006。

〔法〕菲利普·赛比耶—洛佩兹：《石油地缘政治》，潘革平译，社会科学文献出版社，2008。

〔美〕查尔斯·E. 齐格勒：《中国外交政策中的能源因素》，《国外理论动态》2006年第10期。

〔美〕查尔斯·金德尔伯格：《世界经霸权：1500～1900》，高祖贵译，商务印书馆2003。

〔美〕约翰·米尔斯海默：《大国政治的悲剧》，唐小松、王义桅译，上海人民出版社，2003。

〔美〕保罗·罗伯茨：《石油的终结：濒临危险的新世界》，吴文忠译，中信出版社，2005。

〔美〕彼得·施魏策尔：《里根政府是怎样搞垮苏联的》，殷雄译，新华出版社，2001。

〔美〕弗雷德·克鲁普、米利亚姆·霍恩：《决战新能源：一场影响国家兴衰的产业革命》，陈茂云、朱红路、王轶春等译，东方出版社，2010年。

〔美〕冯·诺伊曼、摩根斯坦：《博弈论与经济行为》，王文玉、王宇译，生活·读书·新知三联书店，2004。

〔美〕哈维·奥康诺：《石油帝国》，郭外合译，世界知识出版社，1958。

〔美〕霍华德·格尔勒：《能源革命——通向可持续未来的政策》，刘显法等译，中国环境科学出版社，2006。

〔美〕汉斯·摩根索：《国家间政治：权力斗争与和平》，徐昕、郝望、李保平译，北京大学出版社，2006。

〔美〕杰瑞米·里夫金：《氢经济》，龚莺译，海南出版社，2003。

〔美〕詹姆斯·莫罗：《政治学博弈论》，吴澄秋、周亦奇译，上海世纪出版集团，2014。

〔美〕卡尔·多伊奇：《国际关系分析》，周启朋等译，世界知识出版社，1992。

〔美〕卡尔·多伊奇：《国际关系分析》，周启朋等译，世界知识出版社，1992。

〔美〕肯尼思·沃尔兹：《国际政治理论》，信强译，上海人民出版社，2003。

〔美〕里查德·伯恩斯坦、罗斯·芒罗：《即将到来的美中冲突》，隋丽君等译，新华出版社，1995。

〔美〕罗伯特·阿特：《美国大战略》，郭树勇译，北京大学出版社，2005。

〔美〕罗伯特·基欧汉、约瑟夫·奈：《权力与相互依赖——转变中的世界政治》，林茂辉等译，中国人民公安大学出版社，1991。

〔美〕罗伯特·基欧汉：《霸权之后：世界政治经济中的合作与纷争》，苏长和等译，上海人民出版社，2001。

〔美〕罗伯特·基欧汉：《新现实主义及其批判》，郭树勇译，北京大学出版社，2002年。

〔美〕罗伯特·吉尔平：《世界政治中的战争与变革》，武军等译，中国人民大学出版社，1994。

〔美〕玛莎·费丽莫：《国际社会中的国家利益》，袁正清译，浙江人民出版社，2001。

〔美〕迈克尔·克莱尔：《资源战争：全球冲突的新场景》，童新耕等译，上海译文出版社，2003。

〔美〕迈克尔·克莱尔：《石油政治学》，孙芳译，海南出版社，2009。

〔美〕迈克尔·伊科诺米迪斯、唐纳·马里·达里奥：《石油的优势——俄罗斯的石油政治之路》，徐洪峰、李洁宇译，华夏出版社，2009。

〔美〕威廉·恩道尔：《石油战争：石油政治决定世界新秩序》，赵刚等译，知识产权出版社，2008。

〔美〕小约瑟夫·奈：《理解国际冲突：理论与历史》，张小明译，上海世纪出版集团，2005。

〔美〕亚历山大·温特：《国际政治的社会理论》，秦亚青译，上海人民出版社，2000。

〔美〕兹比格纽·布热津斯基：《第二次机遇》，上海人民出版社，2008。

〔美〕兹比格纽·布热津斯基：《大棋局：美国的首要地位及其地缘战略》，中国国际问题研究所译，上海人民出版社，1998。

〔瑞典〕博·黑恩贝克：《石油与安全》，俞大畏等译，商务印书馆，1976。

〔意〕艾伯特·克劳：《石油经济与政策》，王国樑译，石油工业出版社，2004。

〔意〕莱昂纳尔多·毛杰里：《石油！石油！探寻世界上最富争议资源的神话、历史和未来》夏俊、徐文琴译，格致出版社·上海人民出版社，2008。

〔英〕安格斯·麦迪森：《世界经济千年史》，伍晓鹰等译，北京大学出版社，2003。

〔英〕巴瑞·布赞等：《新安全论》，朱宁译，浙江人民出版社，2003。

〔加〕温迪·道伯森：《亚洲新势力2030：世界经济重心转移》，赵长一译，中国金融出版社，2010。

（四）报刊文章与新闻报道

蔡伟：《美国死盯十六条水道》，《环球时报》2001年7月6日。

郑必坚：《中美能源，可从四个方面合作》，《人民日报（海外版）》2009年10月23日。

刘毅：《"温室气体排放大国"只是表象》，《人民日报》2010年8月4日。

〔美〕威廉-恩道尔：《中国与全球能源新战争》，《第一财经日报》2010年12月24日。

许勤华：《上海合作组织框架内能源合作的现状与前景》，《中国能源报》2011年6月20日。

张锐：《新能源合作：中美互惠式大餐如何分享？》，《中国经济时报》2011年6月30日。

〔美〕威廉·恩道尔：《能源战争仍在威胁中国》，《环球时报》2011年10月28日。

曾兴球：《美国"能源独立"战略对我国的启示》，《中国能源报》2012年8月13日。

孙永祥：《世界能源使用效率排名中国仅居第74位》，《中国经济导报》2013年1月5日。

王林：《"能源贫困"的残酷真相》，《中国能源报》2013年6月13日。

余斌、胡江云：《夯实中非合作基础，提升新型战略伙伴关系》，《中国经济时报》2014年1月9日。

仝晓波、何英：《2013年中国石油进口增速放缓，进口来源多样化显现》，《中国能源报》2014年2月2日。

李伟：《中国未来能源发展战略探析》，《人民日报》2014年2月12日。

刘青海：《中国对非洲基础设施投资现状及前景》，《东方早报》2014年12月16日。

刘玉琴：《中拉关系的新起点》，《人民日报》2015年1月6日。

郧彦辉：《应正确看待我国首次成为资本净输出国》，《中国经济时报》2015年4月10日。

二　英文部分

（一）英文著作

Anthony Sampson, *The Seven Sisters：The Great Oil Companies & the World They Shaped*, New York：The Viking Press, 1975.

Benjamin Shwadran, *Middle East Oil Crises Since 1973*, Boulder and London：Westview Press, 1986.

Daniel Yergin, *The Prize：The Epic Quest for Oil, Money, and Power*, New York：Simon & Schuster, 1991.

David S. Painter, *Oil and the American Century：The Political Economy of US Foreign Policy, 1941–1954*, Baltimore：The Johns Hopkins University Press, 1986.

Douglas Little, *American Orientalism：The United States and the Middle East since 1945*, London & New York：I. B. Tauris, 2003.

Dries Lesage, Thijs Van de Graaf and Kirsten Westphal, ed., *Global Energy Governance in a Multipolar World*, Ashgate, 2010.

Energy Independence and Security Act of 2007, Pub. L. 110 – 140—Dec. 19, 2007.

F. K. Organski and Jacek Kugler, *The World Leader*, Chicago: The University of Chicago Press, 1980.

Fareed Zakaria, *The Post American World*, New York: Norton, 2008.

Gerald D. Nash, *U. S. Oil Policy, 1890 – 1964: Business and Government in Twentieth Century America*, Pittsburgh, Pennsylvania: University of Pittsburgh Press, 1968.

Henry Kissinger, *Years of Upheaval*, Boston: Little, Brown, 1982.

Jakub J. Grygiel, *Great Power and Geopolitical Change*, Baltimore, Maryland: The Johns Hopkins University Press, 2006.

Lisle A. Rose, *Power at Sea: The Violent Peace*, Columbia: University of Missouri Press, 2007.

Mason Willrich, *Energy and World Politics*, New York: Free Press, 1975.

Michael B. Stoff, *Oil, War, and American Security: the Search for a National Policy on Foreign Oil, 1941 – 1947*, New Haven: Yale University Press, 1980.

Michael Tanzer, *The Energy Crisis: World Struggle for Power and Wealth*, New York: Monthly Review Press, 1974.

Nicholas Bayne, *Hanging in There: the G7 and G8 Summit in Maturity and Renewal*, Aldershot, Hants, England; Brookfield, USA: Ashgate, 2000.

Nicholas Bayne, *Staying Together: The G8 Summit Confronts the 21st Century*, Aldershot, Hants: Ashgate, 2005.

Philip Andrews-Speed, Xuanli Liao, Roland Dannreuthe, *The Strategic Implications of China's Energy Needs*, Adelphi Papers, New York: Oxford University Press, 2002.

Robert A. Manning, *The Asian Energy Factor*, New York: Palgrave, 2000.

Robert J. Lieber, *The Oil Decade*, New York: Praeger, 1983.

Robert L. Pfaltzgraff, *Energy Issues and Alliance Relationships: The United States, Western Europe and Japan*, Cambridge, Mass. Washington D.

C. ：Institute for Foreign Policy Analysis, Inc. , 1980.

Robert O. Keohane, *After Hegemony*：*Cooperation and Discord in the World Political Economy*, Princeton, N. J. ：Princeton University Press, 1984.

Walter A. Rosenbaum, *Energy, Politics, and Public Policy*, 2nd Washington, D. C. ：Congressional Quarterly Inc. , 1987.

（二）英文论文

A. F. K. Orgnski, *World Politics*, New York：Alfred Akonpf, Inc, 1958.

Amy Myers Jaffe and Steven W. Lewis, "Beijing's Oil Diplomacy," *Survival*, Vol. 44, No. 1 Spring 2002.

Andreas Goldthau, "Energy Security：The Call for a Global Public Policy Perspective," *International Studies Perspectives*, 2012, N0. 13, p. 65.

Barack Obama, "Renewing American Leadership," *Foreign Affairs*, Vol. 86, No. 4, July/August 2007.

Carola Hoyos, "The new Seven Sisters：Oil and Gas Giants Dwarf Western Rivals," *Financial Times*, March 11, 2007.

Daniel Pipes ect. , "The Geopolitics of U. S. Energy Independence," *International Economy*, Summer 2012, Vol. 26, Issues.

Daniel Yergin, Dennis Eklof and Jefferson Edwards, "Fueling Asia's Recovery," *Foreign Affairs*, Vol. 77, No. 2, March/April 1998.

Daniel Yergin, "How is Energy Remaking the World?" *Foreign Policy*, July / August 2012.

Daniel Yergin, "Oil's New World Order," *The Washington Post*, October 28, 2011.

David G. Victor and Linda Yueh, "The New Energy Order：Managing Insecurities in the Twenty-first Century," *Foreign Affairs*, January/February 2010.

David Lague, "The Quest for Energy to Grow," *Far Eastern Economic Review*, June 20, 2002.

David Zweig and Bi Jianbai, "Chinas Global Hunt for Energy," *Foreign Affairs*, Vol. 84 No. 5, Sept/Oct 2005.

David Zweig and Bi Jianbai: "China s Global Hunt for Energy," *Foreign Affairs*, Vol. 84, No. 5, September/October 2005.

Erica S. Downs, "How Oil Fuels Sino-U. S. Fires," *The Business Week*, September 4, 2006.

Erica S. Downs, "The Chinese Energy Security Debate," *The China Quarterly*, Vol. 177, 2004

Evan A. Feigenbaum, "China's Military Posture and the New Economic Geopolitics," *Survival*, Vol. 41, No. 2, Summer 1999.

Flynt Leverett and Jeffrey Bader, "Managing China-U. S. Energy Competition in the Middle East," *The Washington Quarterly*, Winter 2005 - 2006.

George Stephanov Georgiev, "The Reformed CFIUS Regulatory Framework: Mediating between Continued Openness to Foreign Investment and National Security," *Yale Journal on Regulation*, Winter2008.

Hongyi Harry Lai, "China's Oil Diplomacy: Is It a Global Security Threat?" *Third World Quarterly*, Vol. 28, Issue 3, 2007.

Ian Bremmer, "The Dragon Awakes," *The National Interest*, Summer 2005.

IanTaylor, "China's Oil Diplomacy in Africa," *International Affairs* 82, No. 5 September 2006. Matthew E. Chen, "Chinese National Oil Companies and Human Rights," *Orbis*, Vol. 51. No. 1 Winter 2007.

Jeffrey A. Bader, "China's Rise: What it Means for the Rest of US: Calgary," *Behind the Headlines*, Vol. 63, No. 5. September 7, 2006.

John Calabrese, "China and the Persian Gulf: Energy and Security", *Middle East Journal*, Vol. 52, No. 3, Summer 1998.

John Lee, "An Insider's Guide to Washington's China War," *Foreign Policy*, July 28, 2009.

Jonathan M. Dicicco and Jack S. Levy, "Power Shifts and Problem Shift: The Evolution of the Power Transition Research Program," *Journal of Conflict Resolution*, Vol. 43, No. 6, December 1999.

Jonathan Woetzel, "China and the US: The Potential of a Clean - tech Partnership," *McKinsey Quarterly*, August 2009.

Kent Calder, "Asia's empty gas tank," *Foreign Affairs*, Vol. 75, No. 2, March/April 1996.

Mamdouh G. Salameh, "China, Oil and the Risk of Regional Conflict," *Survival*, Vol. 37, No. 4, Winter 1995 – 1996.

Matthew E. Chen and Amy Myers Jaffe, "Energy Security: Meeting the Growing Challenge of National Oil Companies," *The Whitehead Journal of Diplomacy and International Relations*, Summer/Fall 2007, p. 12.

Michael Klare& Daniel Volman, "African Oil Rush and U. S. National Security," *Third World Quarterly*, Vol. 27, No. 4, 2006.

Michael Klare, "Revving up the China Threat," *The Nation*, October24, 2005

Michael Levi, "Think Again: The American Energy Boom," *Foreign Policy*, July / August 2012.

Michael Ross, "Why Oil Wealth Fuels Conflict", *Foreign Affairs*, May – June 2008.

Michael T Klare, "The Deadly Nexus: Oil, Terrorism, and America's National Security," *Current History*, December 2002.

Michael T. Klare, "Sino-American Energy Competition", *Survival*, Vo. l 50, No. 4, 2008.

Michael T. Klare, "The New Geography of Conflict," *Foreign Affairs*, Vol. 80, No. 3 May/June 2001.

Nader Elhefnawy, "The Impending Oil Shock," *Survival*, Vol. 50. No. 2. April/May 2008.

Paul D. Miller, "The Fading Arab Oil Empire," *The National Interest*, July/August 2012.

Philip Andrews-Speed, "Searching for Energy Security: The Political Ramifications of China's International Energy Policy," *Oil, Gas & Energy Law*, April 2005.

Rajan Menon, "The New Great Game in Central Asia," *Survival* Vol. 45 No. 2, Summer 2003.

Robert H. Johnson, "The Persian Gulf in U. S. Strategy: A Skeptical View,"

International Security, Vol. 14, No. 1 (Summer 1989).

Rory Medcalf, "A Term Whose Time has Come: The Indo-pacific", *The Diplomat*, December 4, 2012.

Shibely Telbami and Fiona Hill, "Amercia's Vital Stakes in Saudi Arabia," *Foreign Affairs*, November/December 2002, p. 170.

Stephanie Giry, "China's Africa Strategy, Out of Beijing," *New Republic*, November 15, 2004

Daniel Yergin, "Energy security in the 1990s," *Foreign Affairs*, Vol. 67, No. 1, Fall 1988.

"The Dragon Tucks In," *The Economist*, July 2, 2005.

"Shale of the Century," *The Economist*, June 2, 2012.

(三) 政府机构、国际组织和智库的文件、研究报告等

Ariel Cohen, *U. S. Interests and Central Asia Energy Security*, The Heritage Foundation Backgrounder, No. 1984. November 15, 2006.

Asia Society Center on U. S. – China Relations and Pew Center on Global Climate Change, Common Challenge, *Collaborative Response: A Roadmap for U. S. – China Cooperation on Energy and Climate Change*, January 2009.

Bernard D. Cole, *Chinese Naval Modernization and Energy Security*, A paper prepared for the Institute for National Strategic Studies, National Defense University, June 20, 2006.

Beyond Boom & Bust: *Putting Clean Tech on a Path to Subsidy Independence*, Brookings Institute, April 21, 2012.

Bloomberg New Energy Financ & Business Council for Sustainable Energy, *The Sustainable Energy in America: 2015 Factbook*, February 2015.

Blueprint for a Secure Energy Future, March 30, 2011.

Bloomberg New Energy Finance, *Global Trends in Clean Energy Investment*, January 9, 2015.

BP, *BP Energy Outlook 2030*, January 2012.

BP, *BP Statistical Review of World Energy*, June 2002.

BP, *BP Statistical Review of World Energy*, June 2007.

BP, *BP Statistical Review of World Energy*, June 2011.

BP, *BP Statistical Review of World Energy*, June 2014.

BP, *BP Statistical Review of World Energy*, June 2015.

BP, *BP Statistical Review of World Energy*, June 2016.

BP, *BP Statistical Review of World Energy*, June 2017.

BP, *Energy Outlook 2035*, January 2014.

Bruce Jones, David Steven and Emily O'Brien, *Fueling a New Order? The New Geopolitical and Security Consequences of Energy*, Project on International Order and Strategy at BROOKINGS, March 2014.

Center for Naval Analysis, *National Security and the Threat of Climate Change*, Alexandria, VA: CAN Corporation, 2007.

Chen Shaofeng, *Assessing the Impact of China's Foreign Energy Quest on its Energy Security*, EAI Working Paper No. 145, 3 March 2009.

China's Overseas Investments in Oil and Gas Production, Prepared for the US – China Economic and Security Review Commission by Eurasia Group, 16 October 2006.

China's Thirst for Oil, Crisis Group Asia Report No. 153, 9 June 2008.

China's Role in the World: Is China a Responsible Stakeholder? Statement by Thomas J. Christensen, Deputy Assistant Secretary of State for East Asian and Pacific Affairs. Before the U.S. – China Economic and Security Review Commission, August3, 2006.

Christina Y. Lin, *Militarisation of China's Energy Security Policy: Defense Co-operation and WMD Proliferation Along its String of Pearls in the Indian Ocean*, Institut für Strategie PolitikSicherheitsundWirtschaftsberatung White Paper. Berlin: ISPSW, 2008.

Christopher J. Pehrson, *String of Pearls: Meeting the Challenge of China's Rising Power Across the Asian Littoral*, Carlisle, PA: Strategic Studies Institute, U.S. Army War College, July 2006.

Commission on America's National Interest, *America's National Interest*, July

2000.

Common Challenge, Collaborative Response: A Roadmap for U. S. - China Cooperation on Energy and Climate Change, Asia Society Center on U. S. - China Relations and Pew Center on Global Climate Change, January 2009.

Council on Foreign Relations, *Strategic Energy Policy: Challenges for the 21st Century*, April, 2001.

Daniel H. Rosen an Dthilo Haneman, *An American Open Door? Maximizing the Benefits of Chinese Foreign Direct Investment*, May 2011. Center on U. S. - China Relations, Asia Society and Kissinger Institute on China and the United States, Woodrow Wilson International Center for Scholars.

Daniel H. Rosen and Trevor Houser, *China Energy: A Guide for the Perplexed*, Center for Strategic and International Studies and the Peterson Institute for International Economics, May 2007.

Daniel S. Sullivan, "*Energy and U. S. Foreign Policy: Security through Diplomacy*," Washington, D. C., March 9, 2007.

David Zweig, "*Resource Diplomacy*" *Under Hegemony: The Sources of Sino-American Competition in the 21st Century?* Center on China's Transnational Relations, Working Paper No. 18

Denmarkm and Nirav Patel, *China's Arrival: A Strategic Framework for a Global Relationship*, Washington: Center for a New American Security, September 2009.

Dr. Flynt Leverett, "*The Geopolitics of Oil and America's International Standing*," Testimony, Committee on Energy and Natural Resources United States Senate, January 10, 2007.

Drew Thompson, *China's Global Strategy for Energy, Security, and Diplomacy*, China Brief, March 2005.

Dries Lesage, Thijs Van de Graaf and Kirsten Westphal, ed., *Global Energy Governance in a Multipolar World*, Ashgate, 2010, p. 8.

Edward R. Fried and Philip H. Trezise, *Oil Security: Retrospect and Prospect*, Washington, DC: Brookings Institution, 1993, p. 1.

U. S. Energy Information Administration (EIA), *Annual Energy Outlook 2013*: *With Projections to 2040*, April 2013.

EIA, *Annual Energy Outlook 2014*: *With Projections to 2040*, April 2014.

EIA, *Annual Energy Review 2011*, September 2012.

EIA, *Monthly Energy Review*, July 26, 2013.

EIA, *Monthly Energy Review*, July 28, 2014.

EIA, *Net imports of natural gas fall to lowest level since 1987*, May 21, 2015.

EIA, *Technically Recoverable Shale Oil and Shale Gas Resources*: *An Assessment of 137 Shale Formations in 41 Countries Outside the United States*, June 10, 2013.

EIA, *The Strait of Hormuz is the World's Most Important Oil Transit Chokepoint*, January 4, 2012.

EIA, *World Oil Transit Chokepoints*, July 25, 2017,

Elizabeth Rosenberg, *Energy Rush*: *Shale Production and U. S. National Security*, Center for a New American Security, February 2014.

Erica Downs, *China's Quest for Energy Security*, RAND PUBN, 2000, p. 44.

Erica Downs, *The Brookings Foreign Policy Studies Energy Security Series*: *China*, The Brookings Institution, December 2006.

Erica S. Downs, *National Energy Security Depends on International Energy Security*, The Brookings Institution, March 17, 2006.

Executive Office of the President, *The President's Climate Action Plan*, The White House, June 2013.

Gal Luft, *Fueling the Dragon*: *China's Race into the Oil market*, Institute for the Analysis of Global Security.

Gal Luft, *Hearing on China's Future Energy Development and Acquisition Strategies*, *Presented before U. S. - China Economic and Security Review Commission*, July 21, 2005.

Global Climate Change Impacts in the United States, National Oceanic and Atmospheric Administration, Department of Commerce.

Guidance Concerning the National Security Review Conducted by the CFIUS, 73

Fed. Reg. 74567, December. 8, 2008

HIS Global Insight, *The Economic and Employment Contribution of Shale Gas in the United States*, December 2011.

IEA, *IEA Response System for Oil Supply Emergencies*, 2012.

IEA, *World Energy Outlook 2008*.

IEA, *World Energy Outlook 2011*.

IEA, *World Energy Outlook 2013*.

IHS Global Insight, *America's New Energy Future: The Unconventional Oil & Gas Revolution and the US Economy, Volume 1: National Economic Contributions*, October 2012, p. 8.

International Energy Agency?, *Closing Oil Stock Levels in Days of Net Imports*, June 2014.

IRENA, *Renewable Power Generation Costs in 2014*, January 2015.

John Kirton, Laura Sunderland and Sarah Cale, *The G8 Summit Communiqués on Energy*, 1975 - 2007, G8 Research Group, June 5, 2008.

Joshua Busby, *Climate Change and National Security: An Agenda for Action*, CSR No. 32, November 2007.

Kenneth Lieberthal and David Sandalow, *Overcoming Obstacles to U. S. - China Cooperation on Climate Change*, Washington: the Brookings Institution, January 2009.

Kenneth Lieberthal and Mikkal Herberg, *China's Search for Energy Security: Implications for U. S. Policy*, National Bureau of Asian Research, Volume 17, Number1, April, 2006.

Kenneth Medlock Ⅲ, Amy Jaffe, Peter Hartley, *Shale Gas and U. S National Security*, James A. Baker Ⅲ Institute for Public Policy, Rice University, July 2011

Larry Hanauer, Lyle J. Morris, *Chinese Engagement in Africa: Drivers, Reactions, and Implications for U. S. Policy*, RAND Corporation (RR - 521), 2014.

Long Term Applications Received by DOE/FE to Export Domestically Produced

LNG from the Lower − 48 States (as of May 13, 2015).

Michael Auslin, "Security in The Indo-Pacific Commons: Toward a Regional Strategy", December 2010.

Mikkal E. Herberg, "China's Energy Consumption and Opportunities for U. S. − China Cooperation to Address the Effects of China's Energy Use", Testimony Before the U. S. − China Economic and Security Review Commission, 14 June 2007.

National Energy Policy: Reliable, Affordable, and Environmentally Sound Energy for America's Future, Report of the National Energy Policy Development Group, May 2001.

Patrick M. Cronin, *Cooperation from Strength, the United States, China and the South China Sea*, Center for a New American Security, 2012.

Paul B. Stares, "Introduction and overview," in Paul B. Stares (ed.), *Rethinking Energy Security in East Asia*, Tokyo: Japan Center for International Exchange, 2000.

Pietro S. Nivola, "*Energy Independence or Interdependence? Integrating the North American Energy Market*," Brookings Reviews, Spring 2002.

Regional Greenhouse Gas Initiative, "*RGGI States Make Major Cuts to Greenhouse Gas Emissions from Power Plants*," Press Release, January 13, 2014.

Report of the National Energy Policy Development Group, *National Energy Policy: National Energy Policy: Reliable, Affordable, and Environmentally Sound Energy for America's Future*, May 2001.

Richard F. Grimmett, "*Conventional Arms Transfers to Developing Nations, 1993 to 2000*", Washington DC: Congressional Research Service, 16August 2001.

Robert Bamberger, *The Strategic Petroleum Reserve: History, Perspectives, and Issues*, CRS Report for Congress, Updated September 11, 2008.

S. Frederick Start, *A Greater Central Asia Partnership for Afghanistan and Its Neighbors*, Central Asia − Caucasus Institute and Silk Road Studies Program, March 2005.

Section 1837: *National Security Review of International Energy Requirements*,

Prepared by The U. S. Department of Energy February 2006.

SEIA/ GTM Research, *U. S. Solar Market Insight: 2013 Year-in-Review*, March 5, 2014.

T. S. Gopi Rethinaraj, *China's Energy and Regional Security Perspectives*, Defense & Security Analysis, December 2003.

The All – Of – The – Above Energy Strategy as a Path to Sustainable Economic Growth, May 2014.

The Council on Foreign Relations, *National Security Consequences of U. S. Oil Dependency*, October 2006.

The Defense Science Board Task Force on Improving Fuel Efficiency of Weapons Platforms, *More Capable Warfighting through Reduced Fuel Burden*, Washington, D. C.: Office of the Under Secretary of Defense for Acquisition, Technology and Logistics, January 2001.

The Department of Energy, *2011 Strategic Plan*, May 2011.

The Energy Policy Act of 2005, Public Law, No. 109 – 58.

The Foreign Investment and National Security Act of 2007, Public Law, No. 110 – 49.

The Intergovernmental Panel on Climate Change, *Agreed Reference Material for the IPCC Fifth Assessment*, Report.

The Pew Charitable Trusts, *Who's Winning the Clean Energy Race?* April 2012.

The Pew Charitable Trusts, *Who's Winning the Clean Energy Race?* April 2013.

The Pew Charitable Trusts, *Who's Winning the Clean Energy Race?* April 2014.

The Solar Energy Industries Association, *Key Lawmakers Support Efforts to End U. S. – China Solar Dispute*, September 25, 2013.

The Solar Foundation, *National Solar Jobs Census* 2013, January 2014.

The White House, *National Security Strategy*, May 2010.

The White House, *The National Security Strategy of the United States of America*, March, 2006.

Thomas Lum, et al. *Comparing Global Influence: China's and U. S. Diplomacy, Foreign Aid, Trade, and Investment in the Developing World*, Congressional Research Service, Washington, D. C. , August 15, 2008.

EIA, *Annual Energy Outlook* 2010.

EIA, *Emissions of Greenhouse Gases Report* 2009.

U. S. Department of Commerce/International Trade Administration, *Commerce Initiates Antidumping Duty (AD) and Countervailing Duty (CVD) Investigations of Crystalline Silicon Photovoltaic Cells, Whether or Not Assembled into Modules (Solar Cells) from the People's Republic of China (China)*.

U. S. Environmental Protection Agency, *Inventory of U. S. Greenhouse Gas Emissions and Sinks: 1990 – 2011*, April 12, 2013.

U. S. – China Economic and Security Review Commission, *2005 Report to Congress*, Washington D. C. : U. S. Government Printing Office, 2005.

U. S. – China Economic and Security Review Commission, *2010 Report to Congress of the U. S. – China Economic and Security Review Commission*, November, 2010.

United States International Trade Commission, *Effects of Intellectual Property Infringement and Indigenous Innovation Policies on the U. S. Economy*, Investigation No. 332 – 519, USITC Publication 4226, May 2011.

Warren I. Cohen, "China's Power Paradox," *The National Interest*, March 1, 2006, p. 129.

World Bank, Global Economic Prospects, June 2015.

Yuji Nakamura, The Historical Flow of Black Gold: Two Approaches to Energy Security, *International Policy Studies*, IIPS Policy Paper 282E, January 2002.

Zhiqun Zhu, *China's New Diplomacy in the Middle East and Its Implication for the United States*, Prepared for the conference, "Transcending Borders: Asia, Middle East and the Global Community", U. S. Naval Academy, Annapolis, Maryland, October 16 – 17, 2009.

图书在版编目(CIP)数据

能源安全与中美新型大国关系的构建/赵庆寺著.--北京：社会科学文献出版社，2017.10
（华东政法大学65周年校庆文丛）
ISBN 978-7-5201-1478-3

Ⅰ.①能… Ⅱ.①赵… Ⅲ.①能源-国家安全-影响-中美关系-研究 Ⅳ.①D822.371.2②TK01

中国版本图书馆CIP数据核字（2017）第237440号

华东政法大学65周年校庆文丛
能源安全与中美新型大国关系的构建

著　者 / 赵庆寺

出 版 人 / 谢寿光
项目统筹 / 杨桂凤　隋嘉滨
责任编辑 / 隋嘉滨

出　　版 / 社会科学文献出版社·社会学编辑部（010）59367159
　　　　　地址：北京市北三环中路甲29号院华龙大厦　邮编：100029
　　　　　网址：www.ssap.com.cn

发　　行 / 市场营销中心（010）59367081　59367018
印　　装 / 三河市尚艺印装有限公司

规　　格 / 开　本：787mm×1092mm　1/16
　　　　　印　张：23　字　数：353千字
版　　次 / 2017年10月第1版　2017年10月第1次印刷
书　　号 / ISBN 978-7-5201-1478-3
定　　价 / 118.00元

本书如有印装质量问题，请与读者服务中心（010-59367028）联系

▲ 版权所有 翻印必究